U0433584

PEKING UNIVERSITY PRESS
1902

麦克尼尔全球史

从史前到21世纪的人类网络

〔美〕约翰·R.麦克尼尔（J.R.McNeill）
威廉·H.麦克尼尔（W.H.McNeill）著
王晋新等 译

McNeill

北京大学出版社
PEKING UNIVERSITY PRESS

著作权合同登记　图字：01－2007－1603

图书在版编目(CIP)数据

麦克尼尔全球史：从史前到21世纪的人类网络/（美）麦克尼尔（McNeill, J. R.），（美）麦克尼尔（McNeill, W. H.）著；王晋新等译．—北京：北京大学出版社，2017.3

ISBN 978－7－301－27820－8

Ⅰ. ①麦…　Ⅱ. ①麦…②麦…③王…　Ⅲ. ①世界史—普及读物　Ⅳ. ①K109

中国版本图书馆CIP数据核字(2016)第294521号

THE HUMAN WEB: A Bird's-Eye View of World History

John R. McNeill and William H. McNeill

published by agreement with the author, c/o Gerard McCauley Agency, Inc. through the Chinese Connection Agency, a division of the Yao Enterprises, LIC.

书　　名　麦克尼尔全球史：从史前到21世纪的人类网络
MAIKENI'ER QUANQIUSHI: CONG SHIQIAN DAO 21 SHIJI DE RENLEI WANGLUO
著作责任者　〔美〕约翰·R. 麦克尼尔　威廉·H. 麦克尼尔　著　王晋新　宋保军　等译
责任编辑　李学宜　陈　甜
标准书号　ISBN 978－7－301－27820－8
出版发行　北京大学出版社
地　　址　北京市海淀区成府路205号　100871
网　　址　http://www.pup.cn　新浪微博：@北京大学出版社
电子信箱　pkuwsz@126.com
电　　话　邮购部62752015　发行部62750672　编辑部62752025
印 刷 者　北京中科印刷有限公司
经 销 者　新华书店
880毫米×1230毫米　A5　17.125印张　407千字
2017年3月第1版　2017年6月第2次印刷
定　　价　80.00元

献　给

E.　D.　M.

目　录

地图目录

图表目录

译者序言

王晋新

一

威廉·麦克尼尔(William H. McNeill,1917—2016),美国芝加哥大学教授,1985年曾出任美国历史协会主席,著述甚多,声名远播,被誉为美国“新世界历史运动的领军人物”①和“世界历史的‘现代开创者’”②。然笔者学力甚浅,孤陋寡闻,晓知麦克尼尔之名也晚。记得还是在20世纪80年代末,翻阅杨豫先生所译的英国著名学者巴勒克拉夫的《当代史学主要趋势》一书时,才初识此人。巴勒克拉夫教授言:“近年来在用全球观点或包含全球内容重新进行世界史写作的尝试中,最有推动作用的那些著作恰恰是由历史学家个人单独完成的,其中恐怕要以L.S.斯塔夫里亚诺斯和W.H.麦克尼尔的著作最为著名。”③说初识,是因为只知其名而已,因为在相当长的一个时期内,笔者并未读过一部麦氏的著作。故而,自己既无法确切地了解这位学者的学术思想和观

---

① 拉尔夫·克劳伊泽尔:《艺术与世界历史》,载刘新城主编:《全球史评论》第一辑,商务印书馆,2008年,第203页。

② 贡德·弗兰克:《白银资本:重视经济全球化中的东方》,刘北成译,中央编译局出版社,2000年,第10页。

③ 杰弗里·巴勒克拉夫:《当代史学主要趋势》,杨豫译,上海译文出版社,1987年,第245—246页。

念,更无从体味巴勒克拉夫教授所说的那种“由历史学家个人单独完成的”世界史著述的“独特特征”究竟为何物。大约在世纪之交前后,因将文明史作为自己一个新的学术探讨领域以及近些年来国内诸多高校和学术界对“全球史观”的关注等诸种缘故,自己才开始在阅读中对麦氏稍加留意,当然,这种留意或关注更多地还局限在国内外其他史学家对麦氏史学成就与地位评价的层面之上,故而,其过程必然是断断续续,其印象也必然是只鳞片爪,断不成系统。

本人所完整阅读麦氏的第一部著述是台湾学者杨玉龄所译的《瘟疫与人》。① 其独特的观点和鲜明的主张对我造成了非常大的冲击与震撼,使自己对人类的文明历程和世界文明史的时空观察视野大为拓展。此后,自己方开始较为认真地接触麦氏的史学思想与观念。

2005 年,偶然间,自己拿到了麦克尼尔与其子约翰 · R. 麦克尼尔(John R. McNeill,美国乔治敦大学外交事务学院教授)②合著的一部著作:*The Human Web: A Bird's-Eye View of World History*。初始,只是想泛泛地浏览一遍,以期补充自己的学识和为教学中对西方欧美史学前沿动态的介绍增添一点内容而已。不料,拿起后却无法再放下。不仅自己读得津津有味,圈圈点点,也将其列为硕士班和博士班学生的重点阅读和重点研讨书目。特别是一

① 威廉 · 麦克尼尔:《瘟疫与人:传染病对人类历史的冲击》,杨玉龄译,台北,天下远见出版公司,1998 年。

② 该教授的主要著述有:《大西洋美洲的各个社会:从哥伦布到奴隶制废除,1492—1888 年》(*Atlantic American Societies: From Columbus through Abolition, 1492-1888*, London, 1992)、《阳光下的新鲜事:20 世纪环境史》(*Something New under the Sun: An Environmental History of the Twentieth-Century World*, New York, 2000),该书于 2001 年获美国世界史协会最佳图书奖。

些学界好友，如清华大学的刘北成教授等得知自己这种痴迷之后，便鼓励自己将其翻译成中文。北京大学出版社岳秀坤先生也对我予以积极的鼓励与支持，他不仅主动承担了联系版权、出版立项等诸多事务，同时还给予我以相当宽松的期限。正是在这背景下，自己与身边的几位年轻学子一边读书研讨，一边联袂将其译成中文。

在阅读和翻译期间，自己尚留意了一下麦氏所有的著述在华语世界的境况。稍加梳理，便令笔者感到汗颜。因为，麦氏本人的二十余部著作中，已有许多被中国学者关注并介绍给了国内学术圈，如内地和香港地区有《第二次世界大战中的美国、英国与俄国，它们之间的合作与冲突，1941—1946》(*America, Britain & Russia their Co-operation and Conflict, 1941-1946*，该书为汤因比主编的《国际事务概览》第5卷)、《西方文明史纲》(*History of Western Civilization, A Handbook*)、《竞逐富强》(*The Pursuit of Power: Technology, Armed Force, and Society since A. D. 1000*)[①]；中国台湾地区尚有《西方的兴起》、《世界史》(*A World History*)、《西方文明史手册》(*History of Western Civilization, A Handbook*)、《欧洲史新论》(*The Shape of European History*)和《瘟疫与人》等。[②] 特别是最近，北京大学出版社又将麦氏的《世界史》一书的英文影印本公开发

① 《第二次世界大战中的美国、英国与俄国，它们之间的合作与冲突，1941—1946》，叶佐译，上海译文出版社，2007年；《西方文明史纲》，张伟平等译，胡代聪等校，新华出版社，1992年；《竞逐富强：西方军事的现代化历程》，倪大昕、杨润殷译，刘锋校，学林出版社，1996年。该书译稿是由香港中文大学中国文化研究院所提供的；另，该书译者将麦克尼尔译为麦尼尔。

② 其中 *History of Western Civilization, A Handbook* 一书被大陆学者和台湾学者分别译为《西方文明史纲》和《西洋文明史大纲》；*A World History* 也被分别称为《世界史》和《世界通史》。

行，中文译本也即将推出。此外还有一篇重要文献是必须要提及的，即王加丰先生所译介的麦克尼尔本人在1985年当选为美国历史协会主席时所发表的长篇演讲致辞《神话—历史：真理、神话、历史和历史学家》一文。[①] 如此算来，麦氏作品被译成中文的共计有7种10余部（篇）之多。据笔者所知，当今能够以如此规模被引进、介绍给中国史学界的西方历史学家还不多见。

国内学者对麦氏史学成就曾作过一些分析评述，如郭方先生曾撰专文评介麦氏的《西方的兴起》一书[②]；钱乘旦先生撰文评介麦氏的《世界史》。[③] 再如，张广智、张广勇二位先生也从史学自身发展变革的角度，对麦克尼尔的著述和特点以及他在西方或欧美史学史的地位进行了简要的评介，视其为第二次世界大战以后，西方世界史编撰中"崇尚整体与宏观视野"的作品之一。[④] 尚有一些评述是以同其译著相结合的"译者序言"的方式出现，如台湾学者刘景辉先生所撰写的名为"论历史教育的时代意义：由《西方的兴起》谈起"的长文。刘先生是麦氏《欧洲史新论》一书的译者，在该书出版时，他将此文作为该书译者序附在书中。此外，尚有陈方正先生为《竞逐富强》一书译本所作的序言。他们或结合麦氏某种著述文本本身，或对于麦氏著述中的某种观点有感而

---

① 麦克尼尔：《神话—历史：真理、神话、历史和历史学家》，王加丰译，载《史学理论》1987年第1期。

② 郭方：《评麦克尼尔〈西方的兴起〉》，载《史学理论研究》2000年第2期，第95—102页；《评麦克尼尔的〈西方的兴起〉及全球史研究》，《全球史评论》第一辑，第63—74页。据笔者本人所知，郭方先生是国内较早关注麦克尼尔史学成就并对其进行翻译、评介的学者之一。

③ 钱乘旦：《评麦克尼尔〈世界史〉》，载《世界历史》2008年第2期，该文后作为北京大学出版社麦克尼尔《世界史》影印版的"导读"。

④ 张广智、张广勇：《现代西方史学》，复旦大学出版社，1996年，第188、189、326、383页。

发,对麦氏的史学思想与成就进行评点,多有独到之处和精妙之论。在此不作赘述,敬请读者们自行鉴析、品赏。

二

1978年,英国著名学者巴勒克拉夫在《当代史学主要趋势》一书中,曾多次对麦克尼尔的史学思想和主张给予了高度评价,并特别推崇其撰著的《世界史》为"近年来在用全球观点或包含全球内容重新进行世界史写作的尝试中,最有推动作用"和"最为著名"的著作之一。[①] 这一评价奠定了后来史学界对麦氏史学成就的地位与作用的认知基调,也确实得到了包括中国史学界在内的国际史学界的广泛认同。但在笔者看来,似乎人们对麦克尼尔史学成就的认知和评估更注重于他对当代史学的贡献这一个方面,而对其产生的背景和缘由,尤其是麦克尼尔对以往西方传统史学的认识和批判还欠充分和深入。而从学术史角度上讲,明晰麦克尼尔学术主张的"内在理路"和"外缘背景",实为判析其成就和影响的一个不可或缺的内容。

麦克尼尔的史学思想,主要是通过两种途径体现出来的,一是在其数量繁多的各类专业著作中,通过对各种具体的历史现象、运动或历程的分析与认知来述说他自己对历史的感悟;二是以一些专题性较强的论著集中地阐发他自己的某些思考,申明自己的某些学术主张。笔者以为这其中尤以《欧洲史新论》一

---

① 杰弗里·巴勒克拉夫:《当代史学主要趋势》,第245—246页。该书是联合国教科文组织主持的《社会科学和人文科学研究主要趋势》系列丛书的历史学卷。

书为最。[①] 这部著述虽非麦氏成名之作,但却集中地反映了他对历史、历史学以及美欧历史学研究与教学现状的通盘思考与反思,实为欲了解和研析麦氏史学思想主张者所不可不读的文著。

对"维多利亚史观"的反动与挑战

20 世纪上半叶,是大西洋两岸英美诸国史学一个相当繁荣发展的时代,其中一个极为醒目的重要标志就是由英国著名史学家阿克顿勋爵领衔主编的《剑桥现代史》第 1 卷于世纪初年刊行问世。此时,据麦氏本人讲:正值大西洋两岸的近代史教学刚刚专业化,列入中学与大学的课程之中。[②] 进入 20 年代,美国的一些大学开创了一门名为"西方文明史"的课程。30 年代,其他大学也纷纷跟进,开设这一课程。四五十年代可谓是"西方文明史"课程的全盛时代。几乎各个大学都将其列为学生必修的核心课程。然而,及至 20 世纪 60 年代之后,由于种种缘故,"西方文明史"一课却在美国大学教育中开始没落,"不是被干脆取消就是被列为选修课程,而学生们当然也不再拿这门课程当一回事了"。[③] 至于这种情形究竟为何出现,麦克尼尔从几个方面发表了自己的见解。

麦克尼尔认为,《剑桥现代史》的第 1 卷中,"清楚地显示出欧洲史的整个意义——自由的扩张史,这就是欧洲史的基本形态。

---

① 该文原名为《欧洲历史的形态》(*The Shape of European History*),刘景辉先生在翻译时考虑该文集中体现了麦氏对欧洲历史新的理论主张,故而以作为《欧洲史新论》。请见该著"译者序"第 12 页。这篇著作最后公诸于世的形式虽是一部专著,但其原本是麦氏在 1972 年提交给第十一次国际人类学和人种学大会的长篇专题论文。全文共计五章,《欧洲史新论》一书只抽取了其中三章。

② 麦克尼尔:《欧洲史新论》,台湾:台湾学生书局,1979 年,第 5 页。

③ 同上书,第 7、12 页。

因此,这些在英国和美国担任近代史教学的第一代人物在《剑桥现代史》中找到了他们的目标,找到了他们的楷模”。于是该书的观点“很快成为英美大中学校欧洲近代史课程与教科书结构的基本骨架”。而“《剑桥现代史》成于维多利亚时代”,所以该书的指导史观“又可称为维多利亚史观”。从社会与学术发展史的角度,麦克尼尔认为“将英语世界三代学者、专家对历史的了解组织起来的确是一项伟大的成就。那些赋予欧洲近代史这样庄严伟大意义的19世纪的人们,值得我们衷心感佩。的确,将人类历史看成是一个在自由政治制度的范围之下走向更完善的自由境界的漫长与连续的演进过程,应该算是该世纪的主要学术成就之一”,“它不仅取代了传统的基督教神定历史观,而且对于英美两国的政府活动所受到的限制与约束,也找到了合法的理论根据。所以它也成为大部分英美人士对欧洲史的看法。尤其对美国政府政策的厘定,会产生左右的力量”。[①] 就上述文字而言,笔者以为麦克尼尔对维多利亚史观的兴起、传播以及其所具有的时代作用与意义的认知与评价应该说是比较客观的。我们可以英国著名学者巴勒克拉夫在谈及20世纪上半叶的历史学研究的新趋势时的观点作为佐证,他指出,只有将其“放在19世纪以来历史学理论和实践的更加宽阔的背景下加以思考时,才可能做出恰如其分地评价”。“20世纪上半叶,历史学家在方法论和理论观点方面仍然严重地依赖于19世纪末的老一辈历史学家,从而保持着连续的传统”。而“这个时期历史研究中最突出的成果当推《剑桥近代史》。这套多卷本的巨著是阿克顿勋爵计划的。虽然它的第一卷在1902年问世时,阿克顿勋爵已经溘然长逝,但它的意义重大,

① 麦克尼尔:《欧洲史新论》,第6—7页。

这不仅因为它被认为是国际通力合作的事业,而且还因为受德国式教育并有日耳曼人血统的阿克顿勋爵才具备弥合唯心主义和实证主义差距的特殊资格,因为它把德国和西欧的历史思想和实践的成果融为一体。《剑桥近代史》的写作主旨是企图把19世纪已经取得的进展确立下来;同时,按阿克顿自己的说法是'为来到的世纪指明方向,制定规划'"。①

那么究竟是什么缘故致使19世纪这种史观在盛行了一段时日之后,又中道衰落呢?通过一番细密的分析,麦克尼尔得出了自己的看法,即"事实上,维多利亚历史观并不是正确的历史观"。因为它并没有正确或完整地揭示出西方或欧洲文明发展的真谛,"如德国历史的发展就不能用维多利亚史观来解释……此外,自1918年之后,英美人士所谓的自由并未很迅速地传布到那些原来没有自由传统的地方……"故而,这种"既不能正确地解释欧洲近代史的整个发展,又不能符合现代历史的演进",更不足以承担起"指导时论的大责"的史观,势必导致"担任这门课程的先生对于这门课程内容的价值丧失了信心"。

对当时其他各种史学学说的不足、缺陷的揭示与批驳

20世纪上半叶,除了维多利亚史观之外,尚有一些其他史学观念或史学思想在当时的美国史学界颇为流行。这主要来自于三种学说:一是斯宾格勒、汤因比为代表的文化形态学说(或曰文明史观学派);二是马克思主义的历史唯物主义学说;三是源自美国本土、由哥伦比亚大学教授鲁滨逊所首倡的"新史学流派"(new history,台湾学者称其为"新历史学派")。这三种学说虽然旨归

---

① 巴勒克拉夫:《当代史学主要趋势》,第6、8页。

不一,取法各异,可有一点却是共同的,即它们皆对传统的维多利亚史观构成了一定的冲击,从一定意义上讲,麦克尼尔本人所接受的史学教育和史学实践也与这三种史学流派有着某种关联。郭方先生认为麦克尼尔的《西方的兴起》与斯宾格勒的《西方的没落》和汤因比的《历史研究》显然有着某种传承关系。[1] 但麦氏本人在对维多利亚史观表示出不满的同时,也对文明史观、马克思主义学说和新史学流派等各种史学流派的自身不足提出了尖锐的批评。这又使麦氏多了几个挑战的对象,其挑战的内涵也多了几重色彩。

据刘景辉先生言:"麦克尼尔自承它对西方历史的基本观念早在1936年就形成了,那时候,他正好二十岁。这一年,正逢史宾格勒逝世。史宾格勒的《西方的衰落》一书的英译本的全部出版是在1928年。……麦克尼尔很可能在高中时代就读过……史宾格勒之死,言论界与思想界的评论,可能触发麦克尼尔去重新思考西方文明的问题。从这种思考中,麦克尼尔得出了他对西方文明与史宾格勒迥然相异的看法。"而"他的整个观念显然是与德国大史学家与哲学家史宾格勒的《西方的衰落》背道而驰。事实上,也的确如此"。[2] 从麦氏成名作《西方的兴起》一书的名称和主题中,"我们就不难看出他是有意向史宾格勒的《西方的衰落》一书的挑战"。[3]

汤因比是文明史观的另一位大家,也是麦克尼尔所敬重的一位学者。他同汤因比有着"密切的学术交往",并专门写过《汤因

---

① 郭方:《评麦克尼尔的〈西方的兴起〉》,《史学理论研究》2000年第2期,第97页。

② 麦克尼尔:《欧洲史新论》,译者序,第2、3页。

③ 同上书,第12页。

比学术思想评传》一书①,并"对汤因比在大多数专业学者趋于专精之时,以文明的概念为世界史研究注入新活力所做出的贡献给予了很高的评价,认为汤因比试图将世界所有文化融为一体,表现了从宏观角度探究历史的卓越洞察力"。② 然而这并不意味着麦克尼尔对汤因比学说的全然服膺。邵东方先生就曾撰文,专门就他们二者对"文明"和"文明史"认知的同异进行辨析。他指出,麦克尼尔曾指出了汤因比的四大不足之处:"第一,汤因比未能充分认识到,各文化之间的相互影响以及不同的文化人群之间的交流接触是促使文明演变的主要动力。第二,汤因比在着力描述文明时,总是未能明确其定义;而且他对各文明的取舍也常常失之武断。第三,汤因比过分依赖于古代的希腊、罗马文明的古典范例,因而难于理解其他文明,尤其是非西方文明。汤因比试图将所有文明纳入古代的希腊、罗马文明的轨道,因此在分析其他文明时犯了许多明显错误。第四,由于受帕格森理论的熏染,汤因比是凭直觉治史,他习惯于首先确定一个观点,然后再选择适用的史实。"③而刘景辉先生则进一步指出:麦克尼尔"有意向史宾格勒的《西方的衰落》一书的挑战。再则,他的'文明扩散论'亦是有意与史宾格勒、汤因比的'历史的研究'斗法。他不若史宾格勒、汤因比之将世界各地的文明视作为一个个孤立的文明来研究,来说明他们的自身的兴亡。他是将文明的发展看作整体

---

① William H. McNeill, *Toynbee, A Life*, New York, Oxford University Press, 1989.

② 郭方:《评麦克尼尔的〈西方的兴起〉》,《史学理论研究》第2期,第97页。

③ 参见邵东方:《汤因比和麦耐尔的"文明概念"》,载《二十一世纪》1993年12月号,第87页。

的发展,他认为世界各地的文明都有他们的相关性”。[①]

而麦氏本人在《与汤因比相遇》一文中,曾深情地回顾当年汤翁的名著《历史研究》一书(前三卷)给他本人带来的巨大启迪以及二人共事合作的愉快时光。然而在论及二人的学术理念时,他说道:“同汤因比一道共事的两年并不像我所期望的那么令人兴奋。实际上,我们二人已经分道扬镳了。”其缘由在于他对汤翁所秉持的那种奥古斯丁式的理念无法认同,汤翁认为“历史的确成为上帝向人类展示自我的记录,并且各个文明也都成为各种工具,它们反复的破碎崩塌是在警醒人们向这种超自然实体的回归,因而推动着人性朝着一种更为完善的对上帝的认知迈进”,而“我本人对人类生活所关注的领域——技术的、物质的和生态的——则同那些曾使汤因比痴迷的领域截然相反。他接近上帝,希望到达天庭。我则向下,在尘世的土地上挖掘,渴望对那些致使人类生活得以维系,并致使我们在生物圈中成为独一无二的强大物种的各种物质能量流加以理解”。[②] 在他们之间所横亘的是天庭与尘世、神界与人间这道巨大的鸿沟! 明乎此,笔者才对一位学者为何以“从汤因比时代到麦克尼尔时代”的表述作为对当时西方“历史学研究所经历的巨大变迁”的概括有了较为深切的体悟。[③]

与此同时,麦氏也将其批判矛枪指向了当时在美国风靡一时

---

① 麦克尼尔:《欧洲史新论》,译者序,第 12 页。

② 麦克尼尔:《与汤因比相遇》(“Encounters with Toynbee”), *New York Times*, Late Edition (East Coast), N. Y.: Dec 29, 1985, pg. A.1。

③ 拉尔夫·克劳伊泽尔:《艺术与世界历史》,《全球史评论》第一辑,第 203 页。有关麦氏与汤翁之间关系,请见笔者拙文:《人间与天庭——麦克尼尔与汤因比之间的学术渊源与分歧》,《古代文明》2010 年第 1 期。

的“新史学流派”。在探究维多利亚史观为何长期得不到彻底清算的缘由时，麦氏就非常明确地指出“新史学流派”起到了一种极其恶劣的作用，“在单纯的政治史与宪政史的基干上，已经包上了一层以自由为色彩的外衣，而且，从一开始，其他各种历史论据又粘在自由的外衣之上。此外，文化史，社会史，与经济史等都加在政治史的结构上，于是在历史资料与理论观点纷然杂陈之下，原有的观点与真面目便模糊不清了。这就是 1919 年哥伦比亚大学鲁滨逊教授所提倡的‘新历史’的结果”。[①]

如果说麦氏对维多利亚史观和其他史学学派的批判，主要由学理上的不同认知所使然，那么他对新史学的批判则多少有些不同。这种批判的重心不是同其史学观念展开论争，而是对这一学派的学术取向所导致的负面后果予以批驳。他说，“鲁滨逊的‘新历史’就是‘各种学术的历史’，研究平民大众的生活方式，物质环境，以及其文化。鲁滨逊的主张得到了史学界广泛的响应，使此后二代历史学家的精力大量地用于实现他的理想上。鲁滨逊的主张使史学家对人类经验各层面做了更深入的研究，在课堂上做更琐碎的讲解。层出不穷的新论题与新观点一直到现在还能觉得有其需要与价值，主要是因为在欧洲史的传统中，还有一道‘自由’的暗流存在，使所有的新论题和新观点都有了寄身之所，这个坚实的架构，虽然几乎被新的一代历史学家忘得一干二净了，可是它还是传衍下来，而且使许多欧洲史课程有了结构上的一致性”。[②] 在麦克尼尔看来，与维多利亚史观之间的契合还不是新史学流派的最大弊端，其最大弊端在于一批批史学工作者“纷纷抬

① 麦克尼尔:《欧洲史新论》,第 9 页。

② 同上书,第 9—10 页。

举‘新历史’的旗帜，大钻牛角尖。结果，就是历史的研究流于琐碎，过于专门化，这些研究只有学术圈一小群专家感兴趣，大多数人对这类琐碎研究反应冷淡，毫无兴致”。①

“新史学”的兴起，应当说是20世纪上半叶美国史学发展中一个最为重要的现象。包括中国学术界在内的国际学术界一般都认为，“新史学流派”在研究范围的拓展、研究重心的重新选择和研究方法的改进等诸方面所做出的努力以及所获得的成就，皆对19世纪西方史学传统形成了某种突破。故而它不仅标志着现代美国史学的开端，并且也对世界各国史学研究的发展走向产生了巨大影响。由此看来，麦氏的批驳似乎有过于偏颇之嫌。然而，只要我们细加揣摩思量，特别是从麦氏本人所从事的专业角度和所秉持的理念出发，就会发现他的这些指责与挑战不无道理。首先，他并不是对细小专题研究的价值予以彻底否认，而从其本人的诸多研究著述中，时常见到他对许多历史细节的关注与研讨。他所强调和关注的只不过是必须要将那些历史细节的研究同对历史整体大结构的认知形成有机的契合。他指出：“将研究与教学连接在整体的大结构之内是颇为重要的，即使是极为琐碎的研究也不例外。因为历史若无细节，历史是不可想象的，历史若无整体结构，历史也是不可理解的。……若无这种联系，细节的研究仅仅是好古敏求而已。”②其次，麦克尼尔之所以对那些打着“新史学”旗号的史学研究感到无法容忍，甚至深恶痛绝，原因还在于它们同他本人对史学研究和史学教育的功用的认识和期待完全相悖。在他的内心之中，“历史教学在传递西洋文明的

---

① 麦克尼尔:《欧洲史新论》,第11页。

② 同上。

薪火方面占有相当重要的地位”，担当着“培养国民意识”与“指导公众政策的责任”等功能①，而这一切均是那些“与人们真正信仰无关，与人们赖以为行事的指导原则无关，与人们批判新经验无关”②的学术旨趣及研究成果根本无法满足的。因而他明确地指出，那些令“美国历史学界过去半个世纪引以为傲的历史研究”，即那些“仅是专题化，仅是扩大新论题的范围与扩大到世界每一个地区”的历史研究，“绝非解决之道”。③

麦氏这种审慎而严厉的批判态度，也延伸到对20世纪中叶以后国际学术界一些重大成果的评判之中。如他将1957—1970年间陆续出版的《新编剑桥近代史》视为一个“繁琐研究所造成的危机”的典型产物，指责其“缺乏一个贯通全书的主题。内容杂乱无章，实集繁琐研究之大成”，而该书究竟“要阐释什么样的观念与思想，读者实无法掌握，亦无从掌握”。④ 再如，对1963年联合国教科文组织编写的六卷本的《人类史》第一卷，以及后来所出现的以合作或联合方式编撰的各种关于世界史或人类文明史的著述，麦克尼尔也认为“这些著作‘征集了’‘令人感兴趣的大量史料’；不过，从学术水平来看，它们‘显然未能提供清晰易懂的模式’”。⑤

对所谓“科学的”历史传统研究方法的不满

史学研究是一种综合性的认知活动，它关涉到知识、思维、理

---

① 麦克尼尔：《欧洲史新论》，第12—13页。
② 同上书，第11页。
③ 同上书，第12页。
④ 同上书，第11页。
⑤ 巴勒克拉夫：《当代史学主要趋势》，第244页。

念和方法等诸多层面。在对西方20世纪各种史学成就的评说和批判过程中,麦氏不仅只关注史学研究的“观念”层面,也将其审视的目光对准了“方法论”层面,显露出了对所谓“科学的”历史研究方法的强烈不满。他指出,当时的“历史家未能积极注意欧洲及其他部门历史的一般形态,主要的原因是因为在历史专业化的时候,训练青年史学家的研究院课程中,广泛地流行一种浅薄天真的观念——只有科学方法是重要的”。[①]

麦氏将这种科学方法所关注的要点和遵循的基本原则归纳为以下几点:(1)这种方法“所关切的是事实”,并坚信“事实唯有在严格的史料鉴定中才可以发现。一旦偏见和谬误被铲除,真正的事实就会自己陈列出来”。(2)“只有在所有相关的事实——或是几乎所有的事实——被发现后,才可以去做归纳性的论断工作。因为掌握了‘所有’的事实,一个谨慎的历史家才可以让事实来改正他个人的偏见,会获得全盘实在的真相。”(3)“收集所有相关的事实是不容易的。只有研究者把他所研究的范围,设定在一个狭小的领域内,收集所有相关的事实才是可能的。因此,一篇理想的论文是:对于一个小题目做最透彻的研究,换言之,就是小题大做。因为所有可获得的相关事实都经过研究者的研判,因此才能有希望得到永久性的,无可批评的,合乎科学的真相。”[②]从这些归纳中,我们发现这种方法其实就是19世纪由德国学者兰克所提倡的实证主义研究方法。它是19世纪西方史学进步与成功的一大标志,自其诞生之日起就一直对西方乃至世界的历史学发展施加着重大而深刻的影响。麦克尼尔也承认这种方法在

① 麦克尼尔:《欧洲史新论》,第15页。

② 同上书,第15—16页。

20世纪中叶前后的美国史学界处于"方兴未艾"之际,"凡是经过研究院毕业的历史家则无不受其影响"。[①] 笔者以为,时至今日,兰克所倡导的这种以求实为目的的研究方法仍具有一定的学术价值和指导意义。考究"事实"的"真实性"是史学研究的起码要求,也是史学研究者的基本诉求之一。任何一位以史学研究为职业的学者都必须遵循这些原则,麦氏本人也不例外。可他为何又将其贬为"一种浅薄天真的观念"呢?

然而只要稍加留意,我们便可以找到答案,即麦克尼尔并不是对实证研究方法本身进行全面否定,如他曾指出:"19世纪初期,德国出现了'科学'历史学派。其中最杰出的人物是利奥波德·冯·兰克。他和他的高足坚持对历史的来龙去脉进行比以往更深入和透彻的研究,为历史著述的改革做出很大贡献。通过系统地出版几乎被遗忘的文件资料,历史学家们可以得到大批原始材料。"[②]"他们有条不紊地搜集,批判,叙述古人对古人自己及祖先的言论。经由无数的学者与历史学家的通力合作,剔出了史料中自相矛盾部分,终于完成了一部有关地球一小部分地区的历史——一部纵深三十到四十世纪,连续的与可信的欧洲大事史。他们的工作创造出丰富多彩的史实与高度合理的史论,熟悉史料的人,没有不承认他们的成就的。"不仅如此,他还认为"世界上有些地区,史料的拣选,整理,与统一的工作仍待史家继续去推动"。[③] 麦氏所不满的只是美国史学研究和教育中将这种方法奉为"唯一"的科学方法的做法。因为如此悠远、广博而复杂的人类

① 麦克尼尔:《欧洲史新论》,第16页。
② 麦克尼尔:《西方文明史纲》,第491页。
③ 麦克尼尔:《欧洲史新论》,第22页。

历史进程,远非任何一种认知或研究方法所能穷尽,极端地推崇和过分地仰赖某种特定的认知或研究模式势必导致种种流弊的产生。何况兰克的实证主义方法本身的确也存在着诸多问题和缺陷,对此,诸多史学理论及史学史的专家们已做出了各种揭示。

麦氏认为,这种方法与规范的流弊主要有以下诸端:(一)这种研究方法和规范"无形中为'科学的'历史研究的范畴划出了一道明确的界限",即研究者只能把他所研究的范围设定在一个狭小的领域内。从而造成繁密、琐碎的"小题目研究"达到"汗牛充栋,泛滥成灾的地步"。[1] (二)"这类规范更使人们怀疑大格局、大体系历史的可靠性及其在学术上的地位",从而放弃对历史整体大结构的探求。至于"如何将这一类的专题研究融合成一部有意义的历史,则少有人致意。真相就是真相,至于它的大体系,大组织,大架构,不妨留给上帝去处理吧?不然,干脆听其自然"。[2] 而这是他深以为憾的一种学术缺陷。有关这一点,我们从前述麦氏对"新史学流派"过分迷恋细节专题研究的批驳态度中就已见得。另外,麦氏早年在对阿克顿勋爵史学成就的评估中就已表明了这种态度。[3] (三)"这种考据式的编撰工作只是历史家工作的一部分。历史家除了考证编纂古人所有关于他们自己的事迹之外,也要追索古人不自觉的其他各种活动。这一类活动并不是可以从史料的表面型态直接看出,而有赖于史家个人的智慧,从史

---

① 麦克尼尔:《欧洲史新论》,第 16 页。

② 同上。

③ "但是,往往会出现这种情况,由于历史资料收集得越来越多,人们相应地放弃了对历史进行解释和概括的努力。例如,在当时及任何时代都可称为最渊博的历史学家之一的阿克顿勋爵(1834—1902)就是如此。他把撰写伟大的自由史作为毕生的目标,但由于他过度热衷于收集似乎与此有关的资料,却始终未能完成他的巨著。"麦克尼尔:《西方文明史纲》,第 491 页。

料的字里行间悟出来……那些不愿对文献的内在含义表示任何意见的历史家,只不过是固步自封罢了,他们不会比过去的人知道更多的东西和不同的东西。"(四)"这种缺陷更因另一种心理上的因素更为扩大。因为研究者对于愈来愈小的题目知道得愈来愈多,他可以很快地超过所有的人对这一方面的知识,而成为杰出的专家学者,名利双收。只要这一类专家合理地使用史料,其他学者就不会亦步亦趋地做同样的研究,这样,在缺乏强力的竞争,在缺乏有力的反驳下,这位专家的结论就成为权威的结论,为大家所欣然接受了。这种专家也取得了博学的雅号,其学术地位俨然不可动摇。相信这样的方法是研究历史的唯一科学方法,更使得这类钻牛角尖的专家加倍的安全了。因为,其他的人不愿浪费时间去查证一些细枝末叶般的琐细之事。在没有竞争者的局面下,他们成为某一方面的'南面王'。他们的声势也就更加浩大了。"①从这段话语中,我们看到麦氏对实证主义研究方法的不满与批判已经超越了其自身的缺陷,直接指向了沉溺于其中并深以为得意的那些史学研究者。其语词虽然尖酸甚至有些刻薄,但在笔者看来却是一段切中肯綮、针砭时弊的好文字。

三

对传统史学和主流学术观念的各种不足与弊端,麦克尼尔皆给予了深刻揭露、严肃批判甚至是严厉鞭挞,然而这些并不是其本人史学主张及成就的全部内容,甚至不是主要内容。在笔者看来,麦克尼尔的史学成就更多的是体现在创建一种以世界性或全

---

① 麦克尼尔:《欧洲史新论》,第16—17页。

球性意识为主要取向的宏观、整体而通透的史学解释模式的努力之中。在剖析致使20世纪中叶以后美国史学研究与教育濒于衰微的主要原因时,麦克尼尔也清醒地意识到当下的“历史家一方面对维多利亚史观不满,一方面又不能建立另一个言之成理的理论来取代它”。因而除了传统史学的负面作用之外,“历史学本身没有尽到应该尽的责任也是造成其衰亡的原因之一”。① 而“与其喋喋不休地批评旧观念(‘维多利亚史观’)的错误,不如自己创立一种新的欧洲史理论”。②

正是基于这些认识,他强烈呼吁为了启发读者的思想、教授人们一些行事的原则;为了拯救历史学没落的命运,重整历史教学在教育制度中的中心地位,甚至为了“解决历史学者的职业问题”等等目的,应努力地去创建一种充满清新的活力与价值的史学架构、史学通说和史学理论。麦克尼尔曾说,“一个通论性的史观不是一蹴可就的。一定要有那么一个人提出一项新观念,而这项新观念又能言之成理,还能吸引大家密切的注意,讨论的兴趣”,“这个新理论也能够经得起当代的批评,能够容纳一些必要的史实,最重要的是这一项新的理论能充满清新的活力与价值”。而“从各种零碎的细节中去寻求一种概括性的通论是做学问的一种挑战。从事于这种挑战,学问才会变得有活力,有意义”。③

纵观麦克尼尔本人撰著史学著述的历程,可以看到他也一直在努力地践行自己的主张。

1947 年,在获得康奈尔大学博士学位后,麦克尼尔赴芝加哥

① 麦克尼尔:《欧洲史新论》,第 12 页。
② 同上书,译者序,第 11 页。
③ 同上书,第 13—14 页。

大学执鞭任教。1949年,他便撰写了《西方文明史纲》,主要用途就是作为"西方文明史"课程的教材,以帮助学生们"获得对西方文明史的范围和连续性的认识"。① 麦克尼尔的成名之作并不是这部《西方文明史纲》,而是《西方的兴起》一书。但有学者认为:"《西方的兴起》的基本观念也隐藏在《西洋文明史大纲》中……1953年,他第二次修订《西洋文明史大纲》后,次年即着手撰写《西方的兴起》。经过漫长的八年岁月,《西方的兴起》终于在1962年完成了……1963年,《西方的兴起》由芝加哥大学出版,出版之后,纸贵洛阳,佳评如潮。1964年获得美国国家著作奖,可称为美国史学界近年来最杰出的通俗性著作。"②麦克尼尔在1978年说:由于"《西方的兴起》获得了成功,这似乎让我有理由相信:一本部头小一点的书,可以使我个人对人类全部历史的看法更容易传达给学生和一般读者——这些看法无论怎样不完善,却还是连贯和有见地的,可以被人们理解、记忆,然后去品味"。③《西方的兴起》的观念因此被浓缩到《世界史》中。该书仍广受欢迎,先后于1971年、1979年和1998年三次修订再版。从内容上看,这三部著述再加上《欧洲史新论》一书,基本构成了麦克尼尔关于西方和整个世界历史的通论性解释体系。其中,《西方的兴起》是核心,此前的《西方文明史纲》是铺垫、准备,此后的《世界史》是扩展,而《欧洲史新论》,特别是前两章,则是从史学理论角度和研究方法上所做出的集中阐释。

① 麦克尼尔:《西方文明史纲》,"致学生",第1页。此书后来分别于1951年、1953年、1958年、1969年和1986年多次修订再版发行。

② 麦克尼尔:《欧洲史新论》,译者序,第4页。

③ 威廉·麦克尼尔:《世界史》第四版序,北京大学出版社,2008年英文影印版,第xvi页。

麦克尼尔的这些努力是否达到了他自己的期许呢？国际学术界又是如何看待他的学术成就呢？除了前引巴勒克拉夫的评述之外，我们再来看看西方史学界对麦克尼尔的努力所给予的评价。

在《西方的兴起》首版的封底页上，赫然印有两段文字：

> 《西方的兴起》一书是我所知道的各种叙述类型的世界史著作中写得最为清晰透彻之作。我确信任何读过此书的人，都将对铸就我们今天这个世界的那个漫长而复杂的历史进程，获得一种更为深邃的洞察与认知。
>
> 这不仅仅只是一部极有学识和见地的著作，也是已出版过的叙述和解释整个人类史的著述中最具吸引力的一部，阅读此书将是一种令人非常满足的体验。

这两段褒奖有加的文字分别出自英国两位史学大家汤因比和休·特雷弗-罗珀(Hugh R. Trevor-Roper)之口。笔者之所以对此感兴趣，并非是由于两位评介者的赫赫大名，而是因为他们虽然在学术旨趣和治学理路上迥然相异①，但均对麦克尼尔的著作给予了首肯，尽管各自强调和欣赏的着眼点并不相同。这恰恰说明无论是在形而上的理论阐释与探求，还是在学识积淀和史实叙述上，《西方的兴起》都达到了相当高的水准，否则断难求得这二位学界泰斗的首肯与激赏。

---

① 特雷弗-罗珀，英国牛津大学教授，曾著长文《汤因比的千禧年》（"Arnold Toynbee's Millennium"），对汤因比史学成就大加抨击。有关情形请参见汪荣祖：《史学九章》，三联书店，2006 年，第 49—51 页。

当今美国全球史学派代表人物本特利教授对麦氏评价甚高，他曾指出：美国的专业史学家对世界史的真正关注是在20世纪60年代以后，其中主要代表人物之一就是麦克尼尔，并将其《西方的兴起》一书称为“经典著作”。[①] 还有人甚至将麦克尼尔与斯宾格勒、汤因比并称为“20世纪对历史进行世界性解释的巨人”。[②] 1990年，在《25年后再评〈西方的兴起〉》一文中，麦氏本人曾检讨该书的优缺点和得失，“总的说来他还是以满意的心情回顾了自己的这部著作在整体世界史发展过程中的里程碑地位”。[③]

此外，麦氏还撰著有《瘟疫与人》《竞逐富强》《人类之网》等大量主要关注对“在大范围区域内产生过影响的特殊事件”的专著与论文。笔者以为如果《西方的兴起》等前四部著述构成了麦氏史学成就的主干，那么，这些著述则构成了又一个系列。这些著述既分别将麦氏主体思想的内涵向不同侧面和角度加以延伸、拓展和丰富，是其整个史学思想中的有机组成部分，同时又各自单独地成为某个特定学术领域中的经典之作。

在《瘟疫与人》一书中，麦氏说道：“大约四十年前，为了撰写《西方的兴起》一书，我曾阅读西班牙人征服墨西哥这段历史，以充实相关的知识”，然而，“单凭欧洲文明固有的魅力，以及西班牙人所精通的科技优势”等“耳熟能详的解释似乎都不够充分”。在揭开这个历史谜团的思考中，“有一项不经意的说法”为麦氏提供了灵感，这就是疾病的作用。“在审慎思考这个答案以及它背后的含义之后，我的新假说变得愈来愈有可能，且愈来愈有分量

---

① 杰里·H. 本特利：《当今的世界史概念》，载《全球史评论》第1辑，第155页。

② 郭方：《评麦克尼尔的〈西方的兴起〉》，《史学理论研究》2000年第2期，第97页。

③ 同上文，第101页。

了”,因为“人类的历史也提供了许多与16、17世纪发生在美洲的事件类似的记录”。由于“负责筛检人类在历史上存活记录的学者,对于各种疾病模式可能产生的重大变化缺乏敏锐的洞察力”,从而使得“人类与传染病交锋的历史,以及每当旧有疾病的疆界被打破”,新传染病入侵某个对它缺乏免疫力的区域,所带来的深远影响成为“一处迄今为止仍被忽略的史学领域”。他形象地将疾病称为被史学家“漏网的大鱼”。既然疾病“对作物、牲畜和人类的肆虐,在整个人类历史上一直扮演着主要的角色”,那么,就应该将“流行病史带入历史诠释的领域”。而且,“进一步了解人类社群在自然平衡中不断变迁的地位”,也“应该成为我们解析历史的一部分”。[①]

笔者对西方关于疾病史、瘟疫史研究的缘起和动态状况所知甚少,故而无从判定《瘟疫与人》这部著作在这一研究领域学术源流中的精确位置,但可以肯定麦氏的这一研究成果和主张,对疾病史乃至生态史逐步进入西方世界史研究的视野产生了相当大的推动和影响。兹举一例,英国学者克莱夫·庞廷所撰著的《绿色世界史:环境与伟大文明的衰落》[②]一书,是目前国内学者较为熟悉的一部此类著作。书末,该书作者就每一个专题开列出大量的进一步阅读书目,而在第11章“死亡改变着的面孔”中所开列的参考书,却只列有《瘟疫与人》一部。

《竞逐富强:西方军事的现代化历程》[③],同样也是一部与《西

---

① 威廉·H.麦克尼尔:《瘟疫与人:传染病对人类历史的冲击》,第2—49页。

② 克莱夫·庞廷:《绿色世界史:环境与伟大文明的衰落》,王毅、张学广译,上海人民出版社,2002年。

③ 该书的英文名称为:*The Pursuit of Power: Technology, Armed Force, and Society since A. D. 1000*,若直译当为《权力的追逐:公元1000年以来的技术、军队与社会》。

方的兴起》有着密切关联的著作。麦氏自称其是《瘟疫与人》的孪生姊妹篇。他认为《瘟疫与人》“旨在探究人类社群与微寄生物相互影响过程中的突出事件”,“病菌是人类需要对付的最重要的微寄生物”,而武装力量则是“人类群体中的巨寄生物”。促使他撰写该书的“最初动机是一个评论家对《西方的崛起》一书所作的批评”。“那位评论家说我强调了以前各个历史时期的军事技术与政治模式之间的关系,但在论述现代时,却不知为什么忘记了这种关系。因此,本书可算作是对《西方的崛起》一书所作的注脚,虽然它的出版稍稍晚了一些。”①

在该书中,麦氏将技术进步、军事变革和社会变迁三种历史现象置于千年的漫长时段中进行辨析,探求三者之间的互动关系,进而揭示出促使西方兴起的动因。而他所得出的结论,显然同传统史学观念有着极大的不同。正如陈方正所言:“《竞逐富强》所为我们带来的……即欧洲的长期分裂造成剧烈军事和政治竞争,由此产生的巨大压力迫使各国必须不断变革以求自存,从而为军事体制(包括武器和军队组织)的改进和资本主义的发展提供了自然环境。因此,西欧并非先有现代价值观、人生观才产生现代政治、社会制度,才出现工业文明。实际上,它在思想、宗教、军事、经济、政治等方面的急剧变化,是通过这些领域彼此之间的强烈刺激与相互作用而同时发生、同时进行的。”②同样,麦氏对军事技术、武装力量和战争研究的关注,也对西方史学产生了重大影响,如在这一领域负有盛名的杰弗里·帕克教授在其主编的《剑桥插图战争史》中不仅将麦氏所著的《竞逐富强》作为该书

---

① 麦克尼尔:《竞逐富强:西方军事的现代化历程》,作者前言,第1、3页。

② 同上书,中文版序言,第2页。

的主要参考书目，还在书中醒目之处特意标示出："谨向为我们确定迫切需要的标准的米歇尔·霍华德和威廉·麦克尼尔致以诚挚谢意"的字样。[①]

《人类之网》一书，是从"交往"这一特定角度，对世界历史进行的一种鸟瞰式的分析。"交往"这一范畴，可以说在麦氏的史学思想中始终占据着一个十分重要的地位。在《西方的兴起》一书中，他就认为，"世界历史的发展主要应归功于各文明、文化之间的相互交流，相互作用，而高技术、高文明地区向低技术地区的传播即其表现"。[②] 而在《欧洲史新论》中，他又重申："我的结论是：有文字以来的大部分时间，推动历史变化的主轮是陌生人之间的接触。因为这种接触引起双方重新思考，甚或在某种情况下改变其原有的行为方式。这类接触和反应就产生了文明。像一座喷火的火山一般，在这一类文明内，出现了极其活跃地创造性的'大都市中心'（metropolitan center）。由于这类'大都市中心'的出现，'文化斜坡'（cultural slope）也产生了。'大都市中心'的地区时有变化，新的'大都市中心'也可能兴起。因为这些变化，随带产生'文化流'（cultural flows）方向与速度的变化。'文化流'方向与速度的变化，也就是'文化斜坡'基准线的变化。这一类变化又可以作为历史'分期'与'断代'的准绳。"[③]贡德·弗兰克也指出，麦克尼尔曾表达过这样的想法，即"他本人的著作《西方的兴起》对世界的体系性注意不够，我们应该用各种交往网络来逐渐描绘

① 杰弗里·帕克等著：《剑桥插图战争史》，傅景川等译，山东画报出版社，2004年。

② 马克垚：《编写世界史的困境》，载《全球史评论》第一辑，第7页。

③ 麦克尼尔：《欧洲史新论》，第37页。

出这些联系”。[1] 由此而论，迟至2003年问世的《人类之网》仍是一部拓展、充实麦氏基本史学观点的著述。当然，在这部著作中，麦氏父子对交往在人类历史中作用所做的探索性认知构成了一个更为系统、全面而连续的过程，其目光一直透视到远古时期我们先民祖先的生活与生理特征之中。这种透视有两个层面：其一是对人类交往的过程、范围、种类、力度和技术手段方式的探讨；其二则是对不同时期人类的交往对历史进程作用的评估。

在以生动的笔触对人类历史前行历程的描绘中，麦氏父子巧妙而细腻地勾勒出了人类交往对世界历史的巨大影响。他们认为，早在遥远的新石器时代，随着语言的产生，远古的先民们便通过相互的交谈、信息和物品的交换，使各个群体之间开始了相互的影响和交往。这些交换就是当时存在着一种非常松散、非常遥远、非常古老的人类相互交往和相互影响的网络的证据：即人类交往的第一个世界性网络（the first worldwide web）。及至距今12000年左右时，随着农业发明，各种新型的较为紧密的网络开始兴起。大约在6000年以前，某些网络变得愈发紧密，这应归因于各地城市的发展，从而形成各种都市网络（metropolitan webs）。大约在2000年前，随着各种小网络逐渐合并，最大的旧大陆网络体系（The Old World Web）形成了，它涵盖了欧亚大陆和北非的绝大部分地域。晚近500年间，海路大通，将各个都市网络都连接成为一个唯一的世界性（Cosmopolitan）的网络。而在最近的160年间，世界性网络开始迅速地电子化，从而使得人类交往的内容越来越多，速度越来越快。这个全球性网络是一个将合作与竞争合为一体的巨大漩涡。这些人类网络的发展历程在塑造人类历史

① 贡德·弗兰克：《白银资本：重视经济全球化中的东方》，第10页。

的同时也在塑造着地球的历史。人类已经开创了一个崭新的地球时代——人类纪(the Anthropocene)——在这一时代里,人类的行为已经成为影响生物演化和地球这个行星的生物—地理—化学各种流量以及地理演进的最为重要的因素。①

本特利对这一著作的评价是:这种对更为宽广的网络范畴的关注与研究有助于超越传统史家所认可的诸如民族国家、地理、文化和种族界限,“对历史发展的进程做出别具一格的描述”。②美国乔治敦大学教授约翰·沃尔(John O. Voll)在向公众推荐这部著作时说:“麦氏父子为我们提供了一种崭新的框架,紧紧扣住人类各种互动网络这一主题,在世界历史的视域中来理解人类的整体经验。每一位负责处理各类全球性事务的公共官员,每一位喜爱原创史学著作的历史爱好者,都应该在案头、枕边放一本《人类之网》。”而因著有《哥伦布交换:1492 年的生态与文化结果》和《生态帝国主义:欧洲的生物扩张,900—1900 年》等著述蜚声国际史坛的阿尔弗雷德·克罗斯比教授(Alfred W. Crosby)对这部著述的推介辞,则更为直接爽快:“如果你只想读一本书来了解世界历史,那么,《人类之网》就是你想要的。”其欣赏赞誉之情,可谓跃然纸上。

四

试图探究天人之际的奥妙关系,凿通古今的时空隧道,编纂出一部既“成一家之言”又真实客观的世界历史,对人类历史加以

① 参见本书导论,第 1—8 页。

② 本特利:《当今的世界史概念》,载《全球史评论》第一辑,第 161 页。

总体或整体性的评估与总结,历来就是史家们所追求的一个方向。而大凡进入某个重大变故的时代,史学的这种追求都会表现得格外强烈。但如何寻觅出某种正确的方式与适当的体例,却是横亘在历代特别是当今史学家们面前的一道难题和一种挑战。

从1949年撰写《西方文明史纲》开始,麦克尼尔60年来一直在为创建一种宏观、整体而通透的世界史解释模式而不懈探求,其间也不乏调整、修改和反省,其成就堪称蔚为大观。总体说来,包括中国学者在内的国际史学界还是认为他的努力中有诸多值得肯定、称道和借鉴之处,并给予了普遍的认可和赞誉。如马克垚先生曾在一次评述世界史编撰的演讲中指出,由麦氏所著的《西方的兴起》为代表的史学成就,构成了继苏联编写的《世界通史》之后的"第二种世界史的体系"。[①]

当然,麦氏的史学著述,无论观点、结构还是具体表述,也还存在某些不足、偏颇、疏漏甚至令人质疑之处。因而,无论是对麦氏本人的学术成就还是对全球史学派的整体状况,我们的解读和认知都须客观、全面而审慎,当持一种尽量公允的、学理探究的态度。在看到其不足与弊端的同时,更应认识其学术价值。钱乘旦先生在评介麦氏《世界史》时,对该书的成功与不足所做的评析,就极富有学理探究的意味。一些中国学者在不同的问题上对麦氏观点、结论或假说提出了颇见功力的商榷性的意见。[②] 还有一些学者认定麦氏的著述中仍体现着"明显的西方中心论思想"。[③]

吴于廑先生曾言:"世界历史是长卷的江山万里图,没有全局

---

① 马克垚:《编写世界史的困境》,载《全球史评论》第一辑,第7页。

② 李化成:《全球史视野中的黑死病——从麦克尼尔的假说论起》,载《全球史评论》第一辑,第236—249页。

③ 刘景华:《世界历史新四分法》,《全球史评论》第一辑,第325页。

在胸,画不成这样的长卷。”他还提出,既然“世界史是宏观历史。宏观历史的特点之一就是视野要比较广阔,把国别史、地区史、专史的内容加以提炼、综合、比较,相同的地方看到它是一,有特殊的地方看到它是多,做到一和多的统一,来阐明世界历史的全局发展,阐明各个时期世界历史的主潮。世界史要勾画的,是长卷的江河万里图,而非团团宫扇上的工笔花鸟”。[①] 刘家和先生也曾指出,“世界历史只能是写意画,而且永远只能是写意画,当然其中还有大写意和小写意的区别。那么,什么是写意画的‘世界历史’的特点呢?我想,那应该有这样的一些要求,即比例适当、重点突出、动态鲜明,这样就能达到总体上的神似。要写这样一部‘世界历史’,所需的倒不是数量上的齐全,而毋宁是在结构上的有机的整体”。[②] 两位先生的这些形象而深邃的话语,笔者以为,集中反映了中国学术界在探究和编纂世界史上的基本设想和主张,而麦氏的史学思想和成就,恰好对我们绘制人类历史的万里江山图卷的探索努力,具有相当丰富的借鉴意义和十分必要的参照价值。

① 吴于廑:《吴于廑学术论著自选集》,首都师范大学出版社,1995 年,第 16、577 页。

② 刘家和:《历史的比较研究与世界历史》,载《世界各国的世界通史教育国际学术研讨会·学术交流论文》(中国学者卷),首都师范大学历史系,2005 年 10 月,第 127—133 页。

序　言

有些人非常渴望了解世界是如何发展到今天这种状态的,但他们又无暇去把一两个书架的历史著述一一啃下来,本书的写作,就是为了满足这些读者的需求。本书作者是一对父子,他们同样怀有了解、认知世界历史进程的渴望,并且他们有机会阅读了几个书架的书籍。写这本书的计划肇始于儿子一个愚蠢的念头:既然史蒂芬·霍金(Stephen Hawking)能够在198页的篇幅之中囊括整个宇宙的历史①,那么,他自己就应该可以将整个人类的历史浓缩在200页之内。结果不久,他便意识到仅凭一己之力是根本完成不了这一设想的,但是,如果父亲加入进来的话,则大有希望,因为他曾与人合作写过一部人类历史(全书共计829页)。②于是,这两位生性倔强的历史学家便开始了携手合作。我们的讨论忽快忽慢,时断时续,历时几年,既有当面切磋,也有电话联系,甚至还有老派的书信往来。而最终的成果,就是现在各位读者手中的这本著述。

在本书撰写过程中,许多同道好友曾以各种方式给予我们很多帮助,尤其是审读书稿,指出我们的各种失误和过错。在此,我们向 Tommaso Astarita, Harley Balzer, Tim Beach, Jim Collins,

---

① 史蒂芬·霍金:《时间简史:从大爆炸到黑洞》(Stephen Hawking, *A Brief History of Time: From the Big Bang to Black Hole*, New York, 1988)。

② 威廉·麦克尼尔:《西方的兴起:人类共同体的历史》(William H. McNeill, *The Rise of the West: A History of the Human Community*, Chicago, 1963)。

JoAnn Moran Cruz, Peter Dunkley, Catherine Evtuhov, David Goldfrank, Chris Henderson, David Painter, Scott Redford, Adam Rothman, Howard Spendelow,以及 John Witek, S. J. 等乔治敦大学的诸位同仁表示深深的感谢。对曾给予我们同样帮助的坎特伯雷大学的 Ian Campbell ,Nicola di Cosmo,圣地亚哥州立大学的 David Christian,马奎特大学的 Nick Creary,太平洋大学的 Dennis Flynn 和 Arturo Giralder,阿姆斯特丹大学的 Johan Goudsblom 和 Fred Spier,加利福尼亚大学伯克利校区的 Alan Karras,杜克大学的 John Richards ,以及昆士兰理工学院的 Carl Trocki 等诸位学界同仁,我们也致以诚挚的谢意。我们还要向 Ashmolean 博物馆的 Andrew Sherratt 先生致以特别的感谢,感谢他对书稿中的各种年代、数据以及有关史前史的一些解释的纠正。此外, Aviel Roshwald 和 John Voll 这两位乔治敦大学同事和 John Donnelly 先生曾审读了本书的初稿,对此我们致以特别的谢忱。最后,我们父子二人要向我们的大家庭表示深深的感谢,这个大家庭给我们提供了赖以生息的人类之网,尽管有时候,家庭生活的日常规律和计划可能会因为我们俩的谈话而被打乱,但大家还是乐于忍受那些冗长的对谈。

约翰·R. 麦克尼尔

（于华盛顿特区）

威廉·H. 麦克尼尔

（于克勒布鲁克,康涅狄格）

导　论　各种网络与历史

> 几乎没有任何人能比这一对在天明之前孤寂时分行进至此的天涯孤客更为孤独或更能自我克制了……然而，他们此番孤独的行程并不是同某种设想毫无关联，这是在从威特海到合恩角这片广袤空间中，人类所编织起来的巨大网络图案中的一个组成部分。
>
> ——托马斯·哈代：《林地居民》
>
> （Thomas Hardy, *The Woodlanders*, 1887）

3

这本书是陈酿与新酒的勾兑，混合之后，又倾注在一个新酒瓶里。书里的观念和见解，有一些早在50年前就有人提出了，在这里又做了些加工提炼；还有一些观念，则是第一次出现。而让这本书得以定型的那个"新酒瓶"，是这样一个概念：在人类历史上处于中心位置的，是各种相互交往的网络。

一个网络，正如我们所看到的，就是把人们彼此连接在一起的一系列的关系。这些关系的表现形式多种多样：比如说，邂逅之交、亲属、朋友、群体敬拜、对手、敌人、经济交往、生态交流、政治合作，甚至还有军事竞争，等等。通过上述这些联系，人们彼此交换信息，并且使用这些信息来指导他们下一步的行动。他们也彼此交换或传输各种有益的技术、物品、农作物、观念等等。更进一步，人们还可能在无意间交换着各种疾病、无用的废物，以及那些看似无用但是却关系到他们生存（或死亡）的种种事物。塑造

4

人类历史的，正是这些信息、事物、发明的交换与传播，以及人类对此所做出的各种反应。

历史的驱动力，就是人们改善自身处境、实现个人欲求的愿望。然而，人们可以希望得到什么，无论物质的或精神的，以及他们如何去追求这些希望，皆有赖于他们所能加以运用的各种信息、观念和范例。因此，各种网络所起的作用，就是日复一日地输送、协调人们的愿望和行动——现在依然如此。

虽然在漫长的时光中，人类之网总是在不断大幅度地改变着自己的性质和内涵，以至于我们谈及人类交往的网络时不得不使用复数形式。但在其最基本的层面上，人类之网还是得回归到人类语言的发展之上。我们那些远古的祖先们通过相互之间的交谈、信息和物品的交换，在狭小的群体中创造出了某种社会的稳定性。逐渐地，各个人类群体彼此之间开始了相互的影响和交往，但这些往往是暂时性的和偶然性的。尽管不断的迁徙使我们的祖先散布到除南极之外所有的大陆地区，然而在悠悠岁月中经历了不同群体之间的基因和配偶的交换之后，我们人类时至今日依旧保持着同一种属的特性。而且，在漫漫时光中，弓与箭逐渐传播到除了澳洲之外的世界大部分地区的这一事实，也显示出一种实用技术从一个群体向另一个群体扩散所达到的广度。这些交换，就是当时存在一种非常松散、非常遥远、非常古老的人类相互交往和相互影响的网络的证据：这就是人类交往的第一个世界性网络（the first worldwide web）。但是，由于当时人类的数量过于稀少，地球还十分广袤，故而，及至距今 12000 年左右时，这一网络还一直保留着松散的特性。

随着大约 12000 年前农业发明的出现，人类的数量开始增长，人口变得愈发稠密，各种新型的较为紧密的网络开始从那种松散的原始的网络中兴起。虽然第一个世界性网络并没有消失，但是它的各个部分之间的相互影响变得更加明显、频繁，所以它们逐渐地形成了自己的各种小规模网络。这些网络的出现，在环境上是有所选择的，即在那些出现了农业或鱼类极为丰富，从而使得定居生活更加方便的地区才有可能，因为这种环境使得更多的人可以保持经常性的、持续性的相互交往。这类更为紧密更为稠密的网络在空间范围上具有地方性和地域性的特征。

渐渐地，大约在6000年以前，这些地方性和地域性网络中某些网络变得愈发紧密，这应归因于各地城市的发展，这些城市对于各种信息、物品和各类传染病来说，具有汇集地和储藏库的功用。它们演变为各种都市网络（metropolitan webs），这类网络是以各个城市同其农业或牧业的腹地的联系以及各个城市之间的联系为根基的。都市网络并没有将所有的人类都涵盖进来。时至今日，仍有些民族尚保留着经济上的自给自足、文化上的独特性和政治上的独立性。第一个都市网络在6000年前首先形成于古代苏美尔诸城市的周边地区。一些都市网络向外扩展，将其他都市网络吸收或者合并进来。还有些都市网络一度相当繁荣，但最 5 终又逐渐地颓废破败、支离破碎：都市网络的构建过程曾出现过多次逆转。大约在2000年前，随着各种小网络逐渐合并，最大的旧大陆网络体系（The Old World Web）形成了，它涵盖欧亚大陆和北非的绝大部分地域。晚近500年间，海路大通，将世界上各个都市的网络（以及几个以往留存下来的地方网络）都连接成为一个唯一的世界性（Cosmopolitan）的网络。而在最近的160年间，随着电报技术的发明使用，世界性网络开始迅速地电子化，从而使得人类交往的内容越来越多，速度越来越快。时至今日，尽管人们所使用的相互交往方式有着巨大不同，但是每一个人都已处于一个巨大的全球性网络之中,这是一个将合作与竞争合为一体的巨大漩涡。这些相互交往和相互影响的人类网络的发展历程则构成了人类历史的总体框架。

在对历史进行简略考察之前,有几个同这些网络相关的问题需要我们予以关注,并做一番深入的观察,即:它们所具有的合作与竞争的特性、它们的扩展趋势和它们在人类历史中重要意义的增长以及它们对地球历史的影响。

(1)所有的网络都包含着合作与竞争两个方面的内容。社会权力的最广泛的基础就是交往,因为它可以维系人们之间的合作。交往使得众多的人为了一个共同目标而努力奋斗,还使得人们将自身最擅长的技能专业化。在一个合作组织框架中,专业化和劳动分工可以使得一个社会较之于其他组织方式更加富足,更加强大。然而,这也使得这个社会更加分层化,更加不公平。但是,倘若合作的框架能够得以继续维系,那么,这个网络就会扩展得更大,这个社会就会更加富足,更加强大,而生活在其中的人们之间的非公平化现象也会更加突出。

但是,与网络这种合作功用相矛盾,网络也同时构成了一种并行过程,即充满敌意的竞争。竞争对抗也分享着信息,这种分享主要是以威胁方式来获得的。当确认威胁真正来临时,人们势必会做出一定的反应。而各种有效反应通常与某些紧密合作形式相关。例如,一旦某个王国对另一个王国构成了威胁,那么这个受到威胁的国王必然要寻求将自己的臣民们组织起来,以捍卫自己国家的统治。他还可能从其他国家中寻找盟友。结果,在一定层面上的竞争,却在另一个层面上促成了合作。

(2)在漫漫的岁月中,人类的那些群体——如家庭、氏族、部落、酋邦（chiefdoms）、国家、军队、王朝、银行家族、跨国公司等等——皆在它们各自所处的层面上，进行非常有效的交往与合作，从而确保自己的竞争地位和生存机遇得以改善。以使敌对群 6 体处于较低的内部交往与合作水平的代价为基础，它们获得了更多的资源、财富和人力。所以，人类历史的普遍趋势是在现实中各种各样竞争的驱动下——无论是自愿的还是被迫的——朝着越来越大的社会合作方向发展。随着时间发展，当其自身内部的凝聚力、交往和遵循共同准则的能力处于衰弱和濒临破裂的时刻，各种类型的合作组织皆倾向于进一步发展自己的规模。

那些将所有类型群体都连为一体的规模较大的相互影响的都市网络，也倾向于不断发展，其缘由有三：首先，凡参与它们之中的成员都拥有相互商讨、磋商的优势。随着相互交往与合作的增强，各个社会内部的都市网络都变得比处于社会之外的那些网络更加强大。参与到这种网络之中，就可通过劳动的专业化和交换获得更多的经济优势。而军事优势，则来自于那个由众多装备精良的武士所构成的组织，在运用战争暴力方面，这些武士常常都是技艺娴熟的专家，他们对于尖端军事技术极为敏感（而且常常将其付诸应用）。对于出生在其中的人们，各个都市网络也积累了相当丰富的抵御瘟疫流行的优势，因为当某种瘟疫爆发之时，较之于那些生活在网络之外的人们来说，生活在各个都市网络之内的人们获得免疫力的可能性更大。

然而，生活在各个都市网络之中，人们获得这些优势都是有代价的。经济的专业化和交换在创造财富的同时，也创造了贫穷。掌握杀人技艺的武士们，有时也会把他们手中的武器指向渴求他们保护的人们。而且，只有在反复接触那些可怕的瘟疫之后，人们才能获得对其的免疫力。尽管如此，同那些生活在都市网络之外的人们相比，他们在这些劫难中生存下来的几率还是明显要大得多。

除了上述这一缘由之外，还有更多的力量在推动着都市网络不断扩展。各种网络皆具有社会生活无意识、无组织的特征。然而无论如何，它们自身之中也包含着一些有意识的组织——如各种血缘组织、部落、教堂、公司、军队、匪帮团伙、帝国等等——所有这些组织皆拥有自己的领袖，他们都行使着非同寻常的权力。为了追求自身的利益，这些领袖致使都市网络不断地扩展。任何世袭的领袖都在享受着臣属们所贡奉的各种食物、服务、警备护卫和特权。他们通常都寻求扩展自己权势控制的空间，以使自己所享受的各类贡奉的水准不断提升。而他们的随从们，或是为了避免惩罚，或是为了从中分得一点奖赏（然而这点奖赏同领袖们所获得利益相比简直是微不足道），均对领袖扩展都市网络的行为予以支持。在以往的岁月中，由这种动机所驱使的扩展给生活在都市网络之外的人们造成了极大的灾难，在捍卫自己的民众、财富、资源或宗教信仰方面，他们的组织相对贫乏。而在这些灾 7 难中幸存下来的那些人们发现，自己已经身陷于一个全新的经济、政治和文化联系之中，简而言之，已置身于一个陌生的网络之中。因此，那些社会组织的领袖们为了拓展自己的权势和地位，一直在（即便有时是无意识的）推动自己所处的网络向外持续不断地扩张。

交往、运输技术的不断改进与完善，也是致使都市网络趋向于外部扩展的一个缘由。例如，书写文字、印刷和互联网等等都是信息传递技术的重要进步。它们之中每一次进步与改良都极大地降低了信息的成本，使创建和维持一种更大的合作与竞争的网络体系变得更加容易。舟船、车轮、铁路极大地降低了运输的成本和代价,促进了各种商品和信息在更为广袤的空间和更为众多的人之间进行交流。

(3)由于上述缘故,各种网络将合作与竞争都包容在了自己的体系之中,并且随着时光推移,它们的规模也趋向于扩展。同样,也是由于上述各种缘故,各种网络皆对历史施加了自己的影响。原始网络缺乏书写文字、车轮和可供驮架物品的牲畜。以当今标准来看,原始网络中的信息和物品流通始终处于范围狭窄和速度缓慢的状态之中。它对人们日常生活的影响能力也是很微弱的,尽管偶尔它也可能传输某种重大的变化。但是,大约从6000 年前开始,随着各种都市网络编织得越来越紧密,它们所传输的信息和物品的数量越来越多,速度也越来越快,从而在历史上发挥了更大的作用和影响。而且,随着这些网络的自身发展和相互连接,处于孤立状态之中的社会数量愈发减少,各个社会处于一种并行并存的状态之中,它们相互之间的联系交往也越来越多。在距今 12000 年到 5000 年期间,全世界至少有 7 个社会发明了农业,这些发明大多数都是独立完成的:可见相同的压力导致了并行的相同的结果。但是,蒸汽机却不是被发明 7 次之后,才传遍世界各地的:它只是在 18 世纪被发明了一次,而且这一次就足够了。

(4)人类交往、合作与竞争所生发出来的力量,在塑造人类历史的同时也在塑造着地球的历史。人类各种活动的共同作用使得自然生态的各种关系被打破,这首先是来自于人类有目的地使用火,联合猎杀大的野兽以及对各种动物、作物的驯养与培育。渐渐地,人类学会把更大份额的地球能源和物资用于自己的目的,从而使我们人类在地球上的活动空间大为扩展,人口数量大为增多。结果,使世界性网络的基础结构得以建成,并且以船舶、公路、铁路和互联网等方式，使这个网络的建设与维持变得更加容易。网络的建设过程和人类所支配空间的扩展过程彼此相互支撑。假设没有那种巨大的交往，没有那些食物、能源、技术、货币等流通和交换所构成的现代世界性网络，我们人类便不可能达到60亿之巨的数量。我们已经开创了一个崭新的地球时代——人类纪(the Anthropocene)——在这一时代里，人类的行为已经成为影响生物演化和地球这个行星的生物—地理—化学流动以及地理演进过程的最为重要的因素。

8

人类是如何创造各种相互交往的网络的？那些曾对世界不同部分加以塑造的各种网络是如何发展起来的？它们又是如何连接成为一个世界性网络的？以及它们又是如何改变了人类在地球上的地位与影响？这一切都是本书要加以探讨的主题。倘若幸运，这种对往昔的透视探索将会对现在和未来的时空投射出几缕光芒。

第一章　人类的成长岁月

几根破碎不全的骨骼、几块被切削打磨过的石器以及几处炭火的遗迹,便是我们目前所掌握的有关我们远古祖先的确存在过的全部证据。及至今日,考古学家们虽然已经对数以千计的遗迹现场进行过详细研究,并获得了难以计数的各种遗物碎片,但在地球这些遗物遗迹的基础之上,对人类发展历程的解说却仍旧处于猜测与想象的状态之中。从那些破碎的骨骼和石器开始对人类共同体进行重建,需要的是鲜活的想象力;而专家们所做出的任何一种假说、设想,一经问世便立即成为其他专家加以抨击的目标。不过,有些里程碑式的标记似乎还是确定的;近些年来,随着有关年代分析的化学技术的使用,许多被发掘的遗物在年代时间的确认上,具有了越来越高的精确度。然而,几乎每一件遗物仍都保留着某种不确定性。无论何时,即使仅仅是一次新的发现也会使现时流行的各种概念范畴发生极大的紊乱。

在那些不确定的各种猜测结果当中,对于我们祖先从树上下到地面之后开始的人类成长历程,哪些猜测最具可信性呢?

首先,从树上下到地面这一关键事件发生的地点位于非洲,大约 400 万年前,我们猿类的祖先冒着危险进入到热带无树大草原地带(Savanna)。这个大草原气候干燥,生长着各类草本植物,并散布着一些耐旱的丛林,这些丛林为我们猿类的祖先提供了或多或少带有安全感的夜间休眠之所。在这片草原上,雨季、旱季交替轮换,对于各种食草动物以及我们的祖先来说,进入水源地饮水便成为性命攸关的大事。原人(Protohumans)具有多方面的特殊才能。他们取食相当广泛,既食用各种干果、水果、草根和树叶,也吃各种小动物、昆虫甚至蛆虫。几乎可以断定,我们祖先本身也是那些猛兽的口中食物,并且极有可能还会跟秃鹫、鬣狗一道去争夺猛兽吃剩的各种动物的尸体、腐肉。

10

我们祖先所具有的多样化食物结构这一秉性,使得他们相对容易地适应了气候的各种变化。的确,人类后来的成功绝不是这一小小的事实所能使然的,因为自距今250万年开始,冰川的形成和融化反复地出现,从而使整个地球的温度发生剧烈变动,各地的生态环境系统均出现严重紊乱。而在适应能力方面的特殊禀赋,使我们祖先非常有效地在生物竞争中胜出,成为优胜者,随着时间推移,通过发现新的食物种类和发明各种获取新食物的方法,他们很快地迁徙到各种复杂的地理环境之中。

这些成功,反过来,也是由生活在非洲大草原上的原人的其他特殊禀赋所导致的。我们祖先在绝大多数或全部时间里都是靠双脚直立行走,所以他们能够将自己的双手腾出来,用于使用木棒和投掷石块。而他们所使用的各种木质工具或石器都按照特定的用途被精心处理加工。尽管木质工具制造的时间可能要稍早一些,但就现存的遗物来判断,人类大概在180万年前就开始了工具的制造。当那些石块被人类刻意地打砸出锋利的边刃而变成石器的时候,它们就开始出现在考古学的记载当中了,这些锋利的石器可以用来砍切动物的尸体或刮削那些用于挖掘、刺戳的木质工具。大多数动物都是靠锋利的牙齿来捕获食物并对它们的食物进行处理。而我们的祖先则相反,他们的牙齿越来越小,这是因为他们运用自己强劲的臂膀和腿部肌肉,并依靠棍棒的挖掘和石器的切削来捕获和加工处理各种食物。在同其他肉食野兽进行防卫搏斗时,我们的祖先们也是靠棍棒、石器来取代牙齿,从而使得他们自己与那些攻击者之间保持一段距离,大大地减少了受到伤害的危险。

以工具取代牙齿,从一开始就是一个极佳的选择,而且随着棍棒和石器制作技术的改进完善,这种优势逐渐显示出来。但是在种类更广的各种精致工具出现在考古学记录之中以前,通过学会对火的使用与控制,人类在自己的生活方面又开始了第二次根本性变革。至于火究竟是在何时和怎么被人所使用与控制的,现在尚无法予以精确的确定。① 但就在人类能够并的确对自己使用的工具进行改良的时候,他们也改变自己同火之间的各种关系。他们逐渐地掌握了如何用火来对付各种猛兽和以其将动物驱赶至陷阱或设伏地点的本领,与此同时,也学会了如何将火用于取暖、照明和烹饪等各种用途,从而使其成为人类生活中的一个焦点。通过有意识地焚烧干燥的草木,我们的祖先已经可以为了狩猎的目的,对地貌进行改造。对火的掌握,对于人类来说,其意义实在是太重要了,因为只有那些掌握了各种使用火的技能的群体才能够生存下来。 11

可以做出这样的推测,人类这些行为的特殊禀赋大大有助于我们祖先在生理方面的演化。我们现今所发现的各种骨骼碎片的确还无法重现类人猿祖先是如何转变为现代人类的。但是,我们确确实实地知道了人的大脑容量变得越来越大,知道了在大约160 万年前,直立猿人(*Homo erectus*)在体格特征上已经同现代人

---

① 近来在东非地区的发现被解释为是人类种属在远至100 万年以前就掌握了使用火的方法的证据。不管这种解释是否正确,大约40 万年前,人类对火的掌控业已成为一件毋庸置疑并且相当普遍的事情。

完全一样，具有同我们一样的双脚和双腿，擅于长距离的奔跑和行走。①

大约100万年前，直立猿人中的某些先行者们就离开非洲大草原，开始进入亚洲，后来又进入欧洲。在东起爪哇和中国北方、西至匈牙利这一广袤的地域之中，我们所发现的各种猿人的遗骨化石表明，猿人已经能够在包括冬季那种冰天雪地的严寒气候在内的各种恶劣自然条件下生存下来。制作衣物（或许仅仅只是披在背上的兽皮而已）、栖身于洞穴和人工搭建的茅屋或帐篷之中，以及保存炉膛里的火种（可能只是为了引火之用）所必需的技艺等，大概就是使直立猿人这一原本生活在热带地区的动物得以在冰冷气候下能够生存下来的必备条件。但是，考古学在这方面的证据还极为缺乏，故而我们对此尚不能充分确认。

各个直立猿人群体所展现出来的那些明显的适应特性逐渐地被他们的后继者，即我们的直接先祖——智人（*Homo sapiens*）所超越。大脑的进一步加大，以及躯体其他方面的各种小小的变化，使得智人同直立猿人区分开来。在后来的岁月中，智人在行为和社会各个方面的变革，使其同直立猿人之间的差别急剧地加大。智人同直立猿人在行为上的这些差别与不同或许直到很久以后，在非洲首次发现的智人骨骸中才显现出来，这些骨骸距今约20万年到13万年。那种具有持续技术性变革能力的现代类型的人类大约只是在4万年前才形成。这种现代人的出现是以两

---

① 此外，直立姿态、汗腺和无毛的皮肤综合在一起，赋予人类一种非常有效的冷却系统。那些靠喘息来冷却自身躯体的动物，无法获得与人同样的肌肉耐力。例如，澳大利亚的土著居民在捕获奔跑速度飞快的袋鼠时，仅仅是用追赶袋鼠几个小时的简单办法就可奏效，因为袋鼠在奔跑几个小时之后便会因体温过高而精疲力竭，乖乖受擒。

个方面的特征为标志的，一是人类已掌握的工具类型的增多，这种增多随着地点和时间的不同而有所不同；二是人类可居住地域的迅速散布。① 首先是澳洲（大约6万年至4万年前），其次是美洲，二者是人类所占据的最大的地区；但在距今大约3.5万年前，在从欧洲到西南亚，以及到环东南亚的广阔环形岛屿这样一个广袤地区之内，智人也取代了或者同化了尼安德特人（Neanderthals）。到距今1万年前，只有那些被冰雪覆盖的地区和极其偏远的岛屿还未被踏上人类的足迹。 12

在此之前，地球上还从未有过任何一种大型躯体类型的生命能够跨越如此大的气候和水域的障碍。人类的适应特性超越了一般自然环境的束缚和界限。其结果就是，在几乎所有地球陆地表面，人类对其他生命类型的影响开始对各个地区生态环境发生作用。

倘若我们试图对究竟是何种力量使得人类这种非凡的事业成为可能进行想象猜测的话，那么，最可行的解释就是这样一种设想，即人类交往和合作网络的明显改进才导致了各个智人团体得以迁移至所有地球可居住地域并作为一个统治种族到处确立自己的统治地位。这其中最为重要的创新大概就是对语言的充分使用，使其具有了符号象征的意义。一旦人类可以通过对事物的谈论以及赋予各种物体、行为和局势以方便名称等方式，创建起一个共同认同的意义世界，那么，他们就在个体经历和个体以外的所有的事物（这包括一个直接共同体之内的其他个人的经历

---

① 最近在中非地区的一些考古发现，其时间被确定为距今9万年到7.5万年之间。这一发现可能会将与智人有关的技术变革的最早时限提前。请参见 John Reader, *Africa: A Biography of a Continent*, New York, 1998, p.139。

和他们可能和愿意采取的行为）之间装上了一个过滤器。反过来，这个过滤器使社会行动协调性的精确度得以增长。因为，随着对各种工具和火的使用，只要人类的经历未能达到预期的目的，那些被共同认同的意义就可以被加以改变和完善。

因为这些未达到预期目的的失望是长期存在的（而且仍将继续存在），所以，驱动人类进行发明创造的刺激也就一直存在。因而，那种带着发明创造面孔的令人费解的模仿开始变得越来越具有智慧。简单地说，由于语言开始在人类中间塑造出一个共同认同的意义的知识世界，人们期望和经历之间所存在的那种矛盾就一直不停歇地促使人们努力地去修正那些意义，以使其改变人们的行为，并迫使这个符号世界更好地适应人类的各种希望、渴求和打算。

一种永不停息又无法自控的新观念和新行为的爆发，确保赋予了人类这个懦弱的种族迅速增长的力量，以改变自己的行为和变革周边的环境。这意味着发生在人类各个共同体之间的符号象征意义的演化，在很大程度上取代了基因遗传的演化，成为地球上生物变革的一种驱动力量，这或许可恰当地称为生态史中的人类时代，大约肇始于距今 4 万年以前。

13

从此，我们人类以一种极为特殊的方式，彰显出自己独特的唯一性。它独自创造出一个符号象征意义的世界，使人类既具有了杰出的迅速演化能力，又具有了将一定数量的个体，比如在我们这个时代就是将数十亿人的行为加以协同的能力。实际上，我们这部书所叙述的内容就是这种能力得以完善、完成的过程。

对于人类创造的符号世界来说，具有语法规则和可以被人理解的话语是一个关键的前提。各种猴子和猿类都是可发出嘈杂声音的社会动物，它们可以使用声音来发出警报和进行其他信息的交流,我们人类远古的祖先极有可能也是同样的。但是,那些远古人类的遗骨却没有告知有关我们祖先这类行为的任何信息,所以,我们只能凭借想象去揣测各种手势、各种语言的发音、容量增大的大脑、可移动的喉咙(a relocated voice box)和幼童依赖期的延长,以及在小规模人群中永远存在的社会互动网络等各种要素,是如何允许和促进人类在相互交往的速度、规模和准确性等方面不断地进行改进和完善。

在这种演化的进程中,有一个里程碑式的重要标志就是歌唱和舞蹈的发明,因为当各个人群通过有节奏地跳动和发出声音来显示自己的巨大力量或及时地集结在一起的时候,他们就唤起了一种万众一心的炽热情感,从而使得他们在遇到危险的时刻能够比以往更加团结合作,更加相互支持。其结果就是,歌唱与舞蹈在各个人类共同体中皆为一种普遍共同的现象。同说话一样,这些行为也是我们人类不同于其他物种、独有的一个标志。它所造成的巨大的优势效应就是使各个较大的人群能够保持团结,解决各种内部纷争,能够更加有效地捍卫自己的领土,因为这种节庆般的欢歌狂舞具有使所有参与者都忘却与他人的矛盾和化解各种内部争端的功效。

在人类学家看来,甚至那些最原始简单的人类社会也能识别自己的成员,每个这类群体通常由数百个个体组成。相比而言,黑猩猩的群体则要小得多,而且一个密切的观察表明,一个仅有15只成年雄性黑猩猩的群体就会自动分化成两个彼此仇恨的群体。短短几年之内,致命的战争就会将那个较小的黑猩猩群体彻底地毁灭。倘若我们的祖先也按照与此相类似的方式行事,那么,很显然,那种通过歌唱和舞蹈将其成员的情感统一起来的人数较众的群体,对于那些人数较少且内部争斗不断的邻居来说就具有一种决定性的优势。因此我们揣测,歌唱和舞蹈的普遍出现同火的普遍使用一样,足以在我们祖先中间形成并确立起一种扩大人类规模的政治形式。

14 反过来,较大规模的共同体也激励着人们在语音交往方面进一步改进与完善。渐渐地,在距今 9 万年到 4 万年期间,人类跨越了一个极为关键的门槛,在共同认同的意义与外部世界的实际相遇之时,一个广泛而丰富的互动过程开始了。如同对火的掌握和歌唱与舞蹈的出现一样,一种创造普遍意义世界的语言能力对于人类生存的影响同样极为重要,以至于它也在各地的人群之间普及开来。因而,这三种后天习得的行为模式便成为我们人类有别于其他物种的独有特征,而且一直保存到今天。

大约在距今 4 万年到 1 万年期间,人类在地球表面所进行的非凡的扩张,或许就是彼此相邻的人类族群为了领土而展开激烈争斗所导致的后果,这种情形同晚近我们对相邻而居的黑猩猩的族群所进行的观察非常相似。黑猩猩们不时地要对自己的领土边界进行巡查,并经常对相邻的领土进行实地勘察,它们以躁动的喧叫与偶尔使用的肉体搏斗的方式,攫取额外的食物,并尝试性地对其邻居发起攻击。久而久之,这类对抗就会导致边界发生变更,因为在相邻族群中的黑猩猩数量的增加或减少必然引起领土版图局部的随机的重新划分。①

---

① 詹尼·古德尔(Jane Goodall)曾从 1960 年开始对坦桑尼亚戈姆比(Gombe)自然保护区的一群黑猩猩进行观察。1970—1972 年间,在他所观察的黑猩猩之间发生了分裂,随之导致了致命的战争。对其他黑猩猩族群的观察也加深了我们对黑猩猩领土变更的认识,一些领土界限的变革同我们预期的完全一致。但是,在当代非洲,人类对黑猩猩居住地的侵占速度是非常快的,故而,这些"原生态"的观察,不仅受到那些职业观察家自身存在的影响,而且也受到了其他人类活动的影响而变得更加紧张。其结果是极为严重的。例如,戈姆比黑猩猩就遭受到一种小儿(转下页)

倘若我们祖先们采取相同的行动，倘若他们那些超越其他物种的技能在数量上不断地增加——这一切似乎都是肯定的——那么，对于人类的全球性扩张来说，所需要的就是在各种新环境中发现食物和栖身的能力。而人类早已为此做好了一切准备，这应归功于人类非同寻常的食物多样性结构、工具的不断增多和发明创造能力的不断增长以及对不同自然环境下供不同族群之间相互进行商讨交流的语言的发现。

这一切所带来的后果是极为惊人的。作为经验丰富、技艺老练的猎人，人类族群开始了他们的扩张，而他们所偏爱的是猎杀那些体躯庞大的野兽，因为每一次猎杀所带来的回报同被猎杀动物的躯体大小是成正比的。在新环境中，那些大动物可能是最容易被捕杀的，因为它们往往对身躯并不魁梧的人类毫无警觉、戒备之心。不管怎样，无论是在澳大利亚还是在美洲，那些体格庞大的动物的广泛消亡往往是同人类猎人的到来密切相关的。 15

在上述两地，剧烈的气候变化常常与人类的出现相伴随，因而没有谁能够确定猎人应对那些大动物的消亡承担全部责任。但是，他们似乎是一个决定性因素，因为在新西兰和马达加斯加两地，人类就曾起到这类作用，人类抵达这两个地区的时间很晚，但是仅在短短数百年内，这两个地区的大动物便消失殆尽。相

(接上页)麻痹症的剧烈伤害，完全可以猜测这种疾病是人类传染给它们的。由于人类对黑猩猩领土“原生状态”的侵占不断继续，所以，现存的黑猩猩数量明显已处于濒危的境况之中，同时，那些相邻的黑猩猩族群之间的领土边界关系也处于同样的压力之下。有关这方面的详细情况，请见詹妮·古德尔所著《戈姆比黑猩猩的行为模式》(*The Chimpanzees of Gombe: Patterns of Behavior*, MA, 1986)，以及约瑟夫·H. 曼森(Joseph H. Manson)与理查德·兰格翰姆(Richard Wrangham)合撰的《黑猩猩与人类族群内部的侵略》(“Intergroup Aggression in Chimpanzees and Human”)，载《人类学通报》(*Current Anthropology*)第32卷(1991年)，pp. 369-392。

反，在非洲大陆，虽然气候也发生了同样剧烈的变化，但是相比而言，该地大动物死亡的数量却较少，这或许是由于自人类在地球诞生之初，便与这些动物共处一地，彼此之间有充足的时间熟悉对方。看起来，技艺熟练的猎人同毫无经验的大型动物——或许早已遭到气候剧烈变化的严重影响——发生了激烈的冲突，这使相当众多的大型动物构成了一种致命的混杂。在美洲所消亡的那些动物中，就有具备可被驯养为家畜的潜在价值的物种——尤其是马和骆驼。这可能就是我们人类对其他物种所施加毁灭性影响的最早的证据，虽然非常可能早在大型动物在美洲和澳大利亚消失之前，一些人类共同体就已鲁莽地耗尽了当地其他的一些资源——正如我们今天仍然还在继续的做法一样。

人类的环球扩张既呼唤也促进了新技术的迅速增长，以便获取大地上多种多样的资源。而且随着人类群体开始享用更为精致的住所、衣着，使用各种新式的工具、武器、交通手段和装饰品，人类对周边环境所造成的影响就更为巨大。人类在实现对大地进行改造的企图中，最重要的潜在工具就是火。通过在干燥季节开始对野火不自主的使用，猎人们改进了搜寻猎物的技能。在各个大陆地区，或许澳大利亚受此危害最烈，因为当地的干燥气候使火显现出极为巨大的威力。热带雨林地区，由于气候过于潮湿，不利于火的使用，故而地面食物来源非常稀少，所以人类在这类环境中所占有的区域非常有限。相反，那些无树大草原和温带森林地区，在气候干燥季节十分容易起火燃烧，故而在非洲、欧亚大陆和美洲等地，猎人们常常使用火来狩猎。

在将有机物转化为新生植物生长所需的化学养料成分方面，16 火的速度远比细菌快得多。同火山喷发相比，放火燎荒可得到更多的灰烬，因而，人类使植物代际间持续的养分循环得以加速，使某些植物种类生长的空间增大,同时也使其他某些植物生长空间减少。因此,以火种方式造成的植物繁殖便成为人类在全球迁移的又一个标志。它对植物界所造成的影响,与大型动物的消失对于动物界所造成的影响同样重要。

人类在全球范围内进行扩展的过程中,另一个更加常见的结果,就是各种各样更为复杂的工具、武器和其他设施的不断发展。那些特殊石器工具的准确用途究竟是什么,我们只能凭借想象去揣度;而那些定型的石器是如何同其他物品,如皮革、植物纤维、棍棒、骨头、有色矿物,甚至蛋壳等结合,组装成一组扩展性工具,则具有更大的不确定性,因为此类易损物品的遗存数量极少。然而,有一个相当明显的趋势:在武器有效性方面有一种制度性的改进。例如,手持矛枪逐渐地被更为轻巧的投掷标枪所取代,将一根棍棒投掷出去可使其攻击的速度和范围大大增加。[①] 大约距今 3 万年到 1.5 万年间,弓箭在欧亚大陆或非洲的某地被发明出来了。这种武器减轻了所发射箭矢的重量,从而大大增加了它攻击的速度和范围,而这一切皆归功于使弯曲的弓所蕴藏的能量骤然爆发出来。在一定距离之外以标枪或弓箭来杀伤猎物,较之近距离杀伤动物要安全得多,而那些野兽动物也被迫改变自己的行为,学会了只要一见到人便立即飞快地逃跑。

当然,狩猎只能为人类提供部分的食物。寻找植物性食物同狩猎一样,对于人类成功地进入如此众多不同的环境具有同等重要性。现代的狩猎—采集者们对于地形、季节具有非常丰富的经

① 准确地投掷石器和标枪要求眼—手—身体的整体协调配合(射箭瞄准也是一样),这是人类体能的又一种特质,这一点对于古代猎人来说,与汗腺和长途奔跑的能力同样重要。请见阿尔弗雷德 · W. 克罗斯比:《火的投掷》(Alfred W. Crosby, *Throwing Fire*, New York, 2002)。

验,不仅知道如何采集、并且也会对所采集的各类食物进行加工处理,这其中也包括数量惊人的原本有毒的食物品种。可以确定,我们远古的祖先们都已掌握了相类似的专门技能,为了获取各种必要的营养,他们不断地发现或发明出各种采集食物的方式、方法,正如他们不断地对狩猎的武器进行改进一样。采集食物的绝大多数创新发明都没有留下任何考古学的痕迹;但唯独那些与穿孔石块捆绑在一起的木棍可以提供一点例证,用木棍更深地掘地可以有助于获得更多的根茎作物。

17 由于在狩猎时携带婴儿实在不便,狩猎便成为成年男子的专属行为,妇女和儿童成为专门的食物采集者。在这种情形之中,男性狩猎者与女性采集者之间的食物共享就具有了明显的重要性并最终决定了家庭这种单位的形成,这种单位将父母双亲与其孩子们之间的食物分配制度化。[①] 反过来,家庭又为人类确立起各种特定的紧密网络,父母们向孩子们传授各种成长所必需的技能和知识。

人类行为专门化的现象并不只限于食物采集这一个领域。尤其是随着语言的形成,在精神世界方面的专门家们也同普通民众分离开来,在主持各种仪式上,这些人被认定具有特殊的力量,并具有进入人们睡梦之中的非凡能力。人们普遍地认为当今西伯利亚地区那些通过舞蹈或睡梦等方式与神灵进行沟通的萨满(shaman),就是这类早期专家的后裔和典范,很可能他们确实如此。

---

① 成年女性月经周期的变化,使人类的性交活动大大超越了成熟卵子接受精子这一短暂时段的限制,这无疑对于家庭的形成有所助益,但是女性经期的变化是在什么时候、如何发生的,我们并不清楚。

那种不可见却同人类社会一直相伴随的精神世界的概念，就是人类自身所创制出来的第一个伟大的知识体系，因为它能对世上所发生的任何事物做出解释。倘若在清醒之时，每一个人都从自己躯体之中的魂灵处获得了活力、感情和希望，倘若这些魂灵如人们所希望的那样可以来回出入于这个世界，那么，睡眠、做梦、死亡、生病以及出神发呆等各种可察觉的经历就都是可以理解的了，这些显然就是由于魂灵进入或离开人的躯体的缘故。当死亡时，人的呼吸便会渐渐消失这一事实，就为一个活生生却隐而不见的魂灵观念的存在提供了令人信服的模式，而人在睡梦中可以同故去的人们相遇，甚至还可以同他们交谈，也为一个由那些游荡魂灵居住的世界的存在提供了感受体验。倘若其他活动的物体也像我们人类一样拥有魂灵的话，那么，这个世界的其他部分就也同人类社会一样，由不可见的、到处游荡的（或许只是暂时的）魂灵世界所伴随着。

因此，只有凭借那种在人际和群际关系中流行的同样细腻的技巧，人们才能够对魂灵世界进行探析。这正是那些超自然世界的专家们施展才能的地方。作为精神世界与普通人之间的中介，这些专家可以转达各种信息，祛除各种焦躁，规定各种必须要做的事情以消除或改变种种不如意和灾难。学习如何获得善良魂灵的救助和安抚邪恶或愤怒的魂灵，实际上，也扩展了人们行为的规则，这些规则界定了群体中个人之间的关系，使之可以拥抱外部广阔的世界，这其中也包括与其他群体的，当然这并不是必需的。同时，这些规则通过使所有发生的事物都似乎可以理解，以及——在有限的界限内——可矫正的等方式来减弱、降低与自然世界的碰撞程度。 18

赋予这种观念以现代形式的万物有灵的泛灵论，就是人类所创造出来并一直保存下来的一种最动人的、最易被接受的世界观。这种泛灵论为地球各地的猎人和采集者所共有,可能就是人类在进行全球性扩展时随身携带的文化财产中的一部分。以后岁月中所产生的各种体系,无论是宗教的还是哲学的,都无法彻底取替泛灵论;同样,后来的科学观念也无法做到这一点。在人类历史上,没有哪种世界观能够像泛灵论那样既能持续如此长的时间,又无法做出充分的解释,而且还令数量如此众多的人对其予以如此程度的信服。仅凭这些,就足以令我们对万物有灵论持一种敬重之情。

在某些人类群体中或许也存在着一些具有其他特殊技能的人,例如工具制造者;但是在人类向地球表面各个地区扩展的过程中,各个人类群体的规模仍旧相对较小。那种被专家称为“裂变—融合”(fission-fusion)的社会联谊活动,如同在当今那些黑猩猩族群中流行的那种活动,极有可能就是人类文化遗产中的一个组成部分。这意味着一个或几个家庭,大部分时间都为了寻觅食物而独自出行,但当属于同一群体的成员偶然相遇时,他们立刻就能认出对方。还有,当食物充足的时候,整个群体就会聚集在一起,而且还会同其他群体一道,欢歌起舞,共享快乐,相互之间安排婚姻,交流信息,而且还交换珍奇的物品。

诸如此类的节庆式聚会确立起了一种纤细微弱的交际网络,这一网络不仅跨越了非常遥远的距离,而且还具有使各种有效且方便的创新发明(诸如弓箭等)得以扩散的功用,这种扩散传播的空间十分广阔,甚至可穿越白令海峡和阿拉斯加这一广袤的地区。群外婚在生物学意义上也具有关键的意义,因为早期人类群体人数非常少,只有通过同本群体以外的人交配才能避免近亲繁殖造成的伤害。这种婚姻似乎已成为一种普遍的规律,而这种基因扩散传播所导致的后果就是使人类这一物种得以保存维系，不管他们扩散到世界什么地方，也不管他们在不同环境下形成了哪些多样性。这就是人类的第一个世界范围的网络，它虽然非常纤细微弱，但却具有极大的重要性，它使人类的基因和信息不停歇地从一个群体渗透弥漫到另一个群体，直至人类所抵达的世界各个地方。

在最初的人类共同体中，领袖的地位或许更依赖于个人的技能和经验，而不是继承。对此，没有人能说清楚。但我们似乎可以确信的是，随着到处游荡的人群学会了如何在新的地区获取各种新的资源以后，人类的数量开始增加。许多在非洲依附于人类躯体之上的热带寄生虫无法在寒冷的气候下生存，故而有许多寄生虫被生活在温带气候地区的人类所抛弃，也有一些寄生虫随着人们进入东南亚和美洲的热带地区。寄生虫对人类致命性的伤害程度无疑被大大减弱了；因为即或有些寄生虫在寒冷的气候中能够生存下来，但其在人体上摄取食物的速度也非常缓慢，由此而导致的这种生态失衡就使得人口数量得以增长，从而可能给当地的食物供给造成周期性的紧张压力。

19

无论人类抵达何处，都会以自己的活动，尤其是对火的使用，来改变当地的地貌。实际上，人类运用自身所积累的各种知识和技能，将他们所居住地区的天然能量越来越多地用于满足他们自己的渴望和需求，从而使人类适宜的生态环境不断地扩展，并使其他物种的生态环境适应于这种由人类塑造出来的崭新的统治体制。

从人类角度来看，某些物种是他们所喜欢的食物来源，故而被加以精心培育。而那些不合人类意愿而大量繁殖的物种，则被视为杂草、害虫。然而，我们可以肯定，随着人类的扩张浪潮遍布地球各地，一大批适合人类的植物、动物、昆虫和微生物——一艘名副其实的“诺亚方舟”——也在自然界中扩大了自己的生存范围。当然，随着气候和地表的不同，各种物种具体分布的情况也有所不同。对于当时的植物究竟发生何种变化，现代技术主要是通过对沉淀物中的花粉样本分析来加以重现；由于动物的分布过于广泛，我们无法获知其遗存的详细情况，同样，昆虫或微生物也没有留下什么踪迹。然而，用火武装起来的人群，尽管规模很小，也具有了对其周围的自然世界进行周期性改变的能力，而且各地沉淀的花粉也显示出，除了南极大陆以外，人类对各个大洲的植物物种都进行了大量干预和改变。

可以确定，大约在距今1.6万年前，定居下来的人口数量开始增长，当时距今最近的一次冰川开始融化退缩，少数的人类共同体学会了保存食物的技术，从而可以常年获取营养。这带来的变化是相当巨大的。首先和最为重要的是，当各种定期迁徙的物种，如驯鹿、鲑鱼或野生谷物的收获量巨大，造成暂时性食物过剩，其数量足够全年食用的时候，较大的人类共同体就开始出现了。因而，大规模的食物储存意味着人们不得不在一个地方停留下来，住上一年或大半年。为了存放那些临时的过剩食物，人们不得不在容量更大、更为精致的储存器物方面迅速改进，投入资本发展如鱼簖（weir）、陷阱、鱼网、熏房（smokehouses）、储藏室等20等。一旦人们在一个地方居住下来，房屋也变得更加宽敞。而最具特色的就是，当人们只需几个星期或个把月的劳动就能获取一年所需的食物之时，消闲的时光便出现了，这也对所有精致类型的礼节仪式提出了要求。在这种情形下，不同的人类共同体开始踏上截然不同的文化道路，在那些迁徙人群的相对单调乏味的生活之中，开始出现一种奢侈性的多样性（有关这一点，或许同那些整齐划一的石制工具所告知我们的情况有所不同)。下面我们将以列举事例的方式,以对三种独具特色又多少是定居的狩猎—采集社会的简短描述来作为本章的结束。

最为著名的是生活在美洲太平洋和北冰洋沿岸地区的人们(这或许是因为他们一直生存到19世纪的缘故),此地的各个民族学会了如何捕获季节性游动的鱼类(主要是鲑鱼)和鲸鱼的技能。实际上,他们在广阔的太平洋地区使用鱼簖、渔网和鱼叉所获得的丰收,使得他们可以将大量食物集中在从阿拉斯加北部到加利福尼亚沿岸的各个战略要地之中。

最早大约是8000年以前,这些鲑鱼捕获者便开始在太平洋沿岸留下了考古学踪迹,但是,由于大规模捕获和储藏技术的限制,使得他们大约在公元500年(500 C. E.)之后①,才有可能支撑起大规模的永久性定居生活。或许正是由于在公元100年到500年期间弓箭从亚洲的引入,才迫使这些鲑鱼捕获者为了抵御相邻部落的威胁而集聚到一起居住。然而一旦那些安置恰当的鱼簖、渔网发挥效用,烘干鱼的熏房也建造起来,人们只需靠几个星期的勤奋劳动就能捕获到足够供应相当多的人口几乎全年的食物。而大量的空闲时间使得人们有闲暇去建造非常精致的住宅、制作图腾柱和举行各种“波特拉特科斯”(potlatches)②式的庆贺活动 。在“波特拉特科斯”上,人们向那些严格依照宗族关系和社会地位

---

① 那种传统的计时体系——即B. C.代表基督诞生之前, A. D.代表基督诞生之后——已经越来越落伍了,因为它所依靠的只是一种特殊的宗教传统。在此,我们遵循的是另外一种体系,在这种体系中,数字仍然与前一种体系相同,但却以公元C. E. (Common Era)取代了A. D. ,以公元前B. C. E. 取替了B. C. 。

② 太平洋西北沿海地区因纽特人所举行的一种节庆或仪式活动。有“狂欢节”“夸富宴”“散财宴”或“冬季赠礼节”等不同译法。——译者注

的准则而邀请的客人们馈赠自己积累的物品,以此确定自己的独特品性和社会威信,从而迫使那些接受馈赠者在后续的“波特拉特科斯”上也分配同样的礼物。这些礼节仪式促成了一种在几百英里范围内的珍奇物品的复杂交换活动。同时,这些礼节仪式还对参与其中的各个群体在一个复杂社会等级中所应具有的地位做出了规定,并赋予其有效性。虽然对有利于捕鱼的河流或海岸的争夺不时引发战争,但是各个共同体之间的关系已经由各种“波特拉特科斯”做了明确规定,在一个十分广袤地区内的重要人物都受邀参加这种“波特拉特科斯”已经成为一种惯例。

21

北冰洋沿岸严酷恶劣的地理环境,使因纽特(即爱斯基摩人)捕鲸者取得了更为非凡的成就。公元 8 世纪左右,因纽特人成功地发展出捕鲸技术,当时皮制的舟艇足以搭乘 8 个人,而可以独立拆卸的鱼叉也达到了穿透鱼皮的锋利程度,这一切都使得他们可以趁鲸鱼负伤之际,捕获甚至杀死这类躯体庞大的生物。每当夏季,在阿拉斯加地区的白令海峡南北两岸的一些特定地点,都挤满了季节性的前来觅食的鲸鱼。无论何处,只要风向、潮流和海岸线的形状能够给他们带来好的机遇,那些因纽特捕鲸者们就以其为安身之处(哪怕相距数十至数百英里)。在 18 世纪,一支因纽特人捕鲸队在一个季节中可望捕获 12 头或更多的鲸鱼,由于每头鲸鱼重达数吨,故而他们的捕获量足够为数百人提供一年的食物。

在这种情况下,捕鲸队首领成为众望所归的社会领袖,捕鲸队队员们也成为高于他人的社会上层人物,便不会令人感到吃惊,因为那些普通成员为共同体所提供的食物实在是微不足道。因纽特人以冷冻方式来储存鲸肉,并将这些冻肉埋在地下,其数量通常足够他们同那些专门用来在雪原上拉雪橇的狗一同分享。

鲸鱼的脂肪可以作为油料,用作室内烹调和照明,人们借此来度过那漫漫的冬季长夜。因纽特人所有的工具都是极为精巧的,包括他们缝制的那些毛皮大衣和皮质衣物、大大小小的皮船、皮舟、弓与箭、狗拉雪橇、雪砌的拱形圆顶小屋,和那种复杂而精细的鱼叉以及其他各种各样的工具等等。

因纽特人对北极沿海地区极为有效的开发技术沿西伯利亚东部的海岸线迅速地传播,抵达加拿大最北端的地区,甚至深入鲸鱼从未到过的地区,这些地区的人们一直仅靠捕杀海豹和海象为生。① 公元13—14世纪期间,在格陵兰西部海岸,捕杀鲸鱼的人群与北极地区的移民相遇。同因纽特人的武装冲突,大概就是造成北极格陵兰人群灭绝的原因;稍晚一些时候,居住在阿拉斯加地区的因纽特人群体之间也爆发了类似的战争,双方皆使用了鲸鱼鱼骨制成的各类武器。 22

然而,在18世纪,或许还要更早一些时候,阿拉斯加沿海地区召开了和平的聚会,参加者有上千人之多。如此广袤的贸易联系——既有同内陆驯鹿(caribou)捕猎者的贸易往来,又有同亚洲沿海地区的交往(早在欧洲人抵达这一地区之前,已有少量人工制造的铁器出现在因纽特人中间)——使得鲸鱼捕获者群体的资源更为丰富。无论从任何标准上讲,这些因纽特人在开发寒冷北极地区上所取得的成就可作为人类创造智慧和适应能力的一个令人惊叹的典范。

在法国南部和西班牙北部所发现的距今1.6万年和1.3万年的著名的马格德勒尼亚(Magdalenian)洞穴绘画艺术作品,则是同

---

① 人类在加拿大和格陵兰地区的定居为时甚早,其时间可以回溯到6000年以前,但是这些北极地区最早的居民并未掌握捕获鲸鱼的技能。

样令人惊奇的人类合作与创造能力的产物。人们认为,当时此地的人以捕猎迁徙的驯鹿(reindeer)为生,并已掌握了储存肉类食物的技能(大概是一种熏烤技能,同太平洋沿岸地区的印第安人熏制鲑鱼的方式极为相似),而且还利用大量空闲时间,在洞穴中进行各种神秘的仪式活动——暂且不论这些活动的具体内容究竟是什么。对创造这些非凡洞穴绘画艺术作品的所谓马格德勒尼亚社会的有关状况,我们所知甚少。但其大量的各种各样的骨制、木制和石制工具以及少量的象牙雕刻作品,都显示出相当高超的制作技艺;而这些洞穴作品中所呈现出来的精确线条,连当今一些艺术史家们都以为系出自专业的绘画大师之手。

近来,在驯鹿从冬季向夏季的草场迁徙必经的山谷狭道附近,考古学家们发现了马格德勒尼亚人生活的遗址。在这些营地中有各种动物遗骨,其中95%皆为驯鹿遗骨,这一事实表明马格德勒尼亚人主要是靠捕猎迁徙的驯鹿作为常年的主要食物来源。或许我们可以这样假设:大批驯鹿沿着它们迁徙的道路被驱赶进入人类事先建造好的陷阱之中,但是由于这种陷阱装置至今没有被发现,因而没有人确切知晓当时真实的情况究竟如何。

我们同样不清楚的,还有马格德勒尼亚洞穴绘画艺术作品背后所隐藏的观念,以及他们在地下洞穴深处所举行的各种仪式的详情。极有可能其核心内容就是歌唱和舞蹈。在一些由马格德勒尼亚画家们所装饰的地下巷道中,人们极易感到恐怖而发出惊叫;这令人不由地去设想它们当时就是回荡着与神灵世界进行交谈的各种音乐声响的场所。然而,对此没有人十分清楚,也没有人能够确切知道当时在马格德勒尼亚人身上究竟发生了什么事情。随着气候逐渐变化,在来自大西洋的湿气和暖流的滋润下,曾经茂盛的苔原地带生长出了大片的森林;结果使得驯鹿

23

开始向北方迁徙。那些马格德勒尼亚的捕猎者们大概也随着驯鹿一道迁往他乡。但是,如同美洲人的"波特拉特科斯"和图腾柱一样,马格德勒尼亚人所遗留下来的那些洞穴艺术作品构成了一种非凡的典范,它告诉我们,当凭借一段时间的劳动便可获得全年食物时,人类便可以利用空闲时光做一些自己力所能及之事。

度过季节性食物剩余高峰时节的另一种典范源自西南亚地区,它虽不那么壮观但却更为重要。大约在距今 1.5 万年前,温暖潮湿的气候使得麦子可以在山坡旷野到处生长,在如此广袤的地区,为数甚少的几个人类共同体便可以收获成熟的麦粒,度过一年的大部分时光。在从西奈半岛北部一直延伸到现代叙利亚南部边境地带的地区,这类被称为那图凡(Natufian)的遗址,向我们提供了当时人们如何生活、劳作的证明。那些将谷穗割下来的镰刀和把麦粒磨成面粉的石磨,构成了那图凡居民的特有符号,但是,各种羚羊和其他动物的遗骨表明,即使在麦类成为当地人们的主要食物来源之后,狩猎活动仍然继续存在。各种海贝和其他外来物品的遗存,证明当时该地的人们同外部世界进行了各种交换活动;此外,各种贵重的丧葬物品,有些还与儿童的葬礼相关联,显示出当时那图凡人中间存在着社会地位世袭的现象。那图凡人也建造起房屋和储存食物的各种建筑,狗已经被驯养,而且根据那图凡遗址的规模和分布状况可以断定,在那图凡村落持续繁荣的 2500 余年间,人口数量出现了急剧的增长。

而后在大约距今 1.3 万年前左右,气候再次变得干燥起来,麦类谷物的天然生长力减弱,并逐渐地消亡了。一些那图凡人口肯定又重新转变成为迁徙性的猎人和食物采集者,四处游荡、寻觅食物,而只有少数人通过掌握在自然条件下无法生长植物的地区的种植技术,继续仰赖种植麦子为生。

本章内容大致归纳如下:早期人类的相互交往与合作能力波浪式地不断得到加强。语言是最为重要的突破,歌唱和舞蹈也具有极为重要的功用。凭借这些新的交往方式,早期人类形成了规模越来越大、凝聚力和相互协调性不断增强的群体。从而使得人类可以散布到地球表面更为广袤的地区,适应了更加多种多样的自然环境,并使人类自身发生了某种改变,至少在当时是如此。24最重要的改变,就是谷物种植技术的发展,最初主要集中在西南亚地区。正是这种种植技术,从根本上为人类生命开启了各种新的可能性,一个稳定的食物生产的农耕时代来临了。而无论在人类发展进程中,还是在地球进化的历史上,还从未发生过同类的事件。

第二章　向食物生产的转变

（距今 11000—3000 年前）

25

当居住在地球上至少 7 个不同地区的小规模人类共同体，开始以农耕和畜牧的方式生产出绝大部分食物的时候，只有区区数百种被他们所培育和驯养出来的植物和动物同人类之间形成了紧密的联系。此后，人类的数量和被驯育的植物、动物的数量都出现了巨大的增长，这是因为他们彼此的依赖性使得人类从地球表面所获取的能量较之以往更多的缘故。人类以及某些（虽然并非全部）被驯养的动物，也开始被迫从事更加辛苦的劳作，而且由于对环境造成了比以往更加根本性的改变，人类自身也面临更为巨大的疾病、灾荒和战争的危险。

人类经营着这些新的关系。他们的各种行为和选择对那些被驯育的动植物的特性和行为所造成的改变是如此巨大，以至于考古学家们常常根据骨骼和颗粒形状上的不同，便可轻松地将它们同它们那些野生的“亲戚”分辨开来。当园艺、田地和牧养等各种劳作成为一种常态性行为之时，人类也使自己的行为发生了根本性改变；因为祖先们长期狩猎与采集活动遗留在我们身上的某些特性，已经被这些经过选择而固定下来的常规农耕劳作加以变革了。

晚近时期，放射性碳分析技术领域所出现的改进，已经能够对一粒小小的麦粒做出精确的时间界定，而对古代时期沼泽和湖泊底层中花粉的数据分析也能够对古代植物的各种组合状态进行极为精确的重建。这些技术方法,再加上考古学的精心发掘,使我们完全可以确定西南亚地区、中美洲地区和美国东部森林地区农耕的开始时间,但是对中国、东南亚地区和南美洲地区以及撒哈拉沙漠以南地区的农耕开始时间的相对精确评估才刚刚开始。表2.1将近来的研究结果加以归纳:

26

表2.1 植物的培育和动物的驯育状况

时间	地点	主要的作物	主要的家畜
不确定	东南亚	芋头,甘薯,甘蔗,椰子,柑橘属水果,稻米	猪,鸡
11000—4000年前	西南亚	大麦,小麦,小扁豆	山羊,绵羊,牛,猪,驴,骆驼,马
9000—6300年前	中国	华南地区:稻米 华北地区:稷,大豆	猪,鸡,水牛
6000—4000年前	墨西哥中部	美洲南瓜,玉米,豆类	无
5000—4000年前	南美洲	低地地区:木薯,甜薯 高地地区:马铃薯,奎藜	低地地区:无 高地地区:美洲驼,羊驼,豚鼠
5000—3000年前	非洲撒哈拉以南地区	高粱,稷,稻米	牛

农耕起源的缘由以及如何起源的问题曾引起广泛争论,因为对20世纪60年代狩猎者和采集者的研究表明,他们每天只需花费几个小时的劳动,就可以获取足够的食物,而且他们所享受的食物远远要比那些整日辛勤劳作的农夫的食物更加精美,这是因为那些农夫几乎完全依靠单一的食物来源来获得他们所需的营

养。那么,在这种情况下,又有谁愿意转变成常年辛勤耕作的农夫呢?

造成这种转变的缘由,或许是因为在那些大自然所提供的资源异常丰富和多样的地区,狩猎和采集者的共同体发现,整年或大半年定居下来是一件非常方便、有利的事情,因为他们靠以往所熟知的一些技术就可以促进那些有用的植物的生长,从而获得较之以往更为广泛的生存机会。那些狩猎和采集者们业已习惯利用不同植物来满足他们不同的需求。植物的纤维可以用来制作衣物、编织各种网具、制作弓弦和其他类似的物品。各种草药、毒药和情绪调节药品都具有极高的价值;而某些植物也能提供人类所需的营养。无论人类共同体在何时定居,在其邻近之处肯定生长着对人类极具价值的各种植物。无论人类在何处定居,只要当地的土壤和气候允许那些特定的种子和插条繁茂地生长,那么这里的田野就会得到开发,直到它能够为人类提供所需的大多数乃至绝大多数的粮食和瓜果蔬菜。

27

人类对植物再生技术的理解与掌握无疑经历了漫长的岁月。但是只要粮食便于获取,游荡迁移的各个人群就开始了粮食消费,并且是全体成员共同分享,然而那种必须付出的劳苦耕作却令人感到毫无趣味,而且最主要的是需要储存部分的种子,以供来年耕种,而这在当时几乎是不可能的事情。只有当家庭成为食物的独立消费单位时,耕稼劳动才能开始进行。极有可能,正是这种变革造成了人类的定居生活。我们可以很容易地想象出,当那些个体的女性在自己家园旁开辟出一块供有益植物生长的园地时,她们便会对凭借自己辛勤劳作开垦出来的、紧紧挨着自己房屋的那些土地萌生出一种个人的或家庭的所有感。而只有当这种原则取代了以往那种集体共享的伦理道德之后,各种园艺和

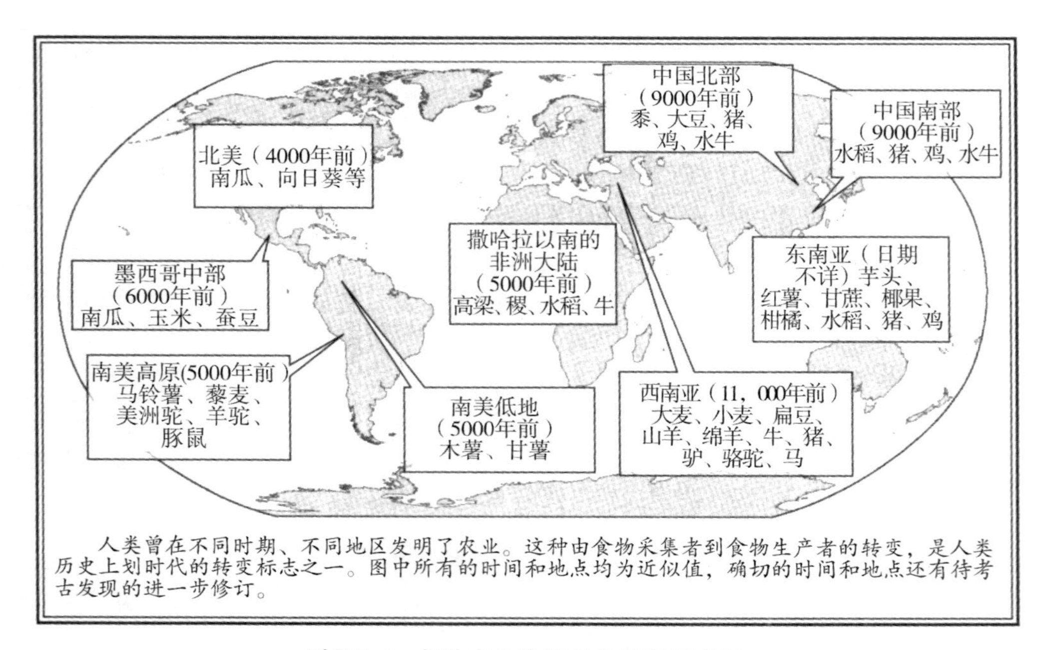

人类曾在不同时期、不同地区发明了农业。这种由食物采集者到食物生产者的转变，是人类历史上划时代的转变标志之一。图中所有的时间和地点均为近似值，确切的时间和地点还有待考古发现的进一步修订。

地图2.1　各种农业发明分布状况示意图

农耕才能够发展起来。

然而,园艺生产的出现并不仅仅是由人们的各种主观选择来决定的。可以肯定,还有许多其他方面的因素起到了关键作用。最有可能的是,在一处非常富庶的环境中定居下来,可使每个家庭养育更多的孩子,而在到处游荡的狩猎和采集人群中,人口数量则受到现实状况的严格限定,即每位母亲在从一地向另外一地的迁徙路途中通常只能抚养一个幼儿,而那些蹒跚学步的幼儿们非常容易饥渴、疲劳甚至死亡。因而定居的生活允许人口数量更快地增长,而不断增长的人口也使在一个地方的狩猎和采集变得更加紧张,从而致使当地野生资源的供应量不断地减少。这就意味着,那些定居下来的人群发现随着狩猎、采集的传统方式逐渐地消退,他们自己也逐步陷入不断增加的劳动生活之中,劳作开始仅限于小小的园田之中,后来则逐渐扩展到更为广阔的田地上。 28

起初,园艺劳动只是妇女所从事的工作。在收获之前,侍弄那些作物只不过是采集各种野生作物劳动的一种变异形式而已,正如妇女们和孩子们经常干的那样。那些用于耕作的农具则源自各种刀具和掘土木棍,刀具可以切割野生植物的梗茎,掘土木棍则可挖掘野生植物的根茎。但是当园艺耕作转变成田地耕作,而且狩猎的效益消失殆尽,每个家庭全年的食物主要仰仗于植物的收获时,男人们或许才开始接受这些新的农耕规则,帮助收割各种成熟的谷物,并加以安全储存。在非洲和哥伦布到来之前的北美地区,农业劳动一直是由妇女们来承担的。可能只是当男人们所驾驭和控制的家畜开始用于拉犁翻耕田地的时候,男人们才自然而然地开始下田劳动。至于具体情况到底如何,谁也不太清楚。

在西南亚地区，小麦和大麦是人类的主要食物，与此同时，山羊和绵羊也成为被人类饲养的第一批食草动物。[①] 如同我们在前一章所看到的，大约1.5万年前，这一地区某些山坡上的野生小麦和大麦的茂密程度足以招致人类在此常年居住下来。然而，由于气候干旱的缘故，这些定居的人群又都消失了；但是在那些土壤潮湿或有季节性洪水发生的地带，为数不多的几个人类共同体开始在原本不能自然生长麦子的地方播下麦种。9800年前，杰里科(Jericho)附近约旦谷地中的大量泉水使得这类种植或农业开始形成——这处定居农业完整的遗址被确认为人类农业最早的发源地。

及至此时，杰里科的小麦种植已经形成了由收获、储藏和来年再播种的种子所构成的新的状态。尤其是，此地的麦秸将每颗麦粒束缚在茎秆上的程度是如此紧密，以至于收割的时候很少有麦粒掉在地上。而更重要的是，当人类开始播种这些种子的时候，只有那些在储存箱子里存放过的种子才能在第二年正常地繁衍自身。还有就是，那些生长较为密实的麦穗给人们的粮仓带来更多的粮食，使这种变革显现出更大的意义。此后，其他几种变异的麦类也自发地出现了，农夫们更加精心地挑选出数种他们认为有益的品种。只要一棵麦穗所结的果实足够多，颗粒足够大，再加上薄薄的外壳，使其更容易脱壳而出，很快就会被人们从各种各样的野生小麦和大麦品种中识别挑选出来。

29

从黎凡特沿海的内陆山地到北方的大马士革，只要那些冲积

① 有些专家认为早在农业开始很久之前，狗就已经被古代猎人所驯养。它们被驯养成猎狗，协助人们狩猎，并形成一种崭新的、跨物种的人—狗社会合作的社会。在狗与人类之间，听觉和手势交流的范围和精确程度极为独特，正如每一位养狗之人所了解的那样。

平原和泉水能够提供必要的湿度,都出现了类似的小麦种植现象。在更北一些的叙利亚和伊拉克等地,也出现了大麦的种植,其过程同小麦种植几乎完全一样。与此同时,(伊朗西部)扎格罗山脚地区的农民们对山羊的驯化和(土耳其南部)托罗斯山脚地区农民对绵羊的驯化也都获得了成功。

牧人白天将羊群放牧喂养,夜间将这些牲畜关入圈中,加以精心看护,以防止其他肉食动物的伤害,而且放牧对于人与动物之间建立起来的这种新型关系具有关键意义。如同种植谷物一样,在人与动物两个方面加以调整都是必要的。牧人们看护着羊群,白天把它们带到草地上牧养,晚上再把它们带回畜栏,牧人完全取代了家畜自身社会结构中雄性领头动物的角色。从动物的角度讲,人类的武器肯定要比动物的角给牲畜们带来更大的安全。但是,牧人们只有通过宰杀那些桀骜不驯的牲畜,才能有效地确立起自己的领导地位,从而在漫不经意间使其他牲畜养成驯服的行为习性。这种对动物基因特性的改变是非常迅速的,正如那些家养的羊和牛的较为细瘦的骨骼所清晰显示出来的那样。与此同时,猎人们也必须学会如何照看他们所捕获的各种动物,偶尔有选择地宰杀一些动物。

定居农业的发展将各种新信息引入到人类网络之中。刚刚开始耕稼的农民们持续不断地同相邻的共同体交换各种技术、知识、种子和饲养牲畜的经验等。短短数百年间,在那些遍及伊拉克、叙利亚和以色列等地的各种水源充足的平原和山脚地区,农耕村落的数量不断增长,并且成为各种改良的小麦、大麦和山羊、绵羊的聚集中心。许多其他种类的作物也被迅速地置于人工耕种的状态之下。扁豆开始作为补充性的作物出现。在条件适宜的地方,橄榄、葡萄、无花果和枣也于 8000 年前成为对人类有价值的作物。各种各类的绿色蔬菜和香料也为人类的食品增添了多样性和营养。人类还从亚麻植物中提取出纤维，进行纺织。

这种西南亚型的混合农耕和家畜饲养，从其发源地开始，向[30]四面八方传布。通过适当地扩展水利灌溉工程，这种农耕方式显示出了可行性，例如，在底格里斯河和幼发拉底河下游的沙漠地区，这种农耕就获得了成功。事实上，正是这一特定的环境成为了人类城市生活和复杂阶层化社会，亦即文明的摇篮，有关这一方面的具体情形，我们将在下一章加以探讨。

此外，海拔更高、纬度更北而且雨量足以维系森林生长的一些地区，对农耕技术的采用也是具有同等重要性的事件。以切剥树皮让落叶树木枯死的方式，使阳光直接照射到地面，而地下的谷种能够正常发育生长的唯一所需就是天然降雨。通过把焚烧枯死树木所产生的灰烬散布到土地上，可以使土地获得新的养分；而当早期的农夫们占据了肥沃的土地，尤其是因风吹而形成的黄土地区的时候，永久性的定居便成为可能。但是当那些先行者们将瘠薄的土壤表层耗尽之后，土地产量便迅速下降，所以森林中的农民们常常发现最好的办法就是换一个地方再耕种，开始新一轮的刀耕火种。通过这种不断的周而复始的过程，到大约4000 年前，农民们在适宜的森林地区开创了一条不断移动的定居的边疆。

当扩张到欧亚大陆森林地区之时，人类农业尚处在早期发展阶段，然而各种对动物驯养、放牧方式和途径的开发，则使西南亚类型的农耕技术得到极大的加强。下面就是被驯养的动物清单：

表2.2　西南亚地区所驯养的动物

动物名称	时　间	第一次被驯养的地点
山羊	10000年前	托罗斯山区
绵羊	10000年前	扎格罗山区
猪	8700年前	西南亚地区和中国
牛	8000年前	不详
驴	7000年前	埃及
马	6000年前	乌克兰
双峰骆驼	4700年前	中亚地区
单峰骆驼	3000年前	阿拉伯南部地区

31

这些驯养牲畜为西南亚类型的农业传入欧洲、传遍亚洲大部分其他地区,以及进入非洲的部分地区和较晚一些时候传入美洲和澳洲的进程提供了极大推动力。而这种全球性农业大扩张之所以势不可挡的原因,就是人类同他们所牧养的牛、羊等牲畜之间所形成的种种令人吃惊的密切关系。例如,距今6000年到5000年前,西南亚地区某地出现了一种绵羊的变异品种,其产毛量明显多于其他绵羊品种,很快这种绵羊品种便传播到各个地区,因为从羊背上所采撷(后来变成剪)的羊毛,被证明是一种极有价值的制造衣物的纤维材料。① 大概同一个时期,先是山羊,接着是绵羊被人类驯育,允许人给它们挤奶。事实上,牧人自己常常取代羊羔,成为羊奶的消费者——从而在天然的各种生物关系之中形成了一种非同寻常的关系。后来,牛,甚至驴和骆驼也都把自己的乳汁提供给人类消费,但是只有西亚和欧洲地区的一部

① 野绵羊有毛发,但身躯上的毛很短。那些毛发又多又长,颇有点夸张的绵羊大概要归因于人类有意选育的结果,当时人类或许已经知道如何通过对羊毛和其他植物纤维的纺织来获取衣物原料。

分人才逐渐总结出挤奶的技术。为了将幼儿抚养成人，这些地区的人们对奶类食物的潜在价值进行了充分的开发。这是农耕和畜牧所使然的人类对自身遗传基因加以修整完善的最为清楚而明显的一个事例。

从人类角度而言，从饲养牲畜身上提取奶类食品的优势远远大于宰杀牲畜获取肉类食品，其热量多4倍左右。从动物角度而言，这意味着人类开始畜养更多数量的牲畜；而在欧亚大陆和非洲，到处都是鲜花盛开的草原牧场，被人类所牧养的牲畜的数量逐渐远远超过了牧养它们的人类的数量。从小山羊羔、小绵羊羔、小牛犊和小驴驹子口中夺来的奶水，被转化为人类所需的奶乳、奶酪、奶油和酸奶酪等各种奶制食品，从而构成了人类食物来源的一种曲折转化的类型。

其次，几乎具有同等重要意义的是，各类饲养的牲畜被用于驮架重物和拖拉耕犁及车辆。毛驴是最早被用来承载重物的牲畜；但是马匹、骡子和骆驼在长途运输方面很快就取代了毛驴的地位，因为它们皆具有更强的承载能力。牛是最早被用作拖拉物品的牲畜，因为头上的双角使得它在拖拉耕犁或车辆时较为合适，而犍牛，即被阉割去势的雄性公牛，则更加温顺、更加有力。

32　在大多数土壤肥沃的环境中，松软的地表和各种河渠水道对陆地运输构成一定的阻碍，故而，有轮子的车辆起初只能用于短距离的物品运送。① 及至很晚以后，古代各个帝国才开始修建专供轮车行驶的道路，而将畜力用于牵引耕犁则具有最重要的意

① 人类所发明的带轮子的车辆，最早大约出现在5000年前的美索不达米亚地区，由一张阿里奇(Erech)的陶土拓片予以了证实，而木制车轮实物的遗存则要晚一些。

义,因为这使得一个农户能够耕种的土地数量翻了几倍。最为重要的是,这意味着在不同土壤类型的地区、不同的气候条件下和大多数年份里,人类和犍牛可以生产出比自己消费所需的更多数量的粮食,从而为城市和文明的形成创造出一个生态的开端,而且这一点很快就得到了证实,世界上各个不同地区都出现了类似现象。这一事实,再加上西南亚文明所普遍较早享用的其他各种优势,就可以对西亚、印度和欧洲的那些后继者们为什么能够在以后岁月中占据种种优势地位做出合理解释。

中国农业的起源尚不够明确清晰。由于湖泊和河流潮水的缘故,长江流域在8500年前就已存在的稻类作物确切的遗迹及至20世纪80年代才被发现,并且有关的各种新遗址正在不断地发掘和发现之中。有关这种生产的实践是如何以及在何地出现的,目前尚不太清楚。较之于西南亚地区的粮食作物,稻类作物在产量上具有非常明显的优势。即使使用传统的耕作技艺,现代水稻收获量与种子播种量之间的比例也为100:1,而在中世纪欧洲,麦类作物的产量与播种量之间的比例若达到6:1,就已经是非常高产了。

从另一个方面看,水稻耕作是(或成为)一种比西南亚地区农业耕作更加需要劳动量的农业生产。稻农们一开始要在苗床中培育稻秧,而后再用双手一棵一棵地把稻秧移植到常年有水的稻田中去。[①] 此后的薅草和收割,也都是手工操作。有时候,水牛可以用来翻耕田地,以备播种;但总的说来,畜力在稻田耕种过程中

① 有些不同种类的稻子也可在旱地种植,但是水稻种植成为东亚地区农耕的基本方式。在东南亚的偏远山区中,有些村社仍利用雨水浇灌的田地种植水稻,但是其产量远远要比那些人工水浇地低。

所起到的作用,要比在西南亚地区谷物耕种中小一些。因此,在水稻种植中人工劳作极为关键,特别是当人们开始在较高和不平整的地面种植喜水性的水稻时,尤其如此。人们要面临各种各类的艰巨挑战,在每一处稻田中,都要一寸一寸地平整田地,修建起一条一条的水渠,并通过改变溪水的自然流向来营造一个个深度仅有几英寸的浅浅的水塘。这些必要的水利工程设施必须要时时保持完好。同时,还需做出一系列十分复杂的安排,以保证对水利设施的正常使用,保证适时地输送水源,从而使得每一块稻田里的水稻在成熟和收割季节到来之前都能够正常地生长。

33

因此,当水稻种植成为中国和其他东亚社会的基础之后,那种连续不断的田间劳作便对这些地区的家庭关系和大规模的社会结构起到了形塑(shape)的作用,使其按照一条与其他地区截然不同的路线向前发展。但是直到公元200年以后,水稻才成为中国的主要粮食作物。在此之前,中国历史上的核心地区是黄河谷地,并在其各个支流地区形成了各种与水稻种植全然不同的农业耕作模式,时间大约是在距今7500年之前,其主要特色是黍类(小米)、豆类作物的种植和猪的养育(同时还有二十余种产量较少的其他作物)。在这一地区,中国最早的农夫们耕耘着松软而肥沃的黄土(这类土壤是因风吹而形成的),而其收成主要是靠天吃饭,仰赖季风变换所带来的降雨。

大约在距今4000年前,这类村民们的农耕实践支撑着中国最早的王朝国家,而生活在南方相对简单社会之中的稻农们则无力抵抗北方王朝的扩展。同谷类种植相比,水稻生产是(或正在成为)更为多产、更加稳定的食物来源,可为什么会出现这种南方无力抵抗北方的情形呢?这的确是一个值得人们加以探究的问题。只有在对广袤的东南亚地区和近海岛屿进行考古调查之后,才能够对此得出某种答案。各种零散的考古发掘表明,这一地区定居下来的村社群体(其地理位置常常是沿海地区或内陆湖泊和河流沿岸,从而可方便地获得鱼类和其他水生类食物)出现的时间可能是非常古老的,大概在距今十分久远的年代,某种热带类型的园艺耕种农业就已形成了。

20世纪30年代,在新几内亚(New Guinea)发现的园艺农业的遗迹就位于封闭隔绝的高山谷地之中,它们表明人类社会在热带地区能够种植大量不同种类的作物,而当地一年生长成熟的作物恰好适时地满足了人们对食物消费的需求。尽管这类园艺农耕相当普遍,但是这些村社群体的规模却都很小,各个村社彼此仇视,并且由于主观的选择和外部低地地区敌对的环境所致,它们皆处于同外部世界相隔离的状态之中。①

34

在东南亚热带地区,类似的以农耕和捕鱼为生的村社或许具有相当古老的历史,因为许多种类的热带根茎作物只需从茎秆上砍削一块下来,插入土中便可成活。这种维系宝贵食物来源的方式大概同远古时代狩猎者和采集者获取食物的那种方式十分相似。总而言之,这些植物可以在几个月时间内生长出枝干来,迎接并犒赏那些迁徙的人们再次归来。然而,究竟什么时候,就像新几内亚的人们那样,人们开始仰仗这些扩展了的园艺农耕为生?目前考古学所能提供的线索还是很少。结果,还没有哪个人能够将热带地区农耕类型的历史加以复原。

有一点值得人们给予关注,即以捕鱼为生的定居群体可能很

---

① 新几内亚的沿海地区疟疾猖獗,人迹罕至。甚至那些最为狂热的帝国主义分子对于该地到处生长着红树属植物的沼泽地带也望而却步,这就是新几内亚高地地区的农民们为何能够将自己孤立而独立的生活状态一直保存至晚近时期的缘故。

早就已经出现了。还有印度洋、印度尼西亚群岛周围海域以及南中国海的季风气候，十分有益于远距离的航行。一年之中，两种风向的季风均匀地交换，各自吹半年，从而使得往返航行十分便利。澳大利亚和波利尼西亚的多种语言传布到非洲海岸附近的马达加斯加，并遍布整个太平洋海域，为这种航行最终的范围提供了佐证。人类在距今 6 万年到 4 万年前对澳大利亚的占领，显示出早期人类业已掌握了运用某种小型船队（flotation），涉越宽达 170 公里（105 英里）的水域的能力。

因此，生活在东南亚地区岛屿和沿海的居民似乎很早就已掌握了运用木筏、舟船进行海上航行的技艺。从这类航行设施所具有的能力上看，那些定居的以捕鱼为生的村社似乎早在东南亚地区或世界其他地区农业村落兴起之前，便已可能把热带类型的园艺农业作为他们从海上获取食物方式的一种补充。然而，最近一次冰川退缩所导致的海平面上升，意味着所有那些沿海定居的古代遗迹都已陆沉于今日的汪洋大海之中。因此，那些位于内陆湖畔或河边的以捕鱼为生的村落大概是我们寻觅热带园艺农业的最佳场所。

这些热带园艺农业即或在时间上早于农田耕作，而且似乎要早几千年的时光，但它们对于整个人类历史而言却并不具有什么重大的意义。这是因为热带园艺的农夫们只是简单地将根茎和果实埋在地下，等待着以后享用。而各类谷物的生产则不同，一旦谷物成熟就必须开始收割并加以储存；于是，这种由农民们储藏在箱子、罐子里的粮食所造成的食物集中供应的便利性，就为国家和城市的兴起提供了可能。祭司和武士们可以从种植谷物

35

的农民身上获取部分的粮食收获，以此作为他们保护农民免遭超自然力量和他人伤害的报酬。如果没有储藏，大规模常规性地把

粮食从农民那里输送到城市之中是绝对不可能的,社会和职业的分层也会难以展开。就此而论,尽管热带园艺农业的产量可能很高,但城市中那些专业化人群还是根本无法以其作为自己的经济基础。

因此,有理由相信在距今4000年前,当中国北方种植谷物的农民们开始支撑起强大的国家和军队之时,北方国家的君主们发现以损害南方园艺农民为代价,向南方进行武力扩张是相当容易的事情。于是,来自物质基础规模较大的中国北方国家的农民们开始向南方迁移,并以水稻作为自己种植的主要作物,这类谷物也同样可以方便地加以储存和运输;而南方以园艺农业为生的农民们则被迫迁徙到偏远的山地之中。

另外一个培育粮食作物的地区是撒哈拉沙漠以南地区,其培育作物的时间大约是在距今5000年前。大约在6000年前,地球气候越发干燥,撒哈拉沙漠从而开始向外扩展。这令非洲西部地区人类的生存变得更加艰难。但是,某些人类族群仍可以通过在松软潮湿的土壤中种植高粱和其他两种黍类作物的方式,使粮食收获量扩大数倍以上,这些土壤是在旱季随着撒哈拉沙漠边缘地带的几处湖泊的水位下降所形成的,这些湖泊在今天早已完全消失了。

牛的驯育,是生活在非洲西部广袤的无树大草原地区的人类对气候变化所做出的又一种成功的反应。或许这种牛的饲养是从西南亚地区引进的,但是,它在西非地区的扩展无论是在广度还是速度上,都要超过农业的扩展,渐渐地整个非洲大陆的大部分草原地带都出现了牧牛业。然而,那些极其凶狠、可以致人死命的牛蝇(tsetse flies,这些牛蝇可以将病毒传播到人体之中)的大量存在,却使部分非洲草原成为野生动物的乐土,从而使它们得以安然无恙地一直存活到21世纪的今天。比较而言,农业耕作在非洲向南部地区的扩展进程要远远慢于畜牧业的扩展,因为那些早期农业耕种只适合于湖畔地区的特定环境,而随着湖泊干枯,它们也在逐渐地萎缩。

在美洲,农业是在三个特定的地区兴起的。在墨西哥,玉米、豆类和西葫芦成为主要的作物,其时间约为距今5000年以前。沿着美国东部森林地带边缘,出现了一个产量稍低的农作物中心,大约在距今4500年前,我们所熟悉的向日葵和葫芦科作物(gourds)开始被种植。大约距今至少5000年前左右,在南美地区,木薯、甜薯等根茎作物在一些热带低地地区被人类培育成功。此外,大约在距今5000年至4000年前之间,在安第斯高原(Andean altiplano)——即今天玻利维亚和秘鲁的高原地区,也形成了一个高产作物地带,其主要特征是马铃薯和奎藜的种植。居住在安第斯高原的人们还驯养了美洲驼、羊驼和豚鼠等动物。美洲驼可以用来驮运物品,但是这些动物没有一种可以产奶,也不能用于耕田翻地或拖拉、牵引。相反,在美洲地区,人的体力承担着所有的耕作劳动,除了在安第斯山区以外,物品运输主要是靠人肩驮背扛,间或有水上船只作为补充。

36

在美洲诸农业生产类型中,只有墨西哥的农耕技艺显示出了对新环境的适应能力。大约3200年前,玉米、西葫芦和豆类等作物向北扩展,传播到今天美国的西南部地区,并在1000年前在东部林区开始取代原有的粮食作物。同样,大约早在5000多年前,玉米、西葫芦和豆类作物也传播到南美地区,但在严酷的高原环境中,这些作物生长得并不繁茂,马铃薯和奎藜等作物仍牢牢地占据着主导地位。

尽管每英亩玉米和马铃薯所产生的热量几乎同水稻相当,并远远高于小麦和大麦,但美洲同非洲撒哈拉沙漠以南地区一样,在对自然界中新能量来源的开发和寻求各种合作方面都落后于欧亚地区。欧亚地区幅员更为辽阔,具有数量更为众多的可加以驯养的物种,最为重要的是具有包容更多人口的各种交际活动网络。[①] 所有这些要素都对这一地区在创新和变革方面的速度不断加快做出了贡献。结果,大约5000年前,在西南亚地区和中国,不同类型的村社农业支撑起了各种类型复杂专门以及社会分层化(即文明化)的社会和政体,它们成为这一创新过程的主要角色。但是,在继续讲述这一故事之前,我们有必要就乡村对欧亚大陆、非洲和美洲各早期文明所起到的巩固作用做几点普遍性评论。

首先,常年生活在同一个地方,使得各种过于沉重、不便移动,但却有益的人工制品更加快速地精制化。在温带地区气候下,利用各种植物和动物纤维制成的遮风避雨的居所和各种衣物,使人类生活的舒适性出现了确实的提高。蒸煮、烘烤和酿造等各种食物制作方法既为人类福利增添了内容,也加重了妇女的劳动。对于纺织来说,纺锤和织机成了必需之物;烘烤食物产生了对磨碾和烘炉的需求;渐渐地,随着对烟道和烟囱的巧妙设计,炉火温度提升到足以陶冶出各种生活物品,如盘子、杯子、储物罐和水壶以及其他各类器皿的程度。用来砍树的石斧,用以耕地的锄头和用来收割庄稼的镰刀等都为农民们的工具发明增添了新内容。劳动工具的增加以及人口数量和牲畜数量的增长,使得这些人类群体改变自然环境的速度较之以往更加迅速。

37

---

① 晚近数千年间,至少70%的人类居住在欧亚大陆地区,使得这一地区较之其他地区更为拥挤,更具竞争性和互动性。

最为重要的是,农民们以一种或多或少的统一标准对自己所需的几种植物进行选择,从而取代了种类繁多的天然植物,一些杂草因不符合人类需求而被淘汰。由于集中牧养,各类家畜也在改变着大地的面貌;如此一来,农业和畜牧业一道加重了对自然的侵蚀程度。另外,人口数量增长所导致的对食物生产的需求,也使人类对自然环境的影响进一步加大。

同热带地区相比,温带地区的疾病对人类的危害程度要小一些,农耕村社人口数量的增长速度,要比以前更加快于狩猎群体人口的增长。我们知道这是因为在特定地域中,当所有适宜耕作的土地皆被耕种或这些土地的地力已被消耗殆尽之时,农民们便会四处寻觅新的土地以供定居。这种行为的结果就是,在 8000 年至 6700 年前,源自西南亚地区的农业耕作模式传遍了整个欧洲地区。那些迁入的移民们似乎首先对欧洲东部和中部地区由风吹形成的土壤和其他适宜耕种的土壤进行开发。而那些旧有的居民们则从这些新来者身上借鉴各种观念和技艺,从而发展出各种各样的将狩猎、采集同牧养、农耕结合为一体的生活方式。西南亚地区农耕模式向东方扩展的情形则很少受到人们的关注和研究。但是,考古学家们已经得知,种植小麦和大麦的农民们在大约 8000 年前到达了印度的西北部地区,并于此后的 3500 年,抵达中国北部地区,然而这些作物只是对中国北方原有的谷类作物起到了某种补充性的功用,并没有完全取代它们。考古学也展示出原产自墨西哥地区的玉米、西葫芦以及豆类作物是如何向美洲北部和南部地区扩展的,但是由于不同纬度地区白昼长度不同,玉米必须对自身基因加以调整,这种作物散布的进程变得十分缓慢。

人口数量增长和居住地域的扩展,对农民们以及他们培育的作物和驯育的家畜来说,构成了生物学意义上的一个非同寻常的成功范例。的确,在生物发展史中,动物驯养是一种与原始人类四处迁徙至整个地球相似的特例,它使野生动物在生态上的原有地位以及驯化物种本身发生改变。在此之中,潜藏着人类的适应能力和主观选择。人际交往网络和合作行为再次显示出人类对地球生态系统的改造能力,并且这一次要比以往更加迅速。 38

然而,这些成功也导致了各种新的危险和危害的产生。例如,定居的群体极易受到病菌、细菌的感染,因为他们不再像猎人和采集者那样经常迁徙,从而同自己所遗留下来的各种废弃物和垃圾保持着密切的接触。其结果就是,那些随着人类离开热带非洲地区并习惯了温带地区气候,本已急剧减少的感染危害又再度复燃。而且由于同牧养牲畜的亲密接触,人类还极易感染致命的畜类疾病,从而使天花、麻疹和流感等各种历史上最为猖獗的瘟疫对人类进行戕害蹂躏。[1] 庄稼一旦歉收也就意味着饥馑,而数千年间所发生的各种饥馑、灾荒和阵发性的瘟疫,以及另外一种新的灾难——即有组织的战争——相互结合,便对人类数量的增长形成了遏制。

对于早期村社之间的战争行为,考古学尚未提供清晰的证据。一般来说,箭镞并不能告知我们,它的功用究竟是用来杀伤敌人还是用来猎杀动物的;从时代最接近我们的新几内亚高山地区农民们的争斗来看,非洲和欧亚大陆地区早期村社之间所发生的战斗,可能主要就是敌对双方在一定距离之内相互投掷石块等物品之类的行为。但我们可以肯定,牧民们经常性地使用各种武

① DNA的研究分析表明,天花这种可能是长期以来对人类构成最严重危害的瘟疫,就是从阿拉伯骆驼身上携带的病菌传染而来的。

器来保护自己的牲畜免受野兽和掠夺者的伤害,而农民们在保护自己的粮食成果时,则既要防备各种抢劫者,还要防备各种各样的病虫和鼠类。为数很少的西班牙和北非地区的石崖雕刻描绘出了某种战争的场景,在欧洲和中国也出现了一些以围墙和栅栏来卫护的村庄。而且在下一章中我们将看到,对各种应对有组织暴力行为的有效方法的寻求,成为令村社农民们甘愿承负起支撑城市和国家的沉重代价的一个主要原因。

定居的群体生活似乎也对氏族关系构成了某种程度的削弱,39 并鼓励乡村邻里之间建立起牢固的关系。但是这些情形是如何发生的,我们还不太清楚。农耕村庄的人口数量一般要多于狩猎群体的数量,并且在大多数情况下,耕地大概都是由各个家庭分别加以照料的。一旦觉得必须反抗外来强盗以捍卫自己的粮食收获时,农民们就会集中居住到一个较大的定居地,有时还修建起围墙或设置栅栏来护卫自己。同样,当地方防御成为当地最为关键的事务之时,居住于一处的乡邻们就可能会取代氏族,成为维系安全稳定的最主要基础。对此,人们尽可加以各种想象。

最后,在温带气候下,掌握知道什么时候应当开始耕种的能力,具有十分重要的价值和意义。于是,太阳、月亮和各类星体的运行季节成为人们关注的焦点。历法、占卜成为某些专业人士的领地,他们凭借着这种特殊才能确立起一种崭新的社会领袖地位。当然,对精神世界的专业性导引,在以往的猎人和采集者中间肯定早已形成了。那些洞穴艺术作品本身已做出充分的证明。然而,对季节的准确推算和测定需要一种完全不同类型的知识和技艺,并且,这种知识和技艺最终成为城市和文明兴起的另一关键要素和条件。

在其形成大约两千多年之后,农耕村落就像皮疹传染般地遍布欧亚大陆、非洲和美洲各个地区,并且构成了一个框架,大多数的人类就是在这一框架中生息繁衍。直到距离当下很近的时候为止,我们先民中的绝大多数就一直居住、生活在这类乡村之中。当针对各种地域具体环境所做出的最初调适完成之后,习俗性的农村生活秩序便开始在漫漫数千年间,将必要的知识和技艺一代又一代地传承下来,期间间或有一些小小的改动。总而言之,我们先民中的各种生物和文化的连续性之所以得以保留下来,完全仰赖于乡村的习俗。甚至在被迫向外部缴纳各种地租、税赋之时,乡村的自主性仍在日常生活事务中普遍流传;由饥馑、瘟疫和战争造成的各种间断性紊乱,也几乎无法阻止各种遗存下来的乡村习俗,一旦条件允许,相同的生活秩序便会迅速恢复。

实际上,定居村社已全然取代了狩猎者和采集者群体,成为人类社会的基本细胞。在每一个乡村中,那种面对面的交际网络具有极强的效力,从而确保习俗的连续性。但是这些乡村又都被镶嵌在一个更为广泛的网络之内,这个网络虽然比以往要稠密一些,但在当时仍很粗疏。在此之后,各个城市、各种文明、各类商人、传教士和专门从事战争的人员以及拥有各类专业技能的手工业者开始在地球上一个又一个更加广阔的地域中发挥出他们各自的作用。在其最初兴起之后一段相当长的时期内,城市还处在一种例外的不稳定状态之中。城市生活的不稳定性,加之其自身的紧张状况和外部的挑战,自然刺激着城市居民开始肩负起推进后世历史上所发生的绝大多数技术、宗教、知识、政治、经济以及制度变革的使命。现在,我们开始转入对城市形成过程的考察。

40

第三章　旧大陆的各种网络和文明

（公元前3500年—公元200年）

41　各类文明的兴起，在彼此之间还相当陌生的数以万计的人口中确立起了各种各样的联系，之后，这些联系的范围又扩展到数百万人。各种关键的关系和重要的日常事务第一次超越了人类先前各种原始群体的范围。随着交往频率越来越高，城市居民、乡村村民、四处迁移的牧民，还有那些越来越边缘化的猎人和采集者都势必要同各种各样的陌生人接触、交往。对于某种文明覆盖范围之内的每一个人来说，商品和劳动自愿的交换已全然与被迫向所臣服的掠夺者交纳地租和税赋混同在一起，构成了一种无法躲避的混杂的日常生活状态。

然而，一个文明一旦形成便倾向于向外扩展，这同往昔那些农耕村社持续不断地向可耕种地区的拓展，以及狩猎或采集群体始终寻求对地球上任何一处可居住地区的占据完全一样。它们扩展的理由是完全相同的。各种类型的文明化社会由此可以从大自然中获取更多的食物和能量，从而产生出更多的财富和更大的权力。当周边出现不同文明和不同的都市网络时，一个文明的扩展过程也不会停止。相反，各种技术、习俗和观念为更多人们之间的冲突和合作提供着支撑，各个不同文明彼此之间的相互影响，在公元200年前后创造出了一个几乎遍及欧亚大陆和大部分非洲地区的更为紧密的网络体系。我们将其称为旧大陆或旧世界网络体系（the Old World Web）。

各个文明的兴起改变了人类交往的网络,并使其重要性得以加强。在城市兴起之前,仅限于狭小群体之间的面对面的交往容含着支配人们行为的各种重要信息。同陌生人或邻居的相遇,获取足以使旧有习惯发生改变的新信息是极其偶然和微乎其微的。换言之,在各种文明兴起之前,由世界性网络所携带的新奇信息是非常微弱和断断续续的。即使在城市和文明出现之后,各种流言蜚语、私下议论、传统的舞会和仪式也没有丧失对地方共同体生活的影响作用。所以,各类地方共同体依旧保持着基础性地位,并继续对绝大多数人的生活赋予意义和价值。然而,这些地方共同体的自主性也逐渐地受到侵蚀。来自外部世界的各种消息令人们必须予以关注,因为它们常常是强制性征招劳役或征收地租、赋税的命令。各种各样有关城市生活的奇妙之处也渐渐地传播到乡村之中:如城里有高耸入云的塔楼;城里人的器物、工具都是金属制成的,它们在阳光下光彩夺目,并且坚固耐用,不像乡下那些石质或陶质器物、工具那样易于破碎。不过,在初始时期城市那些新技术和新知识对乡村日常生活秩序的影响并不大。

42

另一方面,这种新的网络从一开始就将各个城市中心彼此连接起来,同时也和乡村的精英阶层相连接,传播着各种有趣的新奇事物。由于城市技术的多样化,在城市与城市之间开始传播越来越多有用的知识,有时甚至可以传播到很远的地区。更为重要的还是地方精英同城市中心之间所形成的那种联系。因为地方上的首领们(chieftains)常常让其属下部众劳作,生产出城市所需要的各种原料。反过来,这些首领可以获得城市生产的奢侈品,并以其来炫耀自己的权威和重要地位。这就是驱使文明向新的地域进行扩张的缘由所在。

各个城市与其周边广大民众之间分化的加剧,确立起了各种各样交换和交往的网络，其范围超过数百英里，渐渐地又扩展至数千英里。每一种文明都获得了自己的内陆腹地，这些腹地之中的土地所有者们和其他拥有特权的人们皆尽其可能对城市某些他们特别中意的方式进行模仿。结果导致乡村精英阶层在古老的地方乡村网络的顶端建立起他们自己的网络；并在许多方面，把普通乡村民众——现在我们可称他们为农民(peasant)——的劳动用于巩固自己优越的社会地位。由此之故，各个城市具有了从或近或远的乡村获取各种资源的能力，享受着主要是来自于成千上万乡村劳动者被迫辛苦劳作的那些成果。这就是为什么早期各种文明凭借其财富和权力会对外地人具有巨大的吸引力。

地方性的各种差别仍旧十分顽固，但是一种反复试验的包容过程对社会组织、技术和交往方面的所有变革都予以了奖赏和报酬，从而强化了对自然资源和人类主观能动性的控制。我们今天43 仍旧还处在这一历史过程之中，并且不愿摆脱出去，这仅仅是因为绝大多数人，在绝大多数时间内，皆愿意选择集体或个人所带来的优势，而不愿选择贫穷和软弱，即使为此要付出代价，服从某位远方陌生人所制定的规则和指挥，也在所不惜。

最初的各种文明

全世界有四个不同区域，由于地处密切交往的连接点之上，故而开启了文明开化的过程。最早文明化的地带是三条大河沿岸可加以灌溉的地区，这三个地区分别是位于美索不达米亚(今伊拉克)的底格里斯河—幼发拉底河地区、位于埃及的尼罗河地区和位于巴基斯坦的印度河及其支流地区。大约在公元前3500—前3000年期间，在底格里斯河—幼发拉底河河口附近有十几个城市兴起，其时间要稍稍早于尼罗河和印度河文明，2—5个世纪之后，后两个地区才出现相对复杂的社会。沿海航行再加上内陆穿越陆地的商队，使上述这三个地区彼此保持着一定的交往；似乎应当把这些交往看作刚刚形成的一个相互交往网络的组成部分。我们就将其称为“尼罗河—印度河走廊”，这是历史上第一个大都市网络。

公元前3000年左右，在黄河中游地带的中国北方的黄土地区也出现了一个类似的交往互动的区域。然而，东亚这个交往中心同尼罗河—印度河走廊处于相互隔绝的状态之中，甚至当它穿越二者之间的大草原和沙漠、从西方引进了各种创新以使自己的技艺和技术大大发展之后，仍然如此。这些从西方引入的技艺和技术，如小麦、大麦种植，铜的冶炼，一周七天的计时法，还有公元前1500年后引入的战车和马等等均对东亚有着非常重要的意义。中国文明对于其周边的各个民族产生了激励的作用，其结果就是在有文字记载的历史时期，以中国为中心的东亚都市网络持续地向外部新的地域扩展，并一直延续到今天——这就是欧亚大陆上的第二个大都市网络体系。 44

令人感到诧异的是，在美洲地区也存在着与欧亚大陆这种双重交往网络相类似的情形，在中美洲和南美洲诸地区并行发展的两种文明，是建立在差别很大的不同农业类型之上的。在墨西哥和危地马拉，人工浇灌的园田湿软土地上所种植的主要是玉米和西葫芦等作物，大约公元前1300年，奥尔梅克人(Olmecs)开始发展起一种同欧亚大陆诸种文明相当不同的社会分层体系。玛雅人的祭祀中心和城邦则出现的较晚，大约在公元前600年左右；到公元前400年以后，在墨西哥中部的谷地兴起了一批相互大致相同的社会。这些墨西哥美洲(Mesoamerican)的文明中心从不曾

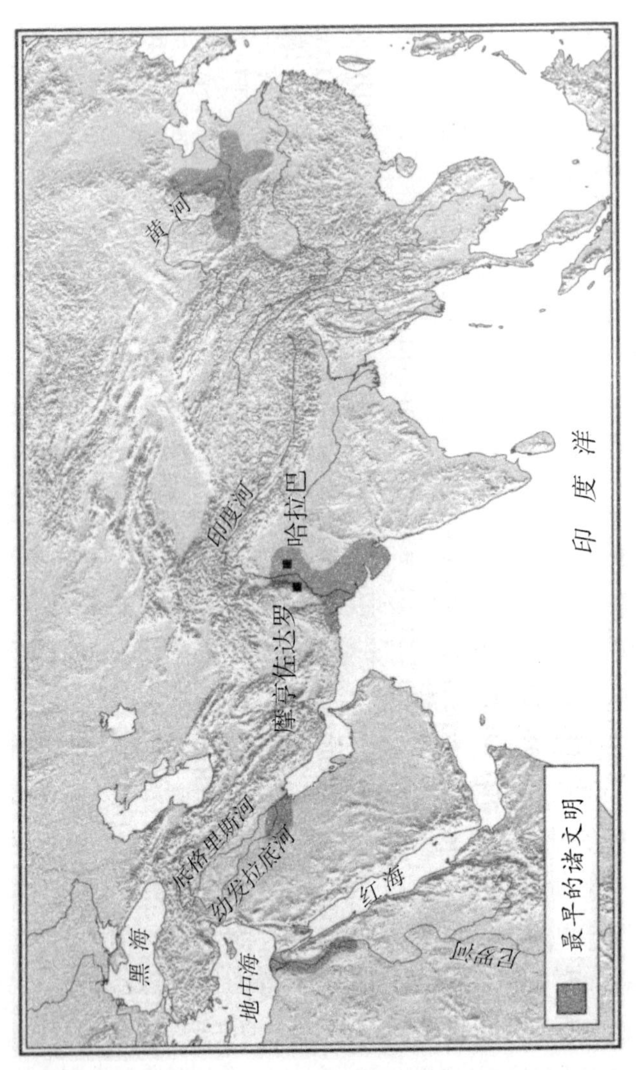

地图3.1 欧亚大陆和埃及最早的文明地区

像尼罗河—印度河走廊的文明那样,融合为一个整体,但是它们之间不断增长的互动往来,编织出第一个美洲都市网络体系。

美洲南部地区,或许早自公元前2500年就已经在秘鲁沿海沙漠地带兴起了一系列复杂的举行祭祀仪式的中心。巨大的"洪堡洋流"(the Humboldt current)为这一沿海地区的渔民提供了丰富的鱼类食物,此外他们还掌握了一定的农耕技艺,在从安第斯山脉流淌下来的几条小河的岸边,种植根茎、豆类和西葫芦等作物,作为补充食物。此后,在公元前900年,在一处便于高原各个民族同亚马孙河上游地区诸民族交换物品的安第斯山脉的交通要道附近,查文(Chavin)文明形成了。在松软的高原土壤地带,马铃薯和奎藜等作物早就养育了相当稠密的人口;而在亚马孙河上游森林地带,各种狩猎和采集活动大概十分流行。然而,各种便于携带且十分珍贵的物品,如美丽的鸟毛、海产贝壳、贵金属的流通,以及有关处理超自然世界和自然世界的各种知识、技能的交换,将沿海、高原和森林地带的不同民族编织成为一个南部美洲的都市网络。只不过这个网络的主要核心经常发生变换,公元100年前后,其核心迁移到高原地带。

由于无法识别其书写文字(时至今日,尚有一种古印度文字人们未能释读),阻碍了我们对美洲南部和印度河河谷这两个地区文明的各种观念和制度进行更深入的了解。在某些地区,即便现代学者能够对古代文献加以释读并将其翻译成现代语言,也还是存在极大的不确定性,因为那些容含着各种揣测性的现代语言并不能完全同古代各个民族的语言相吻合。对这种不完备加以深入认知、理解并进行推测性的重建,是我们的全部希望所在。 45

幸运的是,对于产生在底格里斯河和幼发拉底河下游地区,即今伊拉克沙漠地区的最古老文明,我们所掌握的信息相当丰富。在美索不达米亚地区,楔形书写文字的形成历经了数百年的时光,现代学者沿袭古代希腊人的说法,将这一地区称为两河流域。其实,楔形文字的起源很简单,只是用于记录神庙仓库的收入和支出而已。由于这些记录是在泥板上刻刮出各种符号,而这些泥板经过烘烤,便可以长久保存,故而其遗存的数量非常之多。虽然只有少数的泥板文书透露出了几缕文明开化之初的光芒,大多为很晚时候并且用于其他各种不同目的的作品,但是根据考古学的成果和推论,人们还是可以从中得出一些基本的入门法则,从而对世界上最古老的文明是如何开始的加以认知和理解。

约在公元前 3500 年开始的文明化进程中的一个确定事实是,人们开始在底格里斯河和幼发拉底河入海口的附近地区建造起一大片土坯建筑物。[①] 这类原初的城市,当时大约有十几座,每个城市都有操苏美尔语的数千居民,他们在城市附近浇灌农田,耕耘稼穑,并通过陆路和海路与周边相当宽阔范围内的各个民族进行贸易往来。大约在公元前 3000 年,为了保护城市居民,抵御外敌攻袭,大规模的土坯城墙开始修建,这标志着该地区的社会组织已经发展到了一个新的水平:这就是苏美尔城市。

这些城市之所以能够形成,主要在于一个相当新的穿越陆地的交际网络所具有的互动作用,这个网络把河流运输、毛驴商队同更为古老的凭借海洋季风沿着海岸行驶的海运航路结合在一起。由于热带丛林和其他各种地理障碍,以往沿印度洋沿岸航行的商船同内陆地区的联系非常有限。只有居住在海边狭窄地带

---

① 在历史上,波斯湾的海岸线曾多次出现巨大的改变。现今距离海岸线 150 公里(即 100 英里)的苏美尔城市,在当时则位于海边或临近大海。幼发拉底河也曾多次改变河道,所以一些今天位于狂风呼啸的沙漠之中的遗址,在当时则处在幼发拉底河的两岸。

的那些渔民和园田农耕者之间可以进行各种商品和观念的交换。但是,在大约5000年前,当埃及或者西南亚地区驯养毛驴成功之后,那些穿越陆地的商队便将其活动范围扩展了数百英里,把西南亚内陆生态不一的各个地区同沿海航运更加紧密地联结起来。这两种运输和交往的网络在波斯湾尽头相汇合,而此地正是城市和我们称之为文明的这类复杂社会组织最早出现的地区。 46

苏美尔的各个城市居民是由三种成分构成的。一个是拥有特权的城市居民集团,他们在城市附近经营着可灌溉的田地,其成员除亲属等家族附属成员外,还有一些农业依附者,以及一些从外地买来的奴隶。在城墙之外的沿河地区,有一个码头社区,居住着那些商人、商队经纪人和来来往往的水手们,他们为城市输入一些必需的商品,如木材、金属和其他贵重物品等,同时作为交换,他们还把城市自身生产的纺织品、酿造的枣酒以及其他各种人工制品输送出去。然而,苏美尔各个城市中最为独特的一个要素是:一个或几个神圣家族或神庙家族的存在。这类家族的规模要远比一般私人家族大得多,但是其内部成员在各种责任和收入分配方面,还是按照私人家族的方式进行安排,遵循着职责和奖赏报酬基本相符的原则。

因而级别的高低便构成了一个关键的差别。每个神圣家族都在两河冲积平原季节性的草地上放牧羊群,经营着大片可灌溉的田地,并役使着数百名劳工进行耕种。神灵在人间的仆人——所谓的祭司们,要将神庙仓库中的谷物、毛纺织品和其他农产品中相当巨大的一部分,用于供奉神灵和自己奢侈生活的消费。他们建造巍峨的殿堂,以摆放神像,还供奉各种牺牲贡品(通常是一日两次),同时还要在特定的时日和场合奉献各种崭新的衣饰、娱乐器物和其他享乐消遣的物品。这种对仪式豪华程度无止无休的追求渴望,可能就是在迅速发展各类精致技术的背后所隐藏的那种对周边各个民族提高苏美尔城市威望的动机,因为只有那些富有的神圣家族可以养活拥有各种特殊技能的能工巧匠,创造出更加奢华壮观的消费物品,从而赢得那些最具法力的神灵的保佑。

那些颜色清澈得如蓝天般的天青宝石(lapis lazuli)极为珍贵,只有从极遥远的地方才能获得,而神庙管事们则是从四处流动的商人处购得。祭司们还对羊毛纺织工进行监督,令其为神灵和他们自己的家人生产衣物。剩余的纺织品则用于同商人们交换各种外地商品。为了维系神灵的庄严,在祭司的指导下,一批乡村劳动力专门从事放牧羊群、维修渠道、挖掘运河、耕种田亩等繁重劳动,并且每年都把收获运到神庙之中。

在这种特殊劳作和交换之下,深藏着这样一种观念,即必须使神在他(或她)所居住的辉煌神庙之中感到愉悦,否则神的恼怒将会带来洪水、饥馑、瘟疫或者劫掠等极为可怕的灾难后果。苏美尔祭司们对两河流域冲积平原上既富庶又充满风险的生活所做出的最初认知和理解,还导致他们对以往那些古老的万物有灵观念进行修改,将最高威力归结到为数很少的一批主要神灵身上。神庙供奉的神像也被雕刻成某种既具有无边威力又行踪难测的模样。对地位身份和威力影响范围的确认具有十分必要的意义,因为它可以防止神灵们从所居神庙中离去。这一点之所以重要,是因为只有确信神灵真的居住在各自的雕像之中,赞美、祈祷以及供奉才会有效,从而使神灵站在自己这一边。一位恼怒的神灵是极其危险的,所以为了平息安抚神的怒气就要求祭司们每日做功课并掌握对神的内心状态加以解释的特殊技能。从供奉的牺牲之上发现各种预兆,以及对太阳、月亮和星体运动详细记录,这都是苏美尔祭司们解读神灵各种意志的不同方式。他们还发明出各种精致的祈祷和仪式以消弭神的怒气和赢得神的保佑。

每一个城市都供奉着一位或几位神灵,但每位地方神灵都受到彼此相互的限定,因而每一位神灵都不是万能的。苏美尔的祭司们信仰存在一个由太阳、月亮、大地、天空、淡水和咸水以及风暴七位神灵组成的天庭,这七位伟大神灵主宰着整个宇宙,并且每年新年之际,他们都相聚一次,以决定第二年的年景。发展出这些观念的祭司们,将这些神灵的行为作为苏美尔城市居民处理公共事务的模式,他们也以聚会方式来对是否发动一次军事远征、是否修建一条运河或是否修筑环城城墙等各种公共事务做出抉择。他们还通过选举方式,遴选出具体负责执行、实施各类事务的头领(Captain)。但随着战争逐渐成为常规性的事务,那些临时性头领们就转变成终身的统治者或国王,并且组建起相当规模的武士家族,这些家族与那些负责神灵事务的家族展开竞争,并逐渐地压倒后者。结果,及至公元前2300年前后,那些军事领袖们已将各大神庙家族降为惶恐不安的臣属。

然而,在刚刚开始之际,在塑造整个城市的复杂生活方面,苏美尔那些掌管信仰和仪式的神灵家族还是一种促进因素。当各个家族族长开辟出新的可灌溉土地,并围聚在某个适宜举行神圣仪式的地点,以确保超自然神灵的保佑之时,城市便开始形成了。而这些祭司和城市居民们不断扩展的财富与抱负又对具有特殊技能的工匠、商人、水手和商队经纪人产生了极大吸引力(或诱惑),他们可以为城市不断扩大的祭祀仪式和其他方面的物质需求提供服务。

所有的一切都是刚刚兴起的崭新的事物。在水利灌溉使农业劳动成为一种回报丰厚的生产之前,只有为数很少的猎人和采集者居住在两河流域的冲积平原上。各种水渠、运河的修建需要 48

数百名劳工才能完成,这意味着必须组织起足够的劳动力,这绝非轻而易举之事。我们所能假设的就是,当亟须劳动力时,众多内地乡村的村民们被某些人以强迫或劝诱的方式,充当了劳动力的补充。兴办这类事业的有识之士,大概是某些来自海外的陌生人,他们紧紧地抓住机遇,组织人力,艰辛劳作,在合适的时间将适量的河水输入到田地之中,因此,这些人就成为早期苏美尔各个城市的特权人物和神庙的管理者。①

一份很简短的苏美尔人产品清单告知我们这些城市的发明创造状况。羊毛纺织品是苏美尔人专供出口的主要产品。铜和青铜的武器与工具、用脚踏转轮生产的陶器以及雕刻精美的印玺都是苏美尔手工作坊出产的优质产品。而苏美尔人最精美的作品则是那些用无数块砖坯修建起来的神庙。在此之前,还没有任何一种人工制品能够达到如此宏大的规模。

运河、沟渠、耕犁、车辆和航船等对于一个新兴社会来说具有极为重要的基础意义,但是尚不能肯定它们都是由苏美尔人首先创造出来的。运河和沟渠肯定是由几个不同的地区发明的。航船的历史一定要比苏美尔的历史更加久远;至于车辆和耕犁也可能是由别的地区最先发明出来的。但是,苏美尔各个城市却赋予了这些设备以更大的使用空间。尤其是农业剩余产品的集中,为各种各样的专业人士提供了生存的保障,而这些剩余产品完全是靠牛牵引的耕犁才能耕种,靠大大小小的车辆才能将收获的粮食运进城内的粮仓。此外,正如前文所指出的那样,凭借海洋季风

① 苏美尔人所讲的语言究竟是属于何种语系,目前尚不清楚。古苏美尔的一些文献中,将乡村劳动力称为"黑头民"(black-headed people)的这一事实表明,在苏美尔各个城市的社会阶层分划中,存在着某种种族上的差别。另外,有一些数量极少的宗教文献还曾提及"从海上来的南方人"。

沿着海岸行驶的海运航路同驾驭毛驴车队的陆地商路相汇合这一优势,在文明兴起过程中使得苏美尔城市捷足先登,领先于世界其他各个地区。

公元前3000年以后,苏美尔军事领袖权威的增强愈发明显,并与兴起的游牧社会开始发生联系,这些社会位于美索不达米亚南部极为狭小的水利农耕地区周边的草原地带。就在苏美尔城市在适宜水利农耕地区兴起的数百年间,那些牧民们也掌握了如何有效开发牧场的技术,其方法是随着季节的变换,赶着山羊和绵羊,不断地由北向南、由低地向高地进行迁移。在更往北的地区,是一个由乡村农民所占据的弓形地带,在这条环绕着美索不达米亚冲积平原的山谷和山脚地区,农耕生产也已出现了。而在这条弓形地带之外,一个定居农耕的边疆正在穿越欧洲和亚洲向外扩展,并且构成了极为广袤的欧亚大草原上各个新兴游牧社会的侧翼,这些游牧社会有所不同,他们的生活更多地仰赖牧养牛和马,而不是牧养山羊和绵羊。

49

作为一种不同于游牧生活的生活方式,公元前3500年以后,在整个欧亚大陆西部地区,农业和城市的各种生活方式愈发凸显出来,贸易和劫掠将它们彼此连接起来。最初,苏美尔人所取得的各种成就是如此之巨大,以至于遥远的各种操印欧语的游牧社会,甚至那些居住在北方欧亚大草原之上的游牧社会,都把苏美尔人的众神纳入到他们自己的宗教信仰之中。结果,在后来的雅利安人、希腊人、罗马人、凯尔特人和日耳曼人等所信奉的各种神灵中,都存有某种他们各自祖先与苏美尔人宗教中七大神灵相遭遇所留下的痕迹。

城市、乡村和游牧等各种生活方式之间所发生的这些为时长久且反复出现的碰撞冲突,是欧亚大陆和非洲后来历史进程的基础,并在数千年间,对这些地区各种各样的政治和军事事务起着支配作用。相对于农村的广大人口来说,城市居民和游牧牧民的数量要少得多,然而他们却享有各种制度化军事优势。在保护牲畜方面,牧民们拥有十分专业的技能。这种技能后来转化为军事传统,因为驱赶强盗总是要比用栅栏围圈牲畜更加困难一些。此外,一旦发现目标,牧民们所具有的那种机动性便使他们能够迅速地集结起充足的攻击力量。对他们来说,农民们所储存的粮食是他们永恒的进攻目标,尽管谈判或和平交换,即用牲畜同农民和城市手工业者交换粮食和各种奢侈品也是一种方式,但只是可供选择的一种可能性而已。

城市居民的军事优势则来自于他们精良的武器(最初是青铜武器)和他们所具有的供养职业武士的能力,这些职业武士受过制度化的格斗训练,并且仅仅服从一位统帅的指挥。最初,这种职业化武士的数量极少,远远少于那些游牧部落的成员,因为游牧部落中,每一个成年男子都是潜在的战士。这些职业武士与城市其他居民之间的关系相当紧张,因为他们与城市居民和缴纳租税的乡村农民发生矛盾时,常常直接诉诸武力。城市社会内部这种紧张关系偶尔会导致暴乱反叛,而当内部暴动同外部游牧部落的劫掠攻击相互结合之时,城市的统治者不是被内部革命所推翻,就是被外来的征服者所取代。而无论在何种情形之下,新的统治者很快就会发现,为了维系自己的权势,那些职业化的军人和税赋征收者都是必须倚重的力量,可是每当军人和税赋征收者的士气下滑或忠诚顺从发生动摇之时,他们就会遭受来自同一个政治势力集团的损害。

50

最为重要的是,大约在公元前3000年以后,西南亚地区的乡村农民们开始承受游牧民族与城市军事力量之间所形成的那种不稳定的力量平衡的重压。除了那些有高山或沼泽等天然屏障的地区之外,众多乡村农民根本就无力同草原游牧民族和城市职业军人所拥有的那种有组织的暴力相抗衡。对于农民来说,归顺臣服是不可避免的结局,他们宁愿放弃抵抗,是因为可预料的税赋、地租要比那些无任何控制的劫掠更容易承受一些。这对于当时各方力量来说都是真实的,并且此类安排也逐渐演变成为标准和习惯的事物。实际上,农业城市中普通民众与职业军人及统治者之间的结合,是在交付保护费用的基础上,确立起一种非正式但有效的市场,将各类地租和税赋固定在某一个水平之上,让民众在普通年景可以生存,还可以应付偶尔出现的饥荒年景。大约在公元前2500年以后的数千年间,甚至到今天,这类保护性市场一直把农民们置于次要的地位,并支撑着城市文明的存在和发展。

对那种由农民向地主和统治者交付地租和税赋的基础性物资的转移来说,在各类精英阶层之间自愿的贸易交换或多或少是一种补充。苏美尔的各个城市从一开始就从事着这类贸易活动。尤其是围绕美索不达米亚南部冲积平原不出产的金属、木材等各种物资而展开的交易,更是如此。在苏美尔早期城市统治者所发挥的各类作用中,就有为了从边远山区获取必要物资而亲自率军远征的事例。著名的《吉尔伽美什史诗》(The *Epic of Gilgamesh*)记载有诸多此类的情形,其中有一个传说,说的是乌鲁克城(Uruk)的英勇领袖在杀死遥远雪松林区的保护者之后,将贵重木材运回的事迹。

但是,就在地方首领率领部属砍伐树木、开发矿藏或储备其他遥远城市所需要的各种物资物品时,一种更为有利的获取必需商品物资的方法开始兴起了。那些地方首领们开始选择同远方的商人进行合作,以正常方式获得城市生产的珍贵奢侈物品和武器,以及其他各种本地并不出产的物资商品。随着这类地方首领们学会了以宽容甚至保护的方式来对待商人、商队,各个城市中心与偏远地区人群的往来联系就愈发增强了,而且允许输入城市奢侈商品也成为各地地方首领的地位象征,这标志着他们已经同普通民众脱离开来。而随着城市生活品位的提高,一个特权阶级形成了,反过来,地方首领们也开始对本地手工业者给予保护。51 地位的分化和职业的专门化从而开始相互结合,推动着地方社会朝着城市水平的复杂化方向发展。对商人物品的强制性占有也是获取各种稀奇商品的方式之一;但即或成功得手,这些劫掠者们仍需进入市场,以便把劫掠的赃物转换成自己所需要的物品。并且,强夺商人财物也势必导致收益的减少,因为那些商人将一去不返,从此不会再来。因此,各个地方与商人的合作渐渐地流行开来,从而使得尼罗河—印度河走廊地带的都市网络愈加稠密,并向四面八方扩展。

因此,从苏美尔兴起开始,这些分别在城市占首要地位和在游牧地区占次要地位的贸易和劫掠相互结合,共同促进着城市的商品物资、生活品位和复杂的社会结构散布至整个西南亚、北部非洲和欧洲东南部。的确,同样充满痛苦的文明开化的过程,直到今天还在个别地区延续,例如极为偏远的亚马孙河流域和新几内亚的高地地区就是如此,它们同外部的往来联系仍然处在初始阶段。

尼罗河和印度河谷地的早期发展,为苏美尔地区兴起的都市网络增添了内容。大概从一开始,这两个河谷地带就参与到美索不达米亚的网络建立过程之中。但具体情形究竟怎样,我们还很难做出判断:因为有地下水,对摩亨佐·达罗(Mohenjo Daro)最早期文化层的发掘难以进行,而在很早之前过分仓促地对哈拉巴(Harappa)遗址挖掘过程中所出现的那些无可争辩的过错,使得考古学家们难以对印度人究竟是怎样、又是在什么时间创建起他们这两座伟大城市的状况做出正确认知。然而,在这两座遗址中所发现的苏美尔式印玺和其他各种人工制品,都为当地存在与苏美尔的贸易往来提供了佐证。因为沿海航行令这种贸易变得十分轻松,各种观念和技术的交流,大概从一开始便促进着印度河两岸的社会发展。

印度各个城市把对水的管理使用提升到了一个很高的工艺水准,他们那种把饮用水同废污水相分离的设置,似乎是世界上第一套排水系统。这种系统可能有助于降低城市生活中的疾病危害。然而,学者们至今尚未释读出印度的书写文字,故而对于曾创造出巍峨建筑和排水系统的这两座城市的宗教和治理状况,我们还没有任何可靠的依据。考古学研究表明,印度文化在阿拉伯海沿岸地区传播的范围很广,并且传入了某些岛屿。为数不多的印度印玺上所刻的符号还表明,后世印度教所敬奉的一些神灵就来源于古印度的诸位神灵。

52

由于埃及的象形文字得到了非常准确的释读,所以学术界对于尼罗河的文明兴起的状况有了非常详尽的认知;同时,考古学也确切地证明埃及在文明之初就与苏美尔文明存在联系。例如,埃及最早的阶梯式金字塔就显示出一种对苏美尔建筑有意识的借鉴,尽管埃及人使用的原料是石料而不是土坯,并且迅速地发展起了自己独特的技术和艺术风格。或许,象形文字也反映出某些对楔形文字书写方式的有意模仿,因为埃及书写文字几乎是一出现就发展成为一种完整的书写体系,这同苏美尔楔形文字缓慢的演化历程有着相当大的不同。

无论早期埃及文明从与苏美尔文明的联系中获得过哪些有益的借鉴,不同的地理和不同的文化还是很快便把它拉上了一条独特的发展道路,这条道路与美索不达米亚地区的发展道路有着相当大的差异。埃及人采用石料作为建筑物和神像的原料就是一大差异。但是,最大的差异还是来自尼罗河本身,它使埃及内部的舟楫航运交通非常廉价、载运量极大而且相当可靠。东北向贸易季风横穿埃及,乘船向南航行十分便捷,而尼罗河的平稳流向又使船只向北航行同样轻松、安全。这意味着在第一位法老于公元前3100年左右统一整个埃及之后,这个国家的历史,除了个别短暂时期以外,一直保持着政治上的统一性。在世界上,还没有哪个国家和地区能像埃及这样,非常轻易地就将乡村和地方的各种网络融为一个都市网络。

通过对尼罗河航行的控制,法老可以令其臣仆们将全国的粮食集中起来,无论何地的资源,只要法老想要都会迅速得到,同样,凭借从全国各地征集而来的众多税赋,法老也可以供养数量庞大的劳动力来修造他自己的金字塔陵墓或他所指定的其他类型的建筑。早期埃及统治者们宣称自己就是居住在大地之上的神灵,正是这位“神”将整个国家都转变成为一个金字塔结构的共同体。这种将大量可支配财富集中在自己手中的做法所导致的结果就是,法老宫廷可以供养和役使数量众多拥有高超技艺的工匠,可以完成规模庞大的工程,其中最著名的就是那些巨大的金字塔建筑。

当灌溉农业刚刚在尼罗河冲积平原上定型之时,埃及最早的统一就出现了。法老的意旨同不断增长的人口和民众的辛勤劳作相结合,很快就将狭窄的尼罗河河谷转变成为沃野良田,从而使整个尼罗河三角洲都得到开发耕种。平缓的尼罗河使运河之类的水利工程变得毫无必要。相反,埃及人依靠洼地灌溉法,即把洪水引入堤坝之后,让水中肥沃的淤泥沉淀下来,耕种时节到来时,再把剩余的水通过下泄渠道排出。这种方法能够有效地防止盐碱沉积,而在美索不达米亚地区,当灌溉的河水在田地之中被蒸发后,大量盐碱便年复一年地沉积了下来,因为即使新鲜河水中也含有少量盐分。这一过程最后将苏美尔田地统统转变成今天的沙漠,可埃及却始终保持着肥沃的良田。

53

数千年来,便利的内部航运和充足的水利灌溉等无与伦比的地理生态优势,赋予了埃及社会一种不同寻常的稳定性。古王国时代(公元前2615—前1991年)埃及碑铭式的独特建筑,一直延续到罗马帝国时代,尽管随着时间流逝,法老宫廷那种将财富、权力和特殊技能加以集中的能力逐渐减弱。各个地区的土地所有者和神庙祭司们崇拜、供奉着种类不一的神灵,他们要求分得一部分土地收益,而且一直如愿以偿,从而将这些收益用于他们自己的各种目的。

古王国时代那些信念与理想的长期延续,在很大程度上得益于埃及外敌不易入侵的安全环境。同美索不达米亚地区相比,周边的沙漠使埃及的边疆防御要容易得多,并且在古代绝大部分时期(虽不是全部),埃及人一直都留守于自己的家园之中。与同一时代的西南亚地区各个王国截然不同,他们根本就不需要花费钱财来建立军队。

独特的地理环境虽然限制但却没有彻底阻绝埃及与世界其他地区的交往。三角洲地区十分便于海上水手们的往来,结果,埃及的各种技术和各类观念传播到地中海各个地区。尤其是克里特岛的米诺(Minoan)艺术就从埃及的雕塑和绘画风格中汲取了部分灵感。沼泽和沙漠使进入撒哈拉以南非洲地区的通行变得非常艰难,尼罗河的航运一般在第一瀑布就停止下来,但是埃及在此以南的地区仍有着广泛的影响。在今天苏丹尼罗河上游沿岸的努比亚地区,考古学发现了大量文物,其中有些文物,同埃及的历史一样古老。对于埃及影响在非洲到底扩展得有多远和努比亚地区到底在多大程度上受到了埃及的影响等问题,学术界尚存有疑问。能够说明问题的有力证据还不太充分。

一旦确立起自己的文明类型,埃及人一般很少在家园之外的地区去寻求什么值得学习、汲取的事物。直到那些亚洲的好战民族,如喜克索斯人(Hyksos)突然闯入国门,大肆蹂躏其国土时,埃及人才意识到对外部世界不闻不问是相当危险的。凭借各种新式完备的军事装备,主要是马拉战车,喜克索斯人轻松地冲破了54 西奈半岛的沙漠屏障。结果,喜克索斯统治者们(公元前1678—前1579年)骤然间便将埃及拖入到一种好战的帝国体系之中,这种体系是那些围绕古代美索不达米亚中心地带的各个国家建成的,随着一代又一代军事统治者的传承和为寻求自身霸权而展开的厮杀,使得规模越来越大的各个官僚帝国被创建出来。

然而,在对官僚帝国历史进行探究之前,我们还是先来考察一下中国的情形,这一地区各个规模更大的集团之间所发生的各种合作与冲突的过程,造就出具有独特特征的另一种都市网络。

中国历史的演进同美索不达米亚和埃及有相当大的不同。首先,创造出中国文明的各种宗教—政治—军事的联系,是从更为古老而且相当发达的村落基础之上演化而来的。这些村落并不是处于河流下端的冲积平原之上,而是位于黄河中游两岸的黄土坡地。与此不同的是,美索不达米亚和尼罗河的冲积平原是农业的边缘地带,当苏美尔祭司们和埃及法老宫廷塑造各自的文明时,这类早期村落组织并不存在。然而,中国较大的且拥有防护设施的村落组织大约是在公元前3000年左右形成的,从仅有的几处特别奢华的墓地来看,当地业已存在少数精英与广大普通民众之间的分化。用陶轮制造出的优质陶器和制陶的高温烘炉表明,当时已经出现了专业的手工业者;少数彩绘陶器上刻有一些符号,似乎是中国书写文字的雏形。

那些地方领袖的权威可能源自他们对祖先神明祭祀大权的垄断。对祖先的崇拜需同对其他执掌作物收成的神灵的祈祷结合在一起。对祖先的膜拜之礼围绕着向其敬献祭酒而展开,这些祭酒盛装在制作极其精美的礼器之中。这些器皿,通常都是用青铜制作的,构成了早期中国艺术的主要遗存。

与美索不达米亚地区一样,早期中国的人口增加和财富的不断增长很快便相互发生作用,加剧了战争行为。故而,神灵护佑必须要以军事动员来加以补充,那些通常掌握着祭祀神明事务的精英家族,组织必要劳力修筑起村落的围墙,并承担起了指挥防卫的责任。由于祭祀和政治—军事等各种领导权集于一身,故而在中国,那种祭司同君王相对立的美索不达米亚类型的政治局面从来就不曾出现过。

规模较大且设有防护设施的村落并不能长久地保持充分的自主性。结果,地方氏族领袖们以共同承认某一个家族具有首要地位的方式,在中国北部广大地区形成了不断迁徙的、松散的各种部落联盟。后世的文献传统将夏王朝(一般认为其时限是公元前2205—前1766年)视为对中国具有防卫设施的各个共同体拥有最高权威的王朝世系和唯一的君王。当商朝(传统认为其时限

55

是公元前 1523—前 1028 年）引进了以复合弓[1]、青铜兵器、甲胄和战马以及马拉战车等为特征的昂贵的军事装备系统之后，就形成了一个更加强固的政治和军事基础。在商朝最后一个都城安阳出土的文物表明，一个清晰的中华文明类型已在公元前 1300 年左右牢固地确立起来。尤其是那数千件所谓甲骨上的符号，记载着向各种不同的而且往往是不固定的神灵占卜咨询的内容，这些符号同那些学者们能够释读的中国古文字非常相近。

由于地方村落的精英们联合在一起支持中华帝国的统治，所以祖先神灵们和他们所遗传下来的家族世系，在中国社会中拥有着远比尼罗河—印度河走廊的同侪们更为重要的地位和更为强大的政治权势。在尼罗河—印度河走廊地区，城市最初是通过吸引远方外来人而创建起来的，在后来的岁月中，帝国统治者们又是靠任命通常具有军事背景的外人充任官职的方式来平衡本地精英阶层之间的政治权势，以行使王朝官僚的权力。在同外部世界发生军事遭遇的境况下，中国也接受了同样的官僚统治的原则，但它所任用的官员则出自于土地所有者阶层，而这些人之所以被国家所选用，部分原因是他们超群的文化修养。

官僚帝国的兴起

商朝帝王们所仰赖的战车和战马，基本是从西南亚地区获得的，这意味着远方的中国也卷入到一个以美索不达米亚地区为中

---

① 复合弓是由木材、骨材和肌腱共同粘结在一起组成的一种较短的、弹性很强的弓。同那种仅用木材制成的弓箭相比，这类复合弓箭射速更快，射程更远。大约在公元前 2350 年前后，复合弓箭被引入美索不达米亚地区，约 800 年后，复合弓在商朝出现。

心的巨大的政治—军事漩涡之中。西亚地区无尽无休的毁灭性武装冲突所导致的结果是:在文明地区,帝国官僚统治得以发展;在草原地域,相应地,游牧民族各种部落联盟也得以形成与演变。 56

以下是美索不达米亚地区及周边地带所形成的各个主要帝国:

表3.1　西南亚地区和埃及的诸帝国

时间(公元前)	统治者	流行的武器	后勤补给基础
约2350年 (约2250年)	阿卡德人 (萨尔贡)	复合弓箭	少数军事精英掠夺
约2000—1650年	阿摩利人 (汉谟拉比)	弓箭与长矛	税赋、地租和掠夺
约1600—1200年	米坦尼人 赫梯人	马拉战车、 弓箭与长矛	税赋、地租和掠夺
约1600—1200年	埃及人: 新王国	弓箭、长矛、 青铜甲胄、战车	税赋、地租和掠夺
约1200—1000年	地方小王国 (无大的帝国)	铁甲、剑、 长矛、弓箭	掠夺
935—612年	亚述人	弓箭、长矛、战车、 骑兵、攻城器械	税赋、地租和掠夺
550—330年	波斯人	弓箭、长矛、骑兵、 攻城器械、战船	税赋、地租和掠夺

这一图表标示出了三个巨大转变的标志。第一是传遍欧亚大陆大部分地区的战车革命,大约到公元前1700年左右,这一源于美索不达米亚北部的战争装备已趋于成熟,这种轻便、坚固的马拉

战车可以同时将一位驭者和一位弓箭手载入战场。同 1918—1919 年间坦克出现在欧洲战场一样，当时那种机动性与武器威力合为一体的战车是无法抵抗的（而且还有那种由飞奔的战马引起的恐慌）。结果，战车横穿美索不达米亚，征服了整个埃及（公元前 1678 年以后），并突入到印度北部地区（约在公元前 1500 年左右）。数百年后，战车还到达了中国和北欧瑞典那样遥远的地区。

当装备着相对便宜的铁质甲胄和兵器的普通步兵出现之时，第二个标志便形成了。公元前 1200 年以后，这些步兵可以将精英驾驭的战车掀翻在地。随之导致了战争事务的民主化和一种机会更为均等现象的出现，地方性小国一度取代了大帝国。但是，武装战争很快再一次导致了官僚统治的巩固，以及更加便宜的武器装备和更大规模的军队，使得亚述帝国和波斯帝国拥有比其前辈更为强大的可怕威力。

57 约在公元前 1200 年前后，铁的冶炼技术在塞浦路斯或安纳托利亚东部地区出现，而且其传播范围比战车还要广泛，它先后传播到欧洲、印度和中国，并且在公元前 600 年以后传播到撒哈拉沙漠以南地区。① 丰富的矿石使铁这种金属变得非常便宜，这足以使众多农民获得铁质的犁铧、锄头和镰刀，从而使对黏结质土壤的开发耕种比以往更加容易。乡村广大民众第一次有信心来维系以城市为基础的交换关系，从而使那些专业的矿主、冶炼师们和商人们都忙于向铁匠们提供他们制作工具所必需的原料。不久之后，由于铁制品数量如此充裕，且具有如此高的价值，那些

① 与铜和青铜的浇注相比，铁的熔化要求更高的温度。熔炉被设计成将产生更强的风力（通常是通过机械风箱来加大风力），与木炭的燃烧结合，才有可能生成高温。

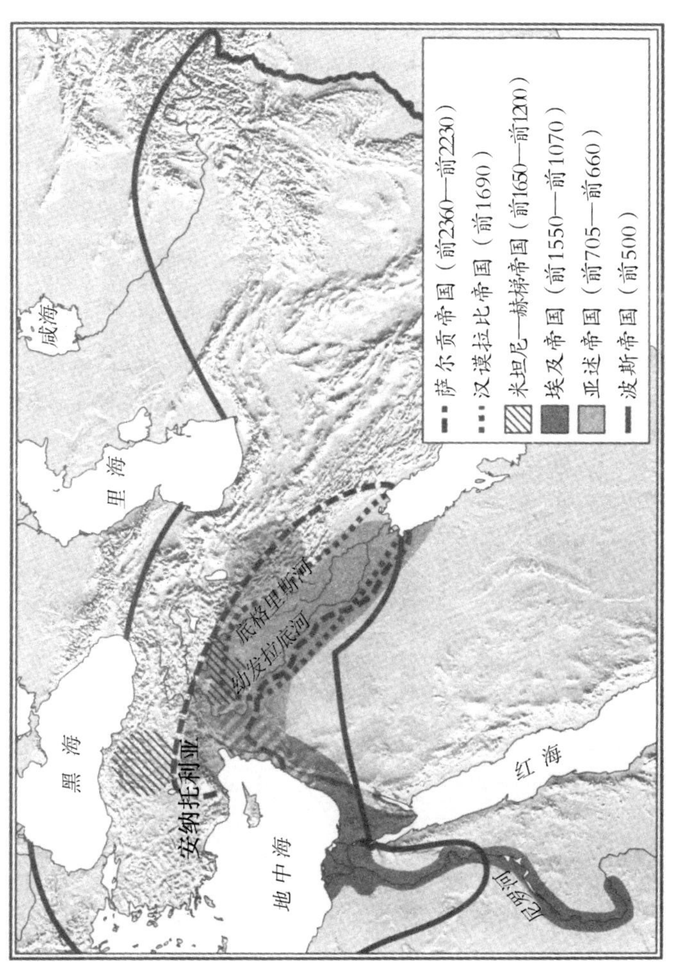

地图3.2　古代西南亚地区和埃及的诸帝国

到处流动的铁匠们开始为诸如北欧地区和撒哈拉沙漠以南地区的乡村居民们制作各种工具和武器，这大大有助于缩小不断扩展中的都市网络中心城市与偏远内地之间的沟壑。在非洲，铁制品很可能是独立自发出现的，因为考古发现表明，东非地区铁的冶炼早在公元前900—前700年间就已出现了，比铁器生产传入埃及还要早。

58

第三种大变革是在公元前7世纪出现的，此时，骑在马上的弓箭手的数量和技术都达到了促使欧亚大陆军事—政治平衡发生新变革的程度。在广袤的欧亚大陆无树大草原地区，马的数量极为众多；所以当牧民们掌握了如何稳稳地坐在飞奔的马背上，双手撒开缰绳，张弓射箭的技能（这绝非只是特殊技巧的表演）之后，他们所拥有的行进速度和驭马的忍耐力，就使得他们可以针对任何一个选定目标集中起优势的兵力。在同这些入侵游牧民族抗衡作战方面，城市化国家所能倚仗的大概就是那些骑兵，然而，在农耕地区草地数量甚少，而靠粮食来喂养战马的费用又极为昂贵，故而农业帝国在抵御草原骑马入侵者方面，所能使用的只有为数不多的骑兵精英。

结果，尽管牧民数量很少，但却具有极其强大的军事威力。在牧民中，几乎每一个成年男子都是天生的骑兵，某位成功的首领毫不费力地便可组建起一个联盟，并从远近各地召集部众。因此，农耕文明地带的边疆防御只要出现一点漏洞，都势必招致来自草原的侵略与劫掠。而且，一旦成功地击垮某个农耕地区的抵抗，那些入侵者便会占据和长期定居下来，替代以往的统治者，自己来征收各种地租和赋税，久而久之，他们成为各个文明开化民族的统治者。

大草原各种入侵者所拥有的军事优势，足以把一种不规律的政治运动周期带入到欧亚大陆的历史之中，这一现象从公元前612年，来自乌克兰地区的斯基泰(Scythian)骑兵加入到推翻亚述帝国的队伍中开始，一直延续到公元1644年，当时来自满洲的旗人们在中国创建起了一个新的王朝。在数千年中，欧亚大陆各个文明中的统治王朝，大多数都是大草原入侵者的后裔，尽管有的是直接的，有的是间接的。只有处在孤岛上的日本和位于森林之中的西欧各国，由于地理环境缘故才在大部分时间(并不是全部时间)内，同那些大草原的游牧入侵者隔离开来。在邻近草原和农耕地带之间这条边疆前线的中国、中东和印度等地区，草原征服与本地复兴之间的交相轮换，一直持续到1757年，这一年中国军队(同时也靠天花瘟疫的协助)彻底摧毁了欧亚大陆草原部落联盟对农业帝国的最后一次挑战。

这种令人惶恐不安的军事平衡在世界其他地区是根本不存在的。这意味着不断完善的文明世界防御体系继续向欧亚大陆各个地区扩展，就如同当年战车和骑兵向外扩散一样；与此同时，大草原的各种军事联盟也在扩展他们的势力范围，不断改进他们的武器装备和组织体系，以便同农耕世界进行抗衡。公元前200年以后，马蹬的出现就是这样一个事例，它表明当某种有价值的发明创新出现之后，其传播速度是如此之快，以至于没有哪个人能确定这种创新究竟是在什么地方首先形成的。结果就是，在年复一年的漫长过程中，那条跨越游牧地区—文明地区的大草原边疆，始终处于激烈动荡的状态之中，从而使得欧亚大陆的军事组织和武器装备远比世界其他地区的武装力量更为强大和恐怖。

59

在欧亚大陆和北非地区历史上，游牧民族非凡的军事技能所具有的意义，要远远超出它所导致的政治不稳定和军事技术扩散的范畴；其机动性能还支撑维系着贸易的往来，以及各种病菌、宗教观念和技术的交换。简而言之,游牧民族把从地中海海岸到黄海之滨广大内陆的农业地区连接起来,使各种网络更加紧密,并逐渐将它们纳入旧大陆网络体系之中。

对于文明社会而言,在公元前 2350—前 331 年之间,环绕美索不达米亚中心地区出现的军事—政治动乱的长期苦痛,激发了三种基础性创新的诞生:官僚统治体制,字母化书写方式和各种四处传布、拥有大量信众的宗教信仰。

官僚统治体制的原则含义是,一个人——原则上讲任何一个个体的人——都可指望围绕在他身边的人们臣服,这是因为地处遥远的某个王朝授予了他代表王室权力的缘故。当普遍获得认同之后,这类代表权力便使征收赋税和在广大范围内行使各种公共法律的行为变得相当容易,条件是那些被任命的官员们必须服从于他们的上级。在汉谟拉比(Hammurabi)时代(其统治时期为约公元前 1792—前 1750 年间),官僚任命制度业已确定下来;此后虽曾出现暂时性或地方性的紊乱现象,但官僚化统治的理念和实践从来不曾消失过。

在官员和士兵们对遥远的朝廷保持效忠的时候,各种公共法律就使彼此陌生的人们在相遇时更加平和,更可预料。私人约定和公共义务使各种习俗和社会法律规定成为现实,而正是这些习俗和法规把各种专门的职业终身化,同时也将更多人纳入交换网络之中。尽管战争造成了周期性破坏,各类官员和士兵对其上峰的服从也始终处于不稳定的状态,但随着专业化推进,各种技术和财富发生了同比例的增长,而文明化进程则持续地吸引着新的补充力量,向新的地域扩展。

其次,交通和交往技术的改进使社会交往互动的范围不断扩大。其中最重要的就是字母书写技艺,它以读与写技能的民主化方式改变了旧有的社会关系。其他重要的发明创新,诸如专门为战车而设计的由轮毂和辐条构成的车轮,也使货物运输技术得到改进。同时,专门为了军事目的而修建的公路也具有类似的双重功效,历史上,最早修建军事公路的是亚述帝国。有关造船技术的改进,我们目前所知甚少,但是从公元前1000年以后,随着地中海沿岸的腓尼基(Phoenician)商人城市的兴起,船只的数量、种类和装载量都出现了较大改进和增长,而且,专门用于作战的各种舰船的发明创新也显露出头角。 60

但是,各种新的书写方式给人类社会造成的影响更具根本性意义。汉谟拉比时代,王室朝廷的各种文状书信就已经由专门信使送达各地官员,使这位国王对其四方属地进行一定程度的控制。而他把自己最著名的法典铭刻在石头之上以昭示天下的做法,则更显示出文字书写在控制公共事务方面的重要意义。在战车时代语言多样化的各个帝国之间,汉谟拉比所使用的那种较简洁的楔形文字还被转化为一种外交媒介,考古学家们就曾在埃及发现了一处藏有大量美索不达米亚楔形文字的外交文书的遗迹。

大约在公元前1300年以后,即铁制兵器使战争事务更加民主化的同时,各种地方化的文字书写也使读与写的技能更加民主化。数不胜数的大量刻有文字的陶器碎片表明,当时人们业已使用字母文字来记载各类商业买卖的契约合同。这对贸易往来产生了极大促进作用,使各种市场关系可以更加容易、更加安全地跨越时空的束缚。但是,字母文字书写最重要的影响则是使各种神圣的经文传给俗界人士,这些人开始在神圣经典的基础上创建出各种可四处移动且拥有大量信众的宗教。

流动性的、拥有大量信众的宗教

流动性的宗教，是同官僚化统治体系和字母化文字具有同样价值的发明创新，对后世人类历史的发展进程，它们三者都起到了根本性的塑造作用。以往的各种宗教信仰都是地方性的。每一种神灵皆被人们视为可以对信徒予以保护或者惩罚。但是，对那些处于流放状态的人们，如在公元前586年尼布甲尼撒(Nebuchadnezzar)[①]征服耶路撒冷城并摧毁其神庙之后，被新劫往巴比伦城的犹太人来说，神灵又给予什么样的保护呢？这些亡国的犹太人在精神上所依赖的是一套复杂的经文文本，犹太人将其看作创建一种新的宗教信仰所必需的神圣经典，每个星期，他们都要聚会一次，聆听神圣经典中关于上帝意志的权威性阐释。由于那61 些犹太祭司们已经随着神庙一道消失了，此时宣讲经典的则是那些教师，即拉比(Rabbi)，这些人拥有对神圣经典中明显存在不同见解和歧义的篇章、段落进行恢复和调解的特殊技能，故而在所有犹太人中建立起了自己的权威。

凭借对神圣经典虔诚地研读和沉思，这些拉比们为这个流亡社会共同体创造出了一套规范行为的道德法典，从而使犹太人得以同周围人区别开来。并且通过对万能上帝的神圣权威的肯定，认为上帝是在借用尼布甲尼撒这位严厉帝王之手来对犹太民族以往的罪过进行惩罚，而后再对这位君主本人所犯下的罪行施以疯狂的惩处，巴比伦的一批拉比与先知们，如以赛亚(Isaiah)、尼希米(Nehemiah)和以斯拉(Ezra)等一道，将犹太人的信仰转化

① 尼布甲尼撒，新巴比伦王国国王(公元前605—前562年在位)。——译者注

为一种以一神教为特征的宗教信仰。此后岁月中,犹太教一直保持着活力,因为不论同什么人相遇,也不论处于什么样的艰难环境之中,它都能够为自己的信众提供指导和支持的力量。

公元前6世纪左右,在波斯帝国东部行省的某个地方,出现了一位名叫琐罗亚斯德(Zoroaster)的先知,开创了另外一种普世性的信仰,这种信仰同样是建立在神圣经典的权威之上。尽管(或者可能)在国王大流士(Darius,公元前522—前486年在位)时代,波斯官方曾对这种信仰给予庇护,琐罗亚斯德的信徒们仍未能建立起一种类似于犹太教那样稳定而普遍的社会基础,虽然时至今日,印度的帕辛人(Parsees)[1]仍将琐罗亚斯德奉为自己信仰的创立者,但其传播范围并不广泛。

犹太教和琐罗亚斯德教均为普世性的、流动性的宗教,也都崇拜一位公正而严厉的上帝,这位上帝的管辖范围遍及整个世界。这两种宗教还都把各自天启的神圣经典作为道德法典。信众之间彼此相爱以及平和地对待外人,是这两种新型宗教的第三个特征。

此后数百年间,城市居民,特别是那些处在边缘地位的穷人发现,那些具有权威的宗教教导、共同信仰、相互关爱以及大量信众的宗教可以替代依靠紧密血缘关系建立起来的乡村习俗(乡村中绝大多数人都生活在这种习俗之中),并且这些宗教还能赋予普通百姓以生活的意义和价值,即便每天都要与陌生人发生联系。反过来,这些宗教信众通过使城市社会内部的不平等和不安全变得可以容忍,也有助于促进城市社会的稳定。

在维系文明社会方面,从来没有哪种工具性创新发明的功效

① 即"波斯人",信奉琐罗亚斯德新教。——译者注

能够比官僚化统治体制、字母化书写方式和可四处移动且拥有大量信众的宗教这三种力量更大，它们是公元前2350—前331年之间西南亚地区各个民族所做出的最重要的发明创新。这三种创新对都市化网络起到了维系和加强的作用，而都市网络则使文明更加强固，同时，这三种创新还极大地有助于被纳入都市网络的各个不同民族之间形成一种平稳的关系。

62

位于印度、中国和地中海沿岸的另外三个人口居住中心，均同美索不达米亚及其相邻地区这一文明社会的首要核心地带保持着各种重要的关系。及至公元200年，印度、中国和地中海沿岸三个地区与美索不达米亚地区一样，都已屈从于官僚化帝国的统治。不过，这三个地区的官僚化帝国统治都将各自的地方差异和明显特征保留了下来。

印度文明

大约在公元前1500年左右，摩亨佐·达罗、哈拉巴和其他印度城市都荒废了。大约与此同时，驾驶战车的雅利安人也穿越了大草原地带，侵入伊朗，并可能到达印度北部地区。这一事件的真实状况到底如何，我们并不清楚。这次军事进攻，倘若真的发生过，没有留下任何清晰的痕迹。由于不堪沉重赋税所导致的农民逃亡，疟疾的大规模爆发，洪水或旱灾等天灾以及气候的变异，或宗教信仰方面出现的某种未记载的消亡等，或许都可以对印度城市的瓦解给予一定解释。但我们可以确切地说，那些北方雅利安武士的确带来了一种新的语言和一种新的宗教信仰观念及实践，而与此同时，早期印度文明的文化和十分高超的手工业技巧却统统消失了。雅利安人同肤色较黑的本地各个民族的相遇,或许导致了世袭种姓制度的形成,但是具体情形却未被记载下来。[①] 可能在印度各个民族和雅利安人中,种姓制度早已存在了,就像后世印度的所有征服者一样,作为统治者的雅利安人仅仅是将自己置于印度古老的社会制度体系之中而已。

有一点是明确的,即种姓制度是印度社会制度的一个独特特征。这种制度以出身和职业为原则,把人们组织成各个不同的集团。种姓身份的认同渐渐被认为是必要的和公正的,这是因为人们认为所有人都会经历轮回,其社会地位也会被提升或下降,而究竟是提升还是下降则主要依据每个人的"造业"(*karma*)如何,依据每一个人灵魂的化身在生前是否同适合它的种姓等级相符合。对"轮回转世"(reincarnation)的虔诚信奉,成为人们对文明社会中各种不公正和不平等现象的一种解释。如果对种姓制度原则坚信不疑,一个等级较低的灵魂就会确保在来世降生到较高的种姓等级之中。相反,倘若对种姓制度原则持蔑视态度,则必将在轮回中堕入低级种姓之中。因此,每一个人都会得到应得的身份地位。

63

同其他等级的往来,受到了各种仪式观念的严格限制,并且由于婚姻被限定在本等级成员之内,所以种姓制度这种体系就具有了自我延续的功能特征。那些新来者往往自动地形成一个新种姓,这是因为那些原有居民们也是如此看待他们的缘故。时至

---

① 口头流传下来的各种宗教经文,为我们认识印度社会和政治状况提供的助益非常有限。对婆罗门和他们的弟子而言,这些经文中各种难以识别的文字的不断增加已使其无法被保存下来。因此,对那些试图重建印欧语系谱系的19世纪的语言学家来说,梵文(sanskirt)成为了最古老的语言形式。然而,随着对口述传统记载下来的神圣文字的释读,人们发现其中蕴藏着当时社会所发生的各种变革史实。

今日,印度大约存在着25000个次级种姓,它们被松散地划分为3000个种姓,所有这些种姓又都被划分为四个不同的等级,即瓦尔那(*varnas*)。从理论上讲,这四个瓦尔那分别同僧侣祭司、武士、商人和普通民众或劳动者相对应。但事实上,各种实际职业往往与观念的世袭等级并不相符。

大约在公元前700年,印度重新出现的城市和国家主要集中在更加湿润的恒河流域,它们更多的是依靠稻米而不是古代印度农夫们所熟悉的小麦和大麦。铁的冶炼技术从伊朗传播开来,这或许对于新的经济增长产生了促进作用,因为可以肯定的是,铁制工具使清除丛林的工作更加轻松。同样,高粱和黍米等来自非洲的粮食作物也适合于印度的旱地种植,它们到达印度的时间大约是在公元前1000年左右。凭借远方传入的新生产工具和新作物品种,印度北部的人们既可以对水田也可以对旱地进行有效开发。

但是复兴的印度文明从一开始便形成了自己独特的发展道路。围绕着世袭种姓身份认同而进行的社会建构,大概在公元200年后印度教(Hinduism)教义初步定型时,才发展到明确固定的程度。但此时的"轮回转世"这一核心观念可能源自早期印度文明;当城市和国家在印度大地上复兴之时,社会分化问题再次凸现出来,在对此时种姓等级原则进行论证并予以强化方面,早期印度文明的那些古老观念十分合适。

印度文明第二个独特的特征是对苦行僧生活的赞美,这些人抵达极乐世界的经历为人们打开了一条通往超凡脱俗精神世界的道路。而普通人在与物质世界交往时,只是通过比较方式来对各种事物进行粗浅、表面的识别与判断而已。这些达到神秘极乐境界的各种技艺,经印度圣人们详尽的研讨,逐渐地对世界上大多数地区的各种宗教实践产生了影响。这种苦行生活方式在乔

64

达摩·佛陀(Gautama Buddha,大约在公元前483年去世)的弟子中,形成一种长久制度化的规定,佛教僧侣团体后来逐渐遍布南亚和东亚地区。佛教僧侣专心致志地从事神圣事业,很快便赢得了广大民众的广泛尊敬。佛教僧侣们和信奉佛教的俗人们发展出了各种虔诚的礼仪和程序规则,以适合各自特定的角色,同西南亚地区那种新的普世性宗教一样,这些礼仪和程序规则也使佛教教义和实践在任何一个地方都行之有效,并且也适合于任何一位愿意接受佛教教义的人。

佛教徒努力寻求以泯灭自我的方式使自己从现实肉体苦难中解脱出来,以达到涅槃(nirvana)的境界。佛教僧侣们在日常基础上所建立起来的信众团体,在吸纳新皈依者方面要比在巴比伦所创建的犹太教更为热情。同时,佛教对于信奉佛教的俗人们的规约戒律要比犹太教少得多。对献身于宗教的人选极为严格的筛选同对普通信教者较为宽松的要求相结合,使得佛教在整整一千年时间内,转变成一种传教布道最为成功的宗教信仰。公元2世纪以后不久,基督教僧侣们开始复制佛教模式;再晚一些时候,大约在公元1000年以后,伊斯兰教取代了佛教,成为传教最为成功的宗教,穆斯林的成功在于伊斯兰教接受皈依者时采取与佛教相似的分类作法,即把献身宗教的人——托钵僧(dervish)——同普通信徒相分离。因此由俗界人士大力支持拥护的佛教式寺庙,便成为犹太教、基督教、伊斯兰教等四处移动且拥有大量信众的宗教信仰传统的一种重要的制度创新。同这些宗教一样,佛教也使广大的普通民众对进入旧大陆网络时所必须经受的考验与磨难具有了更强的忍耐力。

在其他方面,印度各个城市和各种统治者之间也发生了争斗,并按照官僚统治体制的方式形成了帝国统治体系,似乎是将美索不达米亚及其周边地区所发生的过程重新上演了一遍。最早完成对整个印度北部控制的是孔雀王朝(Maurya dynasty,其统治时代大约为公元前321—前184 年之间),但是印度君主们感到实在难以抵御来自北方中亚地区的入侵,这主要是因为,他们作为众多种姓中的一个,无法从其他种姓众多的民众中得到更大的支持和效忠。此外,由于印度本地马匹稀少,故而那些入侵的骑马民族很容易就形成了突破印度防御的军事优势。结果,在此后数百年间,那些北方入侵者一次又一次成功地成为印度部分地区乃至整个印度的统治者。

印度对欧亚大陆其他民族的影响主要是宗教,其次是商业贸 65 易,这应当归功于佛教僧侣的广泛传播。通过穿越陆路和海路,一些印度产品,特别是棉纺织品、胡椒,传播得十分广泛,而且从公元纪年开始之后不久,以印度为基地的商人们对东南亚各个国家和文明的形成起到了极大促进作用。爪哇、柬埔寨以及其他地区的宫廷文化大部分都是从印度汲取的,虽然各个地区的国家、民族在具体细节方面有所不同。佛教的传播对公元 700 年以后中国商业化社会的形成发挥了一种关键的作用,有关这方面的情况,我们将在下一章予以论及。

中华文明

同印度一样,中国在公元前 1500—公元 200 年期间,也形成了自己的文明模式,与此同时,也不断地受到来自西亚和大草原地区的各种重要影响与刺激。在公元前 1 千纪,中国同西方的联系变得更加紧密,当时的中国人对产自和田及邻近地区的美玉有着特殊喜好,而美索不达米亚人对产自伊朗和阿富汗的天青宝石则有着一种急切的需求。这二者之间形成了一种汇合,从而创造出一条纤细却绵延整个欧亚大陆的交往纽带。当大草原和绿洲的居民们开始为遥远的城市市场生产这些奢侈物品时,东亚地区的各种都市网络就同尼罗河—印度河走廊一样,形成了一条共同联系纽带。如同以往一样,军事技术方面的变革具有极为重要的意义,因为大约在公元前350年左右,随着骑兵武装开始入侵中国边疆,很快便导致了一个军事化和更加集权化的王朝统治在中国出现,这同1000年前,战车军事变革所导致的后果完全一样。

同迷雾重重、模糊不清的早期印度历史不同,中国的历史文献对当时政治局势有非常清晰的记载。这些记载清楚地表明,在周朝时期(大约为公元前1122—前256年),中国那些颇为进取的诸侯王公们第一次将黄河冲积平原农耕所必需的各种修建沟渠和灌溉事务置于自己的控制之下。及至周朝末年,肥沃的良田已经遍布整个冲积平原,在下游地区,黄河已经在超出地平面之上的人工大堤中流淌。而在隆起的黄土高原地区,人们仍一如既往凭借雨水种植着黍米和小麦,然而同下游地区所种植的作物相比,黍米和小麦的重要性已经下降。

66

这种规模巨大的水利工程对中国社会和政治产生了极为深远的影响,即使如此,向周天子臣服的观念(主要是表面仪式上的)还未轻易被废弃。那些野心勃勃的地方诸侯们虽然开始对冲积平原提出所有权的诉求,但大规模的水利工程还是得由那些地区性的王公们来安排主持才能付诸实施,这些王公虽然名义上没有,但实际上已经统治着所有的土地。此后,他们之间的武装冲突愈演愈烈,直到公元前221年,一位原处边疆地区的诸侯将中国战国时期所有的政权统统征服。然而这位统治者的残暴统治引起了顽强的反抗,以致该王朝统治为时甚短。在他死后不久,中国陷入又一场战乱之中,而后中国在汉王朝统治时期(公元前

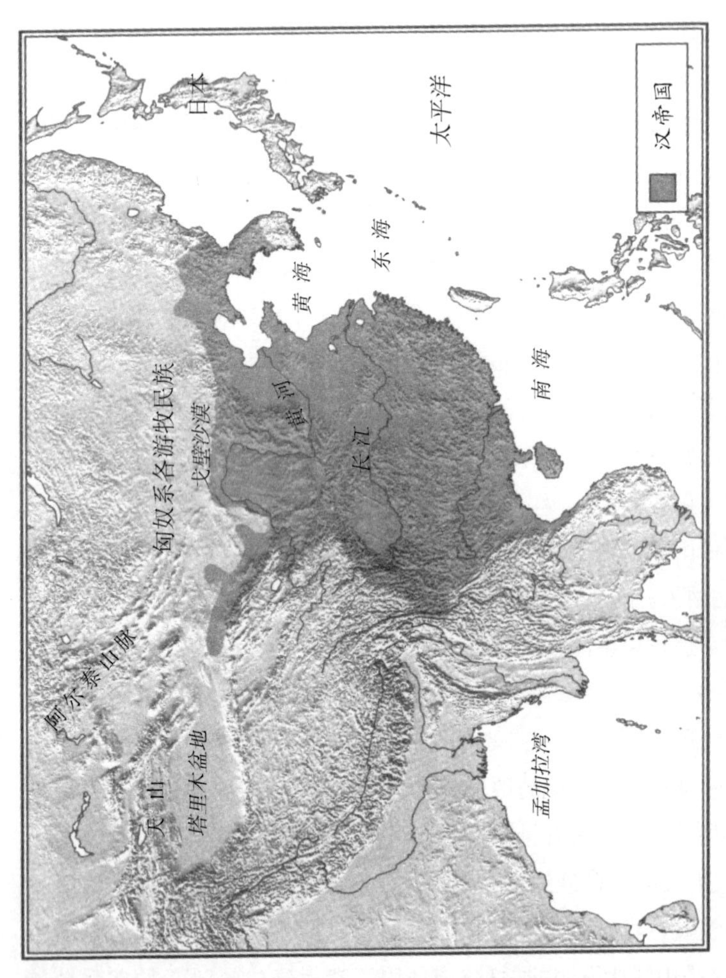

地图3.3 公元1世纪左右的汉帝国

202—公元220年)才确立起更为稳定的政治和社会秩序。

与印度一样,中国的这份政治记载也显示出了一种同美索不达米亚地区极为相似的战争动乱情形和最后结局——帝国官僚统治的确立。但是,中国社会和官僚体制是建立在不同的且更加稳固的基础之上的。为了治理河流而建成的各种水渠和运河形成了一个易于航行的网络,这个网络遍及整个国家所有最富庶的地区。使其可以通过运河船只将全国的赋税收入(最初是各种实物收入)集中到帝国的宫廷之中。

在中华帝国统治不断加固的过程中,知识文化的成就也发挥了一种重要的作用。生活在政治动荡时期的孔子(公元前551—前479年)[①],在教导人们应如何正确地生活时援引了更为可靠持重的典范。他说君子无论是在做人还是为官时都应当遵循中庸的原则,应当寻求同精神保持良好的关系。他的弟子们很快将其教诲同各种值得尊奉的古代书籍相结合,编集成一部孔子本人的论说文集。在汉朝,对古代经典的研习成为每一个有学识者的标识和每一个人获取官职时的必要条件。久而久之,既强调书本学识又注重道德品行的孔子学说占据了主导地位,非常有效地将中国地主阶级都统一在对皇帝的臣服之下,如同运河上的船只将整个帝国经济连成一体一样。

67

而在应对草原游牧民族入侵的问题上,中国一直没有寻找到一种有效而持久的解决办法。正如前文所提及的,公元前350年左右,在中国西北边疆就已出现了骑兵。位于边陲地带的西安便首当其冲直接承受着这种压力。通过给步兵装备十字弓弩武器(这是中国所发明的一种新式兵器)和组建(或雇用)骑兵武装的

① 在中文中,称其为孔夫子或孔圣。其名字为孔丘。

方式,中国发展起来一种有组织的防御抵抗。但是,在中国供养一支大规模骑兵武装,耗资极其巨大,因为它缺乏喂养马匹的草场,而一匹战马可以吃掉 12 个人的口粮。中国的第一位皇帝在防御草原骑马民族方面所能采取的最好办法,就是开始在北方边疆修筑防御工事——长城。但其效果并不理想。原本设想将装备弓弩的大量卫戍部队沿长城驻守,就可以阻止游牧入侵者,可是维持一支庞大军队以及将足够的箭镞及时地运送到位始终难以实现。雇用邻近的草原骑兵来为中国戍边,则相对便宜、易行。然而,这种政策屡屡归于失败,因为这些雇佣骑兵往往也加入到入侵者的行列之中。

而在另一个方面,在人口数量持续增长和农业(尤其是对南方地区)持续开发的支持下,中国国家政权能够比较轻松地进行扩张。尽管汉朝对南方长江流域的控制还比较薄弱,这大概是当地闷热、潮湿的气候使北方移民易于感染各种致命疾病的缘故,但是汉朝统治者仍旧确立起了对长江流域和大部分华南地区的控制权。他们甚至对塔里木盆地中的绿洲也进行了规模不大的军事占领。可对于那些草原的劫掠者来说,这只不过是加剧了这个帝国易受打击的程度而已。当汉武帝(其统治时期为公元前 140—前 87 年)获悉遥远的西方有一种特殊的马匹——“汗血马”,可以运载身披抵挡弓矢的重甲胄的骑兵时,便立即派遣一支探险队前往,令其务必将这种新的战争工具带回中国。公元前 101 年,汉武帝的使者从费尔干纳盆地(the Ferghana Valley,即今天的乌兹别克斯坦)返回,带回了几匹宝马和它们所食用的苜蓿。但是,事实证明在中国的地理环境中,喂养这类大型马匹代价极为高昂,以至于中国从未维持一支大规模的重甲骑兵武装。

68

然而,汉武帝探险之后的历史表明,中国与西亚地区之间的通道、有组织的商队贸易和直接的交往从未长时期断绝。前文所提及的欧亚大陆各个独立中心网络之间间接和中介性的交往不断地增长,已呈持续发展的态势。各种观念、技术、疾病、作物和其他新的发明创造开始不停歇地穿越整个中亚草原和沙漠,同时也向南亚沿岸地区季风海域进行广泛的传播。这使旧大陆的网络更加强固,并且也开创了世界历史的一个崭新时代。但在揭示这一时代之前,我们还必须关注一下,在印度文明和中国文明各自确立起古典模式的数百年间,地中海沿岸各个地区所发生的状况。

希腊与罗马文明

早在公元前3500年以前,海上航船就已经在东地中海海域航行,居住在沿岸各地的各个民族业已建立起往来联系。这意味着当埃及和叙利亚等地出现文明社会之时,地中海地区的人类群体很快就受到了它们的影响。在克里特岛(Crete)的克诺索斯(Knossos)和法埃斯特(Phaistos)等地以宫殿—神庙为特征的米诺社会(大约为公元前2100—前1400年),就与法老统治下的埃及有着一定关联。在艺术风格、宗教信仰,特别是对海上贸易的依赖等方面,它们同埃及有着一定差异。但在将各种资源都集中在神权统治者手中方面,克里特与埃及非常相像,同埃及法老控制着航行在尼罗河上的船只一样,克里特统治者大概也将航行在海上的船只都控制在手中,以此来支撑自己的权力。

同样,大约公元前1400年左右兴起于希腊内地青铜时代的武士迈锡尼人(Mycenae),与同一时代的赫梯和米坦尼(Mitanni)诸帝国那些驾驶战车的武士贵族极为相似。然而,对于迈锡尼人所从事的贸易和劫掠来说,船只要比战车更为重要,如阿伽门农　69

的那些武士就是靠船只才抵达特洛伊城下的。并且，当公元前1100年左右，那些装备着铁制武器和工具的多利安人（Dorians）如潮水般涌入希腊之时，希腊随之发生的人口迁徙和政治碎化现象与当时西南亚地区所出现的政治变革也极为相似。

大约在公元前800年以后，城市和文明在雅典地区复兴之时，希腊人的公共生活则出现了一种独特转变。人口、财富和贸易都出现了增长，社会内部也开始发生贫富分化。与西南亚地区的两极分化相类似，在希腊社会之中，一个专司征收地租和赋税之责的统治精英阶层和一个悲苦贫穷的地租赋税缴纳者阶层已经开始出现。但是，希腊人却为自己创制出了一种新的管理体制——城邦（*polis*），这种体制将关于正义的各种古老观念同保护自己免于外敌侵害的各种新方法结合为一体。

所谓城邦是一种公民的联盟，由经过挑选或选举出来的执政官（magistrates）来行使公共权力。执政官只在一个有限的时间内——通常只有一年——拥有官职。这意味着城邦公民与其领袖之间存在着无休止的协商谈判，从而决定哪些法案是正确的和合法的，由于执政官只有凭借公民的拥戴支持才能当选，所以富有和有权势的家族很难利用自己手中的权力谋取私利。相反，他们的职责使命就是使各种公共法案能够得到所有公民的认可和接受，强化法律的一致性，保持有效的公共防御体制以抵抗外敌。

公民资格一直只对成年的男子开放。妇女、奴隶和外邦人皆被排除在外，因为作为一名公民必须亲自而主动地为城邦而战。在战场搏斗中，集体的勇敢取代了个人的作用，公元前650年以后，希腊的方阵（phalanx）战术比起荷马《伊利亚特》（*Iliad*）中所赞美的那种勇武个人的搏杀，显示出绝大威力。从此之后，战场上的成功主要依赖于每个公民如何勇敢并且娴熟地在方阵战列中坚守自己的位置,一边向敌人投掷标枪,同时还要用盾牌保护好身旁的战友。通过把个体武士对英雄业绩的追求转换为对城邦集体声誉和光荣的追求,方阵战术在遏制个人单打独斗方面显示出极大的有效性。

在转变为集体英雄之后,希腊诸城邦,至少是斯巴达和雅典,唤起了广大公民的忠诚。各种氏族群体、宗教团体以及各种各样的经济活动都被置于对城邦隶属服从的地位。临时性的执政官取代了世袭的祭司,承担起组织大部分宗教活动仪式的职能,同时也取代或降低了世袭国王的权力。当众多民众因身负重债,无力装备自己上阵杀敌时,就出现了一些坚定的改革者,如大约公元前610年斯巴达的来库古(Lycorgos,此人或许是一位神话人物),还有公元前594年雅典的梭伦(Solon,这是一位绝对真实的历史人物),他们取消了各种债务,重新赋予民众以财产和选举的权利。这些改革平稳地缩小了富人与穷人之间的差距,使能够自我装备、上阵杀敌的公民数量大大增长。 70

由于众多公民在追求共同利益目标时,学会了自由和有效地合作配合,故而城邦显示出极大的成功。为了解决土地匮乏问题,大约在公元前750年,希腊人建立起数百个新的独立城邦,这些新的希腊城邦遍布意大利南部、西西里岛和地中海以及黑海沿岸各地。后来同腓尼基人、迦太基人以及埃特鲁斯坎人(Etruscans)之间所发生的各种武装冲突,虽然逐渐对希腊人的扩张形成了一定遏制,但并没能阻挡在地中海和黑海沿岸大部分地区希腊人贸易优势地位的建立。

硬币的引入,以对通行价格予以确认的方式,对这类贸易活动给予了极大的鼓励。最早流通的硬币是由位于今天土耳其西部的吕底亚国王克鲁苏斯(King Croesus of Lydia,其年代大约为公元前560—前564年)所采用的。黄金硬币是最早出现的货币,它的主要功用就是为那些替吕底亚国王服役的希腊人和其他雇佣兵支付军饷。① 不久希腊各个城邦也开始铸造货币,在各地市场上流通使用,其中一些因掺有其他金属,故而价值较低。它的效用就是将公民们从以物易物的各种麻烦中解脱出来,因为物物交换要求买卖双方必须寻找到恰好愿意出售或购买双方所需数量的所需物品的人。早在苏美尔人时代或者更早一些,各种价格的统一标准物就已出现了,如各种珍稀的贝壳、包裹着牛皮的青铜替代物(ox-hide-shaped tokens)以及其他各类相似物品等等。但铸币则不同,它带有官方铸印的明显标记,体积轻巧,便于携带和识别,容易储藏,而且只要其表面不被破坏就极难降低其价值。通过给每件物品标明出售价格的方式,各种货币便可非常便捷地流通运转,从而使零售和批发贸易大为拓展。随着手工业和农业专业化的不断加强,各个希腊城邦皆成为普通公民、定居的外邦人以及有时也会是奴隶们进行批发或零售贸易交换的所在地。

由日常经济交换活动货币化所导致的专业化生产,使希腊人的各种技术、财富和知识得以迅速地增加。大约在300年间,希腊公民们一直保存着从其先祖身上继承下来的丰厚财富和个人的自由权利。腓尼基人、埃特鲁斯坎人和亚述人都是在继承类似的铁器时代入侵者部落的基础上,创建起各自的城市和国家。《旧约》中的那些先知们,从以色列的列王身上寻求正义和公正——其中大多数是徒劳的——这只能令人对那种古老的共同

72

① 波斯王朝也铸造了黄金货币,但大部分都被储藏在朝廷的国库之中,故而这种货币所发挥的作用远远无法同希腊和罗马的货币所起到的作用相比,只对波斯帝国的经济生活起到了非常有限的作用。

平等的遗产产生缅怀之心。而希腊人则要比同时代的人更加成功地在自己的每一个城邦里,维系一种鲜活的共同情感,尽管职业和生活多样性在不断地增加。

实际上,希腊人是把部落和村落的坚固性等优势同城市文明中的技术和财富紧密结合起来。而同其他早已发生阶级分化的文明民族一样,希腊社会也出现了严重的阶级分化,希腊人的集体成就仅仅维系了二三百年的光景。但就在保留着相同看法和行为方式的时期,希腊文明确立起了各种表现形式,对此,外人似乎只需瞥上一眼就会留下深刻印象。结果,在短短几个世纪之内(主要是指希腊城邦世界于公元前338年沦陷于马其顿征服者的铁蹄之后),精致的希腊上层社会生活方式对欧洲、西亚和北非各个地区的上层精英们产生了极大的吸引力。

在整个古典时代(公元前510—前338年),希腊方阵一直就是公民权利和精神的养成学校。就在少数几个城邦组建海军以保护自己海外贸易利益的时候,一种新的军人角色开始向所有因无力装备自己故而无法参战的贫穷公民们敞开了大门。这就是在战舰上担当桨手,而一副坚强的臂膀和一种动作节奏感就是这类军人资质的全部要求。[①] 结果,当主宰希腊方阵的那些拥有土

---

① 由于当时战舰攻击是以快速冲撞方式完成的,所以航行速度和敏捷技巧在海战中最为关键。密切协同、整齐一致的划桨动作便可达到这一效果,如同人们在集体舞蹈时动作必须保持一致一样,桨手们在划桨动作上必须保持一致,而且这种整体划一的动作可能也会唤起某种坚定情感。陆战中的希腊方阵同样也是以一声高喊——即某种音乐式的喊叫方式——使士兵一齐将盾牌竖立在阵前,从而保持一道坚固的防线。由此看来,希腊人的战争,无论是陆战还是海战,都同舞蹈所焕发出来的情感保持着某种关联。希腊人那种非同寻常的个人献身城邦的精神或许就是仰赖这种实践所激发出的内心情感。请参见 W. H. McNeill, *Keeping Together in Time: Dance and Drill in Human History*, Cambridge, MA, 1995, pp. 112-120。

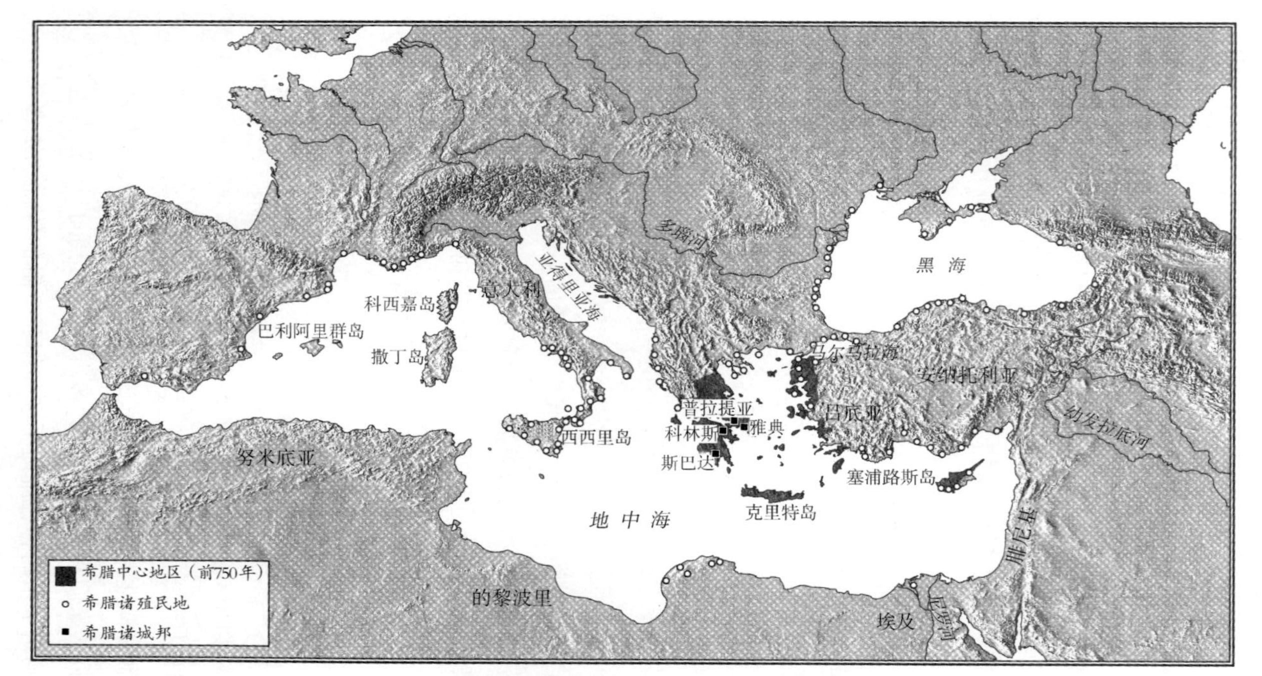

地图3.4　公元前750—前450年间的古代希腊世界

地的乡村公民开始与城市之中那些无地居民一道,共同承担起捍卫城邦的职责之时,古典时代雅典民主政治便具有了更大的可行性、公正性和必要性。

对城邦社会最为关键的考验,发生在公元前480年,当时波斯帝国军队在从腓尼基和小亚细亚征召的大量舰船和兵员支持下,大举侵入希腊。同所有人的预期相反,大约由20个希腊城邦组成的一个并不和谐的联盟竟在萨拉米(Salamis)海战中大胜波斯人,紧接着第二年,又在陆地上的普拉提亚(Plataea)战役中大败波斯人。在这令人惊讶不已的胜利所激发出的热情大爆发中,民主的雅典人给予了希腊文明一种持续长久的表达,这体现在各种政治活动和视觉艺术之中,更重要地体现在那些在后世成为传世经典的文学作品之中。

73

字母文字于公元前700年前后由腓尼基传入希腊,此后不久,荷马史诗便被人们记载了下来。荷马的典范激励着后来希腊文学的成熟发展,因为尽管对正义的追求一直是希腊城邦的基石,但是对荣誉、真理和美的追求也毫不滞后。相反,这些志向抱负却激励希腊人在诗歌、戏剧、历史和哲学等领域取得了非凡成就,它们使后世几代希腊人和罗马人的美好生活变得更加精致。

几位大胆的思想家假定,就像城邦公民通过遵循以文字表现出来的法律便可规范自己的生活一样,物理的性质或许也可以用文字方式昭示出来,成为供人们遵循的法则,在这种情形下,医学和物理科学便同时出现了。这种对愚昧黑暗的突破所产生出来的观念多样性,如物质的原子论,预示出一种伟大的未来。科学家和哲学家们将那些由荷马、赫西俄德(Hesiod)以及其他人的诗篇中确定下来的各种荒诞不经和相互抵触的传说统统置于一旁,根本不予理会,而坚信他们自己语言推理的能力。

一个强大祭司阶层的缺失,可能使各种流传下来的神灵观念出现杂糅一团、混乱不堪的局面。承担组织宗教仪式活动的城邦执政官们所关注的只是仪式的辉煌和场面的壮观,而不是教义、教规的清晰一致。其后果就是各种怀疑思想的泛滥,使得人们完全凭借自身的敏锐观察,来对天上人间的各种现象和人类行为进行判断、检验。因而在数百年间,一批哲学家自由地运用语言和数学推理来观察种种人类事务和自然现象,并取得了非常可观的成功,故而一直到今天,哲学家仍在对他们所遗留下的著述进行研究。[①] 这些相互竞争的学说、学派逐渐将希腊哲学、科学观念编74撰成各种法则,以指导上层社会的精神生活。当柏拉图(卒于公元前 347 年)发自内心的各种疑问都被亚里士多德(卒于公元前 322 年)得出似乎正确的逻辑上的解答之后,希腊人在知识智慧上的那些原初冲动便慢慢地沉寂下来了。

亚里士多德的成就是同马其顿对希腊的征服同时发生的,公元前 338 年的这场征服,彻底终结了希腊各个城邦在军事和政治上的自治状态。从此之后,尽管在马其顿王朝庇护扶植下,希腊的医学、天文学和地理学等科学领域继续获得发展,并产生了一些新的重要观念,但那种曾致使希腊艺术、文学和思想得以繁荣的联结纽带却日渐消亡了。

其实早在城邦体制崩溃导致古典时代终结之前,在城邦理想中所潜伏的各种深刻矛盾就已显现为痛苦的现实。某个城邦对

---

① 大约同一时间,在战国时代(传统上将其时限定为公元前 403—前 221 年),中国的思想也展现出一种类似的繁荣,各种陈旧的道德和宗教观念皆受到怀疑、批判。并且,同希腊一样,那些对事物的各种认识和理解很快都演化成各种相互竞争的学说、学派,至今中国学者们对这些学说、学派的观点仍给予极大关注。

集体荣耀的竭力追求,很快就转化成对其他城邦自主权力的侵犯攻击。这种行为与根深蒂固的正义观念之间发生了激烈的碰撞,结果,雅典人,继而斯巴达人创建帝国霸业的企图,皆因各种城邦联盟的反抗而归于失败。后来,底比斯人又开始了对霸业的追求,然而却被马其顿征服者彻底粉碎,最早是公元前338年遭到马其顿国王腓力的沉重打击,接着又被腓力的儿子亚历山大(公元前336—前323年在位)彻底征服。政治自主权的丧失对希腊城邦生命给予了极为沉重的打击,但并没有导致希腊文明的全面崩溃。相反,当马其顿的亚历山大于公元前334—前331年间征服波斯帝国之后,西南亚和埃及等古老的核心地区被迅速置于希腊文明的影响之下,因为将亚历山大帝国加以肢解的那些马其顿将帅们,都是凭借数千名希腊人的辅佐来统治各自王国的。

亚历山大帝国把希腊文化中各种表面层次的优势,如体育竞技、剧场表演和饮用葡萄酒以及修建碑铭的建筑艺术、各种科学和哲学观念等,向四处传播,最远甚至传播到了印度。而在这一过程中,最为重要的是希腊类型的都市市场在西南亚和埃及等地深深扎下了根,这在很大程度上应当归因于亚历山大的继承者们把波斯帝王储藏在国库之中的大量金银都迅速熔铸成货币的缘故。

当私人放贷者向国家官员提供贷款,而后获取对普通民众征收赋税的权力之时,货币经济就开始形成了。这些包税商们常常以强制勒索的方式来回收自己的钱款,广大民众对他们无比厌恶、憎恨,如在《新约》中,就将这些包税商冠以“无耻之徒”(publicans)的恶名,然而,他们的所作所为导致的后果却是第一次将货币经济强加给西亚和埃及等古代文明地区的大部分民众。

此外,那些银行家发放给商人的贷款,使得远程商业贸易形 75

成更大的规模,并使市场价格的影响比以往更加有力地冲破、跨越各种政治和文化的重重阻隔。结果,欧亚大陆交接地带和非洲北部的大部分地区都逐渐地被纳入一个主要以地中海地区为中心的广泛的商业交往的网络之中,而且这个网络还获得了陆路贸易的补充,这种贸易向东可凭借商队抵达中国;向北则沿着可航行的河流进入欧洲和亚洲地区。当公元前120年左右希腊人向埃及人和印度南部地区居民学会如何利用季风远航的时候,印度洋沿岸和东南亚沿海的古代海上贸易就同不断加强的地中海贸易体系连接了起来。公元前140年之后,中国与印度之间的海上联系也逐渐固定下来,尽管各种货物在通过马来亚的克拉地峡(Kra isthmus)时[①]需交纳一笔不菲的通行税。因而,旧大陆网络开始比以往更加紧密地运行起来,各种有吸引力的技术、观念以及各种商品和服务所散布的地区也愈来愈广泛。

在西亚和埃及等地,由希腊化统治者所建立的数百个殖民城市中,一种新型的城市自治统治体制得到了确立。然而,依照古典标准,这些城市还谈不上什么自由,因为它们根本不敢向王国强大的军事武装发起任何挑战。取而代之的是,它们将公共生活限定在维持治安,调解纠纷,举办节庆活动,修建庙宇、剧场和其他城邦生活的外在标志性建筑等范围之内。

西南亚、埃及等地的这些移植性半自主权的城市,为后来帝国官僚统治和城市精英阶层之间的妥协和解提供了新的基础。但是在一直占据着主体地位的广大乡村地区,社会的运转仍维持原貌。希腊人社会内部的凝聚力逐渐丧失,贫富之间开始出现明

---

① 克拉地峡,位于今泰国南部、马拉半岛最狭处,西起克拉武里,东至春蓬。——译者注

显分化，这同西亚地区城市的模式愈发接近。所以，当罗马军队征服了希腊，并将自治城邦的最后残余都予以清除之际(公元前215—前146年)，希腊人便臣服于帝国和官僚的统治之下，而与此同时，罗马的精英们也臣服于当时希腊城市上层社会文化的魅力之下。

罗马共和国的崛起(公元前509—前30年)几乎就是希腊城邦历史的翻版，只不过带有自己的稍许特色。那些在元老院中仔细斟酌谋划的贵族们，对普通公民权力所给予的补偿远远比往昔希腊贵族给予希腊民众的补偿更有力度。然而，罗马公民权的军事基础同希腊公民权的军事基础非常相似，即使是因战术和装备都发生了很大变化，罗马军团的运动得以更加灵活并在希腊步兵方阵无法展开的地区仍能有效作战。[①] 此后，在与迦太基人的第二次布匿战争(公元前218—前201年)期间，罗马军队结束了本土作战的历史，开始向海外进发，那些以公民—农夫身份入伍的人不再解甲归田，从事耕稼劳作，而是成为长期服役的职业军人，这为罗马在亚洲、埃及等各个文明地区进行统治提供了长期的支持和保障。故而，罗马人的胜利也毫无疑问地大大强化了官僚化帝国对公元前146年后的希腊各个城邦和公元前30年后地中海世界其他所有地区的统治。

76

公元前30年，奥古斯都宣布罗马帝国诞生，那种积极主动的真正意义上的公民权力和地位便随之而消亡了。但是城市的生命仍保有活力，并向新的地区传播(尤其是西部各个行省)，就在

---

① 大约公元前370年左右，在历经意大利南部山地的艰难作战之后，罗马人将自己的军团划分为较小的作战单位，即maniples，但无论战场地形条件多么不利，他们还是保留着一道坚不可摧的盾牌防线。此外，希腊人和马其顿人所使用的重矛已被罗马人的标枪和剑所取替。

公元180年赤裸裸的军事独裁在整个地中海世界大获全胜之后，对往昔城市辉煌的眷念之情依然十分浓烈。然而，在此之前很久，狭隘的寡头统治就已取代了希腊古典时代和罗马共和时代较为宽泛的公众投票选举权。在各种公共仪式上，广大的城市民众只是观众看客而已，而乡村的广大依附人口甚至连观众的地位也享受不上。相反，他们还需交纳地租和各种赋税，以供养居住在数百座罗马行省市镇中的一小批地主，而只有这批人才会竭尽全力去怀念并模仿古代的那些自由和荣耀。

因此，希腊和罗马式的国家与社会的共和体制并非合乎常规的正常现象，它们仅存在了短短的几个世纪。但在希腊人和罗马人的著述中，却始终保持着自由和公民地位的观念，甚至在罗马帝国最后一点踪迹业已消亡之后仍旧如此。直到公元1300年前后，后世的人们才开始对这些古典著述具有一定限度的了解，当时在意大利部分地区形成了一批相互竞争的城市国家，其公共生活与古代公共生活之间存在着某些相似性，从而使得它们同古典著述文本研究之间发生了某种新的关联。有关自由和公民权利的种种理想重新获得新的生命。后来，在阿尔卑斯山以北的那些较大的西欧国家中，这些理想也被调改修正并加以采用。自此以后，从18世纪开始一直到今天，对各种关于自由和民主政府理想观念的适应和调整已在全球各地普遍展开。

为何这类狭小和特殊的国家却能够获得如此迅猛的发展呢？78 其实只要记住以下这一点，那么，这个问题就很好理解了：正是这类城邦和共和政权将两种表面上不相吻合的优势加以有机地调节，使其成为一体，即把城市和文明的国家所具有的财富和力量同部落社会的自由、平等和凝聚力融入一炉之中。

在耶稣被钉上十字架之后（其时间大约在公元30年），基督

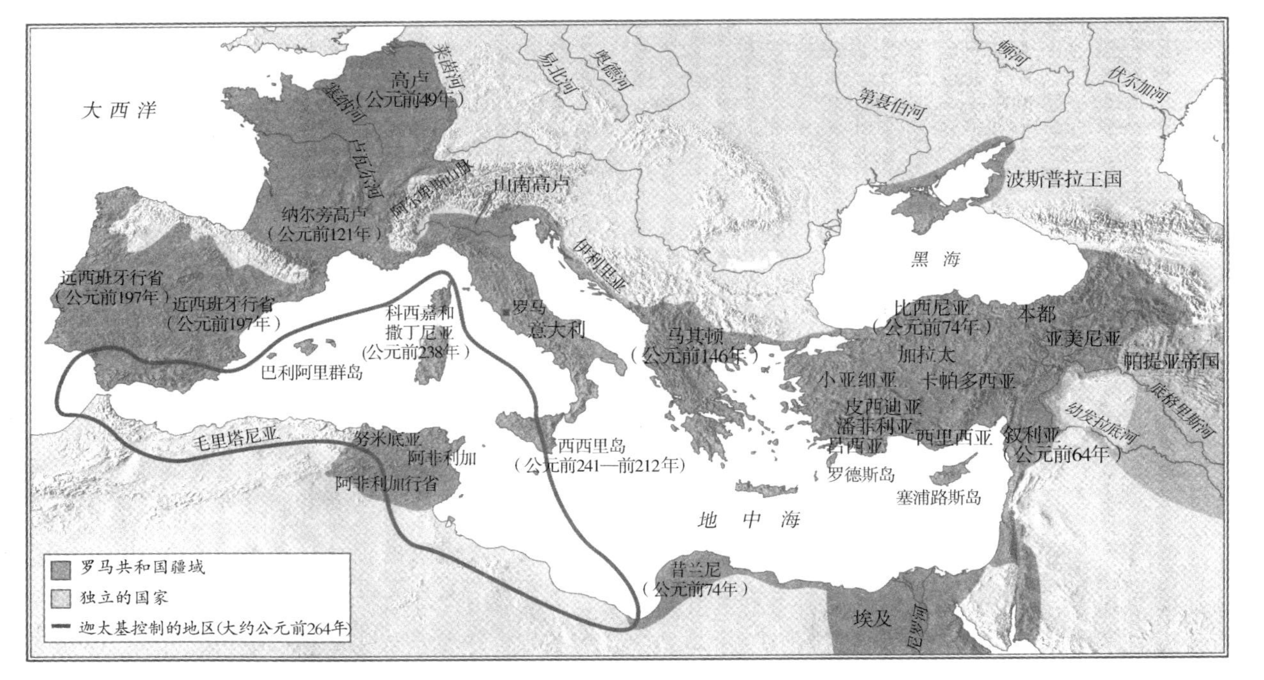

地图3.5　公元前50年的罗马共和国

教信仰便开始在整个罗马帝国传播,这种新型共同体在城市中广泛地吸纳身份卑微、地位卑贱的居民,后来,基督教也逐渐地向乡村渗透。最初,基督教只是犹太教的一个分支派别,并且也继承了犹太教的教义和传统,所不同的就是《新约》[①]对耶稣生平和说教作了记载和阐释而已。那些秘密地由异教社会皈依基督教信仰的信徒们,也把他们的一些观念带入基督教之中;当基督徒们对那些被犹太教一代又一代的拉比们搞得十分烦琐的教律予以拒绝时,基督教会便开始走上了自己的道路,为信徒们发展出各种观念、礼仪和生活方式,从而将希腊的和犹太的各种遗产协调起来。

对于衰亡了的城邦共同体来说,积极地参与教会事务——出席各种宗教礼拜和祷告仪式、救助病人并抵制强迫遵从异教行为规范的各种压力等等——是一种真实的替代补充;也是一种希求上天能够使人间苦难更易于承受的渴望。总而言之,基督教会为罗马世界中受压迫的广大贫苦民众创造出了一种新的认同感和共同体,结果,基督教信仰很快开始超越罗马帝国在美索不达米亚地区的边界,向四外传播,甚至抵达遥远的印度。

形成之初,基督教在地中海各个城市不得不同其他各种新型“神秘宗教”展开竞争,各地教会还处在一种数量很少、规模很小、并不十分引人注目的状态之中。这种局面出现改观,是在公元165—180年以后,当时的罗马帝国遭受了一次极为严重的瘟疫灾难,帝国人口骤减了大约四分之一。而几乎就在同一个时期,中华帝国也经历了一次严重瘟疫之灾。造成如此严重灾难的罪魁

① 对《新约》是由二十七书构成的这一公认的教规,是以埃及的圣安塔纳斯乌斯(St. Athanasius,卒于公元373年)的权威为基础而逐渐形成的。

祸首,应是日趋紧密的旧大陆交际网络,因为正是它的各类行人旅客和军队把病菌携带到传统古老界线以外的地区,将致命的瘟疫传入位于整个交际网络东西两端的那些未曾感染过的人口当中。与此相反,据不完整的史料记载,这次新瘟疫对西亚、非洲和印度的人口所造成的伤害却要小得多。

及至公元180年,这场致命瘟疫才停歇下来,它所造成的财富和人口损失,促成了罗马和中华两大帝国的崩溃。然而,因为基督徒对致命瘟疫的适应性要比罗马社会其他成员更强一些,所以基督教教会开始了前所未有的繁荣昌盛。从此之后,在波澜壮阔的基督教大潮面前,罗马帝国境内的异教社会节节退缩,这标志着地中海地区和整个世界历史上一个崭新时代的到来。

79

在对这一新的时代进行考察之前,就公元前3000—公元200年期间全球各地所发生事件进行一番简要的总结,或许有助于我们将欧亚大陆、北非地区的各种文明的发展历程置于一种深入思考的视野之中。

人口、环境和疾病

人口数量的充足发展具有基础性意义。到公元前后,汉帝国和罗马帝国各自均拥有6000万人口。尽管目前尚没有关于世界其他地区人口的准确估计,但大部分地区皆出现了较为充足的人口增长则是一个肯定的事实,因为只要在土壤适宜耕种的地区,粮食生产就会以损害狩猎者和采集者的利益为代价持续地扩大发展。整个澳大利亚、非洲和东南亚的很大一部分以及几乎整个美洲大陆,在公元200年时仍旧为狩猎者和采集者所占据,而太平洋的许多岛屿甚至还是人类未曾踏足的地区。但是,广大的地球表面朝着定居村落生活方向的转变业已成为一个既成现实。

公元200年时,绝大部分人类都居住生活在定居村落的共同体之中,其中,向城市统治者和土地拥有者们缴纳各种赋税和地租的人所占比重不断增长,越来越大。各种文明化帝国式国家的兴起与扩展为人类历史这种巨大转型提供了证明。此外,上述欧亚大陆四种文明还被另一个过程所伴随,即某些文明正在美洲大陆的北部和南部地区形成。鉴于这些文明的古典时代在公元200年前后仍处于形成阶段,所以我们将在下一章中对这些美洲文明加以探讨。

人口数量的不断增长,再加上作为文明特征的各种大规模协调合作所产生的效用,使人类对自然环境产生了强烈的影响作用。砍伐森林便是其最为明显的后果,推动这一进程的因素有耕地面积的扩展,养羊业特别是山羊牧养业的发展,以及为冶金熔炉和烧制陶器窑炉提供木炭等等。

地中海沿岸地区和西南亚的大部分地区,对森林的滥砍滥伐以及所导致的土壤侵蚀,大约在公元前200年开始对农田造成危害性的后果。例如公元前323年以后,希腊乡村出现了大规模人口迁徙现象,其部分原因是各种替代性的生存方式展现在众多希腊人面前,促使他们迁往西南亚和埃及等地;另一部分原因则是众多希腊山地的表层土壤已经流失。类似情形在意大利南部地区也出现了。同样在中国,对松软肥沃土地的耕种面积不断扩大也导致了对土壤的严重侵蚀。结果,致使黄河对泥沙的冲刷更为厉害,并成为一种周期性的危害。随着黄河缓慢地流经下游冲积平原,大量泥沙沉淀下来,造成河床抬升。由于黄河常常决口泛滥,有时人们还没来得及修建起新的大堤,它又再次决口,淹没广袤的土地,开始了新一轮的轮回周期,由此,它获得了一个别

80

名——“中国之殇”。

严重的盐碱化致使苏美尔平原地区的农田完全贫瘠化。而其他各种类型的土壤破坏现象也时常发生,在农业扩张边缘地区,这种情形尤其严重,因为在原本是森林的地区,刀耕火种式的耕作常常将土壤表面浅浅的一层养分破坏掉。然而,在大多数农业地区,一旦休耕、施肥、作物轮作以及其他各种农耕实践成为常规化的技术,土壤破坏的程度就显得十分缓慢,故而当时的人们通常都不会对其予以多大关注。埃及农业一直保持着稳定而富庶的状态,这应当归功于充沛的尼罗河河水。但是无论在世界的任何地方,农夫们仍旧对恶劣天气和各种虫害、病害深感担忧,它们往往会导致作物的减产、歉收,甚至饥馑的发生。

此时人类的健康状态也令人担忧。城市的产生,使那些对人体肠道消化系统造成伤害的各种病菌传播大为加剧。及至公元200年,欧亚大陆和北非地区的各个城市变得如此不卫生、不健康,以至于它们必须要依赖乡村人口的迁入才能维持自己的人口规模数量。而某种新的畜类疾病病毒的突然爆发,最易导致各个城市人口的急剧减少。[①] 公元2世纪曾对罗马帝国和汉帝国造成沉重打击的那些疾病灾害的罪魁祸首就是这类畜类疾病病毒,在居住密集、交往密切且从未经历过同类病毒侵害或对其毫无免疫能力的人口之中,它们肆虐横行,夺走了大量宝贵的生命。

这类疾病灾害——晚近与其类似的有天花、麻疹、腮腺炎以及其他几种儿童流行疾病——所具有的危害已成为过去,因为它

---

① 人类对这些病毒之所以感到陌生,是因为它们是由动物牲畜传播的,只有当人类的数量达到足以满足它们生存需求的一定规模和密度,以及定居生活所造成的人畜密切接触之后,它们才开始爆发。因此,完全可以说这些瘟疫病害就是人类文明所带来的疾病灾害,并且它们还仍将继续存留下去。

们或者将其宿主——人统统杀死，或者使人对其产生了终生免疫的能力。一个持续稳定的寄生宿主群是这些病毒病菌得以存活的先决条件，其数量大约为30万人，而且彼此之间还得保持密切的接触往来。正如罗马帝国和汉帝国的悲剧所显示的那样，人类适应这些病毒病菌，并在自身体内生长出免疫抗体的过程，为时极为漫长，代价极为沉重。

81

结　语

到公元200年时，瘟疫疾病对过多人口的命运的调节，在欧亚大陆尚远远没有完成，而在世界其他地区却还没有开始。由城市生活和它所带来的与陌生人的相遇所造成的人类社会性与生理性的调整，可以说是同一件事情、同一个过程。尽管如此，这两种截然相反并且持续长久的反应的出现则是十分明确之事。这应当归因于生活在都市网络外部或边缘地区的各个民族的内部，生成了一种极为深刻的矛盾心态，由于对自己易于受到伤害处境的深刻体认，他们或者对那些曾促使他人强大的各种事物予以借鉴和采纳，以改变自己的环境；或者采用另外一种防御方式，竭力拒绝外部的干扰，不断加强和深化那些使自己有别于他人的事物。

随着技术、商品和态度不断从各个文明的核心地带逐渐向外传播，一条文化带便显现了出来，而且沿着这条文化带分布的各个地区，社会和环境的各种张力也随之大为加强。无论何时，某个地方的精英集团一旦在获取城市生活方式和奢侈品等的欲望驱使下，选择模仿文明的各种方式，那么，他们就得背弃当地原有的礼仪仪式、权力和习俗。为了满足各种新的欲求、趣味，他们往往还得加强农业生产并使之商品化。而当地方领袖们对各种文明化的诱惑采取拒绝态度时,同样也会导致某种紧张状态的出现,因为这意味着对传统方式的加强——至少是在某些方面。在各个农业帝国的内部,都城与各个省份之间,尤其是在统治者与臣属之间,都出现了相类似的社会对立现象,这种对立也在进入城市之中的各个种族和各种职业集团中普遍存在。

然而,这些非常真实的代价并没有阻挡文明社会的扩展。文明社会通过高水平的交换和合作所产生出来的财富与力量,具有极强的吸引力,远远超过了各种固有的社会紧张关系。而且,对于个人遭遇的不幸而言,一种强力的解毒剂已经被各种可广泛传播、四处移动的宗教生产出来,其中最主要的有犹太教、佛教和基督教,后来又有伊斯兰教。在以后的岁月中,这些宗教所拥有的力量成为一种明显的事实,并对文明生活中的那些苦难和不确定性构成了一种强有力的心理补偿。由此,下一章的中心命题是对旧大陆和美洲都市化网络体系的扩展、强化和汇合的历程继续进行探讨。

第四章　旧大陆和美洲地区网络体系的成长

（200—1000 年）

82　公元纪年之前不久，穿越陆地和沿海航行的交通路线便已形成，它使旧大陆各个文明在本章所欲探讨的 800 年间，一直保持着彼此的往来关系。这些往来互动导致了三项重大后果：(1) 在财富和力量等相关领域，它将印度和西南亚地区的富庶和影响力抬升到一个新的层面；(2) 旧大陆的网络体系将文明社会的各种类型传播到新的地域，将亚洲、非洲和欧洲等广袤地区中各个新的区域统统都纳入进来；(3) 各种普世性宗教信仰为遍及欧亚大陆和非洲的各个民族所经受的苦难和日常生活的失望，提供了给予最终补偿的希望。这些后果的最终效应就是使人口的数量、财富和力量大为增长，并使人们对文明社会所固有的那些不公正和不平等具有了更大的承受能力。与此同时，美洲诸民族创造出了一个并行的网络，使墨西哥和秘鲁这两个文明中心把位于它们周边的、与其有交往的各个社会都连成一体。但是，这些交往所具有的晚发性和虚弱性意味着，生活在美洲的人类在各种技术和为了各种共同目的而进行动员的能力等方面，远远落后于旧大陆欧亚和北非地区的水准。

财富与力量的相对变迁

罗马帝国和汉帝国的崩溃，以及大规模瘟疫和后续外族入侵

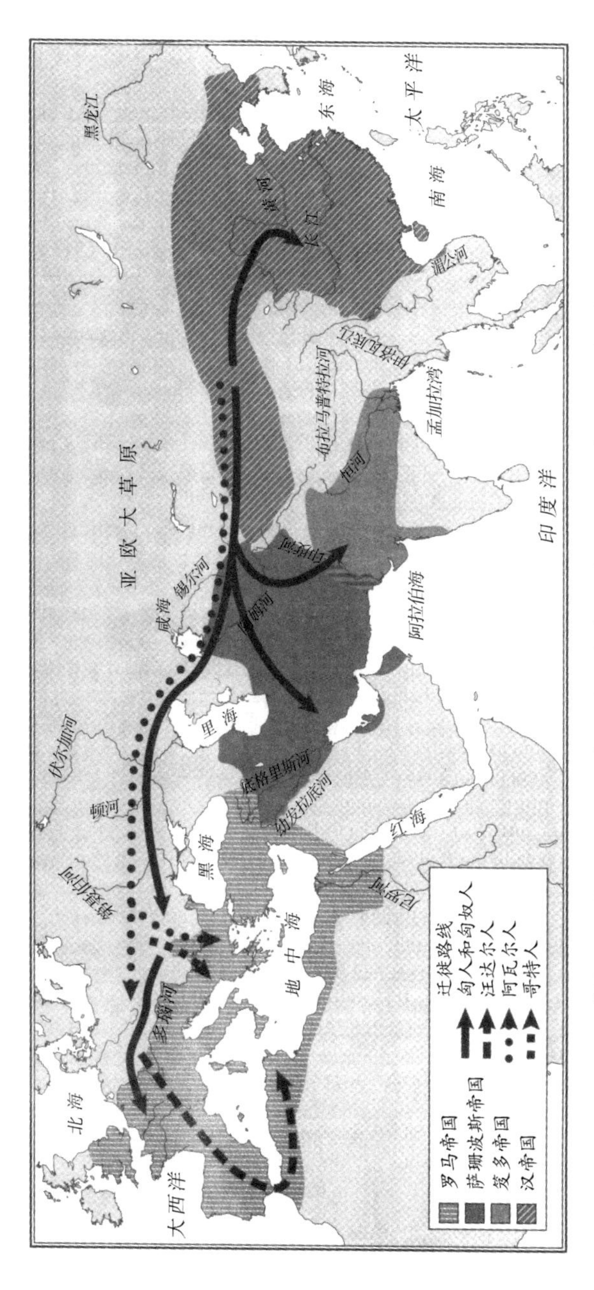

地图4.1　公元200—600年间欧亚各帝国的边疆和诸游牧民族的迁徙

所带来的暴力共同作用,对位于欧亚大陆两端的远东和远西地区 84 的城市和农村人口造成了极为严重的伤害。地中海世界所承受的打击最为严重。人口急剧减少,城市中心萎缩以及文化凋零,造成了一个黑暗的时代,其时间几乎一直持续到公元一千纪即将结束之际。中国的华北地区也经受了相同的苦难,但其恢复速度却很快,这在相当程度上应归因于人口持续增长的长江流域和再稍南地区源源不断提供的各种资源。然而,华北地区和地中海欧洲所发生的一切,却是一种例外。而在旧大陆的中心地带,即印度和西南亚的附近地区,这一时期则是一个经济、文化的全盛时代;同以往那些文明中心一样,它们以输出各种制成品、技术和知识,对其他地区(包括中国和较为落后的欧洲)产生了巨大的影响。

文明世界同大草原游牧入侵者双方在军事力量平衡状态上的变化,可以对为何旧大陆中心地带处于持续繁荣状态,而中国和欧洲却陷于相似严重障碍的情形做出进一步的深入解释。这其中一个最为关键的变故就是,伊朗的帕提亚王国(Parthians,一称安息帝国)在对抗草原游牧民族入侵方面,发明了一种极为有效的地方防御体系,因而促成草原游牧入侵者掉转方向,向边疆防御较弱的东方和西方展开进攻。

帕提亚王国统治着伊朗北部地区(公元前 242 年—公元 224 年),扼守欧亚贸易商路的有利位置使其获得了丰厚利益。该王国的军事成就简单但代价高昂。一个帕提亚武士阶级兴盛起来,其成员皆有能力和热情抵御那些来自大草原的入侵者,这是由于他们自己尊贵的社会地位要求他们对那些向其缴纳赋税、地租的农民们提供保护。这些武士为自己提供装备,他们的战马也身披厚重甲胄,足以使敌方箭矢失去功效。而他们自己却能够发射箭弩,可轻而易举地迅速击退来犯之敌。然而这些散漫的重甲骑士个个都是狂放无羁的臣属,帕提亚君王们逐渐发现自己的权力已经碎化。而他们的继承者,即萨珊王朝(Sassanians,其统治时期为公元226—651年)的帝王们所管辖的就是这样一批狂暴的武装力量,或许有的时候,他们尚能服从王命统辖,但大多数时候,他们或者不服从王朝号令,或者热衷于彼此之间的各类争伐。

为了向西方进行远征,帕提亚式的重甲骑兵需要体躯庞大而体能强壮的马匹,即前文所提及的公元前101年中国的汉武帝所竭力寻觅的“汗血马”,同时,这也促成了穿越整个亚洲的商路的形成。但饲养这类战马所需要的饲料的品质却要比大草原自然生长的草料更高。对于草原各个民族来说,创建一支能够打败重甲骑兵的军事武装是根本无法做到的,他们也根本无力去供养如此昂贵的战马;反过来,那些重甲骑兵同样也无法深入大草原内地,去追歼那些入侵者,因为在草原深处他们无法为自己的战马提供足够的优质饲料。

伊朗人用来喂养“汗血战马”的饲料是一种专门种植的饲料,即苜蓿草。它可以在休耕地上种植,故而不会与粮争地,造成人员口粮的减少。相反,苜蓿根部所生长的细菌(其他豆科作物根部也都如此)还可以把空气中的氮积聚到地表下的土瘤之中,从而为土壤提供必要养分,为休耕地以后的粮食作物生长创造有利条件。而且,苜蓿草的生长速度极快,足以挤占其他各类杂草的生存空间,从而使耕地休闲的主要目的得以实现。只要能够得到夏季冰山融化后雪水的灌溉(通常的办法是修建一种名为qanats的地下水渠,即“坎儿井”),伊朗的广大乡村旱地,无论何处都可以成为非常富饶高产的良田。这一切所带来的结果就是,为一大批重甲骑士提供强有力的支持,正是这些武士通过对农业耕作者

85

所提供的有效保护和对中央朝廷经常性的抗拒,使公元200—651年间欧亚大陆的军事政治均衡关系发生了急剧变革。

伊朗本身反复爆发的地方叛乱以及同东罗马(拜占庭)帝国军队展开的殊死战争,将帕提亚和萨珊两大王朝君主们所能动员筹集的各种资源耗费殆尽。为数不多的几处昔日王宫所遗存下来的残垣断壁和各种令人费解的经书文本碎片表明,曾受到宫廷庇护的琐罗亚斯德教和一度广为传播的摩尼教(Manichaeism)信仰①,就是那个时代高度发达文化所遗存下来的全部成果。由于大量历史事实的流失,欲对当时伊朗所取得的成就进行精确评价是一件难以企及之事;然而,当时伊朗人的土砖建筑可能就是以穹顶和镶嵌画为特征的拜占庭式建筑风格的先驱;自戴克里先统治时期(284—305年)开始,罗马帝国诸位皇帝皆效仿萨珊波斯宫廷的礼仪和皇权象征。罗马人还模仿伊朗人的重甲骑兵,雇用了几个机动的重甲骑兵军团(cataphracts,并给他们冠以希腊语的名称)。但是维持这样一支军队所需费用极为昂贵,故而,罗马人对其数量有着严格限定,因为帝国绝不允许这些骑士们像他们在伊朗的同伴那样,凭借地方赋税和地租生活,完全游离于中央朝廷掌控之外。

在帕提亚和萨珊两大王朝统治时期,美索不达米亚地区的城86 市相当繁荣富庶。它们的财富,一部分来自通过波斯湾加入到印

---

① 摩尼(Mani,大约生活在公元216—276年间)是一位具有自我意识的先知,他声称要通过自己的启示来彻底修正琐罗亚斯德教、佛教和基督教教义中的各类谬误,此人生活在美索不达米亚地区,他所创立的宗教向西传播到罗马帝国,向东则传入中国。在中世纪欧洲,摩尼教曾以"狂颠派"(Cathars,即"鞭挞派")出现于13世纪的基督教异端教徒之中,15世纪奥斯曼征服之后,该教派仍在波斯尼亚地区留存下来。

度洋沿岸愈发紧密的贸易网络体系之中所获得的收益[①];但更主要的还是来自于农业生产,这应当归因于坎儿井和运河的修建,使此时水利灌溉的农田面积比以往任何时候都要大。事实上,在底格里斯—幼发拉底河流域,萨珊王朝兴建水利工程方面的成就及至相当晚近一个时期也几乎无人可比。此外,甘蔗、棉花和其他各种由印度和东南亚地区输入的新作物品种,使美索不达米亚地区和地中海低地地区的农业大为丰富。尽管目前在史料证据方面尚存在着某些严重的缺欠,但我们似乎可以有把握地说,当欧洲西部和中国北部地区处于各自最低谷的数百年间,西南亚地区却享受着相当的富庶繁荣,并展示出令人印象深刻的文化创造力。

笈多王朝时期(公元320—535年),印度步入了它的古典时代,其主要特征就是经济的巨大发展、文化的创造活力和宗教信仰的深刻转变。与萨珊王朝时期的伊朗一样,印度此时的成就主要是建立在不断加强的农业基础之上的,尤其是在水利条件较好的地区,水稻种植面积不断增大,此外广泛的商业贸易也起到了辅助的作用。恒河地区依旧处于中心地位,印度南部的沿海地区也成为充满活力的商品化农业地区,向欧亚大陆各地输出胡椒、肉桂等各种香料。此时,印度对外贸易中最大宗的货品和制成品就是棉纺织品。棉花或许就起源于南亚次大陆地区;从笈多王朝时代开始(或许在此之前),印度人便在棉纺织业的各个方面都占

---

① 在希腊化的巴克特里亚王国(the Greek Kingdom of Bactria,公元前190—公元40年),黄金、白银和铜币开始在印度洋贸易中起到润滑剂的功用,使得当时的私人银行家们可以通过贷款和信用票据等方式充分扩展自己的经营规模,其范围业已覆盖了印度的西北部地区,这表明其他的印度统治者所收取的地租和获得的商业收益也是源自货币。

据领先位置,尤其是在布匹漂染方面,直到 18 世纪,工业革命才颠覆了印度和世界各地手工棉纺织业的优势地位。因此,笈多王朝的富庶和印度的出口(贸易)使印度洋沿岸地区的海上网络不断加强。

然而,印度对其周边地区最大的影响却是在宗教领域。佛教的游方僧(Wandering Buddhist)和印度教圣人(Hindu holy men)沿着各条商路四处旅行,将一种从现实苦难中获得拯救的渴望传播给亚洲大部分地区的广大民众。印度教所吸引的信众主要集中在东南亚地区;而佛教传播的范围则更为广泛,东南亚、中亚、中国、朝鲜和日本等地都兴建起佛教庙宇建筑。佛教以其艺术、经文和一种同市场经济的买卖活动相协调的生活方式,使佛教僧侣们对公元 200—1000 年间亚洲的大部分高级文化和社会产生了影响,即使对中国也是如此。845 年后,中国本土学者对佛教的强烈反对与抵制一度迫使佛教转入地下状态,但儒学此时的昌盛,是通过将许多佛教命题和观念融入自己的实践之中才达到的。

87

欧亚大陆诸文明之间的平衡格局再次发生改变是由两个重大历史事件造成的,其一是公元 589 年,隋王朝完成了对中国又一次的统一;其二是 632—751 年间,形成了一个广泛的伊斯兰教世界。在隋(581—618 年)、唐(618—907 年)和宋(960—1279 年)三个王朝期间,中国一直保持着政治—军事统一,至少在名义上是如此。这反映出当时的中央帝国政权潜能的巨大扩张,而这应当归功于 611 年中国大运河的开通。在此之前,占据政治统治地位的北方地区同充满经济活力的南方地区之间的联系,主要是靠海上船队来维持,由于海上风暴和海盗猖獗等诸多缘故,这种联系极不稳固。然而大运河的开通为长江下游地区和黄河流域之间开辟了一条既安全又便宜的水上通道。这使得帝国各级官

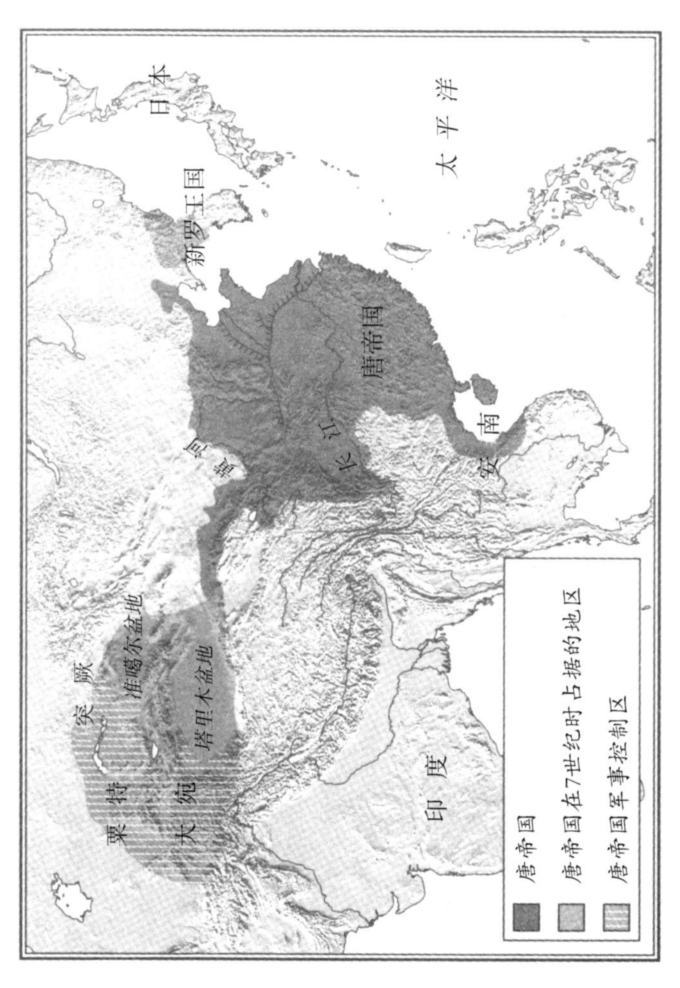

地图 4.2 公元900年前后的中国

府可以通过运河船队极大地增加自己所掌握的资源,从而可以从经济迅速增长的南方调集各种实物赋税,提供给驻守在北方边疆各地的军队。同时,大运河也将产自远近各地的珍奇物品源源不断地输往朝廷。

中国地主阶级对儒学传统的再次振兴,通过那些有文化学识的官员们也强化了帝国政权对知识和道德的认可与赞同。儒学复兴导致了对古典文本重新做巧妙的诠释,以解答佛教教义和仪式所提出的各类问题。故而从此之后,中国的儒学开始同其他宗教越发接近起来,因为它必须要对超自然的现象赋予更多的关注。就在 845 年儒学家们劝说朝廷对佛教和其他各种外邦信仰予以迫害的同时,因长期遭受大草原武装入侵的缘故,他们自己对外邦人的仇视心理也不断强化。

88

无论中国的步兵数量有多么众多,草原骑兵的行进速度总是要比他们快得多,故而,中国北部和西部地区的边疆防御一直处于岌岌可危的状态之中。不断增强的物质资源基础的确曾使中国拥有装备数量庞大的军队的能力,隋朝皇帝就曾利用这支军队远征朝鲜,唐朝君主也曾驱兵(其中包括骑兵)深入中亚地区。但是,在遥远边疆驻扎大批军队是极为困难的,而且也非常难于驾驭控制,正如唐朝帝王在 755 年时所切身感受到的那样——是年,中国北方各地爆发了大规模武装叛乱。完全依靠来自中亚地区的回鹘人(Uighur Turks)的武装干预,唐王朝才幸免于难,而后来这些回鹘人却从愈发贫穷的唐王朝获取了巨额佣金报酬。帝国朝廷的物质资源基础逐渐发生动摇而渐趋枯竭,因为驻守地方的军事将帅们觉得将以往输送到京城朝廷的赋税截取下来,用以供养自己的兵马不仅是可行的也是必要的。960 年以后,虽然宋王朝恢复了对中国军队更加有效的控制,但是宋朝皇帝们一直无法将大草原游牧入侵者从中国北部边陲驱逐出去。

向草原各个部落支付的大量贡品,起到了将中国商品和生活方式传播到整个东部大草原,甚至深入到中亚地区的历史效用。而传播的内容非常丰富,因为中国人口尤其是南方地区人口的大规模增长,为中国经济的扩展提供了保障,同时也使中国手工业技艺和高水平文化更加精致、更为发达,并为日后中国的绘画和诗歌创作确立了经典范式。结果,已抵达中亚和印度的陆地长途贸易商队和连接朝鲜、日本到爪哇沿海地区和岛屿的海上贸易商船,把中国影响传遍中亚和东亚各个地区,尽管此时穆斯林已经发起了极为强劲有力的挑战。

634 年以后,穆斯林占据了中枢地位,成为旧大陆网络的监管人和建造者。他们导入了自己的一种全新的文明,这个文明建立 89 在真主的启示与先知穆罕默德(其生卒年代大约为 570—632 年)之间关系的基础之上,同时也与阿拉伯原有异教传统相结合,并且还借鉴了犹太、萨珊波斯、希腊—罗马以及印度等地的各种传统。伊斯兰文明形成之迅速,是人类历史上一个永恒典范,它显示出某个个人的理念主张如何在短短一代人光景就改变数百万人甚至数亿人的生活状态,并且这种改变将在以后漫长的岁月中延续。其实,正是早已存在的旧大陆网络体系,才为这种迅速改变提供了可能。穆罕默德一生所做的就是把一种富有强大吸引力的信息注入这个已有的网络体系之中,从而引起巨大而广泛的共鸣。

结果,当穆罕默德于 622 年从其故乡麦加(Mecca)出走,成为邻近一块绿洲——麦地那(Medina)的领袖时,宗教信仰便同战争暴力和政治紧密地结合在一起。先是凭借所谓来自真主的口头传谕,而后又凭借这些传谕结集而成的《古兰经》,穆罕默德形成了对身边信众团体的指挥权。那种同无信仰的人相遭遇时,坚信真主始终同他们在一起的信念,使穆斯林于630年胜利返回麦加城,并在632年穆罕默德去世之前,将所有阿拉伯部落统一为一个整体。随着634—651年间,不断取得对罗马帝国(拜占庭帝国)军队和萨珊(波斯)帝国军队的决定性胜利,这种虔诚的信仰获得了极大的加强。基督教世界之所以能够残存下来,是因为673—678年间和717—718年间,穆斯林两度兵败于君士坦丁堡城墙之下。但是,伊斯兰国家在更为遥远的战线,如在西班牙,711年在印度北部,还有751年在中亚地区和中国,获得一次又一次新的大捷,都似乎验证了伊斯兰教的确使真主同他们站在一起。

骆驼为伊斯兰大军早期各次胜利提供了独特的物质基础。在业已熟练掌握驾驭骆驼技巧的阿拉伯人手中,所支配的骆驼的数量远远要比其任何敌对力量支配的数量更多,所以,他们能够比敌人更加有效地穿越浩瀚的大沙漠,为自己的军队提供充足给养。这一独特优势,可以对早期的穆斯林何以能够将西起非洲北部、西班牙,东至伊朗及其边疆地带这样一个广袤的地区统统予以征服做出进一步的解释。然而,阿拉伯人对伊斯兰教的坚定信仰以及相伴而来各个群体间的那种紧密无间的团结,对早期穆斯林取得那些非凡成就所起到的作用,要远远大于骆驼的作用。

虔诚的宗教信仰逐渐使整个伊斯兰世界演化为一种新的文明类型。尽管存在着地方差异,穆斯林社会还是因其每天的宗教祈祷以及各种其他宗教仪式等缘故而获得一种有别于他人的独特性,这种特性又由于神圣律法(the Sacred Law)而进一步得到补充,这种律法是非常精确严格地建立在《古兰经》和穆罕默德及其同伴所遵循的日常规范等各种传统基础之上的。而且,为了牢记和咏诵《古兰经》之需而导致的学习阿拉伯语的要求,与每个穆斯林都必须朝觐麦加城的职责一道,使整个不断扩展的伊斯兰世界所有地区的穆斯林精英们至少保持着某种松散的联系。 90

但穆罕默德辞世之后,究竟由谁来执掌政治和军事大权成为一个极其尖锐的问题。前三位哈里发(the Caliph),即先知的继承人,都是由一个穆斯林领导者内部核心集团非正式地推选出来的。在 656 年,出身倭马亚家族(the Umayyad)的第三位哈里发奥斯曼(Uthman)被人暗杀,而在随后爆发的内战中,穆罕默德的女婿阿里(Ali)胜出,成为第四位哈里发。但在内战第二个回合(680 年),阿里的儿子侯赛因(Hussein)被杀,以大马士革为大本营的倭马亚家族成功地将哈里发世袭权位握在了自己手中。倭马亚朝的哈里发政权一直延续到 750 年,源自麦加城的一个与之竞争的家族阿拔斯家族(the Abbasid)推翻了倭马亚王朝,并将帝国首都迁至巴格达。

众多虔诚的穆斯林对这种诉诸武装暴力来确立哈里发的形式感到沮丧。有些人,其中最著名的就是什叶派(Shi'a),则选择继续对阿里及其儿子侯赛因保持忠诚,无论是倭马亚王朝还是阿拔斯王朝的统治,他们都不予认同。对于穆斯林宗教社团的军事和政治领导人来说,什叶派成为一个永久的反对派。占据多数派地位的逊尼派(Sunni)则对获得胜利的倭马亚家族和阿拔斯家族作为真主挑选的专门负责军事事务的先知继承人的地位予以认可;但是他们在处理有关宗教事务或其他道德品行方面的问题时,则依靠律法方面的私人专家。由此,逊尼派同什叶派之间出现了裂痕,而且,穆斯林宗教团体中这种宗教—社会和政治—军事领导权之间的鸿沟,时至今日依然存在。

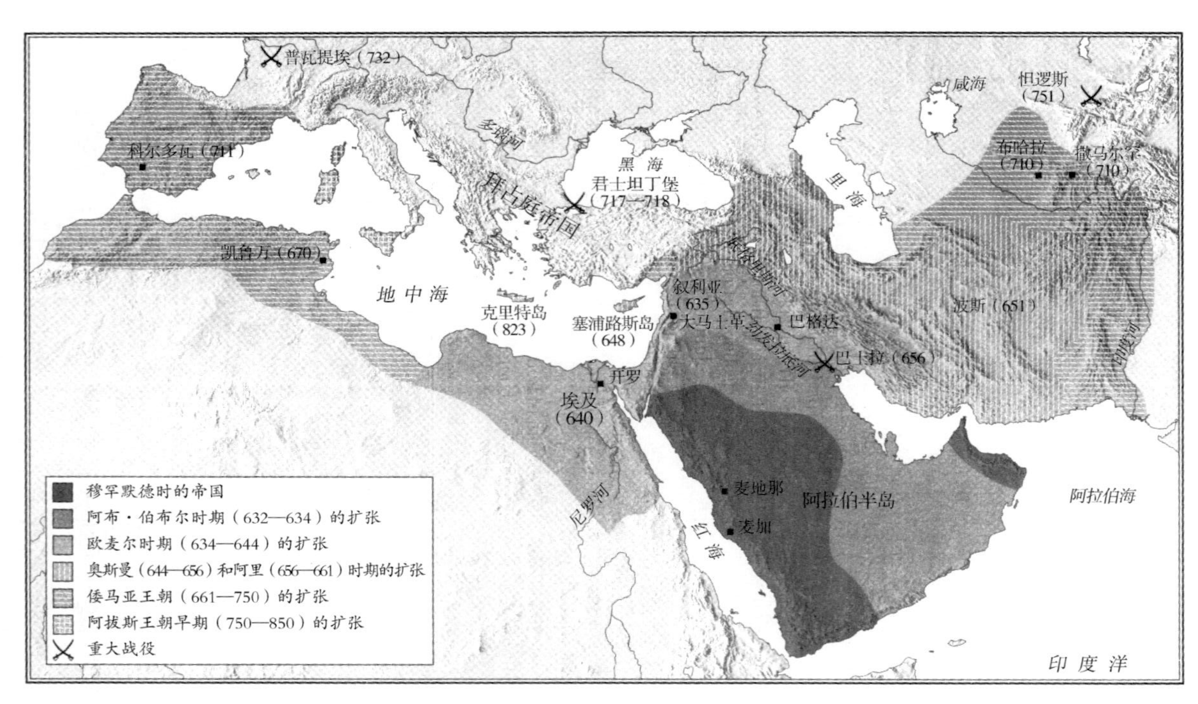

地图4.3　公元900年穆斯林扩张形势图

穆斯林社会中另一条长期延续的纽带,是从麦加时期城市居民与牧养骆驼的游牧部落之间的那种联盟中遗传下来的。城市商人与牧养骆驼的游牧部落一直保持着密切合作,牧人们加入商队并提供保护,从而使麦加城的商业贸易活动得以维持数百年之久。穆罕默德本人早在成为先知之前,就曾作为一名商人到过拜占庭帝国的叙利亚行省。结果,同其他早期帝国的统治者们相比,穆斯林对于商人十分敬重,对于市场习俗也颇为尊重。此时骆驼数量也越来越多,其重要性比以往大为增强,城市同牧民之间的非正式联盟已成为新兴穆斯林社会的一大特征。相反,耕种田地的农民和土地所有者发现他们在统治者面前低人一等,统治者的政策对商人和牧人极为袒护。在这种情形下,美索不达米亚及其相邻地区的农业出现倒退就毫不出奇了。而在西班牙地区,农业生产却达到了一个高峰,这应当归因于穆斯林征服者们将南亚地区新的作物品种以及其他干旱地区的水利灌溉技术带入了西班牙地区。

92

穆斯林的信仰向乡村地区的传播速度是相当缓慢的。《古兰经》中要求,只要基督徒和犹太教徒交纳人头税,穆斯林就要对他们持宽容态度。这使穆斯林统治者们十分不愿因鼓动被征服者皈依伊斯兰教信仰而造成自己赋税来源的减少。因而,穆斯林、基督徒和犹太教徒在数百年间一直共同生活在一起,而每个宗教团体都被要求自行处理各自教派内部的事务,所需遵循的只有上缴赋税以及服从穆斯林统治者所做的其他规定。一个共同居住的复杂过程确定下来了。穆斯林发现在新近臣服的城市居民中,有很多值得他们学习的事物。另一方面,穆斯林信仰的成功吸引了大批的皈依者,在伊朗人当中尤其如此,他们原先信仰的琐罗亚斯德教日渐萎缩,后来该教仅在印度西北部地区残存少量信徒——即当今的帕辛人。

由于各地商人们创建起了一个幅员广阔的经济网络，早期伊斯兰教为十分广泛的经济交换活动提供了一把巨大的保护伞。商人们可以在从摩洛哥到伊朗的广大区域中从事商业活动，并且在公元700年后，无论身在何处，他们都会发现同样的穆斯林法律法规和普遍一致的合同契约观念。骆驼商队将各条河流河谷同沙漠绿洲更加紧密地连接起来，从而调动起新的生产能力。例如，在穆斯林哈里发政权统治下，西班牙南部边陲变成了一块非常富庶的地区，这是因为水利灌溉工程发挥了效用，并且从遥远的东方引进了各种新作物品种，如甘蔗和柑橘类水果。这个加强了的贸易网络也利用地中海、红海和阿拉伯海的海上航运，巩固了科尔多瓦、菲斯、开罗和其他商贸城市的重要地位。穆斯林、基督徒和犹太教徒都参与到这种商业活动之中，然而保持繁荣却要求伊斯兰世界内部的统一和和平，可这却是一个极难达到的条件。

向穆斯林统一发起的挑战主要来自与中亚地区接壤的伊朗边疆地区。651年，与萨珊帝国崩溃相伴随的是，伊朗乡村武士阶级也神秘地衰败了，而在以往抵抗大草原入侵者的斗争中，他们曾极为有效地捍卫广大的乡村。或许是数百年来水利灌溉导致田地盐碱化加重，或许是由于过度使用而导致了地下输水设施的破败，或许是气候变化等原因致使这些武士阶级的农业收入急剧减少。也可能是伊朗的土地所有者皈依伊斯兰教之后，便沉溺于城市的舒适生活之中，因为只有在城市里才能切切实实感受到他们新近皈依的宗教所给予的各种好处。然而究竟是哪一种缘故导致了伊朗武士阶级的衰亡，谁也说不清楚。它所造成的实际后果却是，大草原的突厥游牧民族同西南亚地区城市中心之间的亲密关系急剧增强。特别是阿拔斯王朝的哈里发们完全仰仗由突厥奴隶组成的卫队来负责自己的安全事务;从此之后,最早从 861 年开始,这些奴隶军队开始参与到阿拔斯王朝宫廷内部的争斗之中,并渐渐地将哈里发变成了他们任意摆弄的傀儡。而地方各个行省则彻底摆脱了中央朝廷的控制,及至 1000 年时,这些突厥冒险家和征服者们皈依了伊斯兰教的逊尼派,把西南亚绝大部分地区的政治大权握于自己手中。从此,伊斯兰教所一直珍惜的政治统一转变成了一种虚妄的假象。

对穆斯林统一和阿拔斯王朝领导权的第二个挑战来自于非洲北部地区。909 年,一位自称是先知穆罕默德女儿法蒂玛(Fatima)直系后裔的人,宣布自己为马赫迪(Mahdi),其使命就是宣称他自己才是穆斯林信仰社会的真正的哈里发,借此来恢复真正的伊斯兰教。此人所发起的这场运动,其实只是什叶派的一个极端派别而已,但却赢得了非洲北部山区的柏柏尔人(Berber)部落的大力支持,他们在法蒂玛的大旗之下迅速夺取了摩洛哥、阿尔及利亚和突尼斯等北非沿海重镇。这位马赫迪后来的继承者之一还征服了埃及,并立都开罗;但从那时起,初始的宗教狂热开始消退,埃及法蒂玛王朝的哈里发政权(968—1171 年)与其阿拔斯派的对手一样,也感到只有仰仗奴隶军队的保护才会更加安全。虽然如此,或多或少同情法蒂玛派主张并一直处于地下状态的什叶派,在阿拔斯王朝统治区域中的许多地区都得到了支持,从而使得逊尼派穆斯林及其统治者在一个特定时期颇有些朝不保夕之感,而这一特定时期正是他们宣称从真主处获得的佑护急剧减少之时,因为他们对基督徒和印度不信教者的胜利业已结束了。

从真主处获得启示的穆罕默德宣称要对载入犹太教和基督教经典的那些谬误给予修正,而只要穆斯林军队在战场上一直保持胜利，那么这种宣传主张就似乎可以令所有人感到信服。但是，军事上一直获胜的态势发生了转变，穆斯林大军在718年第二次围攻君士坦丁堡的战役中失利。直到那时为止，拜占庭帝国似乎注定要走上与萨珊帝国同样的道路，而所有的基督徒也会与琐罗亚斯德教派的信徒一样，必将臣服于穆斯林的统治之下。然而718年之后，基督徒再次确信上帝仍然还宠爱他们。此后，基督教与伊斯兰教之间的军事—政治均衡态势虽然出现过相当大的摆动，但再也没有动摇过其中任何一方坚信自己才是唯一真正信仰者的信念。结果，十字军与圣战——突袭与反突袭——一直在基督教和伊斯兰教接壤地带长期存在，不过，商业贸易和文化知识的交流却从不曾有过中断停息。

因此，欧亚大陆西部地区陷入激烈的宗教对抗之中。几乎在同一个时期，同类的情形也在欧亚大陆东部地区出现。845年之后，中国的统治精英们对本土占主导地位的儒家传统的眷恋，使得他们开始对外来宗教和其他文化影响予以抵制，尽管大量信奉摩尼教的回鹘人、信奉佛教的吐蕃人以及穆斯林商人，已经在中国沿海城市的外族人居住区和邻近草原的边疆地带定居下来。儒家学说和基督教对伊斯兰信仰的抵制虽然严厉，但并没有妨碍各种新的技术、作物和观念在欧亚大陆广大文明化的民族中迅速传播，也没有妨碍它们传入周边各个地区。

94

旧大陆网络体系的扩展和加强

不断完善的交通状况使交往网络体系几乎在整个旧大陆和北非地区，甚至更远的地区获得了扩展。在风暴多发的欧洲北部水域上的海上航行，使人类获得了一种具有重要意义的技术能力,当时,维京人(Viking)以劫掠者、商人和定居者等身份开始走出京斯堪的纳维亚半岛,他们穿越了波罗的海和北海等海域,而后进入到大西洋,先后在冰岛(875年)、格陵兰岛(982年)定居下来,公元1000年后不久,他们又到了纽芬兰岛(只是暂时地在该岛停留居住)。而人类在印度洋和太平洋洋面上的航行所造成的地理扩展和技术改进的意义则更加重大深远,只是非常遗憾,没有一部像冰岛古老史诗萨迦(Sagas)那样的传奇故事,能够准确告知我们人类在这一海域上的航行起始时间和各种详尽的状况。

尽管如此,我们还是可以做出一个稳妥的猜想,即舷外撑架设置的发明使独木舟即使在波浪汹涌的海面上也能保持稳定,从而使得波利尼西亚人的长途航行成为可能,这将导致人类在遥远的复活节岛和夏威夷岛(人类在这两座岛屿定居的时间大约为公元400年左右)以及新西兰岛(大约为公元1300年)定居。然而,在这些孤岛上定居的波利尼西亚人却无法同世界其他地区保持往来联系。与此相反,航行于印度洋和西太平洋的船只却创造了一个不断扩展的贸易网络,它将亚洲大陆所有沿海地区统统包括在内,向南可达印度尼西亚群岛,向北可抵日本列岛。

至于这些船只如何建造、船员由谁提供以及其经费又是谁提供的等等,我们都不太清楚。但我们可以肯定,人类的航海技艺和船只建造技术,随着时间推移在不断发展,使得航船完全可以在陆地视线以外的水域进行远距离航行。结果,大约到公元400年左右,西太平洋和印度洋已经成为同一个海洋空间。以往的航船必须沿岸航行,并在途经马来亚的克拉地峡时卸下货物,再装船航行。这使商人们在往返印度与中国的途中,经常被当地政权收缴各种费用。但是当海上航船开始径直穿越孟加拉湾,绕过马来半岛直接进入南中国海之后,人们就只需在少数几个港口停留，这使其所缴纳的保护费用大为减少。随着保护费用的减少以 95 及货币和银行在各个地方都成为一种十分便利的条件，长途海上贸易便在规模上得到了明显扩展。各种各样的商品货物，如产自印度尼西亚的丁香和肉豆蔻、非洲的黄金和象牙、中国的瓷器与丝绸、印度的胡椒与棉织品以及其他各类物品，便开始在更大范围内流通，数量也更为巨大。

当骆驼成为运送货物通用的牲畜之后，各种陆地商队贸易以及与以往处于孤立状态的民族和地区的联系也更加便利和更为经常化。大约早在公元前2000年前，西亚地区就已经开始驯养骆驼，然而直到公元200年之前，人们还很难对骆驼做到有效管理和驾驭，要让它们成为驮运物品的牲畜更是一件几乎不可能的事，此后，人们发明了一种技艺精巧的驼鞍，从而避开了肥厚的驼峰，使人或货物可以牢固地安置在骆驼的背上。①

这项发明使骆驼在沙漠地区成为一种远远要比马或骡子更加有效的驮运物品的牲畜，因为骆驼的载重量更大，而且还可以食用多刺的植物。阿拉伯以及邻近的非洲东北地区，是最早开发骆驼鞍座功能的地区，正如我们所看到的那样，随着穆斯林大军的节节胜利，对骆驼加以有效管理的技术也传播得越来越远，越来越广。结果较之以往，人们对中亚大草原和沙漠地区以及非洲撒哈拉大沙漠地区的渗透越来越深入，从而使得各种商品货物，例如非洲的黄金和中亚地区的突厥奴隶，皆流入到穆斯林统治下的各个城市。骆驼的使用也具有将车辆运输（以及为此所必需的

① 用于固定马蹬的马鞍，大约在公元200年时传入阿拉伯地区，这大概对阿拉伯半岛北部地区的牧民创制一种更加复杂的专门适合于骆驼躯体结构的驼鞍有一定的促进作用。

道路保养的高昂费用)从穆斯林核心地区逐渐淘汰出去的效果，因为使用骆驼运载货物的费用更加低廉，而且骆驼还可以在湿软、粗糙和岩石嶙峋的各种路况上行走，而在车辆无法行进的城市和村庄中那些狭窄的巷道中，它也同样可以穿行。

公元 200—1000 年间，海上商船和陆地商队运送货物的范围和数量不断扩展、增大，使旧大陆交往网络得到扩展和加强，特别是沿海各个地区和西南亚及北非的干旱地区尤其如此。文明已不再是一种例外的现象，因为各种作物、制造品、观念、疾病以及文明生活其他各个方面的交流，几乎使各个地区人类的生活发生了改变。公元 200 年前，文明社会的扩展仅局限在旧大陆网络的狭小范围之内。及至公元 1000 年，文明社会向南方的扩张，将大部分非洲和整个东南亚地区以及沿海各个岛屿都纳入旧大陆文明圈之中。文明社会向北方的扩张，虽然吸纳的人数较少，但却对朝鲜、日本和欧洲北部等地产生了重大影响，并且使生活在大草原和北部森林的各个民族都处于同文明的农业民族密切相连的状态之中。结果到 1000 年时，旧大陆交往网络已经达到一个前所未有的规模，几乎将欧亚大陆的全部人口和非洲大陆的大多数人口都囊括在内，其总量约为 2 亿之众。　96

在这一扩展过程的众多变革之中，东南亚地区水稻的扩展传播在人口数量方面的影响比其他任何一种变革都要大得多。水稻种植极大地提高了粮食生产的能力，不过为此人们也要承负一定的代价，因为那些外来者，无论是劫掠者还是地租和赋税的征收者，都要占有相当数量的收获份额。东南亚地区的园田耕种者大概会对水稻种植的扩展予以抵制，在当代印度、东南亚和印度尼西亚等地所遗存的众多“森林民族”中间，这种情形依旧存在。但是，水稻种植既意味着更多的粮食收获，也意味着更多的劳动投入，即使在统治者和地主们占有大部分劳动收获时也是如此，反过来，粮食收获越多，所需的劳动人手也就越多。结果就是在公元200—1000年之间，印度和中国水稻种植的拓荒者们都持续地对生活在核心地区的各森林民族造成伤害，并且把邻近的大批新土地和大量资源置于他们所臣服的统治者阶级的控制之下。印度笈多王朝时期的繁荣和中国在隋王朝时期的复兴，均大大仰赖于他们把森林、沼泽和冲积平原地区的劳动力都投入到人工水渠的建造和平整水田的劳作之中。世界上最大的热带森林地区开始缓慢地退缩，为水稻生产腾出发展空间。

从印度和中国核心地区传播出去的水稻生产，无论在何地得以确立，都会导致各种以水稻生产为根基的新的独立国家政权产生。例如，朝鲜早在公元前1000年之前，就已从中国获得了水稻作物，但是直到公元100年以后，大规模的水稻生产才同水利浇灌、铁制农具和牛耕结合在一起。在新罗王朝统一整个朝鲜半岛(618—676年)之前的700年间，位于半岛南部的三个王国政权就是以水稻生产为立国之物质基础的。同样在这数百年间，佛教亦成为国教，同时，儒家学说和汉语文字也在朝鲜深深地扎根，成为朝鲜贵族文化的主体成分。为了加固自己的税收，强化自身的权威，新罗王朝(618—935年)将水稻生产传遍整个朝鲜半岛任何适合种植水稻的河谷地区，尽管在北部地区大麦和高粱仍旧还是主要的粮食作物。

日本在稍晚一些时候重复了与朝鲜同样的过程。大约公元前300年左右，水稻已经传入日本列岛，但是直到公元250年以后，水稻生产才得以广泛传播，并成为大和国家的经济基础，而日本帝国世系正是由这个大和国家传承而来。552年，佛教僧侣由朝鲜进入日本，为日本带来了文学，并确立起了日本同大陆更为

97

直接的联系。593 年,当时的日本朝廷决定对这种外来信仰予以庇护,同佛教的这种关系导致了日本系统化引入中国观念和实践,并且这种引入超出了宫廷的范围。但日本农村社会依旧保持着它自己的特色。

同样,在东南亚的主要河谷地区以及爪哇和苏门答腊等岛屿,随着水稻在适合种植地区的传播,各类新的国家政权也随之出现了,并且同印度和中国的贸易往来也随之加强。这一地区新近建立的王朝几乎都依据从印度引进的宫廷礼仪和宗教,对当地各种各样的传统加以改造和详尽地规定。这些宫廷都高高地盘踞在农耕劳动民众之上,在刚刚开始种植水稻之初,农民们都是根据比例来分配劳动收获的,而现在他们发现自己已经陷入同赋税和地租征收者一道分配粮食的陷阱之中,这是因为建造水田所必需的沟渠投入太大以至于想废弃都不可能。然而在许多地区,古老的轮耕耕作模式仍可从各种捕鱼、狩猎和采集劳动中获得一点补充,而这些额外的劳动收益是超出税吏的权限之外的。在东南亚地区,森林民族所占据的土地要比在印度多得多。结果就使统治阶级所居住的那些宫廷—庙宇城市,在热带雨林园田耕作者的重重包围之中,成为一块块具有某种外来特色的飞地。

旧大陆网络体系向马鲁古群岛(Moluccas)①这类遥远偏僻海岛的扩展所带来的后果则与其他地区完全不同。该地的生活方式仍旧近似东南亚森林地带各民族所从事的园田耕作经济传统,甚至当这些岛屿的岛民们开始生产丁香、肉豆蔻、肉豆蔻干皮以及其他专门用于出口的调味香料时也是如此。至于当时这些香料的商品生产究竟受到了什么具体原因的诱使或强迫,我们还不

① 又译香料群岛,位于今印度尼西亚。——译者注

清楚。但是根据16世纪这类商业贸易组织的情形来判断,是家庭规模的耕作者在从事这种劳动,然后,他们将这类产品作为贡品上缴给当地酋长,与此同时,他们还能同以往一样,在庭院中生产自己生活所需的食物。但是当地统治者们所拥有的财富和权力还相当有限,因为他们的香料是出售给外邦商人的,而这些商人将香料贸易的绝大部分利润都赚到自己的腰包之中。结果,文明的外部标志并没有对马鲁古群岛社会产生多大的干扰,即使是在这些小岛开始从丁香、肉豆蔻的出口贸易中获取丰厚的利润以后仍然如此。

在非洲,公元200—1000年间的海上和陆地贸易网络扩展的影响虽然跨越了很大的地理范围,但其影响的人口却很少。非常微弱的海上联系,自古已有。例如,埃及法老就曾遣派船只前往南部阿拉伯地区,而后再南下非洲沿海地区,目的在于寻找黄金和神奇的没药。在希腊—罗马时代,海上贸易进一步加强,当时的地中海水手已经对季风有所了解,开始在红海和印度南部之间进行常规航行。位于红海海口附近埃塞俄比亚高原地区的阿克苏姆王国(Aksum),就曾向这种贸易提供原产非洲内地的黄金、象牙和其他各类珍奇物品而致富。大约在350年以后,与埃及有关联的基督徒说服阿克苏姆国王皈依基督教,并将基督教确立为该国国教。甚至在同海岸地区的联系被穆斯林切断之后,基督教国家在埃塞俄比亚和努比亚地区仍然存留着,但是当636—711年之间,埃及和非洲北部地区被穆斯林控制之后,非洲同外部世界的接触就主要是伊斯兰世界了。

98

骆驼从阿拉伯地区传入非洲,大约是在公元纪年前后开始的,并且在公元300年时最远到达了乍得湖(Lake Chad)地区,当时骆驼商队业已穿越了撒哈拉大沙漠。而在这条商路开通并促使当地人在这片沙漠地区开采金子和盐矿之前,城市商人们在尼日尔河河谷地区从事各种经商活动至少已有五百余年的历史了。当地的季节性河流能够保证黍米和根类作物的生长,促进了国家政权在西非沙漠和绿洲之间的交界地带形成。这些国家的统治者们,一方面通过商路从撒哈拉大沙漠另一端获得毛织衣物等各种显示其特权地位的物品,另一方面组织黄金和沙盐的采集与出口。公元800年前,非洲商人们开始信奉伊斯兰教,而在985年,(目前已知的)第一位国王皈依了伊斯兰教。在此之前,尽管这种宗教本身带有各种文化优势并可使其皈依者加入一个更加广阔的世界之中,但是西非统治者们却一直避免接受这种信仰,因为皈依伊斯兰教就意味着要同本地各种宗教传统断绝关系,而这些传统是其权力产生的根源。然而无论如何,随着经常来往的商队开始将非洲西部草原牧民和定居人口逐渐同地中海沿岸地区连接起来,北非地区的伊斯兰文明模式逐步穿越撒哈拉大沙漠向南渗透,从而为非洲西部地区在公元1000年后不久更加充分地加入伊斯兰世界铺平了道路。

公元200—1000年之间的数百年,非洲东部地区也发生了剧烈变革。旧大陆网络体系对非洲东部地区的影响,主要是通过两条特殊的纽带。一条是濒临印度洋的东部沿海地区。及至公元500年,或者更早一些时候,来自今天印度尼西亚的水手们就已经抵达马达加斯加,并带来了东南亚地区的粮食作物。印度尼西亚的香蕉、甘薯和芋头在潮湿气候中生长得十分繁茂,而来自非洲大陆的黍米和高粱也同样生长得非常茂盛。后来,当这些亚洲的作物逐渐抵达非洲东部和中部地区之后,就促成了更多森林居民的迅速定居,在大湖地区(the Great Lakes)附近尤其如此。那些操班图语的人,即源自今天喀麦隆(位于西非地区)移民的后裔, 99

接受了这些作物,在东非内陆水利资源充沛的地区进行种植开发。

非洲东部居民同西南亚地区的联系愈发紧密。根据考古发现,伊朗陶器在5—7世纪之间就已传入此地,最远处已抵达莫桑比克地区,而中国陶器也途经波斯湾于8世纪或9世纪传入今天肯尼亚的沿海城镇。当红海和波斯湾的水手们在7—8世纪皈依伊斯兰教之后,他们将自己的信仰带到了东非沿海地区。当地最早的一座清真寺,其面积仅够容纳9位神灵,建于8世纪。伊斯兰教信仰迅速地向南北沿海各地传播,直到各个城市都被穆斯林统治为止,并且当地还发展起来一种深受阿拉伯语影响的语言——斯瓦希里语(Swahili)。然而,伊斯兰教的影响很少能超出沿海地区,因为与非洲内陆地区的贸易联系被那些操班图语的非洲人所控制着,在此后几个世纪中,他们一直坚守自己的宗教。

在非洲最南端的地区和非洲的内陆地区,农业和牧业皆毫无进展,仍旧为猎人和采集者所统治。但是在公元第一个千年结束之前,在新的作物、冶金技术、骆驼商队以及畜牛业扩展的促动下,非洲大陆大多数地区的人口已经开始向定居农业转变。简而言之,非洲大陆业已成为旧大陆网络体系的一个边疆地区。

非洲内陆地区在很长时期内停留在边疆地区状态之中,这是由生态和地理原因所致。在热带非洲这样一个十分复杂的具有多种多样寄生虫的环境中,人类数量的增长一直处于被遏制的状态。在非洲许多地区,尽管人类在控制和治理环境方面做出了不懈努力,但疟疾、黄热病(yellow fever)、昏睡症(sleeping sickness)、河盲症(river blindness)以及其他致命或使人虚弱的疾病仍对人类予以巨大限制,这不仅体现在定居和人口增长这一方面,而且也体现在人类的交往、专业化以及城市化等方面。而且,在热带非洲大部分地区,马和骆驼饱受飞蝇危害,使人类无法将这些牲畜用于驮物运输。非洲各类疾病还对外来者造成严重威胁,从而使非洲与外界隔绝,极大地延缓了非洲加入旧大陆交往体系的进程,直到 19—20 世纪这一进程才得以完成。非洲的地理环境具有两重效应。其境内的大河,如尼日尔河和刚果河,都非常适合航运,可它们又都在入海口附近被急流或瀑布隔断,无法同大海直接通航,故而与世界其他地区相比,非洲的内河航运与海上航运联系显得更为艰难。

在同一时期的北方,欧亚大草原地带也更加充分地加入到旧大陆交往体系之中。草原牧民拥有自己独特的生活方式,当不狩猎或不对农耕定居者进行抢劫时,他们悠然地骑在马背上守护着自己的牛羊。然而,劫掠从来就不是他们获取所需物资的直接途径。那些劫掠来的战利品总是要同他们所必需的和真正有价值的物品进行交换。这就要求游牧民族要对穿越草原的商人们给予一定宽容,对他们所携带的商品给予一定保护。 100

游牧民族同定居的农耕民族进行商品交换流通的一个较为有效的途径是双方直接就保护费事宜进行协商谈判。那些能够对商人给予保护的部落酋长们,渴望获得产自远方的手工业制成品,并在属下部众中对这些独特商品进行分配,从而确保自己的权力地位。而那些文明开化国家或地区的统治者们,则渴求通过这样的安排使自己那些乡村臣民免于游牧民族的毁灭性劫掠,从而确保能够正常地获取赋税。这种双方皆可获利的益处是十分明显的,但是要想真正地维系这种局面却很困难,因为双方领袖,无论是文明开化地区的统治者还是草原部落联盟的酋长,都不断地受到心怀不满的下属的挑战,这些人发动劫掠或反叛或许要冒很大风险,但却往往能够得到直接而迅速的回报。

几乎与此相同,那些经常打断游牧部落与文明开化政权之间贸易—朝贡关系的暴力之举,却常常使牧民与农民之间的互动变得更加密切,尤其是当游牧民族征服了文明开化地区之时更是如此。如368—453年间,拓跋部(the Toba)联盟(大概是由操突厥语的游牧民族为首,也有其他游牧部落加入)统治中国北部地区的时候,所发生的一切就是如此。与此相同,374—453年,匈奴人从位于匈牙利平原的大本营出发,向欧洲发起规模浩大的劫掠,从而引发了日耳曼人的大迁徙,这场迁徙将罗马帝国在莱茵河与多瑙河一带的边界防线悉数摧毁,并逐渐使整个欧洲北部地区成为一个新的基督教社会,将地中海和波罗的海沿岸与其他广大地区完全统一起来。

公元200—1000年间部落联盟的反复出现与解体,给大草原地区所造成的普遍影响后果有二:首先,这些周期性政治—军事动荡导致了一连串跨越大草原的迁徙,因为那些战败民族通常向别的草原流动,以寻找新草场,他们或是向东南方迁徙,前往中国东北部和北部地区;或是向西方迁徙,前往乌克兰和匈牙利。这就对东欧地区为何在200—1000年间有那么多新来者做出了解释,因为那些对欧洲进行劫掠和征服的民族,如匈奴人、阿瓦尔人(Avars)、保加尔人(Bulgars)、卡扎尔人(Khazars)、佩切涅格人(Pechenegs)和马扎尔人(Magyars)等都是由遥远的东方迁徙而来的游牧民族。

101

其次,大草原游牧民族的政治—军事紊乱所导致的一个更加重要的变革是,游牧民族对允许商队通行并收取保护费的做法渐渐地习惯了,这就为长途贸易的继续存在提供了最起码的保障。各种相关史料并没有就他们究竟是持何种态度、观念和主张做出十分确切的解释,但是佛教、摩尼教和基督教中的聂斯托利教派以及伊斯兰教等各种宗教,在中亚各处绿洲以及穿越辽阔大草原地区的广泛传播就是这种变革的标志,并且继续推动着这一变革。

拥有数量充足、品种适宜的牲畜的各个游牧民族,从一开始就参与到与其独特生活方式非常吻合的陆地商队贸易中来。当各种平底驳船和雪橇开始在俄罗斯和西伯利亚的大小河流运载商品货物之时,草原商队贸易的规模也得以扩大,它把北方森林地区带入与草原地区商业贸易的经常性联系之中,同时,又通过商队贸易与更远的南方农业定居地区连接了起来。其后果就是将草原游牧民族编织进一个长途贸易网络体系之中。进而,草原游牧民族可以利用北方的毛皮和南方的谷物粮食及手工制品,如丝绸和金属制品等来弥补自己消费品生产中的不足。随着这些商品货物的输入,各种新的宗教信仰、观念思想和技术也渐渐地穿越大草原传播到各个地区,甚至开始渗透到北方森林地带。然而,由于经常性迁徙以寻找新的草场,游牧经济无法确保究竟哪个特定民族同固定商路保持着经常性联系,与此同时,西伯利亚各个森林民族,由于普遍实行狩猎和采集经济与刀耕火种式耕作相结合的生产方式,故而仍处在更为偏远和更加边缘的地位。

在远西地区(the far west),由于穿越墨西哥海湾洋流的西风所形成的温和而潮湿的欧洲气候,自新石器时代以来,在土壤排水性极佳的地区,一种与西南亚类型稍有不同的谷物农业生产便蓬勃地发展起来了。而在土壤较差的地区,养牛业、轮耕制以及刀耕火种式的耕作则比较普遍。欧洲北部平原地区黏稠质土壤中所含水分过多,十分不利于谷物的生长,直到公元纪年开始时,一种新的重犁被引入,才使土壤排水状况得到改善。早期各种生产试验的效果满足了数量不断增长的莱茵河流域日耳曼农民的需求。结果,他们对养牛业的依赖逐渐降低,而谷物种植面积不　102

断扩大,所以当罗马帝国的边疆防御在5世纪崩溃之时,日耳曼定居者便越过莱茵河,从西翼一侧取代了操拉丁语的人口。其他日耳曼人则跨越北海进入不列颠岛,把原来凯尔特人的不列颠转变成盎格鲁—撒克逊人的英格兰,并初次耕作该岛土地。

重犁上装配有犁铧挡板(moldboard),可以将泥土掀翻在一旁,形成垄沟,这种装置把西欧地区以往含水过多的土壤变成了适合耕作的永久性良田。他们在每块土地之间嵌入矮矮的"木桩",再把土填入"田地"之中,从而创造出一种十分有效的排水装置。但在发明这种耕犁之后数百年间,高昂投入以及在组成一个6—8头公牛的犁队时所遇到的困难,大大妨碍了重犁的实际应用。然而无论怎样,及至1000年时,这种装有犁铧的重犁和合作性的耕作模式已经在卢瓦尔河同易北河之间广大地区获得普遍传播,一块由粮田编织而成的巨毯在西欧大地上铺展开来,一改由森林和沼泽构成的古代蛮荒景致,从而改变了长期以来的落后状况,这个人烟稀少的地区从此转变成旧大陆交往体系中一个富有活力、不断发展的增长点。

重犁耕作农业在欧洲北部平原地区的广泛传播,完全可以同更早一些时候亚洲南部季风地区那种规模更大的水稻种植的扩展相媲美。它们二者都使旧大陆网络体系的广度和复杂性得以增加,并且及时地使这一体系中财富和权力的平衡发生改变。

但是,地方性的紊乱失序和各种外来民族新的入侵,致使西欧地区在相当长的一个时期内一直处于落后境地。在那些巨大混乱之中,有三次接踵而至的入侵浪潮最为突出:最初一次浪潮是368—480年间,日耳曼人对法兰西、不列颠、西班牙和北非地区的入侵,这次灾难是因日耳曼人躲避匈奴人而引发的;第二次浪潮发生在568—650年间,它是由匈牙利的阿瓦尔人的到来所引发的,并分别把伦巴德人和斯拉夫人赶向意大利和巴尔干地区;第三次浪潮则发生在 800—1000 年间,来自斯堪的纳维亚半岛的维京水手,来自匈牙利的马扎尔人骑兵和来自西班牙、北非地区的穆斯林,使西欧处于比以往任何时候都更加严酷的蹂躏与践踏的悲惨境遇之中。

上述三重冲击致使欧洲产生出一种极为有效的地方性防御力量,即欧洲骑士,与其在帕提亚和萨珊的前辈一样,这些欧洲骑士专心致志地承担起了保护乡村的职责,而乡村则提供各种赋税以供养他们。与伊朗和拜占庭的重装骑兵(cataphracts) 有所不同的是,欧洲的骑士们对拉弓射箭十分鄙视,在战场上,他们更喜欢骑着飞奔的战马,挥动长矛,率先杀入敌阵。由于身披整套甲胄,装备有专门供近身搏杀之用的宝剑和战斧,这些骑士的威力的确令人生畏。欧洲结束了数百年来遭受外族入侵之苦的历史,欧洲骑士们非常迅速地从他们的故乡法兰西北部和低地地区向四面八方各条战线扩展:向西,他们远至不列颠和爱尔兰,向南,他们进入西班牙,向东,他们跨过了易北河,并且随着 1099 年的第一次十字军远征,挺进遥远的耶路撒冷战场。

103

在相同的这几个世纪中,拜占庭帝国虽经受了长期侵略的蹂躏,但却艰难地存活了下来,这应当归因于以往修建的那些牢固的防御工事以及帝都君士坦丁堡城(即今天伊斯坦布尔)本身特殊的地理位置。因为每当入侵敌军切断了君士坦丁堡与内地的直接联系之时,船只仍可以从爱琴海或黑海沿岸为该城输送物资,故而,如果想要攻陷此城,入侵者需要同时在陆地和海上占据优势才行。直到 1204 年,众多曾向君士坦丁堡城发起进攻的入侵者,如波斯人、阿拉伯人、阿瓦尔人、保加尔人和罗斯人等均不具有如此能力。这就使得基督教式的城市生活和文化在爱琴海、亚得里亚海和黑海沿岸各地存留下来，与此同时，西方基督教文明也处于正在形成的过程之中，东欧与西欧，希腊与拉丁，这两种基督教文明对凯尔特、日耳曼和斯拉夫各个民族皆具有强大吸引力。此乃欧亚大陆和北非地区普遍宗教重组进程中的一个组成部分。

宗教各种新的影响与作用

本书第三章曾探讨过的各种流动性的普世性宗教，在公元200年以后不久获得了各种各样新的形式，并且具有了对欧亚大陆网络体系更大的支配能力。当对来世幸福的渴求开始充满每个人内心之时，日常经验便具有了一种新的特征；而且这些新的信仰非常迅速地创造出新的仪式、新的艺术类型和新的知识群体，并将来自印度、伊朗、犹太和希腊化的各种传统都融为一体，转化成独特而持久的形式。当受苦受难者能够对未来美好生活有所预期之时，人们对各种灾难与不公正便具有了更大的承受能力。这些新宗教还将对穷人、病人、孤寡老人、孤儿以及其他受难者施以救助作为宗教职责之一。此外，加入一个不断成功发达的宗教之中，还往往会带来各种经济益处，正如商人们皈依伊斯兰教之后所立刻感受到的那样。

104 世俗统治者与宗教之间所建立起来的那种暧昧联盟，是这一新时代的一个具有首要意义的特征。各种宗教机构团体——如修道院、寺庙、教堂、清真寺和马德拉斯（madrassas，伊斯兰教宗教学校）等机构所享受的官方庇护，既令它们通过接受捐献等途径大大受益，同时，又以迫使统治者如同普通信众那样遵守同样的道德和宗教规定，从而对王国或帝国的专制权力加以一定限制。这种王冠与祭坛之间的联盟最早起源于伊朗，当时正值萨珊王朝的第一代君王在琐罗亚斯德教一个复兴和修正派别的支持下，于226年获得了王位。然而，当651年伊朗人皈依伊斯兰教之后，琐罗亚斯德教便衰退消亡了，萨珊王朝的宗教政策对后世历史的影响远远没有罗马帝国皇帝君士坦丁在312年皈依基督教信仰那般重要。君士坦丁大帝虽然内心偏爱基督教信仰，但是他并没有对传统异教信仰和其他宗教予以取缔和禁止。他的后继者于395年将基督教确立为罗马帝国境内唯一的合法宗教。沿着商路，基督教一直向东传播到中国，并通过水路，传播到印度和埃塞俄比亚。但除了埃塞俄比亚以外，基督教在这些地区仍是一种影响微弱的外来宗教。

佛教的传播范围更为广泛。就在佛陀释迦牟尼辞世(大约为公元前483年)后不久，佛教就经由海路从印度传播到东南亚地区，对这一地区各个王国官方宗教信仰的确立起到了很大作用。在喜马拉雅山以北，佛教僧侣的数量要大大多于基督教僧侣的数量，他们沿着中亚商路不断向外扩展，很快就渗入中国、朝鲜和日本。大规模的改信佛教导致了对佛教寺庙的大量财物馈赠，这应当说是在317年开始的，当时中国北部一位统治者对佛教极为欢迎，并且与同时代的西方罗马帝国皇帝君士坦丁大帝一样，这位中国帝王也把国家财力用于推动这种新宗教信仰的传播事业。尽管在保守的学者和地主中，那些不喜欢外来观念和实践的儒学和道教[①]追随者曾对其进行过抵制，但是凭借数百年间源源不断

① 道教把建立在对地方强有力的神灵尊崇基础之上的各种古老仪式同中国传统的文学知识结合为一体，强调自然和对“道”做出直觉的反应，并且将其不太充分确切地确定为“万物之道”(The Way of all things)。400—800年期间，道教从佛教中借鉴吸收了众多内容，从而使道教在此后的中国历史进程中，同儒家学说相互竞争、相互结合。

的官方庇护和大量私人捐赠,佛教似乎已经从外观上把中国转变成为一块佛教乐土。从中国,佛教又传播到朝鲜,在 372—528 年间,当地三个相互竞争的王国先后都把佛教确立为官方信仰。正如我们所知,593 年佛教布教僧侣在日本也获得了官方庇护。

105 就在佛教在东亚各地赢得数以百万计信徒的时候,一种新近合并而成的宗教——印度教(Hinduism)却在印度本土取代了佛教的地位。笈多王朝(其统治时期大约为 320—535 年)不再像自己的前辈孔雀王朝(Maurya dynasty,其统治时期大约为公元前 321—184 年)那样宠信佛教,而是更加偏爱印度教。尽管在笈多王朝时期,富有的佛教寺庙仍在印度继续存在,但佛教的地位已经丧失。在中亚入侵者于 490—549 年间对佛教圣地和寺庙大肆劫掠之后,佛教出家修道团体就再也没有重组复兴过,这大概是因为这一时期,对大多数印度人来说,印度教所主张的通过个体与湿婆(Siva)或毗湿奴(Vishnu)①直接的交往便可获得拯救的道路,要比以往需通过富有的拥有特权的佛教僧侣团体的中介才能达到涅槃境界的做法,更加具有吸引力的缘故。

在中国,佛教也同样遭遇到严重挫折,当时极为憎恨佛教的儒家知识分子劝说唐朝皇帝,于 845 年关闭了上千所佛教寺庙,没收了佛教僧侣拥有的广大地产。此后,中国佛教只能以民间教派形式秘密地存在,偶尔通过公开反叛的方式爆发一下。而在印度,佛教以一种人们难以察觉的方式渐渐地消失了,在印度人看来,佛教只不过是试图摆脱现实生活的幻觉和苦难的种种途径中的一种而已,并且是以一种人们在情感上难以接受的束身自修的苦行方式。

① 与湿婆同为婆罗门教和印度教的主神。——译者注

但是印度教却不是一种传播性的信仰。各种印度教仪式中爽朗活泼的情感和那种认为处于歇斯底里狂欢状态中的崇拜者就是同某位神灵,或者是湿婆或者是毗湿奴达到浑然一体的观念,从未传播到印度次大陆和位于各地海岸印度人集中居住的飞地以外的地区。另一方面,印度教圣人所详加传授的那些神秘技巧也从一开始就渗透到基督教修道运动之中,并在1000年之后,对伊斯兰教产生了一定的改变作用;与此同时,佛教还把众多更为明显的印度影响因素带给了东亚地区的各种不同宗教。但印度教对无数地方教派合法性和各种各样地方崇拜形式所给予的认可,比如将各种地方性神祇均视为最高精神实在的不同化身的观念,则没有向外输出。印度教对千奇百怪的各种习俗和缺乏核心教义的宗教的容忍与宽容,主要并非基于它的神圣经典和教法。简而言之,印度教对极端多样性的认同和其拯救理论在逻辑上的不完备特征,是与印度社会的种姓制度非常适应的,而在其他地方社会则根本无法通行。

当伊斯兰教迅速崛起,欧亚大陆各种不同宗教之间的差异更加尖锐的时候,印度教就更加被限定在南亚次大陆地区之内了。穆斯林从一开始就认定印度教的崇拜方式是极其可憎的。然而,伊斯兰教是一个传播性宗教。穆斯林军事征服浪潮停止之后,伊斯兰教扩张就采取了更为和平化的方式,因为穆斯林商人走到哪里,他们就会将伊斯兰教带到哪里。毋庸置疑,犹太教、印度教、基督教和佛教的信徒的情感都势必对大规模地接受伊斯兰教的启示形成阻碍。但是,每当伊斯兰教与那些无宗教信仰的民族相遇时,马上会导致大规模群体皈依现象的出现。大草原西部地区的突厥民族皈依伊斯兰教的情形,尤其证明了商人传教士们被接受的程度,及至1000年之前,几乎所有突厥民族都成为逊尼派穆

106

斯林,我们还看到,在非洲也发生了同样的情形。

在罗马帝国边境以外的欧洲北部地区,基督教也有过类似的成功经历,当时的僧侣和其他教士们(但不是商人)把基督教的拯救福音传播给了凯尔特、日耳曼和斯拉夫等各个民族。这些宗教改宗在很大程度上得益于基督教观念对统治权的肯定以及对地方统治者权力的扩展。通过引入文化,一位基督教教士可以使国家政权管理得以强化,并使这个国家更为统一。结果,到1000年时,传教士们把整个欧洲都带入基督教世界之中,只有波罗的海南岸地区的一小部分异教徒是例外。最后一个皈依的民族是立陶宛人,直到1387年,他们才皈依基督教。

传播如此广泛的各种救赎性宗教在众多方面都存在差异,但是也有某些共同之处。首先,佛教、基督教、印度教和伊斯兰教都对以往人类古老的期望进行了根本性修定。过去的宗教一直允诺的神对尘世财富的保佑全都被取替,这些新的宗教将人类期待引向永恒的、先验的世界——如天堂、涅槃、与湿婆和黑天(Krishna)[①]合为一体,以及伊甸园等方向上来。有关日常生活行为的各种道德规范要求并没有降低,反而因对末日审判或印度教、佛教那种痛苦难当、无尽无休的转世轮回所产生的恐惧而得到进一步加强。

这类宗教转变使文明城市生活中的各种现实苦难较之以往更易被人们所承受。首先,那些专门化职业之间的相互依赖虽给城市带来了财富和权势,但它们也并非总是处于稳定状态之中,而常常在关键时刻出现缺失,并且还极易在厄运到来之时出现令人痛苦的破裂。在未来生活中能够获得补偿的希望会令现实中的不公正和灾难易于被人们所承受,因为对于那些幸存者来说,

① 印度教另一个主神。——译者注

无论现实生活多么艰难,终究可以在死后持有一份对未来美好生活的允诺。对这种现实中承受的苦难可以在未来生活中获得补偿的希望,乡村农民们也是持欢迎态度的。这类希望大概也使农民反叛暴动的频率得以降低。总而言之,在苦难之际所获得的希望是这些新的宗教信仰馈赠给每一个人类个体最丰厚的礼物。所以,这些新的宗教的传播扩展使文明开化社会中的分化状况更加易于维持、恢复和向新的程度扩展。这种相适性可使我们对某种拯救性宗教的皈依同 200—1000 年间文明国家、社会在欧亚大陆和非洲地区的迅速繁殖传播,这一世界历史的突出特征之间的密切关系做出解释。 107

我们考察的所有宗教共有的第二个特点是,每一个人的灵魂都可以单独被拯救或被惩罚。在与人为善的被拯救者和心怀愧疚的作恶者之间的精确计算决定着最后结局。然而,妇女同男人一样具有灵魂,并且还发挥了某些新的重要作用。尤其是她们将自己的信仰传播给孩子们,从而使对宗教的虔信得以传承下去,并且还将新的宗教信仰牢牢地植根于家庭日常生活习惯之中。妇女还可以从事慈善事业,有时还获得一些新的权利,诸如继承权等等。至少,各个新宗教的教规、教义较之以往更为明确清晰地改善了男女性别之间的关系,对寡妇和孤儿予以抚慰,有时还以施舍方式来对她们施行救助。

第三,各种拯救性宗教通过共同服从神的意愿,或者像印度宗教那样共同服从决定每个人未来地位的“羯磨”(Karma,意译为“业”)的途径,将统治者和被统治者连接起来。宗教教义提供了一种强大的联系,佛教、基督教、印度教和伊斯兰教各种宗教仪式之间虽存在各种各样的差别,但是每种宗教都发展出了强有力的公共崇拜情感,这些崇拜对象同时为统治者和被统治者所共同供奉。馈赠捐献给宗教团体的土地财产，使它们变得非常富有，从而可以使其所主持的各种宗教仪式更加辉煌，更加雅致。作为回报，那些直接从这些馈赠捐献中获益的教士和僧侣们也在布道传教中劝说人们服从王室。王权与祭坛的这种长期联盟由此在情感上获得了普遍和正式的强化，虽然具体情况并非总是如此。

这些信仰所造成的政治赞助常常也潜伏着深刻的歧义。某位统治者是否是一名公正的君主、虔诚的信徒，是否奉行正确的教义教规？倘若他不是，公开反抗是否就成为一种宗教的责任？许多严格奉行教义的宗派常常会得出这样的结论，因而以神圣的名义对各种反叛给予支持的说法也四处传播，通常这种宣传是以秘密方式进行的，但在个别情况下也径直诉诸武力。因此，在基督教和伊斯兰教世界中就曾大量爆发过这类对现存统治体制的宗派挑战，并且，虽然不是经常的，那些宗教异端派别往往要同统治阶层或其他竞争者就社会集团的划分展开长期论争。在中国也是如此，845 年以后，佛教各个宗派同大多数反叛行为都有着一定关联。然而，印度的两大宗教信仰同基督教和伊斯兰教相比，好战性通常要弱一些，它们认为获得拯救是一个过程，承认不同的途径同样有效，并且它们也并不是真正地对统治者本身表示尊崇，因为在它们的幻想世界中，只把这些统治者视为某位圣人甚或就是正义的化身而已。

108

最后，各种新的宗教信仰对以往艺术和思想的传统进行了重新加工改造，并且无论在哪儿扎根，就把文化带到哪里，同时还使数百万民众一齐分享一个共同的意义世界。各种不同类型的文明最初主要是通过他们对于各种基于神圣经典的规则和仪式的熟悉和尊崇程度来加以界定的。确定无疑的是，由基督教权威神学家和主教会议所发布的理论，对《圣经》所记载的话语做了进一步补充,而由穆斯林的律法专家所做出的决定也对《古兰经》做了进一步详细阐述,与此同时,印度两大宗教的神圣经典则过于充分,种类极为繁杂。印度教将两部史诗——《摩诃婆罗多》(*Mahabharata*)和《罗摩衍那》(*Ramayana*)与某些灵修、祈祷和赞美诗一道奉为神圣学说的宝藏,而佛教各个宗派则把数量浩瀚的宗教经典都汇集为一体,有时则选择特定的经典作为它们独特修行方式的指导理论。但是无论在何地,文献、获得拯救的希望、归属于某种特定文明之中的身份感,这些因素十分紧密地连接在一起,从而创造出各种由宗教加以界定的文化屏障,正是这些屏障使整个世界仍旧被划分为不同的几个部分。

200—1000 年间的宗教再造重建,形成了四大主要信仰体系。这四种宗教皆具有各自的特征,这些特征使它们适应了文明的扩散及其令人不满之处。面对各种不可避免的不公正、不平等现象愈来愈严重的局面,有些宗教对忠实信徒的安抚是不成功的。在佛教、印度教、基督教和伊斯兰教向欧亚大陆和非洲落后地区渗透的过程中,许多这类宗教被吞并或被消除,处于偏远森林和山区的各个民族纷纷皈依了四大宗教。四大宗教还传入东南亚、非洲和从斯堪的纳维亚半岛到朝鲜的各个新的地区。在不断传播的过程中,四大宗教对欧亚大陆交往体系的扩展极有助益,从而使这一体系转变成一个名副其实的旧大陆交往体系,其幅员由大西洋一直延伸到太平洋,从西伯利亚森林一直延展到印度洋。

美洲网络体系的形成

200—1000 年间,另一个巨大变革是在美洲地区形成了几个都市交往网络,如墨西哥和秘鲁的文明中心将各自的影响扩展到

更远的地区,并且彼此之间产生了互动,至少是存在纤细的联系。与欧亚大陆地区相比,美洲各个网络之间的往来联系还很微弱,
109 这主要是因为它们的运输手段和技术太过于落后。美洲驼——美洲地区唯一一种可用于驮物的牲畜,它所能承载货物的重量仅仅是骆驼载重量的四分之一,而且这种动物只生存在南美安第斯山脉地区。然而,美洲各个民族对于木筏和独木舟普遍都很熟悉。墨西哥与秘鲁两大中心之间的往来联系,若走海路肯定要比翻越高山峡谷的陆路容易得多。但是,木制的筏舟所遗留下来的考古学线索极为稀少,故而我们无法精确地断定墨西哥同秘鲁之间沿太平洋的海上航行究竟是从何时开始的,同样,对于独木舟是何时开始在加勒比群岛之间游弋,何时开始在密西西比河、亚马孙河航行,我们也无从得知。

亚洲移民有可能曾经由海路抵达过美洲。在美洲最南端的智利的考古发现表明,似乎从很早时候起,就存在着海上迁徙活动。而且,曾在公元400年左右到达过复活节岛的波利尼西亚水手们,可能到达了美洲沿岸地区,并将甜薯之类的作物带回太平洋各个岛屿。虽然考古学对这类航行是否存在尚不能予以肯定,但是甜薯类作物在太平洋诸岛的广泛分布和前哥伦布时代秘鲁地区所存在的棉花种植则肯定令人感到神秘难解。对这些神秘现象的最恰当解答,似乎就是人类携带的结果,然而这些航行究竟发生在什么时间,是以什么样的方式完成的,以及为什么人类携带传播的是这些作物而不是其他的作物等等,都是未知之谜。①

① 横跨太平洋的往来联系,对许多亚洲专家来说是一个颇感兴趣的问题,而对此问题予以关注的美洲专家却不多。有关这方面的参考文献,请参见李约瑟(Joseph Needham)和鲁桂珍(Lu Gwei-djen)二人合著的《再次倾听回荡在太平洋上空的轰鸣巨响》(*Trans-Pacific Echoes and Resonances: Listening Once Again*,新加坡,1984)。

在各个城市和各个祭祀中心兴起于美洲之前,在南美洲西北地区,即巴拿马地峡地区,一种美洲式园艺种植就已经深深地植根于美洲土地之上。就是在这一地区,人们发现了目前所知最早的美洲陶器碎片,而陶器则几乎就意味着一种定居的生活方式。在巴拿马的一个地区,考古学家们还发现了少量人工种植的木薯、甘薯、竹芋(arrowroot)和玉米的遗迹,据测定时间为5000年到7000年之前。此后,各类甜薯和木薯也被引入热带美洲的低地地区,并且与捕鱼劳动相互结合,可能就是这些作物和劳动支撑着美洲地区最早的定居人口,就如同其他种类的根茎植物在西南亚地区所发挥的功用那样。①

同旧大陆一样,热带地区的种植技艺并不能支撑文明的进一步发展。因为这需要有可供储存的粮食。晚近各种详细研究表 110 明,人工种植的玉米是在一个对各种野生玉米进行基因选择的漫长过程之后,才在墨西哥出现的。这种新作物逐渐地向四面八方扩散,虽然它的扩散过程受到了这样一种现实的阻碍,即玉米这类作物需根据不同纬度地区白昼的不同长度进行基因遗传调整,才能够茂盛地生长。尽管在南美地区,玉米的地位始终次于马铃薯和奎藜,但在豆类和美洲南瓜等作物辅助下,玉米为美洲北部文明的产生与存续提供了支撑。

公元前1300年前后,奥尔梅克人在墨西哥加勒比海沿岸地区开始修建大规模的土丘。那些拥有调动必要劳力之权力的精英贵族们修建此类建筑的目的,是凭此参与到一个幅员广泛的交

---

① 有关这一点,我们应当感谢安德鲁·施拉特(Andrew Sherratt)。请见瓦瑞克·伯利的文章:《对古代时期粮食的思考》("Ancient Food for thought"),载《自然》第408期,2000年11月,第145—146页。某些证据表明早在9000—10000年前,竹芋类作物就已经在今哥伦比亚地区种植了。

换网络体系之中,从而获得诸如黑曜岩(obsidian)、宝石和可可豆等珍奇物品。反过来,奥尔梅克人这些巨大宏伟的石质雕塑和宗教政治中心对周边人们产生了巨大影响,后世玛雅文明(约公元前600—公元840年)和内地墨西哥文明(约在公元前400—公元1521年)都从奥尔梅克人身上继承了一系列丰富的艺术图案和实践经验,正如巴比伦人和亚述人从苏美尔人所继承的遗产那样。但是,当玛雅人学会书写文字时,他们却没有把他们同远古奥尔梅克人之间的联系记载下来的意识,所以,各种详细情形付诸阙如,我们对其仍是一无所知。

后世有关墨西哥地区各个文明中心以及美洲南部地区各个文明中心之间的联系的认识也是处于一片迷雾之中。但是,除了公元前2000年以后秘鲁和美洲南部地区几处零散的玉米种植之外,凭借的的喀喀湖(Lake Titicaca)附近的高原浮园园艺农业(raised filed gardening),我们就可能(也许还不能)对某种提高农业产量的特殊技术由墨西哥向外的传播予以验证。有一点足以对此做出证明,位于墨西哥中部和秘鲁高原各地的玛雅文明所生产出的足以供养那些精英管理阶层和手工业者的农业剩余产品,都是来自于这种浮园园艺农业。[①]

所谓浮园园艺,是一种在沼泽地带和湖边的浅水地带人工建造的细长田地,其中遍布着窄窄的水渠。充足的水分和不时从水底挖掘出来铺在地面上的肥沃淤泥,确保了这种浮园园艺耕作的

① 奥尔梅克人或许是这种特殊农业技术的先行者,因为他们建立的各类祭祀中心都位于潮湿的沿海地区;然而到目前为止尚未有考古学证据对此做出验证。这倒不出奇,因为直到最近仍未有人对这类线索进行探究考证,即究竟是在什么时候,玛雅人首先创造出这种浮园园艺农业?又是什么时候,这种技术扩展到了墨西哥中部地区?

丰收,即使在安第斯山高原地区恶劣的气候环境中也是如此,因为从水面和附近的的喀喀湖升起的雾气具有保护马铃薯和其他作物免受严寒霜冻的附加作用,从而使作物生长期得以延长。秘鲁沿海沙漠地区某种类似于古代美索不达米亚的水利灌溉设施为不同类型的耕作提供了保障,但是有一个假设似乎是可信的,即墨西哥的玉米种植是与浮园园艺耕作技术一起向外扩散的。至于是否真的如此,仍旧无人能够做出确切解答。

在旱季来临之后的几个月中,玛雅各个城市需要修缮水利工程,以保障浮园园艺耕作的田地保持湿润。对此他们采用的办法是先将大量水储存在他们所修建的大蓄水池之中(同印度南部地区和东南亚地区的做法极为相似),而后再通过水渠将水灌溉到田地之中。在玛雅历史上的古典时期(约250—840年),统治精英利用浮园园艺经济所创造出的财富修建起石质的缀有大量石雕的宫殿、寺庙和广场。玛雅人创制出了一种书写系统(直到20世纪60年代,人们才开始对其有充分的解读);此外还创制出一套历法系统,这一系统运用数学符号概念(其中包括了零的概念)来计算日期,其精确程度非常之高,完全可以同现代历法进行换算。君临各个相互竞争城市之上的玛雅君王,凭借某种颇为混乱的家族谱系,享有神圣合法性,掌控着与神进行交往的渠道,并通过军事武装推行自己的强制性统治。玉米、各种豆类和美洲南瓜是玛雅人的主要食粮,同时辅以各种不同的根茎作物、番茄、辣椒和其他植物。通过蓄水池和纵横的渠道,玛雅人将几乎所有的土地都用于浮园园艺或梯田的耕作,从而养活了稠密的人口。

美洲人口主要居住区的浮园园艺耕作同亚洲季风区的水稻种植非常相似。它们分别处于美洲和亚洲的潮湿地区,都对大地的天然轮廓加以改变;都对地表水加以利用;都生产出了充足的粮

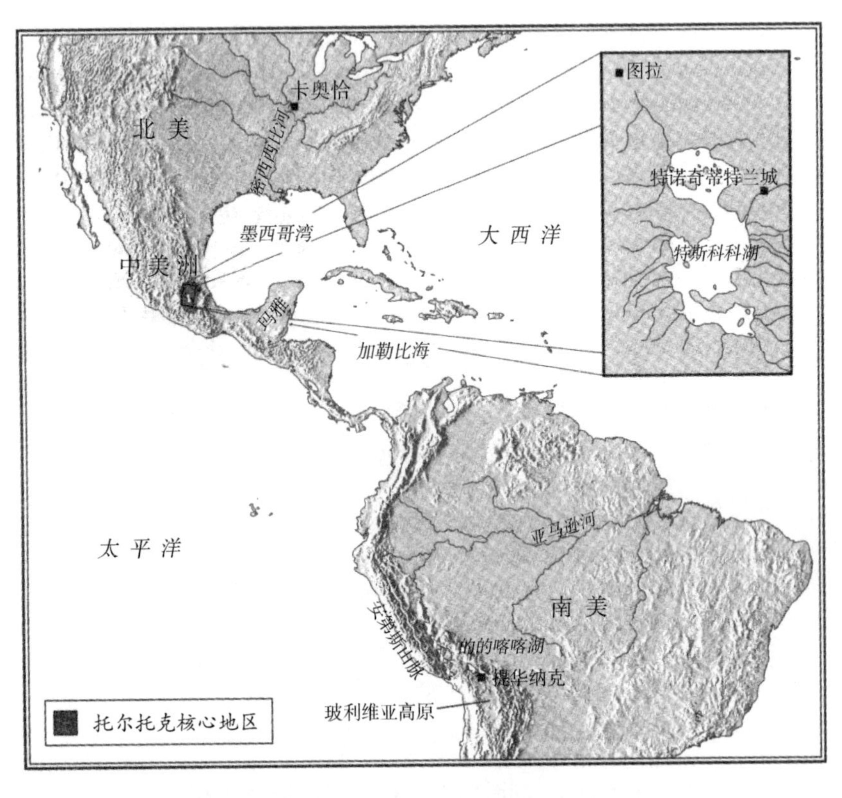

112　地图 4.4　1000 年前后美洲印第安人的城市中心

食;并且统治者精英都将耕作者置于自己的控制管理之下,从而使得各种精致的宫殿—寺庙建筑和其他文明外部标志性建筑获得迅猛的发展。

然而,玛雅文明体系仍有许多不稳定性,极易受到干旱气候造成的各种灾难冲击。政治上的混乱失序以及由干旱造成的各种资源的急剧萎缩,可能就是 900 年之后两个世纪间玛雅低地地区荒废状况的罪魁祸首。大量带有各种文字符号及文化要素的寺庙,都被再度生长起来的热带树林所吞没。在一种没有城市和各种社会遗产的状况下,操玛雅语的人又成为靠刀耕火种维持生计的农民。

同样,在墨西哥中部谷地浅水湖周围一度存在的各种祭祀中心和政治权威也极易受到偶尔发生的紊乱的危害。大约在 100—700 年间,特奥提瓦坎城(Teotihuacan)曾一度对墨西哥内陆大部分地区,包括玛雅人的各个城市实行某种类型的帝国统治。但是在 650 年,特奥提瓦坎城遭到劫掠,一场内部混乱之后,以图拉(Tula)为中心的托尔托克人(Toltecs)夺取了帝国统治大权,他们从大约 800—1050 年间统治着范围略小一点的地区。可是没有任何文献史料对这些事件有所记载。

在北美密西西比河以及相邻的分水岭地带,一批规模稍小的祭祀中心也在水源丰富的河流下游地带兴起。这类祭祀中心之中最古老的一个位于路易斯安那,其时间大约是公元前 1000 年。再往北,则是数量众多的霍普韦尔人(Hopewell)的遗迹,其特征是精致的土堆建筑,它们遍布俄亥俄河两岸各地,其时间约为公元前 500—公元 500 年。这些建造土堆建筑的人,数量相对多一些,他们的经济生活主要依靠捕鱼、狩猎和采集,也耕种一些作物。霍普韦尔人已经知道玉米这一作物,但主要是将其用于宗教 113

祭祀这一特定目的，据猜测是将玉米酿成令人昏昏欲醉的啤酒。产自苏必利尔湖（Lake Superior）的黄铜、产自怀俄明的黑曜岩、产自密苏里和伊利诺斯的方铅矿（galena）等各种物品在这一地区的出现表明，当时密西西比河流域存在着相当广泛的交往关系。玉米的使用表明当地同墨西哥存在着某种联系，各类大概是用于抽吸烟草的管状物，也显示出当地同墨西哥美洲地区之间存在一定的往来联系。

大约公元500年时的霍普韦尔人的遗迹相当丰富。那些来自北方的劫掠者对居住在密西西比河最下游的居民进行了大规模骚扰并将其驱散，他们手中的致命武器就是三四个世纪前因纽特人到达北美地区之后引入的弓箭。托尔托人与其盟友奇奇梅克人在800年前后将弓箭引入墨西哥中部地区。然而，墨西哥的职业武士们却拒绝采用这种装备，因为捕获战俘以作为献给太阳神的祭品是他们进行战争的主要目的。而那种在一定距离之外便可将对方射伤或杀死的弓矢，则对实现这一目的毫无用处。所以，同1600年以后日本人禁止使用新引进的手枪，以维护日本武士剑客十分看重的生命之道一样，托尔托人和他们的后裔阿兹特克人（Aztec）都坚持近身徒手搏杀传统，而对各种可投掷或发射的武器持一种极为蔑视的态度。北美各个印第安民族在狩猎和战争中使用弓箭则是一种常规现象，有关这一点已被8世纪以后位于伊利诺斯卡奥恰（Cahokia）的密西西比人的大型祭祀中心周围的精致防御工事和护卫栅栏以及其他相关遗迹予以证实。同其霍普韦尔人祖先一样，密西西比人把玉米作为主要食物，只不过经过他们的改良，玉米棒子和颗粒变得更大、更饱满一些。同以往各个民族一样，密西西比人维系着一种遍及甚至超出密西西比盆地范围的交际网络，以便获得各种稀奇珍贵的物品。

在南美洲地区也存在着与墨西哥和北美地区大体相同的各种发展模式。大约自公元前 2000 年开始,各种人工修建的运河,不仅是水利灌溉设施,将由高高的安第斯山流下的小河流连接在一起,从而使秘鲁沿海荒原地区养活众多的人口,兴起了各类祭祀中心。从一开始,当地人就从洪堡洋流所流经的近海海域开发丰富的食物,并且同安第斯高原地区和亚马孙上游地区保持着一定的交往关系。但是该地区的自然资源却与墨西哥地区有极大区别,因为其地理位置在纬度上的不同,使得它具有了不同的气候、水土和不同种类的植物和动物。结果,在这一高原地带,虽然不利于玉米的生长,却盛产马铃薯和奎藜,动物则有驯化了的美洲驼、羊驼和豚鼠等;与此同时,在亚马孙河流域森林地区,生长着堪与玉米相媲美的木薯等根茎作物。此外,当地人还种植棉花,它与羊驼和美洲驼驼毛一道,使秘鲁人可以将精致的纺织技艺发展成为一种艺术。在北美洲地区,玉米、豆类和美洲南瓜那种墨西哥式的三位一体的组合具有奠基性意义,在南美洲地区,则是一种更为多样化的农业(牧业)体系。而最为主要的是,南美洲地区的发展模式同墨西哥地区的发展模式非常相似,因为在沿海地区的各种各样的祭祀中心曾发生了一种梯次递进的过程,它最早由公元前 900 左右的查文(Chavin)文化所继承,而后,在大约100—1000 年期间,又由位于高原地区的的喀喀湖畔的提华纳克(Tiwanaku)国家所承继。这同墨西哥地区古老的特奥提瓦坎城与其后继者图拉人之间的关系非常相似。 114

及至 1000 年时,一个美洲交往网络体系正在从安第斯高原到密西西比河上游之间的地区形成,它主要是由人工运输来完成的,并同时以水路运输作为补充。至于这个网络的特征、形状和广度等具体细节尚处于不清晰的状态之中,这是因为考古学的记载和文献记载均严重缺失(有关玛雅文明的状态尤甚)。虽然美洲网络体系是在一种孤立于世界其他地区网络的状态下形成的,但是它同美索不达米亚地区和早期中国的历史之间的相似之处,仍然是十分明显的。

结语:共同的模式

无论是南、北美洲的文明还是美索不达米亚、中国的文明都始于这样一个时代,掌握着与超自然力量进行交往的特殊途径的地方精英集团,以有组织的大规模农业和手工业品献祭来取悦神灵,以避免神的不悦。一开始,这种由祭司们所掌管的社会安排得到了军事领袖们的辅佐支持,后来则逐渐地被越来越强大的军事领袖所取代,这些领袖常常利用不太稳定的机遇,逐渐地扩展自己的统治疆域。与此相伴随的是,专门进行各种奢侈品和珍奇物品流通的远程交换网络体系也扩展得越来越远,从各个文明主要核心区域将文明开化社会所蕴含的各个方面的同一性传播到遥远的地区。

在美洲、欧亚大陆和非洲各个地区的历史发展过程,具有十分明显的并行发展的特征。虽然各个大陆在文化和地理上存在着相当巨大的差异,但是我们仍然可以做出这样一种假设,即各个文明之间所显现出来的相似并行的特点,皆源自一个共同的原因,就是那些从事农耕的民族需要依靠祭司以及武士提供的服务才能生存。各个地区的农民必须学会掌握何时开始种植,怎样才能储备第二年种植所需的种子等各种技术。而由专门人士所掌握的宗教仪式,为农民的技术需求提供了可能性。通过对各类天体,如日、月、行星和恒星认真仔细的观察,祭司们掌握了决定何时才是播种耕耘的最佳时节的技能。其他各种宗教仪式——如斋戒、牺牲贡品和庆贺丰收的节日——对人们全年的消费数量做出了非常有效的配置。此外,普通民众为了渴求获得神灵的保佑恩宠,向各类神灵奉献各种食物贡品,也是一种置于祭司的控制之下的储存方式,这些牺牲贡品使各种对神灵的祭祀崇拜越来越豪华精致,同时也具有在饥馑灾荒岁月赈灾救急的功用。因此,各个农业共同体社会在祭司的领导和各种宗教仪式规范下,具有了较强的应对自然灾难的能力,能够在经受气候、荒芜和各种病虫害的灾难之后重新崛起。

115

出于某种不言自明的缘故,祭司逐渐地将自己手中的权力让渡给了武士。当祭司在管理和创造各种生产劳动剩余方面获得成功的时候,有组织的掠夺却成为一种切实可行的生活方式。这就为职业武士开创了一个极佳的社会角色,他们通过对有组织的战争暴力事务的垄断,为各个农业共同体提供保护,从而使他们免于遭受强盗劫掠;反过来,他们则通过讨价还价的方式获得了向人们征收保护费的权力。特殊的武器装备、严格的军事纪律和技能训练,赋予了这些武士在搏杀格斗中战胜绝大多数入侵者和劫掠者的优势,作为应对劫掠灾难的代价,那种事先交付的地租和赋税使农民和武士双双获利。故而,那些职业武士能够迫使业已获得权力的祭司精英们退居次要地位或与之形成某种联盟,并且也确实这么做了。[①]

上述这些广泛的相似性表明,即使是在缺失直接联系的情况

① 在约翰·古兹鲍姆、埃里克·琼斯和史蒂芬·门奈尔三人所著的《人类历史的过程:经济增长、社会发展与文明》(Johan Goudsblom, Eric Jones, and Stephen Mennell, *The Course of Human History: Economic Growth, Social Process and Civilization*, Armonk, NY, 1996, pp. 31-62)一书中,这些模式都得到了令人信服的确认。

下,人类历史的演进也是沿着并行的路线行进的。没有谁会假设,美洲地区先是由祭司而后由武士领导的国家曾经从欧亚大陆和非洲借鉴了什么现成的先例(弓箭除外)。我们倒是可以说,在各个合适的有利地点周围生长起来的稠密的互动网络产生出了相同的对各个农业社会予以规范和防卫的压力,而这些压力所导致的各种后果也大体相似。然而无论如何,在美洲大陆与旧大陆之间还是存在着非常明显的差异。美洲地区所驯服的动物种类甚少,既不能将其用于农业耕耘,也无法形成畜牧业生产。这些差异完全可以对美洲网络体系所创造出来的财富和权力为何从没达到旧大陆网络体系水平的缘由做出解答。

第五章　不断密集化的网络

（1000—1500 年）

公元 1000—1500 年间，农业和文明都继续向新的地区扩展，但由于众多最适于发展农业的地区已被开发，所以新的扩展要缓慢一些。实际上，欧亚大陆和非洲大部分地区内部相互作用的增强，成为此时发展最重要的标志，这主要是由于水上运输的改善，以及促进贸易发展与劳动专业化的实践与认识的传播。这是一个旧世界网络体系巩固而非扩张的时代。美洲也发生了同样的事情，安第斯山区和中美洲仍是文明的主要中心。它们加强了与周边地区的联系，及至 1400 年，产生了中央集权化的帝国。 116

概　述

在旧世界网络体系中，这种巩固所带来的成果是更高的生产率、新技术的发明与传播，以及将人类努力用于各种有意识的目的的能力的增强，除了经济的和政治的目的，还有宗教和知识的目的。与以往一样，财富和权力集中在人类劳动专门化和流动范围最广、速度最快的地区；但是，也同以往一样，少数精英们掌握着各种旧式和新式的权力，控制着各种旧型和新型的财富。人口数量在增长，但自从致命的传染病——其中最为著名的就是腺鼠疫(bubonic plague)[①]——沿着欧亚大陆贸易路线肆虐的时候,人口增长的趋势便停滞了。尽管财富和权力集中的现象快速发展,但绝大多数普通人的生存状态并不比以前有所提高。

117 此外,还有一些代价需要人们来偿付。无论何处,只要当地的农业劳动者通过定期买卖各类物品和服务而把城市各类实践引入乡村,乡村原有的团结一致就会遭到破坏。职业的不同和财富的差别常常把城市居民分化成不同的甚至有时处于敌对的阶级。根据相似的原则,买卖交易会对分化乡村社会产生同样的效果。当一些家庭通过在城镇卖掉剩余物,而不是在乡村过节的时候作为口粮消费掉——农民们常常会这么做——而富裕起来的时候,乡村共同性就会被削弱。有些农户沦落了,不得不成为佣工,或者干一些临时性的副业,如纺纱织布或制作一些其他商品,以贴补家用。

欧亚大陆上所有主要宗教都对无止境的贪婪欲望给予谴责,并试图对统治者、商人和银行家无休止的财富追求予以限制。然而宗教的戒律教规并不能阻止市场关系的扩张。旧大陆网络体系越来越远地将较小的美洲网络以及其他众多更为孤独隔绝的人类社会抛在了身后,因为在1000—1500年间,旧大陆网络体系调动集体力量用于实现各种特定目的的能力得到了持续的增强。

水上航运条件的改善支撑并进一步加强了远程贸易,从而使得这一进程继续向前发展。倚靠其庞大的运河与河流网络,中国在1000—1500年间社会和经济转型过程中占据着头把交椅。西欧人也对他们的交通和运输网络进行了扩展。他们只对流经北欧平原可通航的几条河流做了较小的改良,但其成就却可与中国

① 俗称黑死病,医学全名为腹股沟淋巴结鼠疫。——译者注

发展可在海上航行的坚固帆船的业绩相媲美。同时,西欧人也对马车的使用加以推广,并对桥梁建设进行了大量的投资。

陆地运输并没有出现类似的改善与进步。在伊斯兰世界的腹地、中亚和非洲内地(同美洲的两个核心区域一样),政治和经济的各种行动仍继续在商队和人力运输能力的许可范围内运转。但在印度内地,陆地贸易的范围和战争的强度似乎都达到了一个新水平,这归功于由职业车夫驾驶的牛车的成倍增长,这些车夫为出价最多的雇主服务,过着一种特殊的半游牧群体生活。

在一个完全不同的层面上,随着极具价值的数字体系——我们称之为阿拉伯数字——的传播,数字运算达到了一个更为广阔的范围和更为精确的程度。无论是金钱还是货物,庞大数字的计算一下子变得容易了。早在公元3世纪时,印度就出现了使用符号"0"的观念,可是在数学家与天文学家阿尔—花拉子模(Al-Khwarizmi,约780—850年)把这种观念介绍到伊斯兰世界之前[①],人们对其并不熟悉(甚至在印度也是如此)。此后,十进制数字这种有价值的数字体系传遍了欧亚大陆,并于公元1000年后不久传入欧洲,尽管大多数商人直到14世纪还没有放弃使用笨拙的罗马数字。　118

旧大陆网络体系中的每一个部分都参与到这场由较廉价的水路运输和较便捷的数字计算方法予以推动的进程之中,它们之间的相互作用不断加强,专业化不断扩展。印度洋沿岸地区和沿

---

① 汉谟拉比时代的巴比伦数学家们在数字的中间位置而不是末尾使用零的符号,因此,数字202能够明白地记录下来,但220却不能。玛雅人也使用了一个符号表示零,但他们的数字体系中各种各样的基数使他们的运算过程过于复杂,并且玛雅人的数学伴随着玛雅文明中心的崩溃而消失。George Ifrah, *From One to Zero: A Universal History of Numbers*, New York, 1985。

海岛屿仍旧在古代香料和棉花贸易中保持着中心地位，并且大约从1000年开始，由于中国丝绸、瓷器和许多其他商品的输入而得到极大的加强。中国南部的航海家以及沿岸的岛屿有效地加入到了印度洋长期存在的海洋贸易中来。位于这一对外扩张商业中心的各个外围地区，则根据各自运输费用和运输能力的不同而与它保持着不同程度的联系。

在东北方，日本列岛发展起了捕鱼和商业船队，输出白银和其他金属，输入丝绸和其他奢侈品——这些商品绝大多数来自中国。在西南方，东非扩大了黄金、象牙和奴隶的输出，并且，在非洲海滩上频繁发现的破损瓷器表明，中国商品已到达非洲大陆。在西北方，数百年间，经穆斯林地区的陆路运输，印度香料被运到了地中海沿岸地区，并由意大利商人进行分配。

意大利水手们迅速地开辟了通向围绕欧洲半岛的各个海港的直接航线，他们首先通过征服君士坦丁堡（1204年）深入到黑海沿岸，1291年开始，他们又战胜大西洋的风暴和潮汐，到达了莱茵河河口和泰晤士河地区等遥远的北方地区。在那里，他们遭遇了以北海和波罗的海港口为基础的已经相当繁荣的海上商业势力。这一海上空间的扩张，与北欧地区所有适宜航运的大河相联结，构成了一个商业快速增长的次级区域。诸如盐、木材、鱼、羊毛和谷物这类大众商品，在欧洲海上与河流贸易中扮演了主要角色；亚洲的纺织品、香料和其他奢侈品，与欧洲的羊毛纺织品和酒类一起也占据重要地位。15世纪，欧洲水手们迅速扩大在大西洋上的航行范围，从而预示着1492年以后的世界海路大通。如同此前中国人所取得的成就一样，欧洲海员们也迅速地把风暴肆虐的海洋转变成服务于贸易和各种联系的可接受的安全航线。结果，旧大陆网络体系在1500年已经做好了用毁灭性力量和突然

119

手段占据整个世界其他地区的一切准备。

即使是在欧亚大陆腹地,那些穿越俄罗斯和西伯利亚各条河流的船只和雪橇,也把森林地区和大草原的大部分地区都纳入了与南方城市中心扩大了的商业联系之中。北部森林地区,在很大程度上以一种与非洲内地向北非和东非的穆斯林城市输出黄金、象牙和奴隶非常相似的方式,向南方地区输出木材、毛皮和奴隶。同时,在撒哈拉以南的西非,许多非洲王国和城市穆斯林化,并从事远程内陆贸易,其中来自于撒哈拉沙漠的盐和来自沿海雨林地区的可乐果是最主要的商品。斯拉夫人和土耳其的君主们在北方的欧亚大陆森林地区同样也这般行事,他们在俄罗斯和西伯利亚可以航行的河流上反复劫掠与贸易,同时也贿赂收买东正教教徒或逊尼派穆斯林。

有关流入这些贸易网络的货物数量的有价值的统计数字付之阙如,也没有关于依靠买卖货物和服务为生计人数的有价值的统计数字。但变化的趋势是明显的。由于思想和技术的传播不可避免地伴随着人口的流动和货物的流通,越来越多的人或多或少在不同程度上受到不断增强的远程贸易的影响。结果,旧世界网络的商品交易活动对越来越多人的日常生活产生越来越大的影响。各个地区的群体和个人在获得以往无法得到的物品时所感知到的各种好处,对这一进程起到了推动作用,这也对为何地方性的分裂总是一种暂时现象做出了解释。

但是,他们所获得这些好处却被不断加剧的不平等所抵消,地方社会中的贫富分化引起了零星的、自觉的而且常常是暴力性的反抗。此外,由于商品供应的偶尔中断,还造成了一些额外的不稳定因素。那些专门依靠制造商品为生的专业人士不可避免地陷入严重的危机之中,因为他们的生计必须仰赖陌生人之间的 120

各种互补、协调的活动,可有的时候,那些陌生人却居住在遥远的他乡。

然而,在1000—1500年这五百年,欧亚大陆和非洲的实际状态远非上面描述得那么简单。相反,各种各样的混乱和误解遍及各地,同时还伴随着数次令人惊愕的巨大危难。13世纪,在成吉思汗(1162—1227年)统率下,蒙古铁骑从他们贫瘠的草原迅速崛起,创建了有史以来最为庞大的帝国,最终把中国、俄罗斯、大部分西南亚和几乎全部欧亚大草原都统一在一个政权之下。紧随最初的战争破坏,接踵而至的便是空前便利的交往。在数十年间,广袤而统一的蒙古帝国使得各种思想和技术发生迅速交流,同时,也致使14世纪肆虐欧亚大陆绝大部分地区的致命的腺鼠疫迅速地传播开来。

黑死病,正如欧洲人所称之的那样,造成了一场极为广泛的灾难,其危害程度同2世纪的流行瘟疫一样严重。欧洲和西南亚是受其戕害最为严重的地区,在6年光景中,它们各自有四分之一到三分之一的人口死去。当黑死病爆发时(1346—1352年),一次同样造成欧亚大陆农耕地带北部边缘地区作物严重歉收的寒冷气候——有时被人们称作小冰河期(1300—1850年)——也到来了。但是以往草原民族大规模劫掠和瘟疫流行肆虐曾在中国和欧洲导致的“黑暗时代”并没有重演。相反,中国和欧洲是整个世界从14世纪的天灾人祸和严酷气候之中恢复得最为成功的两个地区,中国在受儒学原理激励的帝国官僚机构的领导下,对其以往的成就重新加以巩固,这同处于商业与战争普遍流行的混乱状态下的欧洲形成鲜明的对比。

与此同时的数百年间,美洲也经历了戏剧性的巨变和灾难。尤其是卡奥恰(伊利诺伊州)和查科·坎尤(Chaco Canyon,位于今新墨西哥州)的农业中心,或许是由于气候的原因,它们大约在1250 年之后衰落了;在墨西哥和秘鲁,古老的农业和帝国中心让位于新的中心,如同曾处于边缘地区的阿兹特克和印加文明创建了他们各自的帝国一样。但是在考古或文献中,并没有出现原有技术和能力转化发展的记载,大概当西班牙征服者闯入时,墨西哥和秘鲁业已处在由于对森林滥砍滥伐和供应高原浮园园艺农业所必需的水量有限等原因所导致的各种生态困境之中了。

中国如何转变成为第一个市场社会

121

中国在公元 1000 年向现代社会行进之前,曾有一段相当漫长的学徒时代。从遥远的古代开始,中国就已从西亚输入各类有用的东西,例如七天星期制度、小麦、战车和骑兵战术等等。然而,本土的技术和观念总是占据着优势。不过在 4 世纪,佛教受中国朝廷官方庇护之后,各种外来观念和技能的输入就更容易了。受到丰厚资助的佛教寺院成为传播新的艺术、宗教和市场行为的中心。首先,寺院既是宗教机构,也是一个经济机构。如同古代苏美尔一样,辉煌壮观的崇拜仪式需要稀有珍贵的物品,这些商品需求为从事远程贸易的商人提供了新的生存与发展空间。

唐朝(618—907 年)前期,中国与亚洲其他地区的联系变得尤为密切。只要其军事力量在增强,唐朝对世界其他地区的强烈兴趣就流行不止。例如,中国僧人从印度输入数百卷权威的佛教文献,然后,通过系统地翻译,使中国思想适应于佛学,也使佛学适应于中国思想。西亚宗教——最著名的摩尼教、聂斯脱利派基督教[①]和伊斯兰教——也在中国扎根，而且，在中国的主要来自中亚的众多外国商人表明，所有的中国人大概都对市场贸易有所了解。

可是，如同我们在第四章中看到的那样，一旦中国军事力量发生衰变，一种倒退反动就出现了。在唐代第一次得到广泛应用的印刷术，也使中国人如同得到佛学典籍一样，比以往更加容易得到儒家和道教的书籍。845 年后，儒学谋臣们劝说皇帝禁绝异邦信仰，并通过没收虔诚的施主捐赠给佛教寺院的土地来充实帝国朝廷的财政。但此时，各种新思想、新技术和新观点已牢固地根植于中国社会之中。甚至儒家学者们发现，适应新思想——主要是佛学思想——是必须的，他们通过提出新问题和对经典著作进行重新解释，寻求有独创见解的答案，借此来努力创立所谓的新儒学。

对市场行为的认可甚至产生了更为重要的结果。当中国的铸币（很快被灵活管理的纸币所补充）开始促进商业发展时，买卖交易变得更加平常。帝国官员们修正了古代儒学对商人的猜忌，允许商人有比以前更大的活动空间。结果，在宋王朝（960—1297年）的统治下，中国经济变得越来越商业化。帝国行政官员发现，用现金收税比用实物更加便利，到 11 世纪晚期，朝廷收入的一多半采用货币形式。这当然需要普通人出售一些物品以纳税，对于大多数人来说，则要卖掉收成的部分或全部。朝廷通常使用现金货币购买各种物资和雇佣徭役劳务，其数量往往十分巨大，因而使市场关系获得支持和加强。城市得到迅速发展，工匠技术得以完善进步，富有的地主和商人们精心安排着各种高雅的生活方式，这种生活方式在几个世纪里一直吸引外国人纷至沓来。

122

① 也称景教。——译者注

集约化农业巩固了城市生活的扩张。在1012年的中国文献中第一次提及从东南亚引进的早熟水稻品种，这使具有良好水利条件的中国南方农民可以一岁种植两季水稻，只要延长田间繁重的劳动时间，他们就几乎能使收成翻番。一些单季的早熟稻也能在一年之内只有两个月时间有水灌溉的山坡上生长成熟。因而，中国农民开始在中国南方丘陵地带建造梯田，大大地扩大了粮食种植的面积。

新作物，最显著的是茶和棉花，在中国也被广泛种植。饮茶习惯——把茶叶浸泡在开水中——无疑可杀死大部分潜伏于饮用水中的微生物，减少肠部感染。这对唐宋时代中国人口在较温暖和湿润的南方地区的增长有着极大促进作用，而这一地区在汉代则以有害健康和人烟稀少而恶名昭著。耐洗的棉布衣服可能也对人们身体健康颇有益处。它的确提高了平民百姓生活的舒适程度，以往由于无钱购买丝绸，他们只能穿粗糙的麻布衣服。总之，集约化农业似乎与中国稳固的城市制造业并驾齐驱，确保了乡村生活和越来越城市化的地主阶级优势地位的持续。

各处河流和运河上廉价而又安全的运输使中国市场能够有效集中各种物质资源，这些是朝廷官府和富人所需要的东西。运河船只一次可运送数吨重的货物，运行主要依赖风力和水流，而且只在必要时候使用纤绳拖曳，因而其运输成本要远远低于陆路运输。结果，即使在价格上稍有不同，人们也愿意以水路来作为长途贩运各类地方产品的通道。611年以后，大运河将富庶的长江平原和黄河平原连接起来，成为中国商业贸易的大动脉，因此，通过一个广大、可靠而且四通八达的市场，大约一亿中国人口的日常生活比以前更加紧密地联系起来了。 123

廉价的运输使大众消费品广泛地流通。在某些地区，一个农民家庭可以专门养蚕,或种植一些其他商业性作物,依靠市场获得食物和其他生活必需品。专业化所具有的各类优势——亚当·斯密曾有过令人信服的分析——早在宋代中国就形成了。产量的增加,人口的增长,技术的孵化繁殖和各种发明创新的爆炸式涌现使宋代中国比以往任何时期——或者比同时代的世界任何地区——都更为繁荣富庶。

那些通过以儒学经典为基础的考试而获得出任官职资格的朝廷官员们,用他们机智警觉的眼光密切注视着这一转变。他们仍旧坚信,富贾巨商同那些军事将领一样,对社会正义和国家治理构成了一种威胁。然而,在一个危险的、商业化的世界中,小心谨慎的官员离开商人的辅佐就会一事无成。官僚们试图通过固定价格、对额外收益征税和偶尔的全部没收财产等方式来限制商人和军事将领的权力。他们试图通过分解指挥权和把军需供应控制在文官手中的办法来削弱军队将领的权力。

这些政策限制了资源的流通,尤其使大规模的工业企业渐渐凋敝。尽管根据遗存的税收记录来看,中国北部大量高技术的熔炉早在 1078 年就已生产出不少于12.5万吨的铁,但是中国却没有发生像大约 700 年之后大不列颠所出现的那种向工业社会的自发性转变,即使回溯以往,这样一个起飞的技术基础似乎在宋代就已经具备了。没有人确切地知道什么时候以及为什么能够生产这么多生铁的冶炉统统都被关闭了。

军事方面,宋代官员纠结于如何维持一支强有力的武装以抵御草原游牧部落入侵这一老大难问题之中,他们的军事举措败多胜少。此时草原游牧部落联盟变得比以往更加牢固而强大,因为他们越来越熟悉中国和中亚统治者艰辛设计出来抵抗他们的武器和行政管理方法。尤其是游牧武士皆服从于一个官僚机构的指挥,由一个很大程度上根据德行和资历选择和提拔上来的统帅率领,以强制性的十进制团体——十人队、百人队、千人队——投入战斗,这样部落之间和个人之间的争斗减少了。此外,官僚化的游牧军队很快就掌握了如何利用弹射装置、云梯和其他围城器械来攻占筑有城墙的城市。中国防御者同游牧入侵者之间的力量平衡明显向有利于游牧进攻者一方倾斜了。

124

这意味着宋王朝从不曾拥有对中国北方和西部大多数省份加以有效控制的能力,而这一地区的蒙古和西藏统治者却一直在积极努力地加强军备。这种动态失衡状态在1126年变得很明显,是年,来自满洲的女真骑兵打败契丹人,并运用极其精巧的攻城器械攻陷了宋朝的京都——开封。宋王朝在南方幸存下来,这主要是由于它所拥有的机动战船使得穿越河流对女真骑兵来说变得更具风险,或者根本无法渡过。舰船设计和弹射武器得到了迅速发展,其中最为重要的是重弩和新式黑色火药武器。

尽管有这些努力,但到成吉思汗的孙子忽必烈统治蒙古时期,宋朝的江河防线彻底地崩溃了,忽必烈用中国的劳动力建立了一支新式海军,到1279年,他正是靠这支军队征服了整个中国。1274年,忽必烈还发动了一次征服日本的海上进攻,1281年,一支更大的蒙古军队再次进攻日本,但在一场台风(即神风,第二次世界大战期间,日本曾冒用此称谓,对盟军进行自杀式进攻,但终归无效)摧毁了正在登陆的蒙古舰队之后,蒙古人被迫放弃了进攻。1295年忽必烈去世,这也使1293年蒙古人发动对爪哇的海上攻势的初始胜利付诸东流。

尽管这些海外冒险没有获得持续的成功,但忽必烈的帝国把中国和欧亚大陆的其他部分更紧密地联合在一起。众多商人往返于北方草原商路之上,也往返于通往南方地区的古代丝绸之路。

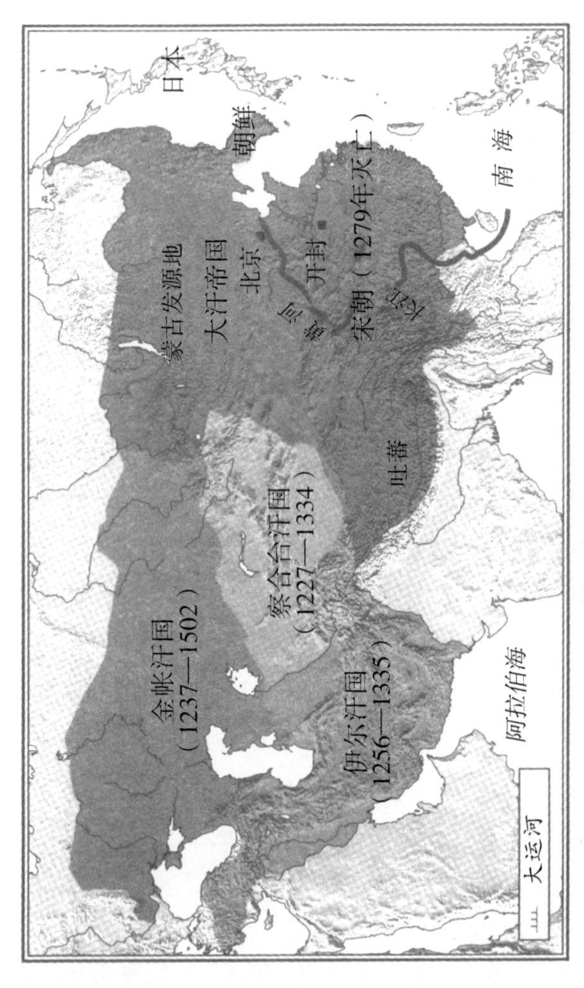

地图5.1　忽必烈汗帝国与蒙古诸汗国

如同早些时候中国从西南亚输入技术和思想观念一样,在 13—14 世纪中国技术已变得领先的时候,影响的方向调转了。用表意文字书写的中国思想观念难以被输出;但中国的绘画艺术、印刷术、指南针导航术、黑色火药武器、高温熔炉和烤炉,也许还有造船技术,在穆斯林、印度人和基督徒中广为传播。对这些新技术的不同反应很大程度上规定了这些文明随后各自不同的发展进程。但在描述中国对西方的影响之前,对以下诸问题进行一番评论是必要而适宜的:即蒙古帝国是如何崩溃的?明王朝(1368—1664 年)又如何巩固对一个十分商业化的中国社会的统治?

1211 年由成吉思汗开始并由其孙忽必烈在 1279 年完成的蒙古征服战争,使得许多外族人出任了中国高级官职,这些人中有穆斯林、佛教徒,甚至(至少根据其本人的说法)还有像威尼斯人马可·波罗这样的一位异邦人。相互不信任和轻蔑把蒙古人同他们的中国臣民隔离开来;但是,像其他草原征服者一样,蒙古人发现必须依靠汉族官吏才能处理各种繁杂的日常事务和基层行政事务。 125

14 世纪初,蒙古人对中国的控制力度减弱,这是其内部派别斗争、瘟疫传染、严重的通货膨胀和自然灾害(尤其是灾难性洪水冲垮了黄河堤防)带来的结果。汉族起义者逐渐占据上风,在持续几十年的破坏性战争之后,一位名叫朱元璋(1368—1398 年在位)的强悍征服者建立了明王朝。他出身农民,幼年成为孤儿,后又当过乞丐,并在出家为僧不久后参军。该王朝对中国的统治一直延续到 1644 年。

随着本土中国人掌握了统治权,对任何外邦事务均持嫌恶态度便成为明朝官员的一项主导原则。他们竭力重申儒家思想,把和平来访的外国人视作“纳贡使团”,以此来强调中华帝国在天上和人间秩序中的中心地位。但从建朝伊始，明王朝就一直维持一支大军来防备草原骑兵。朝廷也尽力使人们重新迁往北方——那里的蒙古人更喜欢草原而非耕地，并在邻近边疆的北京建立了新都。起初，积极进取的政策占了上风。明朝第三代皇帝朱棣（1402—1424 年在位）开始对其草原邻邦进行征服，同时还向印度洋派出一系列实力强大到令人生惧的海军探险舰队（有关此方面的内容，我们将在第六章加以叙述）。

126

但这位中国皇帝所进行的海外冒险却骤然停止了，就如同它们突然开始一样。1415 年，对大运河河道的疏浚加深，消除了通过海运向京城运送南方稻米的需要。1449 年，在同蒙古人的作战中，当时在位的明朝皇帝被俘。虽然翌年这位皇帝被释放，但明王朝下定决心集中一切可调配利用的资源，对草原边疆进行重点防御。因此，向中国南方推进的各种扩张努力突然停止了。经过多年战争之后，占领安南（Annam，即今天的越南）的中国军队撤军，而海军舰队获准可延缓其撤退时间。各类私人从事的海外贸易均被禁止。少量中国人通过继续在深海航行坚持对朝廷法律的抵制，他们采取海盗的形式，出没在沿海各个岛屿之间。

对于 15 世纪末曾将葡萄牙人带入印度洋的这类商业性帝国的扩张，明王朝给予了严厉谴责。结果，中国海上探险家没有绕过非洲到达欧洲或穿过太平洋发现美洲，尽管当时中国的船只和航海技术完全有能力做出这些壮举。这恐怕是现代历史中最有可能发生的事情，对此，若从中华帝国角度出发便可做充分的解释。即当陆地边疆防御尚需予以极大关注之时，为什么要浪费巨大资源从海外带回那些中国根本不需要的贡品呢？

在国内，明朝统治者需要依靠传统儒学的治国方略来维持军人和商人的适当顺从。在此，他们取得了很大的成功。草原入侵者造成的威胁消失了,这可能是因为他们长期遭受腺鼠疫传染病的危害,这类疾病最早是由大草原上四处打洞的啮齿动物的蔓延而发展成为地方病的。[①] 无论什么原因,在保卫北方边疆方面,明朝军队远比宋朝更为成功。

边疆防御状况的改善,确保了和平,并且这种和平使得蒙古统治晚期严重减少的中国人口得以恢复。此外,在唐宋时代就已出现的社会商业化过程依然处于稳定状态之中。官府管理下的丝绸、瓷器和其他一些专供出口的日用品产量增加了。大规模企业的数量很少且多是官办的,比如与精湛工程技术密切相关的盐政就是如此,官府从地下矿井中开采食盐,并以任意定价的方式获得名目繁多的间接税,以此带来收入。私营商业和手工业生产依旧十分繁荣,但大多数是以家庭为主;那些发了财的商人们常常投资于土地,并把他们的儿子送进学堂读书,希望通过帝国的考试成为朝廷命官,从而跻身于统治阶级行列。 127

在放弃了最初的进取性战略之后,明朝社会的统治精英们努力寻求社会稳定。真理和美德均被铭刻在儒学经典之中,以及尤其是唐宋时期的诗人、画家和作家的作品中。而那些不能分享这份遗产的外国人,对于中国人来说,则是一个危险的麻烦,最好与之保持一定距离。瓷器、丝绸、漆器和类似物品仍可在海外找到现成市场,但对外国所产的各种商品,中国人丝毫不感兴趣,他们

① 有关这一状况并不是十分肯定。但1350年以后,草原民族的对外扩张遭到各种限制。欧亚大陆上一些最好的牧场被放弃,这在乌克兰最为明显。欲探究这些事情可能是怎样发生的,参见 William H. Mcneill, *Plagues and Peoples*, New York, 1976, ch. 4。其他一些学者并不同意这种看法, 特别是 Jean-Noel Biraben, *Les hommes et la peste dans la France et dans les pays européens et méditerranéens* (Paris, 1975), I, 48 ff。

只欢迎外国以白银、黄铜和一些其他原材料来同他们所生产的专供出口的各种制成品进行交换。

总而言之，在大约1440年之后，尽管明王朝竭力地限制中国参与到旧大陆网络体系之中，但中国却非常成功地从蒙古人统治时期所遭受的破坏中恢复过来了。而中国退却保守的国策，自然而然地转变成为西欧的发展机遇。可是众多的人口、持续的国内和平和领先的手工业技艺，意味着中国声望和优势的消退远比自以为是的那些欧洲人的衰退缓慢，而后者还头晕目眩地沉醉于自己所取得的那点易于识别的成就之中。

伊斯兰世界的转变（1000—1500年）

中国的繁荣是建立在手工业生产和集市贸易等各种经济基础之上的，相对于西南亚伊斯兰世界核心地区来说，中国的成就具有本土性特征，在独特的地理区域内，安全和廉价的水运使中国能够通过把数百万农民转变为精明和勤劳的商业化农场主扩大自己的影响。但在伊斯兰世界则没有任何与之可比的事物，即
128
使在埃及也是如此，虽然自罗马时代以来，尼罗河上廉价而安全的运输就支撑着商人阶层组织的农业生产。尽管农村各个阶层生产谷物（稍后也生产棉花）以供出口，但在埃及，各种直接利益只被拥有土地的精英阶级所获得。相对而言，中国农民家庭则是为了自身的利益而进入市场，将所赚来的钱用于纳税、缴租，以及购买自己所需的物品。这对生产者来说，就扩大了他们努力生产劳动的积极性，然而，在埃及和其他种植园类型的经济中，那些从事劳作的人们没有任何理由摆脱故有的常规。在这种情况下，即使那些具有创新能力的经营者（他们已经出现）要克服劳动者对

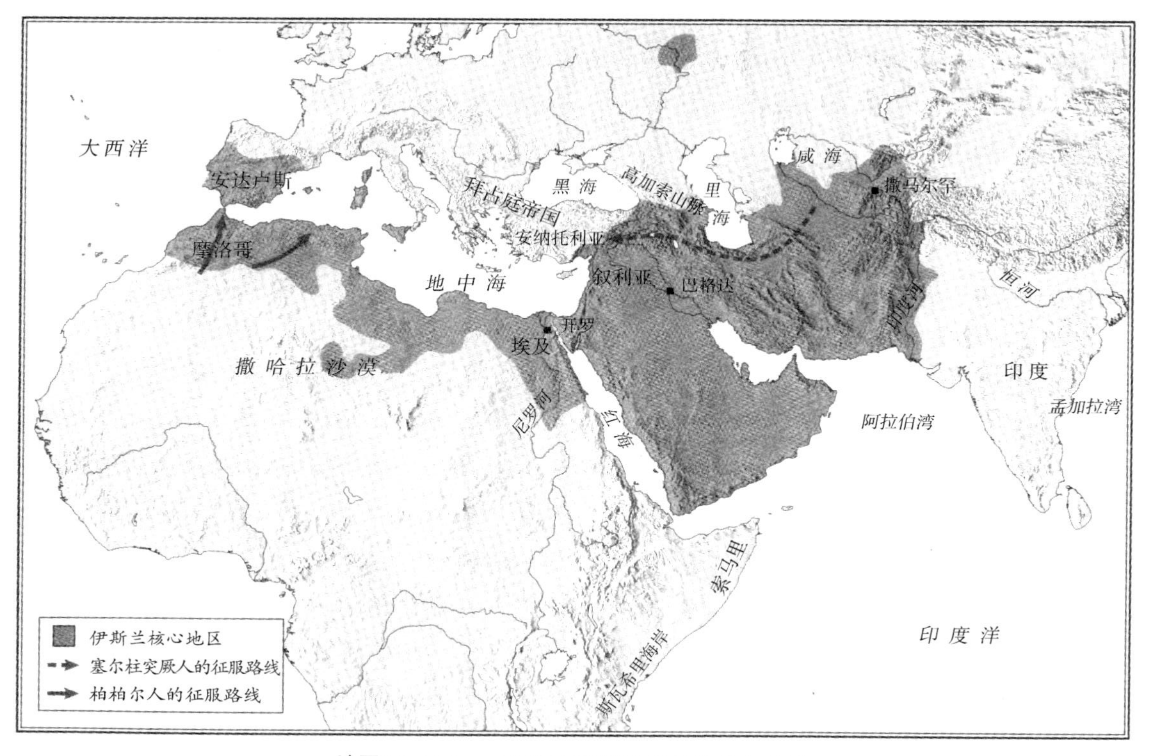

地图5.2　1000—1500年间伊斯兰世界的核心地区

更艰苦工作的抵制,也非常困难。

西南亚地区经济进步的瓶颈是缺乏可与中国和欧洲相比的可航行的内陆水路。骆驼商队只能由陆路运送相对较少的货物,限制了大批大众消费品的远程运输,而大众消费品首先变成中国商业,而后是欧洲商业的主要商品。这一限制意味着穆斯林的船只和商人即使分享到远洋航行方面的技术进步,继续把伊斯兰教传播到非洲和东南亚等新的地区,也无法使西南亚的农村社会发生同中国农村那样的转变。此外,气候变化(可能)和牧业扩张(一定)对西南亚半干旱的心脏地带的农业造成了普遍伤害;而且14 世纪黑死病所带来的危害也极为严重。

但在另一方面,各个穆斯林政权创制出一些别出心裁的方式来资助商队贸易。按照伊斯兰教所倡导的精神,私人赞助者可用自己农业地产中的各类实物地租对专门供养旅途往返的商人及其驼队的客栈进行捐助,而商人和驼队通常在某一个中途客栈最多停留三天。这些捐赠都是免税的,并在不损坏庄稼的前提下,允许商队在夜间穿越农田、放养骆驼。当然在草原和沙漠行进途中,骆驼自然是靠吃野生植物来补充体力。实际上,受捐赠的商旅客栈也能免费为商旅驼队提供食物、草料的保障。无论何处,都有舒适的商旅客栈,故而,从事商队运输的商人的直接花销减少了许多。

但这些措施并不能使骆驼商队载运更多的货物。因此,昂贵的奢侈品依然是西南亚地区商队贸易的主要货物。农民身负各种实物地租和捐税的沉重负担,且常常受游牧民族的袭扰,故而130 只能勉强进入附近城市的市场。除了尼罗河外,伊斯兰世界的各条河流基本没有用于航行用途。总之,陆路商队有限的运输能力,使伊斯兰世界绝大多数农村人口的商业化受到了极大限制,使之没有出现任何像中国和欧洲部分地区在公元 1000 年之后所发生的那样规模的商业化——后者应归因于这些地区方便的内地水路交通。

印度洋沿岸展开的穆斯林海上贸易挣脱了这种地理条件的束缚限制。一些沿海地区为远方市场服务的彻底商业化的农业和手工业生产在继续发展。但是商品化对印度和非洲内地的渗透十分微弱,这是由于受到高昂的运输成本与保护费用等各种因素阻碍束缚的缘故。即使在恒河流域这样极具希望的地区,也没有出现堪与中国大河流域的农民生活所发生的转变相媲美的变化。

战争和政治与这种情形有很大的关系,无论印度还是伊斯兰世界都是如此。1000—1350 年间,不断加剧的游牧民族和前游牧民族的侵略损害了农业,并抑制了几乎所有穆斯林地区农村经济的发展。干旱地区的灌溉系统尤其容易被毁坏,因为游牧民族常常更喜欢将土地变成草场而不是水利灌溉的农田。新的宗教洪流也把人们的注意力从物质方面转移开来,因为以促使与真主神秘相遇为目的的修道活动扩展到整个伊斯兰世界。这使伊斯兰教比以前更具有精神活力,但与真主更为亲密地相处并鄙视尘世万物的各种神秘主义也增强了日常生活的保守性。

从 1000 年到 1500 年数百年间的主要政治现象,是突厥人对穆斯林核心地带的快速渗透。同时发生的一个变化是波斯人的文化意识和身份认同意识的复苏,而且这两种变化相联合,共同创造出了具有典雅风格的突厥—波斯文化,这些穆斯林征服者还将他们的政权和战争逐渐强加给几乎整个印度地区。在北非,来自内地沙漠的柏柏尔人与突厥人的扩张彼此呼应,他们提供的武士使宗教改革运动在地中海沿岸和西班牙南部等地赢得了权势。

但是,与突厥人和波斯人不同,这些柏柏尔征服者们并没有发展出自己的文化,而是情愿继续使用神圣的阿拉伯语。

突厥人扩张所依靠的是对骑兵战术的掌握。以一种相当纯熟的方式,他们把传统的草原弓箭射手与帕提亚人所发明的那种重甲骑兵结合起来。还有大批的非装甲射手, 他们能够从飞驰的战马背上极精确地拉弓射箭,并同能有效地指挥步兵编队的少数乘高头大马、身披重甲的骑兵相互结合,形成一种令人生畏的联合武装。①

131

突厥人的扩张浪潮共有两次,其间曾在1245—1258年被蒙古人对西南亚大部分地区的破坏性征服所打断。1037年后,塞尔柱突厥部落(Seljuk Turkish)赶着他们的牛羊畜群从大草原突入伊斯兰世界的核心地带。原本生活在偏远且无水利灌溉的土地上(在伊朗、叙利亚、美索不达米亚和安纳托利亚有许多这样的土地)的那些定居的农业人口,在突厥人的进逼大潮之下逐渐地后退,其部分原因可能是当时的气候变化正在使畜牧业成为一种比农耕更可靠的生活方式。塞尔柱人是逊尼派穆斯林,正因为如此,他们在巴格达受到阿拔斯王朝哈里发和城市精英们的欢迎,因为当时他们正面临着什叶派穆斯林的严重挑战,其中以埃及法蒂玛王朝君主的威胁最大,而在1090—1256年间,以伊朗东部为基地的所谓阿萨辛派(Assassins)最为极端。

① 蒙古人曾把黑火药带到西方,因而他们的突厥—蒙古继承者们肯定掌握了火炮。在印度南部,第一次有记载使用枪炮的战争始于1358年,仅晚于把枪炮用于欧洲战场的克雷西(Crécy)战役12年。但穆斯林的枪炮创始人未能获得同时代欧洲人那样的发展,因为在伊斯兰世界中,私人开采矿藏的权利,无论在法律上还是在实践中,从来都得不到安全保障。这种限制再加上有限的陆上贸易,意味着穆斯林的采矿和冶金业不可能达到欧洲那样的发展规模。

塞尔柱人的到来,在一定意义上恢复了游牧武士与市民的联盟,这种联盟曾给伊斯兰世界带来第一次的军事荣耀,所不同的是:在伊斯兰教早期,来自麦加的城市精英占统治地位,然而在11世纪,政治权力牢牢掌握在塞尔柱武士手中。但是,在塞尔柱人离开大草原很久以前,他们就已对商人们予以礼遇和尊重,并从商路中获取利益。因此他们允许城市精英们在一个相当大的范围内管理自己的事务。反过来,他们让逊尼派律法专家为其寻求政治的合法性,并适时地寻求巴格达阿拔斯王朝哈里发对他们的认同。

1071年,塞尔柱人的攻势突破了拜占庭帝国边界,并很快占领了安纳托利亚半岛的大部分地区。大批操希腊语的基督教村民们迅即皈依了伊斯兰教,突厥语也成为该地区的主流语言。但是,塞尔柱人征服的领土十分广袤,从爱琴海沿岸一直绵延到咸海地区,故而,任何一种中央政权都不可能对其形成有效的统治。 132
因此1091年,当最后一位塞尔柱大酋长去世之后,彼此敌对的军事冒险家之间的地方冲突便演变成这一地区的顽症。[①]

伴随着阿尔摩拉威德王朝(Almoravids,其统治时间大约为1056—1147年)的崛起,北非出现了类似的牧民—城市联盟。在掌握了牧养骆驼技术不久,柏柏尔部落就凭借他们所增强的机动力量,进行了广泛的征服战争。与其法蒂玛先辈不同,他们支持

---

① 这种状态曾导致第一次十字军于1099年经陆路前往耶路撒冷。但当萨拉丁(Saladin, 1137—1193)推翻了埃及法蒂玛王朝,并巩固了对叙利亚内地的控制之后,便在1187年轻而易举地重新攻占耶路撒冷城。此后,只有几座沿海据点仍处于基督徒的控制之下,其中最后一个据点于1291年投降。一般来说,十字军战争对基督教世界自身的影响远远要比对伊斯兰世界的影响大得多。穆斯林从十字军的生活方式中很少或根本就没有发现什么值得羡慕的东西,而十字军却从穆斯林身上学会了很多雅致的城市生活方式。

伊斯兰教逊尼派，由此，在征服非洲西北沿海地区的过程中，他们很容易就同各个城市的精英们结成了联盟。从这一基地出发（1076 年），他们推翻了位于撒哈拉沙漠以南靠近尼日尔河湾的加纳（Ghana）王国，从而加快了伊斯兰教在西非地区的扩张步伐。在西班牙，他们也击退了基督徒的进攻。当基督徒在西班牙再次获胜的时候，阿尔摩拉威德王朝被另一个由更加神秘的宗教改革者组成的柏柏尔人联盟，即阿尔摩哈德王朝（Almohads，1130—1269 年）所取代。如同其先辈一样，他们暂时击退了西班牙的基督徒，只是 1212 年的一次惨败使得穆斯林在西班牙的统治仅限于格兰纳达这个弹丸小国狭窄的版图之内，直到 1492 年它也被推翻。

当各个游牧民族在伊斯兰世界取得更大优势的时候，中国和欧洲则发生了与此相反的转变，这两个地区的农业劳动者正在不断地扩大和加强他们对土地的控制。气候的变化可能加快了这一过程。相当充足的证据表明，大约 950—1250 年，异乎寻常的温暖与干燥的夏季促进了西欧的谷物耕作和葡萄种植。倘若穆斯林的土地上也盛行相似的气候（这一点尚无法确定），夏季的干燥必定促进畜牧业的发展。而且除了气候之外，1037 年后突厥和柏柏尔武士们在军事—政治上的成功，也在损害定居农民利益的情况下使穆斯林（和印度）社会中的游牧因素明显加强了。

13 世纪中叶，异教的蒙古人从他们在中国和东部草原的基地西进，于 1258 年攻陷巴格达，破坏了美索不达米亚的灌溉系统，并处死了最后一位阿拔斯王朝哈里发，伊斯兰世界的政治局势又一次发生了转变。随着哈里发政权的毁灭，伊斯兰世界政治统一的理由也不复存在了。统治着伊朗、美索不达米亚和部分叙利亚地区的蒙古伊儿汗（the Mongol Il-Khans）虽然于 1295 年皈依了伊

133

斯兰教,但他们并没有因此而获得宗教合法性。实际上,虔诚的穆斯林们对政治愈发感到绝望。他们越来越通过各种神秘的途径追求神圣。每个托钵僧团都以其独特的方式来实现个人与真主的相遇,从而吸引了广大民众的支持。对那一连串陡然冒出来的军事冒险家们,托钵僧们均持疏远,有时甚至是反对的立场,虽然这些军事冒险家们操突厥语和波斯语,但他们几乎都把自己获得统治权的诉求建立在或真或假的成吉思汗家族血统这一基础之上。

蒙古可汗的地位在 1353 年后彻底崩溃了。自此之后,土耳其、阿富汗和蒙古的武士们,皆围绕在成功的军事将领周围,建立一个又一个不稳固的政权,在这些军事将领中,最为成功者是"跛子"帖木儿(Timur the Lame,或 Tamerlane[塔木兰],约 1369—1405 年在位)。其中一些统治者,包括帖木儿在内,对高雅的宫廷文化给予庇护资助,结合波斯、土耳其和中国的艺术影响建造起各式各样华丽的公共建筑,绘制出精美的插图手稿,甚至有时还建造起宏伟的天文观测台。但这些将领统帅们,并没有把战争财富转化为政治—宗教遗产或用于国家的长治久安。故而他们的可汗地位,如同大漠中鲜艳的野花一样,瞬间盛开怒放,又瞬间枯萎凋零。

与其同时代的意大利人和拜占庭人——他们对异教古代的赞美在 14—15 世纪不断增长——一样,西南亚各地宫廷中的朝臣和城市精英们也开始炫耀自己独特风格的世俗主义。这部分源自对前伊斯兰教时代波斯骑士精神热情的复兴——如同菲尔多西(Firdawsi,卒于 1020 年)的史诗中所表达的;部分由于他们受到外来文化越来越大的影响,例如,穆斯林的神秘主义者们很大程度上受到印度那些圣人们行为的影响,像鲁米(Rumi,卒于

1273 年)这样有影响的托钵僧们,诉诸波斯诗歌探求通向真主的心灵之路。稍后,另一个著名的波斯诗人哈非兹(Hafez,卒于1389 年),用模糊的感性隐喻混淆神爱与人爱,亵渎神灵。从乌兹别克斯坦到西班牙,许多穆斯林君主也资助科学,推动天文学、航海学、数学和地理学的进步。令人神迷的宗教、具有创新性的科学十分笨拙地适应着传统穆斯林那种需审慎服从律法的主张,但它们之间的内在逻辑矛盾远比被新神秘主义和世俗主义情感加以调和的部分要大。

134 波斯化的突厥—蒙古宫廷文化并没有扩展到埃及。1193 年萨拉丁死后,埃及由马木鲁克奴隶军队所统治,他们之中的大部分人是从黑海东北部海滨被征募来的。1260 年,一支马木鲁克军队击退了蒙古人的进攻;这很大程度上基于他们获得的声望的力量,马木鲁克人对埃及的统治一直继续到 1517 年。如同之前的法蒂玛王朝一样,马木鲁克王朝对开罗的贸易予以扶持,并资助阿拉伯传统文学,使之与在更远的东方占优势的波斯化宫廷文化形成了鲜明的对比。在西方,柏柏尔统治者和城市精英们也维持着优雅的阿拉伯式生活方式,这种生活方式在西班牙延续到 1492 年——是年,格兰纳达被基督徒攻陷。

然而,穆斯林从西班牙的退却只是个例外。在其他地区,托钵僧的虔诚和商人传教士的热情与各种军事上的冒险行动结合起来,使伊斯兰教的边疆非常迅速地向外拓展。印度、东欧、非洲和东南亚是这一扩张的主要舞台。总之,从 1000 年到 1500 年,伊斯兰世界的领土几乎扩大了一倍。当时尽管有过暂时被蒙古不信教者战胜和在西班牙的局部军事失败,但穆斯林仍坚信真主同他们在一起。

在印度,伽色尼王朝的马哈茂德(Mahmud of Ghazna)①从阿富汗发动洗劫式进攻,接下来的几个世纪里,穆斯林统治者控制了整个北印度,也渗透到遥远的南方。印度穆斯林统治者仰赖北方武士非常规式的军事进攻,迫切渴望与印度偶像崇拜者作战,为自己开创一番丰功伟业。最初,他们凭借自己的宗教和骑兵战术,试图通过摧毁印度教寺庙的方式来彻底根除偶像崇拜。可是,即使寺庙不在了,家族和等级等习俗传统仍在护卫着印度教,并且,印度武士很快就可与穆斯林骑兵相抗衡。结果,穆斯林统治者们迅速地改变政治策略,容忍当地人可以举行纪念毗湿奴或湿婆各种化身的室外节庆活动。皈依伊斯兰教的印度人——主要来自较卑贱的下层阶层——为几乎完整保留下来的印度社会增添了一个占据统治地位的新的穆斯林精英阶层。

如同在西南亚一样,突厥—波斯武士的到来增强了游牧经济在印度的突出地位。在内陆半干旱地区,穆斯林和印度牧人们大概可以侵占农民的土地;然而,任何可能导致农产品产量下降的各种退步都被规模不断扩大的内陆商业所抵消平衡,这种商业所依靠的是牛车而非骆驼商队。同西南亚地区一样,印度的陆路运输成本依然很昂贵,以至于大众消费品无法在内陆广泛流通。

135 大约于1290年,在安纳托利亚西北部与基督教世界接壤地带形成的奥斯曼帝国,成为一架比印度战线上任何一个王公政权都更加强大的穆斯林扩张机器。如在印度一样,奥斯曼人最初也将各类袭击、劫掠的军事行动赋予一种与不信教者开战的圣战色彩;并且也同在印度一样,屡屡成功的袭击使早期奥斯曼苏丹们选定某些阶层为他们的同伙,并对其随后发动的军事行动予以支

① 又译作马赫穆德,997—1030年在位。——译者注

持。因此,初始规模并不大的奥斯曼军队滚雪球般地迅速壮大,及至1389年,他们已征服了安纳托利亚西北部和巴尔干半岛大部分地区。这一成功或许当归因于黑死病,因为黑死病对奥斯曼农村劳动力造成的损失,要远远小于它们对奥斯曼人那些城市化、海洋化程度较高的敌人造成的损失。

欲使一个大国在数代人这样一个漫长时期内,始终保持紧密团结,需要各种能够赢得忠诚或绝对服从的非个人化制度。在确保大大小小的土地所有者服从一次又一次战争征召这一古老的问题上,奥斯曼苏丹的策略是,组建一支直接隶属于苏丹个人的王室军事奴隶军团,这一奴隶军团的强大实力,足以威慑,乃至粉碎任何地方的反叛。自9世纪以来,奴隶军人就是穆斯林社会的一个特征,有时他们甚至通过篡夺权力建立持久性政权,其中最显著的是马木鲁克王朝统治时期的埃及。但奥斯曼的奴隶军团却从来没有发生过反叛夺权的事件。相反,通过将拥有土地的土耳其骑兵的专长与奴隶军团自身特有的军事技能加以协调,奴隶军团为奥斯曼帝国提供了非同寻常的极其坚强的支柱。早期的苏丹们对大多数奴隶新兵进行系统训练,使其成为优秀步兵,并编入自己麾下最精锐的近卫军团(Janissary corps)的序列之中。苏丹们也往往选择一些富有前途的新兵接受高等教育,并在和平时期赋予他们管理帝国的权限,而在战争时期,则由其负责召集土耳其骑兵。苏丹的大多数军事奴隶都来自巴尔干西部的贫穷乡村,定期征募青少年已成为该地一种税收类型。因此,这些从信仰基督教的农民家庭征募而来的少年,成为奥斯曼帝国主要行政官员的补充来源。他们相互说斯拉夫语交流,在管理行政事务时,讲土耳其语,而作为伊斯兰教的皈依者,他们又用阿拉伯语祈祷诵经。农村出身可能使他们对农民利益更为关注,从而使得整个帝国更为安定。

在伊斯兰世界的其他边疆地区,经商的王公们和传教的商人们积极鼓励人们皈依穆罕默德的宗教。例如在西非,阿尔摩拉维德人征服了加纳王国(1076 年)之后,一些西非统治者就欣然接受了伊斯兰教。结果,以热带稀树大草原和尼日尔河的贸易走廊 136 为基础的前后相承的各个帝国——首先是马里(Mali,1235—1430 年),然后是桑海(Songhai,1464—1591 年)——对阿拉伯学术和穆斯林的各种制度都非常熟悉。因从事繁荣的贩奴、黄金和食盐出口贸易,一些君主富甲天下。马里统治者曼萨·穆萨(Mansa Musa)于 1324 年前往麦加朝圣的时候,随身携带的黄金数量如此之大,以至于其后几年间,开罗的黄金价格大跌。

东非海岸的各个伊斯兰港口也因内陆贸易而繁荣起来,但没有导致非洲大陆这一地区出现伊斯兰国家。可是,14—15 世纪,在印度洋的另一端,宗教皈依把马来半岛和印度尼西亚的主要岛屿统统纳入穆斯林统治范围之中。1526 年,爪哇中部的一个印度教王国崩溃之后,只有偏远的巴厘岛(Bali)抵制住了伊斯兰教的扩张大潮。

1000—1500 年间,伊斯兰教的成功传播表明托钵僧式虔诚的穆斯林具有强大的情感力量,还证实了这样一种事实:尽管战争和政治剧变频仍,市民社会还是相当繁荣的。宗教界专业人士的交往活动维持了一个跨越政治和种族边界的组织严密的文化共同体。[①] 每年都把整个伊斯兰世界的精英聚集在一起的麦加朝

---

① 伊本·巴图塔(Ibn Battuta,1304—1368)的非凡生涯,显示出从其母邦摩洛哥到中国的整个路途中,由穆斯林所维系的紧密的文化联系。请见 Ross Dunn, *The Adventures of Iban Battuta, a Muslim Traveller of the Fourteenth Century*, Berkeley, 1986。

圣,让一种共同的神圣语言、宗教律法和公众觐见仪式获得强化,它们可以在穆斯林中维持有效的公共性,尽管穆斯林之间尚存在着种种政治分裂和持续的、有时甚至是极为痛苦的宗派纷争。

1000—1500 年间穆斯林的再度扩张,其在旧大陆网络体系地理格局中的中心位置,伊斯兰教中各种神秘形式所具有的吸引力,以及融入各地统治者赞助扶持的各种精英文化之中的新的情感,都显示出伊斯兰教仍如以往一样富有极强的生命活力。然而无论多么辉煌,穆斯林的这些创新成就基本上都体现在文化、商业和军事等领域之中,却没有对辛勤耕作的广大农民带来深刻影响。的确,中心地带农业的衰落说明了伊斯兰世界的病态。由于沙漠商队有限运输能力的限制,穆斯林社会在促进农村劳力进行商品生产方面落后于中国和西欧。结果,伊斯兰世界的旧大陆网络体系,虽在促进生产活动专业化和提高效率方面有些成就,但几乎都局限在为城市和军队提供服务这一狭窄范围之内。灿烂的突厥—蒙古宫廷文化,令人着迷的神秘宗教和奥斯曼人的辉煌战功都无法弥补这一缺陷。

137

不断密集化的基督教世界网络

公元 1000 年时,西欧的大部分地区基本上还是乡村——只是一片人烟稀少的蛮荒之地。当时基督教文明的中心在东方,一位以君士坦丁堡为帝都,操希腊语的罗马皇帝,同东正教教会(the Orthodox Church)相配合,统治着庞大的拜占庭帝国。500 年之后,这个帝国却被更加强大的、处于不断扩张之中的奥斯曼国家所取代。但是,土耳其人的胜利并没有导致基督教世界的全面崩溃。正相反,正是在一种连奥斯曼人的威胁都不能使之停息的长期内部纷争中(或许也正是在这种纷争的促进下),西欧社会的技术、知识、财富和力量出现了迅速的增长。

蛮横、鲁莽,常常粗俗不堪,却又总是对一切都感到新奇的法兰克人(Franks,正如穆斯林对他们的称呼那样)①同位于欧亚大陆另一端的日本人一样,已经意识到在众多领域中,自己那点儿成就远远地被周边各个文明开化的邻国所超越。正是由此之故,西欧人和日本人一样,对于各类新奇事物,不论来自何地,具有何种前景都愿意予以尝试。因此及至 1500 年,西欧人业已从其拜占庭和穆斯林邻居处学到了许多重要知识,甚至还从遥远的中国输入了一系列同样重要的先进技术。简而言之,从旧大陆网络体系中那些他们所欠缺的各种观念、物品和实践经验的流通交往中,西欧人在财富和力量上所获取的收益最大。这对 1500 年以后美洲和整个世界的历史进程都具有决定性的影响。

西欧的崛起历程经历了前后两个不同的阶段,这是 14 世纪严重倒退所形成的中断使然,14 世纪潮湿和寒冷的恶劣气候导致的歉收,黑死病(1346—1352 年)带来的巨大灾难,以及百年战争(1337—1453 年)中的零星破坏,标志着一个新阶段的开始。

到 1000 年,在卢瓦尔河和易北河之间的地区,骑在马背之上作战的骑士同在多水黏土平原上进行耕作的犁耕队之间形成了一种非常有效的相互保护和支持。从这一核心地区出发,拉丁基督教世界的骑士们开始向四面八方扩张。而犁耕农业则紧随其后,但它并不总是能够同不断拓展的军事态势保持同一步伐,由于气候差异的缘故,西欧重犁耕作方式根本不适合西班牙和西西里这类气候干燥的地中海地区,同样,在爱尔兰的沼泽地区和东

138

① 穆斯林习惯将西部欧洲人称为“法兰克人”。

北欧的严寒冬季里,它也无法有效地发挥作用。

但在西欧平原地区,由于受墨西哥湾海洋气流和强劲西风的影响,不仅冬季温暖,而且全年降雨相当充沛,农业生产得到了不断发展,因为西欧各地的农民村社创立了一种几乎全年都雇用劳力进行劳作的连续性耕作方式。他们将可耕田地分为三份:一份秋种春收,一份春种秋收,剩下一份处于休耕状态,以待夏季耕种——如此一来,犁耕队几乎全年都在劳作。只是在圣诞节前后的12天和耕种与收获急需人手的几周里,他们才暂时地放下手中的活计。这种耕作制度使每一个农夫所分得的耕地数量达到30英亩左右,远远超出供养他自己、他的家庭和他的家畜所需要的土地数额。①

因此,在西北欧那些在敞地上合作进行耕作的农民们,有能力供养一批强悍的武士——这些人在为农民提供免于入侵者破坏的防御上有着明确的利益,农民们还有能力供养那些专司与上帝关系之责的教士和修士。一般而言,在平常年份,西欧农民们仍有一些剩余产品可以用来交换他们需要的东西,或是那些自己不能出产的物品。这就使手工业产品进入农家的趋势得到扩展,也使城市的技术进步得到促进,使地区间的贸易和交通联系不断地密切起来。当那些贵族和教会地租、税金的收取者们养成了享用精美手工业品和远方稀奇的日常消费用品的嗜好时,城镇居民便开始满足他们的一切需求。这些城市居民常常从社会边缘阶层和维京时代海盗商人率领的人群中吸收新的成员。市民们所

① 对比而言,在地中海地区,一个家庭只能耕种大约10英亩的土地,因为葡萄和橄榄树修整劳动都必须以手工来完成,并且每年只有几周时光可进行粮食耕种——即从第一场秋雨滋润龟裂的大地之后,到春季播种季节之前。

提供的商品,一部分是专业手工业匠人所生产的产品,一部分则是从地中海欧洲输入的奢侈品。这一地区的城镇和贸易的衰退状况并不像西欧北部那么严重,并且在公元1000年以后,伴随意大利商人加入以印度洋为中心、由中国的迅速商业化所支撑的远程贸易网络,也开始了迅速的复兴。

按照这种模式,通过与旧世界网络其他地区日益密切的联系,西欧人同那些远比他们更加高雅、技术更加先进的民族相遇了。然而,只要农业和手工业生产仍像1000—1270年间那么迅速地发展,只要基督教骑士在同异邦敌人的战斗中继续普遍地赢得胜利,这些野蛮落后的西方人就会感觉到这样一份自信:在利用异邦的知识和技术实现自己的目的之时,上帝和基督教信仰会为他们提供保佑。　139

然而,在长达300年的人口迅速增长和对森林、沼泽和海洋相当充分的开发之后,各种天灾人祸于14世纪降临在欧洲大地。寒冷的气候导致了农作物大量减产和普遍的饥荒,并在1315—1322年间达到顶峰。一代人之后,黑死病爆发。这些灾难使欧洲人口大约减少了三分之一。此后,各种歉收和瘟疫每隔十余载就爆发一次,使得欧洲社会的复原极为缓慢。

总体说来,1500年时欧洲的人口数量与1300年时相差无几,尽管此时西欧的运输和工业效率要比200年前高出许多。坚固　140
而适宜航海的船只将欧洲所有海岸都连接起来,并且随着当时相当大比例的人口进入市场之中,各个地区间的专业化分工和交换积聚起了发展的动能。结果,在迟了三四百年之后,西欧开始复制中国的商业化过程;与中国不同的是,欧洲的各国君主和基督教教会,对于那些从事跨区域的新型商业贸易的商人和银行家们没有形成有效的控制。

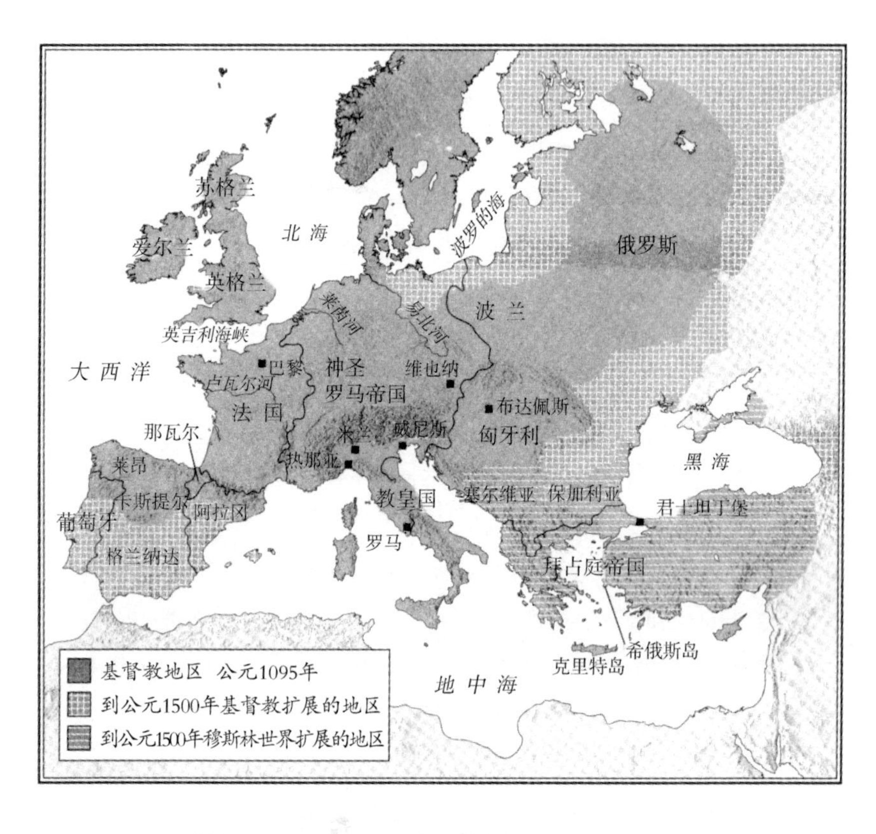

地图 5.3 1000—1500 年间基督教控制区域的扩张

欧洲商人和银行家们往往通过获取对一些自主独立的城市国家的政治控制权来保护自身的利益。故而,在处理各种事务上,他们拥有着与其他地方统治者几乎相等的权力,而那些地方统治者们明确意识到,倘若不向银行家贷款,自己就会寸步难行,如果不向银行家和商人们的利益让步,便不可能偿付他们的债务。由于富有阶层始终对任何可以获利的事物予以密切关注,因此,无论在何处,只要政治状况允许,那么由经济、社会和技术等各种变革所构成的一种自发的变革过程就会获得推进。各种地方利益和陈旧的行为方式,一次又一次地被政治上受保护的经济革新者所替代,这些革新者通过引进各种新鲜事物寻觅到了种种获取金钱利益的良机。时至今日,这一状况仍在持续,它首先使欧洲社会发生转变,之后,又对整个广阔的世界产生了影响,从而使现代时期的人类社会从早期的、较为稳定的状态中脱离开来。

欧洲城市的自治状态与中国那种城市人口虽多但却从属于国家政权牢固控制的状态形成了鲜明的对比。伊斯兰世界的城市精英们所享有的自由状态则处于欧洲同中国这两种状态之间。在穆斯林的商人和银行家中,大多数是犹太人或基督徒,他们比同时代的欧洲商人和银行家受到更大的约束,更易受侵害。尽管穆斯林手工业者行会和托钵僧团享有充分的自治并不时地向他们的政治统治者发起挑战,但这些手工业者和托钵僧往往是社会现状的坚定捍卫者。由于缺少他们的支持,穆斯林城市中的商人和银行家们极易屈从于军事新贵,而军事新贵们通常雇用商人和银行家作为税吏,并不时把商人和银行家以不正当手段赚来的收入统统罚没,就如同中国官吏对待商贾那样。

欧洲的城市自治还体现在另一种独特维度之上。在穆斯林和中国的社会中,一个单一大家庭的成员管理着大多数经济实体。家族关系的力量使之很难或根本不可能对外人予以信任,故而,大多数企业的规模受到了限制。虽然欧洲人采用了穆斯林和141 中国人的法律方式来寻找合伙人或解决债务问题,但他们还是比较容易对市民伙伴予以信任,而不大考虑他们是否为血缘亲属。大概只有西欧人发现这么做的必要性,因为在西欧大部分地区,大家庭的纽带通常比较微弱。

例如,早在 1346 年,热那亚的投资者们就创立起一家股份有限公司,由它来组建一支专门在东地中海海域从事抢劫和贸易的船队。在征服了爱琴海希俄斯岛(Chios)后,投资者就把他们的公司转变为一家统治希俄斯岛并管理其有利可图的出口贸易的永久性企业,直到 1566 年奥斯曼土耳其人征服该岛为止。结果,在两百多年的时间里,这家名为“毛纳”(Maona)的公司,常常为其股东分配红利,而对他们是否为该公司最初的投资者或者同其有何关系,根本就不予考虑(其实这些股东同那些原始股东常常没有任何关联,因为股份是可以自由买卖转让的)。

简而言之,自我治理这种管理形式既能够用于广泛的公共事务,也可以应用于个人的家庭事务,所以,远远超过个体家族规模的大规模私有企业成为一种司空见惯的组织经营方式。此时西欧的造船业和采矿业之所以获得了一种特殊活力,就归功于这种在多元化私有投资者中分配风险的方法。结果,到 1500 年时,欧洲人普遍利用的金属原材料——尤其是铁——的供应数量,远远超过了其他地方所拥有的数量。

似乎有理由确信,中世纪欧洲城市里那些跨家族的商业企业源自互助性的农村犁耕队。当时的西欧城市极其肮脏不卫生,不得不靠吸引农村劳力来维系自身的发展。在西欧中心地区,来自农村的新成员带来了互助犁耕劳作的习俗,而每个犁耕队的成员都来自不同的家庭。如果某个犁夫不能完成自己的份额,或者不能与其同伴们真诚地共事,那么,他所受到的惩罚将是很可怕的。受其损害的乡邻们,在下一年可以很轻松地就将其排除出犁耕队,使这匹害群之马的田地无法得到耕种或收获。超越血亲关系限制、彼此保持信任合作的这些原则,的确使欧洲市民们彼此之间相互信任,坚定地恪守与非常值得信赖的人们所达成的各种关于工作、收益的分配规则。

总之,欧洲城市社会获得了一种非同寻常的灵活变通的特性,这应归因于那些道德习俗:即在人数不确定的志同道合者之间,特别是各种合作者之间,维持一种有效的参与,而其目的并非仅仅为了赚钱,也是为了其他各种目的——诸如宗教的、慈善的、知识的,或仅仅就是为了娱乐。换言之,与其他地区各个社会相比,欧洲人似乎能够使各种自治的私人群体获得更好的发育和成长。乡村犁耕队可能就是这种性能得以发育成长的胚胎。旅行者们可能会注意到,在欧洲那些曾普遍盛行合作犁耕地区的人们,至今仍遵守着共同的规则,组建各种团队群体,他们之间彼此信任的程度一般来说都很高,而在各个家庭单独耕种自己田地的地区,由于地界争端或类似的纠纷、矛盾,乡里之间则常常彼此猜疑、互不信任。 142

每一个社会、每一个地区都具有其自身的特性,但却很少有地方具有像西欧地区这样的特性。在铧式犁耕作的地区,其特性是核心小家庭占据优势,从而使得大家庭关系纽带的影响作用相对薄弱,这种特性还为其他形式的市民组织和商业组织的繁荣创造了机会和动力。同时,各种地方性的对抗使统治者们无法对商人和银行家们进行有效的治理,故而使金钱利益集团取得了异乎寻常的自治。因此,欧洲社会,至少易北河与卢瓦尔河之间的地区和海峡对岸的英格兰，发展出一种极为活跃又不断变革，而且常常出现分裂的市民社会，它处于一个对教会、国家政权和家庭义务皆予以服从的位置之上。这非常有利于社会关系的弹性化，尤其是在城市环境中，并使这一地区比其他地方更加适应技术和政治的快速变革。但是这些弹性变化，是以损害大家庭所提供的安全和人情温暖，以及帝国政权所予以保障的和平为代价的。

代之而来的是普遍的不间断的暴力冲突和对抗。直到1300年，当西欧君主、贵族、主教和各个城镇，为了获取战争、教会和国家所必需的租金、税收以及各种合法费用的实际控制权而展开争斗之际，日耳曼皇帝和罗马教皇都宣称自己拥有统治整个拉丁世界的普遍权力。这与当时困扰伊斯兰世界的各种政治分裂没有什么大的差别，并且日耳曼皇帝巩固其世界统治权的首次失败(1250年)和罗马教皇的失败(1303年)，与1258年之后哈里发权力的崩溃也非常类似。

然而，日耳曼皇帝和罗马教皇的权力衰落之后，在意大利、低地国家和德意志西部等地出现了一系列独立的城市国家，在旧大陆网络体系中的其他地区则没有类似情形发生。随后，在法国和英格兰所出现的民族国家的强固，也在很大程度上仰赖于国王和市民之间不断的讨价还价，反过来，为了获得货币税收，王室朝廷同意对城镇予以保护，使其免受骑士们的侵扰，并允许市民以他们喜欢的方式来处理自己内部的各种事务。换言之，在政治和战争方面，西欧的商人、银行家和较为贫穷的市民们，发挥出了一种远比其他地区的民众更为突出的作用。

143

商人、银行家和市民们之所以具有如此巨大的作用，是因为1300年以降欧洲的战争变得越来越商业化。1282年，在一场被人们戏称为“西西里晚祷”(Sicilian Vespers)的战役之中，一队弓弩手歼灭了一群法国骑士,大约自900年以来欧洲骑士一直拥有的军事优势彻底结束了。训练有素、纪律严明的矛枪兵和弓箭手编队具备了打垮骑士冲锋的能力。在其后不久的1346年,一阵阵隆隆的轰鸣声宣告野战火炮第一次登上了欧洲战场的舞台,尽管起初这种火炮还不具有多大的杀伤力。

军事艺术在很短的时期内就变得十分复杂。组织一次由身披装甲的骑士们发动的冲锋,需要一定的军事才能,即使仅仅是召集一队骑士并为其提供稍多几天的给养也相当困难。在14世纪,那些成功的军事统帅们必须掌握在战场上有效协调骑兵、步兵和炮兵等各个兵种,使之协同作战的能力。无论是平时驻防还是在战时作战,都必须要有人专司募兵、装备之责,负责训练适当数量的士兵使用各种兵器,并尽一切可能为他们提供食物、武器和其他必需的给养。

这一系列事务表明,欧洲各国都面临着来自后勤供给、行政管理和财政方面的严峻挑战。在米兰和威尼斯领导下的少数意大利城市国家却通过对暴力组织分转承包的方式来满足它们的需要。它们创制出了一种官僚治理方式来确保雇佣军得到适当的训练和装备,并确保有效地引导雇佣军绝对服从市政官员的领导,而不是攫取政权为他们自己服务。这种城市国家对雇佣军的控制权有时会出现摇摆,如米兰就最为明显,但威尼斯则一直设法将其雇佣军置于对由选举产生的市政官员的控制之下。

定期支付薪水、以最低价格购置武器装备和其他军需补给品,并定期检查以确保军队兵力和装备确实同国家的支出相匹配,这一事务表明,维持一支职业化武装力量必然同国家在需要什么以及如何满足这些需要方面所做出的精确财政预算相关联。这就致使兵力和武器装备方面出现了一定的灵活与变通性。在武器或者战略战术方面所发生的确有实效的各种革新改进都得到了迅速的传播扩散，因为那些相互抗衡对立的城市和各个地区的统治者们都一直试图将以尽可能低的价钱装备起来的最强大的军队派上战场。

144 这就是及至1450年前后，欧洲的武器制造商们之所以能够在采矿业和冶金业领域大发其财，并超过世界上其他地区武器制造商的缘故。到1480年，可移动的围城大炮骤然间颠覆了整个基督教世界军事平衡的格局，因为它只消几个时辰便可以摧毁最为坚固的城墙，而且，一旦被装配到舰船之上，这些火炮还能够对海上的任何目标进行毁灭性的轰击，并能摧毁岸边的各种防御工事——有关这方面的情形，我们将在第六章加以探讨。

枪炮制造业，如同采矿业和造船业一样，也落入私人企业家手中。那些想获得新式或改进型号武器的各类统治者们必须按照市场价格来购买它们，因为众多供给者和众多购买者永远是处于竞争状态之中的。试图将武器商品限定在一个较低价位上，如同以往中国官员惯常所做的那样，只会导致武器制造商们把他们的枪炮出售给他人。国家在武器装备方面加大储备数量，或许是另一条途径，但是在各种新式武器层出不穷，制造技术更新换代十分迅捷的时期，没有哪个国家政权能够跟得上市场的步伐。所有的一切都只好留给商人们，任凭他们去自由发展，这些商人竭力使自己的熔炉持续运转，雇用专职专家具体负责运作操作；并且到处寻找燃料和金属原料供应都最为理想的地点，而各个地方统治者们——为了从中分得一份利润——也情愿允许商人们把商品自由地出售给所有的购买者。

结果，欧洲各国都发现自身已经不由自主地被缠扰在各种商业与财政难题之中，只有仰赖私有商业来装备他们的雇佣军队。

欲寻觅现金货币来支付这些费用始终是非常困难的。各国统治者们可以从银行家手里贷款,进行某一场战役,但这种暂时的解决方法只会加重自身未来的财政困境。银行家们则坚持要求国家给予他们一定的采矿权和其他产生收益的特权作为贷款抵押。因而,国家所承负的债务扩大了商业企业的活动范围和规模,甚至迫使那些最不情愿的国家也对欧洲社会整体性的商业化趋势加以保护和推进。这与中国当时所发生的情形迥然不同。这种状况确保了欧洲的技术普遍获得持续推动力,尤其是在军事技术方面。

最初,西欧技术主要是仰赖对同时代的拜占庭、穆斯林和中国技术的借鉴。然而,借鉴始终同改造转化相关联,正如我们已经看到的关于火炮方面的变化。同样,其他方面的借鉴也是如此。例如,在复式簿记(double-entry bookkeeping)中得到重要应用的阿拉伯数字,在 14 世纪中叶传入意大利。它第一次使盈亏账目的精确计算简单化。同一个世纪,欧洲人也有了他们自己的重要发明,其中包括衣服上的扣子、阅读用的眼镜等日常便利用品。145

在诸如复式簿记、文字印刷、在乐曲中确定音高和节拍的音符、绘画中精确的几何透视法,以及把一昼夜划分成等分长度的机械钟表等各类创新发明中,更为普遍的共同点是它们都是接近自然世界无限可能的一种新方式的表征。所发生的这一切都可以被说成是数字化的蔓延,因为欧洲人在各种普通意义的经验之上,都安装了一个数字计算的过滤器。这些创新对于增强交往的准确性有极为显著的影响——在时间、地点、程度、利益和其他意义的各种表达上都比以往更加精确。反过来,更高的精确性也使更有效地协调人的活动成为可能,正如当今新近发生的电磁通讯的数字化一样。(只要想一想,钟表是如何武断地把时间分为小时和分钟，让我们可以通过遵守各种约定的时间来节约时间！）

以数学化的方式进行天文观测的记录和造船业的进步也使更准确的航海成为可能。这反过来又促进了西欧企业向波罗的海地区的扩张，该地区在14世纪变成一个谷物、木材、鱼类和皮毛的重要供应地。在欧洲西部，地主和市民们共同发展起一种准种植园式的经济，他们将强制性的农村劳力用于出口商品的生产，与此同时，他们也为自己预定好了进口的奢侈品。成熟的种植园经济是在欧洲另一个边缘地区发展起来的，这一地区包括位于非洲西北部大西洋沿岸的马德拉群岛（Madeiras）、加那利群岛（Canary）和佛得角群岛。15世纪，西班牙人和葡萄牙人把这些岛屿上的一些适宜地区变为蔗糖种植园，并将已经在地中海各个岛屿和摩洛哥所采用的各种技术方式，包括对西非奴隶的使用，在此地一一加以应用。

因而，欧洲的商业化产生了各种相反的效应。在人口较少的边缘地区，那些雄心勃勃的企业家们需要强迫劳动来向市场提供有利可图的商品；在主要的城市中心附近，人口众多，雇佣劳动普遍市场化；而在商业化地区的边缘地带，则流行如同古代苏美尔一样的古老的强制性劳动。新出现的现象是中心与边缘之间形成的不同地理区域和规模，这就使得西欧各国可以在政治上对欧洲商人和银行家提供保护，使他们能够向周边地区的民族施加自己的影响，这还应当归因于他们拥有了容积更大的船只。

146 由于城镇生活商业母体的支撑，欧洲上层文化也表现出不同寻常的活力。许多虔诚的人物，像阿西西的圣方济各（St. Francis of Assisi，1181—1226年）及其追随者们，就对金钱关系极为憎恶痛恨，并大胆地对他们周围的贪婪和腐败予以痛斥、批判，但收效甚微。在信仰领域，城镇既滋生出各种异端倾向，同时又竭力地对其进行压制和批判。西欧的城镇还成为众多大教堂的所在地——这些我们称之为哥特式的大教堂可谓是一座座工艺精美的石质纪念碑,它们既铭刻着往昔的繁荣,也把人类所创建的最为深刻的信仰之一镌刻了下来。

大学的创建也被人们列入中世纪欧洲所取得的最具重要意义的伟大贡献之一。在向正在成长的一代人传授真理与知识方面,其他文明的高等教育主要采用对权威经典认真刻苦的学习和不厌其详的背诵,以及对各种含义模糊之处加以注解、诠释等方式。但由于在 11 世纪的欧洲,手抄本极为稀少昂贵,法律、神学和医学等高等科目的讲授就采用了讲演形式。那些彼此对立的教师们很快便开始为寻找新的知识进行讲解而展开相互竞争。尤其是巴黎的一位名师阿贝拉尔(Abelard,1079—1142 年),就经常表示他与最权威的基督徒作家观点之间存在着众多不同之处,同以后的无数大学教授一样,他大胆地通过逻辑争辩和推理两种方式来寻觅真理。同时,他还通过向巴黎及附近众多仰慕其学识的学生们授课的途径来进行对真理的探究。

自此开始,巴黎大学很快成为一个教师自治团体。类似的自治性大学在其他一些欧洲城镇也迅速地成长起来。在巴黎和其他地区,阿贝拉尔的继承者发现亚里士多德的《逻辑学》——当时已有了拉丁文译本——为他们有关真理的争论提供了一种生动的导引。对亚里士多德的著述以及阿拉伯人的注释进行系统翻译,为欧洲人带来了包罗万象的百科全书般的广博知识,也为大学教师们提供了范围极广的一系列可加以争论的问题。然而,人们在通过逻辑推理获取确切解答方面所做出的的各种努力总是有所欠缺。甚至连圣托马斯·阿奎那(St. Thomas Aquinas,1225—1274 年)的那些审慎而精细的辨析也不能使每一个人都感到满意。

因此,欧洲人继续在宗教、哲学和科学等各类问题上争论不休,大学讲堂上各位教师之间的对立与竞争仍在继续。拉丁语的使用意味着大学教师和学生的共同体已扩展到整个拉丁基督教世界。14 世纪以后,各种枝节问题的积聚有时使学术争论变得越来越琐碎(在我们今天仍旧存在着类似状况)。但是,这只是为以意大利城市为基础的第二波学术探求浪潮开辟道路,意大利城市中拥有特权的各个阶层开始意识到,学会如何在城市社会里良好地生活远比无休止地对抽象理论问题进行争论更重要。那些异教的古典作家们——首先是西塞罗——就曾谈及这种需要。因此,那些自命的人文主义者们开始对各种各样的古代拉丁和希腊作家的手稿进行发掘、研读,并对其加以仔细校对和勘误,从而使内容驳杂不一的异教思想在基督教学术界得以复兴。

147

同时,交往的不断扩大也把大量有关地理和远方人们的各种信息带入欧洲。1455 年后,欧洲人在借助印刷术传播各种知识和观点方面所具有的热情(详见第六章),与他们当时不计后果地欣然接受火药武器一样,产生了重大的影响。这两种转变均反映出这样一个事实:最初源自中国的这些技术,被急切渴望获取利润的个人所掌控,而他们却常常逃脱教士或国家政权的控制。欧洲人所具有的这种通过购买无数枪炮和书籍而追求权力和知识的能力意味着,当时欧洲各种宗教和政治权势已不可能维系现状的稳定。

此外,在欧洲没有哪种公共权威能够遏制整个社会不断商业化的进程。财富在不断增加,可贫穷也在急剧增长,因为尚有大量人不能适应市场行为的各类规则。例如,在欧洲,年老的人们就常常被人们所遗弃,而其所使用的种种方式在中国人或非洲人看来简直是匪夷所思。不幸和不安定,始终是不计后果的冒险和不断创新的伴随物。简而言之,在欧洲,每一种变革都失去了控制。正是这一点将拉丁基督教世界与欧亚大陆其他长治久安的社会区别开来,后者则竭尽全力维系着大部分传统思维方式和行为方式。

旧大陆网络体系中的太平洋一翼

由于航运业的不断完善和商业化捕鱼业的繁荣——这多得益于保存鱼类所必需的食盐获得了廉价供应——欧洲西部的各个民族成为旧大陆网络体系不断扩张进程中的大西洋一翼。一个与此相似且同时发生的扩张进程也出现在该体系的另一侧——太平洋。其中,日本渔民和海盗扮演了最为重要的角色,并且大约在公元1000年后,大量的中国小型船队也参与其中,只不过在1435年后,由于中国朝廷禁令而突然退出了。更南面,马来西亚水手和商人把这一网络的范围扩展到更为遥远的西南太平洋岛屿——主要是摩鹿加群岛(Moluccas)、婆罗洲岛(Borneo)和棉兰老岛(Mindanao)。如同当地文化与新出现的佛教和伊斯兰教的地区化传播发生的密切关联一样,这一地区各个国家的建设也同业已强化的海上劫掠、贸易活动紧密地连接在一起。 148

大西洋和太平洋两翼之间的相似性极为显著。它们二者都有多个种族集团参与,并且本土语言文化的进步加强了各个地方政权中种族和文化的自主性。日本的“封建主义”与中世纪欧洲的封建主义非常相似,而且太平洋上的水手们与维京人一样,普遍盛行随时诉诸武力来解决各种问题的行为方式。太平洋的渔业难以同大西洋水域大规模的鲱鱼和鳕鱼捕捞业相媲美,这可能是由于缺乏用以长期保存捕获物的廉价食盐的缘故,无法将捕捞的鱼类产品运往远方市场。(中国垄断了食盐提取工艺的复杂技术,并且历代朝廷皆将维持高价食盐作为一种税收形式。)但是航行在太平洋上的船只所运载的货物相当众多,如香料、瓷器,也有更便宜的陶器、金属、棉花和棉布、稻米、木材以及其他大众消费商品,其种类、数量完全可以同欧洲航船运载的货物相埒,甚至远远超过它。

位于太平洋这一翼的朝鲜、日本和安南诸国,皆对中国的扩张予以抵制,并发展起自身独特的文化和政治制度。朝鲜和安南都有与中国接壤的陆地边界,然而与华南地区的经历截然不同,中国来的移民以稻田开垦进行渗透和压倒当地居民的过程却没有走得很远。相反,稻田耕作很快在朝鲜和安南的当地居民中扎根,并且很快就达到了可以供养本地统治者的程度。当能够使自身的自治权力得到维系之时,朝鲜和安南的地方政权有时服从中国的宗主权,如公元 996 年之后的朝鲜;有时则拒绝中国,如 1431 年安南在同中国远征军进行长期抗争之后所做的那样。

1274 年和 1291 年,日本也先后两次对蒙古皇帝忽必烈可汗由中国派遣的远征军予以抵抗。但大多数时间里,日本列岛是非常安全的,毫无外敌武装入侵之虞,因而,日本精英们便可以从中国或其他地方选择输入各种技术和知识,对其加以扬弃或进行改良。东亚地区语言文化的一个特征就是,在一些显示两个单独符号之间语法关系的注音符号的帮助下,中国的象形文字也能够在其他国家的语言中被读解(正如 2 就可以表示 *zwei*, *deux*, *dos*, *duo* 以及 two 的含义)。因此,学习读写中国象形文字并不意味着对本土语言的丢弃。甚至在 14 世纪,朝鲜人还创制出一种字母手写体文字。

149

在朝鲜、日本和安南,各国朝廷均对佛教给予大力扶植,使其成为各自文化独立性的第二道防线。845 年,中国对佛教寺院的镇压使佛教转变成一种与朝廷相对抗的地下组织。在日本,对佛教各种活跃的、相互竞争的,甚至武装的僧团派别的依附,致使日本人把儒家和道家的学识同各种古老的地方崇拜混为一体。神道教(Shinto)崇拜逐渐普及,并发展成为日本皇室家族的私人崇拜仪式,这一切最终都使日本文化本体处于安全的状态之中,所以,日本的艺术、文学和音乐能够自由地借鉴或摆脱中国文化模式的影响,这一点同当时拉丁基督教徒对拜占庭和穆斯林诸文化模式或借鉴或摆脱的情形非常相像。紫式部(978—1026 年)的日记和她的宫廷生活小说《源氏物语》提供了独特的日本上层文化产生的可靠证据。很快就出现了日本独特文化的进一步表现,这其中包括作为武士荣誉准则的武士道,非戏剧的艺妓歌舞表演,净土宗、禅宗和日莲宗等佛教派别,此外,日本的绘画和建筑也沿着独特的道路向前发展。

在中国的支配下,朝鲜无论在文化上还是在政治上都与中国保持着较为密切的关系。安南自主的文化,主要是在 1431 年赢得明确独立之后发展起来的。但在摆脱中国影响方面却没有达到日本那种程度。

然而面对不断增强的海上贸易与掠夺,上述这三个国家都参与其中,或是暴露在其影响之下。庞大壮观的中国舰队一直支配着这一地区的海上航线,甚至在帝国朝廷下令严禁中国水手从事海外贸易之后仍是如此;在旧大陆网络体系的太平洋一翼,中国的文化也具有与中国的市场经济同等重要的地位。但自从中华帝国官僚机构的控制重心不再向太平洋一翼各个民族扩展后,自由的、更具竞争性和至少有时也更具创新能力的各种社会、经济和文化形式便开始在这一地区普遍流行开来，正如西欧大西洋一翼相互竞争的国家和民族的情况那样。因而，似乎在旧大陆网络体系的大西洋和太平洋两端，类似的地缘政治、文化和技术的边缘地带产生了某种类似的反应。特别是在1000—1500年之间，这两个边缘侧翼地带都穿越大海迅速地扩展自己的范围，为开辟全球化网络的道路进行着准备。

150

旧大陆网络体系的南部和北部边疆

位于太平洋一翼南部和东部的菲律宾、印度尼西亚和马来西亚群岛的广大弧形地区仍是一个扩张的边疆区域。穆斯林水手们，以马来亚和其他印度洋沿岸地区为基地，同来自太平洋沿岸的船只和水手相交往。在马来亚、爪哇岛、苏门答腊岛以及菲律宾的棉兰老岛这样偏僻遥远的地区，穆斯林在宣扬和传播自己的信仰方面取得了显著成功。长期以来，爪哇岛和苏门答腊岛的水稻农业支撑着当地各个国家的政权和各种范围广泛的贸易网络。皈依伊斯兰教，对这些国家、地区参与到印度洋贸易活动之中十分有利。

在更为遥远的东南部地区，人类交往网络十分稀疏。定期的季风削弱了人们远离亚洲大陆航行的能力，进而抑制了远距离海上贸易的发展。例如，婆罗洲内地和新几内亚(New Guinea)的整个地区仍旧置身于世外。生活在这些岛屿沿岸大部分地区的狩猎者、采集者和热带雨林园艺耕作者，凭借瘴气弥漫的稠密红树湿地的屏障，非常有效地抵御外邦人入侵。在澳大利亚北部地区，那些令人恐惧的海岸也同样具有保持与外界隔绝的效果。

此外，尚有很多地区仍与亚洲大陆是隔绝的，大约在1300年左右,来自太平洋中部的玻利尼西亚人向新西兰殖民。他们进入了一个较凉爽的地区,但他们随身携带的热带粮食作物无法在那里繁盛地生长。故而,被称为毛利人(Maori)的第一批新西兰人在学会对其周围环境进行有效开发利用之前,主要靠采集和捕鱼为生。在非常适宜农业耕作的热带岛屿上,玻利尼西亚人的数量开始不断增长,并对当地自然资源形成压力,此外,各种军事化酋邦在汤加(Tonga)和夏威夷等地产生了。在狭小且与世隔绝的复活节岛,当居民们将岛上所有树木都砍伐殆尽之后,他们便遭受了不可挽回的生态和政治灾难,因此,作为燃料、造船与工具制造必不可少的原料,木材供应彻底消失了。

这些分布很广的玻利尼西亚人口与旧大陆网络体系几乎断绝关系,互不往来,然而军事化酋邦仍在几处较大的岛屿上出现,几乎与世界其他地区国家形成的情形完全相同。这表明,各个地区对人口增长或地方资源缺乏所做出的政治反应都是同一的,甚至似乎也是必须的,因为各种国家和酋邦通过贡赋和税收方式对物资的流通进行重新分配,并通过对这种分配的垄断,对遏制各种分裂性暴乱(如复活节岛曾爆发的)的发生起到了一定的作用。

151

1000—1500年间,撒哈拉沙漠以南的非洲和欧亚大陆北部的森林地区是旧大陆网络体系中紊乱程度急剧加深的两个边疆地带。在这两个地区,人烟仍旧十分稀少。来自北极的严寒限制了农业在北方地区的发展;而各类致命瘟疫疾病的盛行和周期性发生的干旱与饥馑,也对非洲南部地区产生了同样的效果。然而尽管如此,这两个地区与旧大陆网络体系的联系还是增多了,并且在某些条件合适的地区,部分由于长途贸易的缘故,还曾产生一些强大而繁荣的国家政权。

在位于非洲西部的苏丹地区——即从塞内加尔(Senegal)到乍得湖(Lake Chad)的草原地带——同旧大陆网络体系形成各种联系方面,伊斯兰教发挥了积极作用,正如我们此前所提到的那样。穿越撒哈拉沙漠的骆驼商队所造成的商业往来也起到了同样功用。数百年以来尼日尔河所哺育的几个农业社会,凭借沿河贸易网络统一为一个整体。一旦拥有了大量马匹(从摩洛哥引进)、马鞍和马镫,他们的士兵便很快掌握了骑兵战术,并以此来对周边邻近人口形成恐吓,积聚起众多战利品,并建立起了自己的国家——实际上,这是一个幅员相当广阔的帝国。[①] 1300年左右,处于鼎盛时期的马里从大西洋一带扩展到了乍得湖地区,带来了广泛的和平,这种和平形势致使各种贸易和相互影响在撒哈拉沙漠边缘地区和热带稀树大草原上繁茂发展起来。马里的君主们控制了(向阿拉伯世界的)黄金输出,其数量大约为14世纪初期世界黄金总产量的三分之二,控制了在政治上至关重要的马匹的进口以及从撒哈拉向南方缺盐森林地区的食盐贸易。在跨越撒哈拉大沙漠的驼队贸易处于繁荣的时期,马里国家及其继承者桑海国(Songhai)的商人和君主们都是如此行事。大约在1470—1515年间,桑海国的国运达到了顶峰。但是,该地区的政治统一局面却是极其脆弱的。在尼日尔河上游和中游地区,民间社会所拥有的强大实力和古老传统,以及中央政权力量的衰弱都使稀树大草原地区各帝国的统治极为短暂,而且不久,几个相互

---

① 据 Roderick McIntosh, *The Peoples of the Middle Niger*, Oxford, 1998, 第十章的表述,该帝国建成的背景是当时人口急剧减少,这与以前的各种结论相悖。McIntosh 和其他考古学家发现尼日尔盆地的居民出现减少的状况,这或许是由跨越撒哈拉沙漠的各种联系造成的,它们将各种新的疾病——恐怕也包括黑死病——带入这个地区。

争夺权位的统治者之间就爆发了争斗,由于他们收取过高的保护费用,从而抑制了贸易的进一步发展。此外,这种争斗不断的局面还促进了作为一项国家收入来源的猎奴行为的发展,这对农业生产和人口增长都形成了抑制,成千上万的(没有确切的数字)西非人被送往马拉喀什(Marrakesh)、的黎波里(Tripoli)、开罗和后来的里斯本以及美洲等地的奴隶市场。始终对沙漠边缘地区至关重要的气候的变化,也可能在 15—16 世纪限制了当地农业生产的发展,并削弱了稀树大草原地区各个大国的实力。中央集权帝国的最后一次喘息是在 1591 年,当时衰败的桑海屈服于一支摩洛哥军队。自此,西非苏丹统治区被完全纳入旧大陆网络体系的世界之中。

152

在非洲中东部的大湖地区,水稻和香蕉的种植供养了稠密的人口,使得当地诸强大酋长国发展为成熟的农业国家,并从与斯瓦希里(Swahili)沿海地区之间虽然薄弱但却不断发展着的贸易联系中获益。在更往南的大津巴布韦地区(Great Zimbabwe),14 世纪遗留下来的废墟证明当时曾出现过一个具有相当实力的王国,其经济基础是牧业、农业和黄金输出。津巴布韦的统治者们曾从波斯、印度和中国等遥远的地区输入各种奢侈用品。然而,在一个缺乏运输和交往的地区,大津巴布韦和大湖地区诸农业国的出现纯属例外。由于缺少驮畜和可供舟楫航行的河流,非洲的中部与南部地区在 1500 年之前很少有城市,且缺乏远距离贸易。而没有骑兵,就不会有大帝国的出现。与拥有城市、市场和帝国,因而具备了近似于整个欧亚大陆共同特征的西非稀树大草原地区全然不同,非洲的东部和南部地区仍旧处在旧大陆网络体系的边缘外围。

大部分北极地区仍处于边缘状态之中,与世隔绝的当地各种狩猎者、捕鱼者和采集者群落继续按照传统方式生活。但是气候比西伯利亚温暖的俄罗斯地区的农业人口开始缓慢地向北方森林地区进行持续渗透。在他们中间,刀耕火种式的农耕占据主导地位,但通常还要靠狩猎和采集来予以补充。俄罗斯大地上那些绵延不绝的河流,提供了相当便利的交通,夏季可令船筏航行,冬季则任凭雪橇飞驰。这就意味着,即使一个身处远方的统治者也有望向森林地区居民征收各种实物税赋——既然没有谷物,那就收取毛皮。那些四处巡游的皮毛商们也用携带方便的商品,如金属斧头、各种捕获动物的器具等,与当地民众进行交易,以换取大量的毛皮。15 世纪莫斯科公国的崛起和诺夫哥罗德(Novgorod)城——它是毛皮贸易的中心——的财富,表明了当时对北方森林地区最初渗透的情形。

153

美洲诸网络

同一时期的美洲,一些新近兴起的民族在墨西哥和秘鲁建立起了强大的军事帝国,并急切渴望以战争和贸易等方式扩张各自在美洲的网络。农民们持续不断地向狩猎和采集社群进行渗透,而那些掌握了弓箭武器的武士们则向加勒比海诸岛和其他较少有效使用发射性武器的人们所居住的地区进行扩张。

为了修建阿兹特克首都特诺奇蒂特兰(Tenochtitlan,1325 年建于岛上)需要动员大量劳力,以便在湖的浅水处维持以浮园园艺耕种的田地,同时还需修建一座水坝来保护淡水不受周围咸水的侵害。印加帝国(1440—1532 年)甚至强行役使更多的臣民修筑道路,在山坡上造梯田,并筑建大量石头堡垒保卫他们的安第斯帝国。大约在 1050—1250 年之间,在伊利诺斯的卡奥恰建成的数量众多的专门用于某种崇拜仪式的高丘,也需要成千上万人共同劳作。某些宗教、军事的观念与组织可能相互联合,共同造就了这些伟业壮举;并且我们确信,武士和祭司们对奢侈品的需求使得从事长途贸易的商人四处奔忙,并在西班牙人抵达之前维持了一个活跃的美洲网络体系,它涵盖了北美和南美的大部分地区。

各种各样的政治仪式中心及其周边网络在美洲已经存在了一千多年,而且大量都完好如初,在 1000—1500 年期间,其基本特征没有发生大的改变。由于对运输和交往的各种限制一如既往,所以在旧大陆网络体系中由水路运输改进而引发的那种剧烈转变,并没有在美洲出现。就人类占领美洲所引发的各种事件而言,农业耕作向新英格兰和拉普拉塔河谷地区(Rio de la Plata Valley,即今阿根廷和乌拉圭)等更远地区的逐渐扩展,可能比墨西哥和秘鲁等中心地区发生的任何事件都更为重要。

结　语

1000—1500 年间,同旧大陆网络中心地区所发生的转变相比,世界其他地区发生的一切都黯然失色,毫无光彩。五百年来,彼此之间的相互作用、专业化、生产间歇性发展的不断增强以及对人类力量动员能力的加强——这包括对市场价格的反应和对政治控制的反应——把旧大陆网络体系中心地区的力量和财富提升到了一个空前的高度。与此同时,旧大陆网络体系也变得越来越不稳定,而其最西部的欧洲部分尤甚。在未来的几个世纪之内,各种剧烈的影响将接踵而至,并使整个世界发生巨变。 154

第六章　世界性网络的编织

(1450—1800 年)

155

1450 年前后,约有 3.5—4 亿人生活在地球上,他们操着数千种语言,信奉着数百种宗教,并为数百位政治统治者所管辖(尽管也有数百万人根本不认同任何一位统治者)。虽然有四千余年文明的影响,四处传播和劝服他人改变信仰的宗教,以及各种帝国式的统治框架,可是在任何一种深层意义上,此时的人类还不是一个共同体。巨大的鸿沟依然普遍存在。而且,有 6000 万到 1.2 亿人仍居住在与当时历史的主要舞台——旧大陆网络体系——几乎完全隔绝的澳洲、美洲以及非洲的中部和南部。

1450 年之后的三个半世纪里,地球上的诸民族逐渐形成为一个同一的共同体。从此时开始,将地球上的各个不同地区视为孤立的存在——就像此前我们有时曾做过的那样——越来越无意义,我们将不会再这样去思考和描述。今后我们将逐渐增加对各种与全球性有关的主题——包括全球化的进程——的探索。

现代早期的全球化是一个痛苦的,有时甚至是残酷的进程。许多民族、语言和宗教消亡了,而一批成功的帝国社会则将它们的权力和文化传播到新的地区。由于数千万的人口(连同他们的资源和生态系统)陆续加入到当时正在形成的世界性网络中,故而劳动和交换的专业化进程具有了真实意义上的全球性质,更多的财富被生产出来,而不平等也比以往更甚。所有这些趋势——实际上,它们都是被创造出来的——都是欧亚大陆和非洲诸文明传播同质性影响的延续。但现在局势发展得更快,几乎没有人能逃脱——许多人落伍了。

1450年的世界诸网络体系

旧大陆网络

及至1450年时,整个旧大陆网络囊括了世界上大约3/4的人口。其西部边疆濒临大西洋,从西非大草原直到不列颠和斯堪的纳维亚。北部则深入俄罗斯广袤的森林地区并延展到西伯利亚巨大林区的南部边缘。它的东部边疆位于太平洋上,从北方的朝鲜、日本到东南亚近海的群岛。严格说来,爪哇属于该网络之内,但其以南和以东等更远一些的地区则不在此范围之内。新几内亚和马来西亚(如同以往)仍停留在此网络之外。该网络体系的南部边疆是印度洋世界的群岛和沿岸地区,从苏门答腊附近到莫桑比克北部。这个网络的一些触角伸展到了东非内陆地区,但(在当时)它实际上仍然停留在距海岸不远的地方。西非和中非的森林居民以及南非的居民仅仅是偶尔地参与到此网络的生活之中。数千年来的移民、贸易、传教活动、技术交流、生态交换和军事征服造就了这张巨大网络。 156

旧大陆网络是一个同质性力量,但却远远没有达到同质化。可能它永远也不会达到同质化,因为地理与气候造成了一些差别:高粱在瑞典无法生长,而黑麦也无法在孟加拉生长。这个由拼凑而成的网络,毫无一致性可言。某些地方和某些民族虽地处该网络之内,但却不参与其中:例如,东南亚高地的一些森林民族仍旧维持着自给自足的状态,说着他们自己的语言,崇拜着他们自己的地方神灵,而且他们与外部世界的联系同与世隔绝的复活节岛岛民一样稀少。在这一网络的另一端，某些地区则充当着日常相互影响的汇集点和世界中心，如威尼斯、开罗、君士坦丁堡（伊斯坦布尔）、中亚的撒马尔罕、印度南部的卡利卡特、今日马来西亚的马六甲等城市就是如此，在这些地方，各种思想、商品、传染病和各类人群频繁地交往融合并留下了深深的印记。

数以千计的商路和海路将这个网络连接在一起。其中，两条巨大的主干道最为突出。第一条涵盖亚洲，从中国北部到地中海和黑海沿岸地区。这条古老的丝绸之路，实际上是一系列彼此相连的商路，从汉朝和罗马时代开始，就定期输送旅行者。它还不157 时输送伊斯兰教、佛教和基督教，棉花、瓜类、樱桃和葡萄，天花和腺鼠疫，枪炮、火药和马镫。当政治条件允许实现和平，各地统治者也有能力剿灭和预防盗匪，并且所收取保护费用较为低廉的时候，这条商路的交通达到了高峰。13—14 世纪，蒙古人就曾创造了这样的条件，可是他们的帝国分崩离析了，而地处中亚的各位可汗之间的纷争使商路贸易减少，所有的交往和交换也随之削弱。由帖木儿拼凑而成的一个较小的后继帝国曾对这条商路的交往和贸易给予短暂的关注，然而到 1510 年，帖木儿的继承人臣服于乌兹别克和其他征服者，并在之后遭到肢解瓜分。从长期的观点来看，这条主干线路逐渐地衰落了，而位于商路上的各个大城市，如大不里士、希瓦（Khiva）、布哈拉和撒马尔罕等也逐渐衰败没落下去。

第二条主干线是海路。在某种程度上，它与第一条交通线形成了竞争。它从朝鲜、日本和（尤其是）中国南部的众多港口启程，经由东南亚的海岛，绕过马来半岛，伸入印度洋地区，最后抵达波斯湾和红海各个港口。对季风的掌握，使人类在很久以前就开启了这条主干航线。但是却几乎无人能够从这条海路的这一端航行到另一端,就像很少有人艰苦跋涉整个丝绸之路全程一样。更确切地说,印度洋海路通常说来是一个由众多较小的连接点与作为传输和转运点的港口城市组合而成的联合体。但它发挥出了一条独立的商品、思想、技术和疾病传输的主干线的功用。这条航线的交通也存在着各种波动,这取决于(但不仅限于)由海盗造成的风险和政治权威控制沿线"咽喉要道"所征收的通行税。正是经由这些主干线及无数条支线航道,明朝瓷器被运往东非,西班牙白银被运进中国的金库,威尼斯达官显贵们才穿上了中国丝绸,而印度王公则挥霍着来自西非的黄金。

旧大陆网络体系内海上联系的崛起

到15世纪,旧大陆网络体系的东、西两端迅速增密和强化。这是船只设计和航海技术上众多进步在整个网络体系内分享(即使不太平等)的结果,但在不同地区也产生了不同的后果。在以往岁月中,骆驼的驯化和旅行技术的改善,不均衡地施惠于旧大陆网络的中央地带,在那里这些技术得到了利用。现在,新的海洋知识和技术则对该网络的两翼地区产生了类似的影响。更坚固的船只使得人们对从日本到爪哇的西太平洋,和从挪威到西班牙,不久再到塞内加尔的大西洋东北部的危险海域进行了充分开拓。这两个不同的海洋环境都是风暴盛行和暗流遍布之地,可它们都以众多的海湾、半岛以及群岛等大量可停泊地为特征,而且他们各自巨大的空间区域中都蕴含着各种丰富的资源和作物。这些便是对在其中进行交往活动的人们的奖赏报酬,何况还有谷物、食盐和木材等诱人的大宗商品。在这两个地区中,海洋世界与内陆水运航道相连接,在促进大宗贸易所必需的低廉运输费用方面起到了重要的作用。欧洲的诸条河流,如莱茵河、易北河、多

158

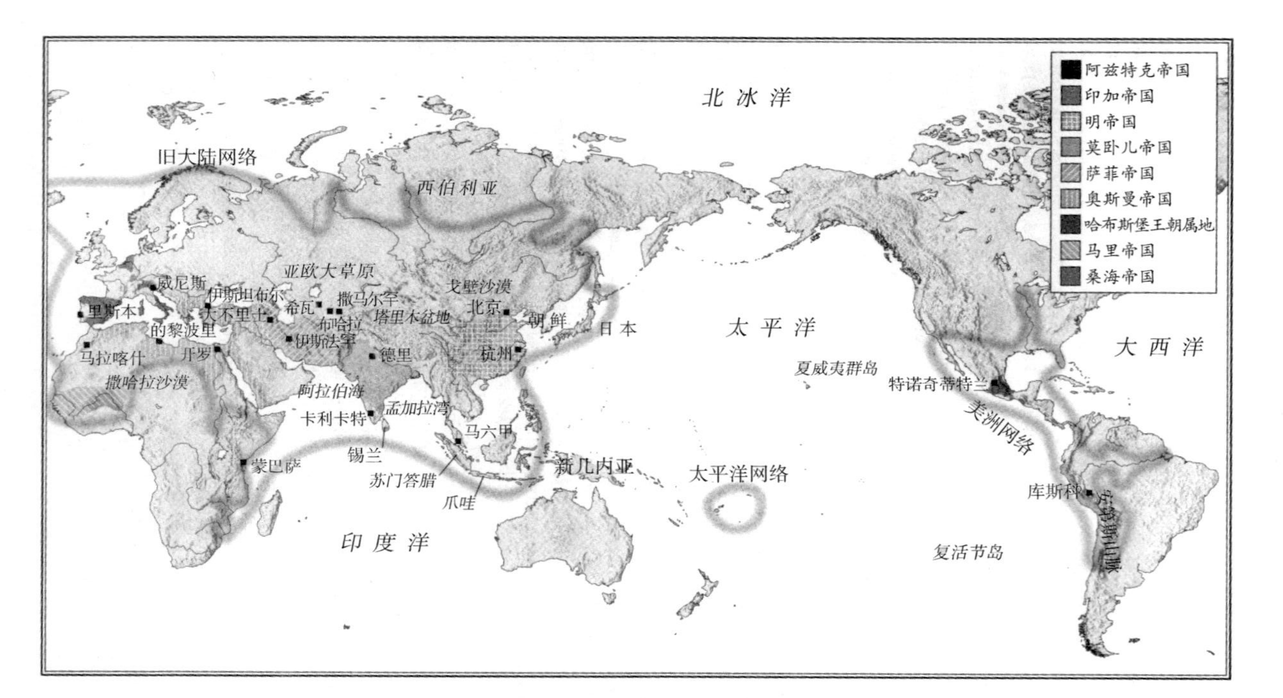

地图6.1 1450—1500年间世界诸网络体系

瑙河、波河以及其他河流,经年平缓流淌,极为便于航运。东亚的诸条河流,黄河、长江、珠江、湄公河以及其他河流,由于季风雨水而更具有季节性,但随着艰苦的运河和灌溉工程的建设,东亚的河流和运河网络成为一种推动水运和交换更加深入内地的有效途径。

事实证明,南亚地区的河流不大利于水路航运,西南亚和东非地区更是如此(故而,陆路商队贸易才占据了优势地位)。首先,因为降雨稀缺的缘故,河流数量较少。而且,大多数河流的水量也随着季节剧烈波动,水量太大或太小都不利于水上航运。更为重要的是,印度洋的海洋世界很早就已发展起来了,而且各类船只长期以来就十分适应该海域相对温和的自然条件。因而,15世纪世界各地的船只设计的改进对印度洋海上世界的影响很小。所以,在这张巨大的网络中,各种海洋联系所需要的是更大吨位的航船,而大西洋和太平洋沿岸地区从这些变革中所获取的成功与益处就远比印度洋沿岸地区所获取的更多、更大。

太平洋与美洲诸网络

15世纪时,世界上尚存在另外两个较小的网络,或者说,一个可能已经存在而另一个正在编织之中。最年轻的是太平洋网络。玻利尼西亚人非凡的航海技术把他们带到了位于新西兰、复活节岛之间最适宜居住的岛屿上,而且夏威夷还担负着一些太平洋岛屿与其他岛屿保持频繁接触的职责。密克罗尼西亚的水手们也拥有类似的航海技术,而且,他们还可能拥有比玻利尼西亚人更好的海船。一些为数不多但却得到人们认同的证据表明,在15世纪以雅浦群岛(Yap,位于加罗林群岛)为中心的定期贸易范围最远一直扩展至使用圆片石头作为货币的关岛(Guam)和帕劳　160

(Palau,亦称 Belau[贝劳])。斐济、萨摩亚和汤加岛上的马来西亚人与玻利尼西亚人各个酋长国之间也保持着定期交往。汤加,一座面积狭小而土壤肥沃的群岛,是一个正处于向海洋帝国演进途中的海上酋邦。该国统治者建立起了各种亲族关系网络并远距离地进行权力交换。这是 15 世纪一个正在建设中的网络的核心。较之商业性,这个网络更具政治性。人口稀少——整个太平洋群岛总计至多有几百万人,新西兰北部各群岛在生态上的相似性,以及遥远的距离,这些因素均对它们之间的贸易和其他形式的相互影响构成了限制。这是一个巨大但非常松散的网络,汤加和邻岛之间的往来联系还非常微弱。

第二个独立的网络位于美洲,它拥有极为众多的人口。在 1450 年,整个美洲的人口大概在 4000—6000 万(有各种对美洲人口数量的估算,其数量从 500 万到 1 亿以上不等,但 6000 万这一数字似乎得到大致的认可)。这些人口中的绝大多数居住在一个宽松的相互交往的网络之中,这个网络从北美洲五大湖区和密西西比河上游向南伸展到安第斯山脉。由于缺少驮运牲畜(除了安第斯羊驼),水运在沟通该网络中扮演了主要角色。独木舟在密西西比河流域的各条河流上有效地运送着人口和物资。南美洲的奥里诺科河(Orinoco)和亚马孙流域同样如此。最多可容纳 30 人的航海独木舟和运货舟筏,沿着连接南北两个大陆的加勒比海和墨西哥湾航道航行,就像墨西哥和秘鲁之间沿太平洋海岸的交通一样。

美洲网络有两个节点,一个在墨西哥中部,阿兹特克国家就在此奠基,另一个则在秘鲁,那里是印加人的发源地。阿兹特克是在墨西哥早期文明传统上建立起来的,并在贸易网络中承继着领导地位,而且其文化影响向北扩展至北美洲的心脏地带。这些网络由中转贸易、陆上长途运输以及沿海和河流中的船只构成。在中美洲社会中,商人和市场扮演着主要角色,并构成了北美洲诸民族松散网络的基础。在政治上,阿兹特克人仅仅控制着中墨西哥,但在文化上,中墨西哥却影响着一个广阔的地带,从墨西哥北部的干旱地带横贯密西西比河流域并深入到北美洲的东南森林地区。尽管在13世纪后,墨西哥与北方地区的贸易和文化联系似乎削弱了,但直至1450年,它们还依然存在。在阿兹特克人控制区域的中心矗立着特诺奇蒂特兰城,一座可能拥有25万人的城市,拥有着众多市场,1519年,那些曾见识过诸如那不勒斯和伊斯坦布尔等大都市的西班牙征服者们对其感到十分震惊和敬畏。 161

大约在1440—1520年间,印加人创建了一个从最北端的哥伦比亚延展至最南部的阿根廷和智利的帝国。其征服的速度之快非同寻常(一如同时代的奥斯曼人),并同时把高水平的政治和文化整合状态带入700万—1200万的人口之中。在安第斯山脉和沿太平洋海岸地区,印加帝国采用道路网将它的征服地区统统连接起来,以弥补河流运输的不足。这个道路网络体系包括大约15000—25000英里(25000—40000千米)的人工建造道路,分为两条干线和若干条支线。在世界上的各种伟大公共建筑成就之中,印加人的公路建设占有一席之地。以太阳神扮演核心角色的印加帝国宗教传播十分广泛和迅速,遍及大军占领之处,他们独特的石质纪念碑建筑风格、纺织方式、陶器制造风格和盖丘亚(Qechua)语言也是如此。近海船运也起到了经济整合的作用,但是在这方面国家政权的指导作用远比商人和市场的引导作用更大一些。与阿兹特克人及其前辈相反,印加人的影响似乎很少超出在政治上臣服于其统治的那些地区——这可以从安第斯社会中的商人和市场地位的有限性得到明确反映。

在印加帝国统治范围之外，美洲网络较为松散，与其说它是一种政治控制网，不如说是一个移民、贸易和相互影响的网络。玉米和马铃薯等农作物传播非常广泛。一些文化习俗，如户外场地的各种球类游戏，流行于加勒比群岛、墨西哥和南美洲北部等地（但令人奇怪的是，这类游戏却不见于中美洲的部分地区）。一些民族，如科苏美尔群岛（Cozumel）附近的玛雅人，贸易活动非常广泛，而另一些民族则似乎很少超出其地方社群参与交换活动。独木舟虽定期在加勒比群岛之间穿梭航行，但很明显，它们很少由此地驶往北美和南美洲大陆。

虽然，证据的性质不允许我们得出过于自信的评判，但我们还是应该做出这样一个结论：在哥伦布到达美洲各个水域之前，美洲的网络是巨大而纤细的。在美洲最南端和最北端以及其他孤立地区，尚有大量人口生活在这个网络之外。尽管历经了数百年的交往与交换以及成功的帝国体制，巨大的文化差异性仍然存在——在1492年，美洲大约有两千余种互不相通的语言。这种状况将很快被改变。

162 诸网络的相似性与相异性

欧亚—非洲、太平洋以及美洲的这些网络，无论是在规模上，还是在相互联系的广度与强度上都是迥然不同的。但无论这些网络规模是大还是小，相互联系的程度是紧还是松，它们在运输、信息交换上的费用却都比较低廉，这就使人们对属于自己网络中的各个地区的状况了解更多一些，旅行、商品与思想的交换以及流行病的蔓延等都要更加容易一些，结果，各种最好的实践经验在这些网络内比在网络之外传播得更为迅速——不管是建造一艘船只,还是去追求一种美好的来世生活都是如此。这使各种文化之间的差异性得到了相当程度的降低,因为不管是自愿还是被迫,人们都要遵循一套比较简单的规范。然而与此同时,这些网络促进了生产的专业化和劳动分工,形成了一种经济差异标准,正如不同的社会人群在不同的社会活动中各有自己的专长一样。更为重要的是,专业化和交换使得人们对各种资源(包括人自身)进行更为有效的开发,更为有效地创造财富。财富的分配却是极不均等的。所有这些都意味着网络内的诸多社会与处于该网络之外的其他各个社会相比,要更为富裕,更有力量,等级划分更加森严。而且,从流行病学角度上看,这些网络内的诸多社会令人更加敬畏,因为它们较强密度和较快速度的相互活动,使各种疾病的传播更为猖獗,在历经了漫长岁月和付出了大批儿童死亡这一巨大代价之后,这些社会对疾病抵抗力的传播(在幸存的成年人之间)更为广泛。所有这一切都将参与这个网络的各个社会同那些更为孤立的社会区别开来。

然而世界上各个网络体系是不对等的。最庞大和最紧密的网络是旧大陆网络体系。其中包括了当时世界上在军事和技术传播、特定的时间和地域内集中政治权力的能力以及疾病抵抗力等诸多方面最令人惊叹的社会。它们可能并非位于世界上最舒适的居住环境之中——倘若以儿童死亡率或社会平等作为判断标准的话,肯定不是——但这些社会的确是最令人惊叹的。

世界诸网络的融合和扩展(1450—1800年)

18世纪伟大的苏格兰道德哲学家和现代经济思想奠基人亚当·斯密在1776年写道,世界历史上最伟大的事件是克里斯托弗·哥伦布在1492年航行到美洲和瓦斯科·达伽马于1497—1498年环绕非洲的航行。他只说对了一半。

163 在哥伦布(1451—1506年)之前,世界上相当大的一部分地区相对于其他地区是完全不被人们所知而孤立存在的。各种零星的穿越太平洋和大西洋的联系,如古斯堪的纳维亚人到拉布拉多(Labrador)或者(可能)玻利尼西亚人到南美洲的航行,影响甚微。将世界诸多网络融合成为单一的、全球性的网络,是现代历史上最重要的进程,哥伦布的航行则是打破往昔沉寂和孤立的最关键一步。然而这仅仅是那个伟大进程中的一部分而已,是遍及旧大陆网络、不知究竟由谁所引领的船舶设计和航海技术广泛变革所导致的一个后果。

船只设计和航海技术的革命

在15世纪,欧亚大陆的科学和工艺水平汇集一处,在欧洲的大西洋地区产生了两个关键性变革。一个是坚固、快速而且便于灵活操作的船只的出现,其建造和运行的费用相对低廉,它不仅可在世界的汪洋大海上任意航行,而且还能携带大量重炮。第二个是对航海知识的掌握,这其中既有对风向和洋流循环的普遍规律的认识,同时还有运用天文观测来确定航船地理方位的能力。凭借着这些技术进步,各种海洋联系在大约300年间成为人类历史的主导力量。

各种船舶设计的革新集中体现在船只所装备的桅樯、帆樯、索具、船帆等各种设备之上,有关这方面最早的事例,出现于1420年左右。当时地中海与北海、波罗的海之间的船运业不断扩展,在船壳设计和缆索装备方面造成了以往各种不同技术传统之间的广泛交流。其结果是出现了以坚固、经济为特征的地中海类型的“卡拉威尔式快帆船”(carvel),这种类型船只的壳板被固定在龙骨的肋板上,这与北方地区过去所流行的那种把壳板一块一块以覆盖的方式固定在一起,如同房子的护墙楔形板一样的“鱼鳞式”构造全然不同。这种方法使用木材较少,却能建造出更为坚固的船壳。艉柱船舵(这一装置,最初是在中国水域发明出来的,可能在波罗的海又出现了第二次发明)较之以前船尾操桨的方法,操纵更为灵活。北欧和地中海帆缆装备方法的结合带来了更灵便的操纵性和更快的速度。装备齐全的船上有三个桅杆,并配备方形风帆(便于观察有利风向)和大三角帆(便于在风中更好地航行)。因为操纵灵活性的改善,船只可以在没有桨和桨手的情况下航行,而在以前这些船桨和桨手则是抗拒不利风向的保证。因此,操纵驾驶这种装备齐全缆索的船只变得跟建造它们一样非常容易。更为重要的是,新式船壳和帆缆装备使建造更为巨大的、能够胜任远洋航行的帆船成为可能。最大的帆船被称为卡尔拉克(carrack),其载重吨位在 1450 年达到 500 吨,而 1590 年所建造的最庞大的木制船只的载重量甚至达到了 2000 吨。16 世纪,一位法国国王曾将一座网球场安置在船上。装备齐全帆缆的船只几乎在任何风向中都可以灵活操纵,而且其坚固程度足以抵挡狂暴海浪的击打。然而,一艘坚固而灵活的帆船仅仅只是硬件而已。 164

14—15 世纪,知识融合的并行发展提供了连接世界所必需的软件。在伊比利亚,常常由犹太学者所支持的阿拉伯人的天文学和数学传统与西班牙、葡萄牙水手们的观察和实践经验相结合,产生出了一种真正意义上的航海数学。及至 15 世纪 20 年代,凭借各种适当的仪器、海图和图表,那些远航船只的船长们可以相当精确地确定自己所在的纬度,从而为他们往返于大西洋群岛,如马德拉群岛、亚速尔群岛和加那利群岛提供保障。葡萄牙和西班牙的海员们开始掌控伊比利亚、西非和亚速尔群岛之间的大西洋三角海域。1442 年(如果不是在此之前)他们驾驶一种小而快速的大三角帆缆的两桅快帆船,沿着西非海岸向南探险。这种帆船的独特优点是它可以与各种风向紧密结合,从而在逆风的条件下成功返回葡萄牙。当葡萄牙人计算出他们可以安全地离开非洲海岸,驶入大西洋中部,再向北航行,然后借助西风带返航回家之时,他们开始在其非洲探险航行中使用更大的舰船。1482 年,他们在今天的加纳建立了一个要塞;1488 年,他们已经抵达好望角,并计算出南半球的风向遵循与北半球风向相反的一种镜像模式。到 1498 年,瓦斯科·达伽马(约 1460—1524 年)冒险进入印度洋航行,在那里他得到了一位当地船长的服务,在这位船长领航下,达伽马的帆船从东非海岸抵达印度。葡萄牙人很快便获得了印度洋水域季风类型的常识;可对于他们自身所拥有的关于大西洋风向和航海的数学知识,他们却缄口不提,竭力保守秘密。

航船与政治

因而,到 15 世纪 90 年代,葡萄牙人在深海上已经拥有了航行到他们愿意去的任何地方的知识和装备。要安全地进行这些航行并从中获取自己想要的一切,他们需要一种更为深刻的创新变革,即舰载火炮。巨大而坚固的卡尔拉克帆船可以装载巨大的火炮及附属装备,而这是世界上其他类型的船只所无法做到的。甚至印度洋和南中国海的那些庞大船只也不具备卡尔拉克帆船这种牢固的肋材建构,如果承受重炮的后坐力,常常会发生剧烈摇晃甚至解体。1510 年,在印度第乌港(Diu)附近的海面上,葡萄牙人第一次在没有撞击或登上敌人船只的情况下,赢得了海战。

165

1530 年,他们(以及其他人)所建造的船只为适应火炮的要求,将炮孔和承载火炮的甲板都设置在吃水线以上。1550 年后,大西洋欧洲的海军舰只和商船在构造结构上变得多种多样,而任何希望在海上有新作为的君主或城市国家都不得不提供建造各类战舰的费用。这势必对此后的欧洲政治事务产生影响。

政治因素也对欧洲人将世界各网络加以联接的进程产生了影响。把学者和航海船长们共同创造的那些具有决定性意义的航海知识组合为一个整体,需要国家的扶植与支持。十分活跃的航海家亨利王子(Prince Henry the Navigator, 1394—1460 年)就做到了这一点,他凭借各种家族关系获得了葡萄牙王室和罗马教廷的支持。他从西班牙网罗了一些犹太学者,在萨格里什(Sagres)开办了一所航海学校,虽然其内心之中充满着一种同伊斯兰教相抗争的十字军战士的情怀,但他仍欣然对穆斯林科学加以充分利用。亨利死后,葡萄牙国家对海外冒险的支持有所松懈,但在 15 世纪 80 年代,这种资助扶植再度复兴,所以正是葡萄牙的船长们完成了历史上第一次绕过好望角的远航,也是他们第一次将大西洋直接地同印度洋的贸易圈连接起来。

大西洋欧洲其他各个王国很快便获得了各种必需的海洋知识,开始仿效葡萄牙人。在葡萄牙人断然拒绝资助哥伦布后——当时,在葡萄牙人赞助下,一位名为费尔南德·万·奥尔曼(Ferdinad von Olmen)的船长,已在 1487 年出发向西航行,但却未能返航——葡萄牙人的政治对手西班牙人却为其提供了资助。英格兰人资助了约翰·卡伯特(John Cabot),一位同哥伦布相类似的意大利人,此人曾在 1497 年航行至纽芬兰。接下来整整一个世纪,大西洋欧洲各国均派遣了大批海洋探险队穿越深海,寻求贸易、利益和地理知识以及需要拯救的灵魂。到 1580 年,欧洲人已经积累了相当准确的有关世界上绝大多数海岸的地理知识。只有辽阔无垠的太平洋一直到18世纪后期,对他们还隐藏着一些秘密,随着可以精确测定经度的工具的进一步发展,欧洲的水手们——如受英国资助的船长詹姆斯·库克(James Cook)和乔治·温哥华(George Vancouver)——才将澳大利亚到阿拉斯加的海岸线和洋流的状况绘制成图。1794年,当温哥华对北美洲太平洋海岸的调查完成之际,大西洋欧洲各国已经绘制出了地球上每一处已知的海岸线,并将世界上每一处沿海社会都带进了一个单一的互动网络之中。1492年,将美洲拉入这个世界范围沿海网络的哥伦布的探险航行是最为重要的一步,但这仅仅只是以葡萄牙人向附近的大西洋群岛探险为开端并以库克和温哥华为结束的漫长累积过程中的一步。这一过程需要国家政权的支持。

166

中国舰队

1405—1433年间,中国舰队的统帅郑和(约1371—1435年),曾六次率领舰队驶入印度洋,他拥有着大西洋欧洲各国探险家们所难以企及的支持力度。1415年夏天,当航海家亨利王子积极参与一次葡萄牙人对摩洛哥城镇(Ceuta[休达],亦称Sebta[塞卜泰])的远征讨伐时,郑和正值一生中六次远航的第四次远航期间,此时他抵达了波斯湾入口处的霍尔木兹。亨利王子所到达的地方距其故土家园仅约200英里,而郑和已经航行至距其大本营约5000或6000英里之外的异国他乡。郑和舰队最大一艘船的长度是后来哥伦布所指挥的最大船只的6—10倍,是1497年约翰·卡伯特所驾驶的那艘孤舟的30倍。哥伦布在其规模最大的一次远航中(即其四次远航中的第二次),拥有17艘船只和约1500名水手,而郑和第一次航行的规模就为317艘船和27000名左右的船员。哥伦布1492年的冒险航行只有90人;卡伯特的人数更少,仅有区区18人。而当时效命于西班牙的葡萄牙海员费尔南德·麦哲伦所领导的第一次环绕地球远航,载有船员270名,其人数仅仅是郑和舰队船员的1%。亨利王子时期的葡萄牙拥有约100万人口(西班牙在1492年有600万人口),而1415年的中国已拥有1.15亿人口,而且其国库收入大约为葡萄牙的100多倍。然而,国家的支持在中国渐渐消失了,却在葡萄牙兴盛起来。15世纪30年代后,明朝皇帝有其他需要优先考虑的事务,及至1470年,建造巨型船只的技术在中国失传了。

然而,中国航海活动还是产生了一些额外收获。尽管明朝竭力压制,各种航海和地理知识还是存留了下来。郑和的远航获得了有关印度洋和东南亚水域的大量信息,它们后来被汇集成各种路线图、航路指南和星象图,以及类似图册的资料。即使是在官方版本被焚毁之后,这些图册仍在民间传播。后来出现的各种(非法的)探险的报道使这些知识得到不断完善,1537年,其部分内容被结集出版,载入一本名为《瀛涯胜览》(*Route for Crossing the Ocean*)的书中。许多相似的书籍、地图和路线指南也随之出现。16世纪70年代,明王朝放松了海上贸易禁令。贸易再度繁荣起来,将日本、朝鲜、中国和东南亚各地商品带入到一个单一而巨大的海上市场之中。

167

但是此时,大西洋欧洲各国则在探求全世界海洋知识的道路上快速行进。1793年,就在温哥华完成自己的使命之时,一位前往北京寻求贸易协定的英国使节,被皇帝(乾隆,1736—1795年在位)告知:中国对一个"孤悬海外"的弹丸小邦丝毫不感兴趣。这一观念既是当时中国真实国力的一个暗示,也是这位年迈皇帝的失策,他没有意识到1793年正是海洋将整个世界都联结为一个单一网络的时刻。

世界性网络在非洲的扩展

世界性网络第一次重要的海上扩张就波及了非洲。1450年，位于地中海沿岸的非洲、埃塞俄比亚和苏丹统治的区域以及东非海岸已是旧大陆网络体系的一部分，但非洲大陆的其余地方则还是化外之地。可怕的疾病环境、缺乏通航条件的河流和达到一定水平的各种军事技能，都使得外来者一直停留在热带非洲和南部非洲之外的地区，除了少许特例外，这种情形一直延续到1800年。1440年后，新的海洋联系开始对这种状况加以改变，但这仅仅是些有选择的行为。在东非，赞比西河和埃塞俄比亚之间的地区，仅存在很少由印度洋网络的扩展所带来的互动。1505—1520年葡萄牙海员占据了几个海岸港口，但几个世纪以来，这些城镇已与阿拉伯、波斯和印度诸世界展开了密切的交往。葡萄牙人和他们的非洲—葡萄牙后裔向内陆的探险渗透，已抵达赞比西河流域并深入埃塞俄比亚地区，然而，他们并没有进行任何征服或定居活动。无论是基督教还是伊斯兰教都未能渗透进东非内陆地区（直至后来）。只存在某种规模不大的主要同阿拉伯和印度相关联的奴隶和象牙贸易，根据一个非常粗略的估算，在1720年前，每年被输出的奴隶数量在1000名左右，自此之后，莫桑比克的葡萄牙奴隶主开始逐步扩大规模。绝大多数东非内陆地区几乎都未受到远程贸易交往的影响，广大的乡村地区仍在以村庄、庄稼和牲畜等各种形式，专心致志地从事占据土地的缓慢斗争。

然而，非洲南部最南端的地区突然而彻底地加入到这个网络之中。葡萄牙人——以及1600年后的荷兰人——开往印度洋的船只通常停靠在好望角补给淡水、食物并进行休息。好望角拥有地中海类型的气候,伴有冬季雨水,但(在陆地方向)却被干旱地区所包围。1652年,荷兰东印度公司(该公司以其荷兰文的字母缩写形式VOC而闻名)在此地建立了一个永久要塞,并与当地居民进行定期的交往。数千年以来,南非地区已经成为牧人即科伊科伊人(Khoikhoi)和狩猎采集者即桑族人(San)的故土家园。在好望角地区,其人口数量可能有5万。荷兰东印度公司发现科伊科伊人和桑族人无法为其提供长期海上航行所需要的物资供给,故而在17世纪70年代,该公司将农夫带入好望角地区,把这里变成了农业殖民地。起初,好望角地区主要是靠从科伊科伊人手中购买或捕捉的奴隶,或者从印度、印度尼西亚、马达加斯加等地输入的奴隶,以及18世纪莫桑比克逐步增加的奴隶来进行农业生产。为了适应过往船只的各种需求,该地区的经济发生了种种变革,小麦、肉类、葡萄酒等必需物资以及娼妓成为当地经济的显著特征。1713年,一艘来自印度洋某地的商船在好望角停留期间,将船上运载的亚麻布制品带到岸上洗涤,结果把一种可怕的天花传至此地。这场灾难杀死了好望角镇1/4的居民以及多达90%的科伊科伊人,当时的科伊科伊人社会已处于由于奴隶掠夺而导致的严重衰退之中。1755年和18世纪80年代,天花又两度侵袭南非地区,它不仅对科伊科伊人造成影响,也影响到好望角以东,即今天南非地区被称为特兰斯凯(Transkei)和纳塔尔(Natal)的各个操班图语的民族。 168

荷兰语和加尔文宗荷兰改革教会逐渐传播到这个奴隶社会,并使科伊科伊人中的自由民数量得以维持。1700年,好望角已有足够数量的穆斯林向荷兰东印度公司当局提出建造清真寺的请求。到1800年,好望角已有约2万名欧洲定居者,其中大多为荷兰人,此外还有主要来自非洲南部的2.5万名奴隶。好望角是非洲南部一个具有世界性特点的“小岛”，虽然此刻它仍处在世界性网络之外。

在非洲绝大多数地区，对世界网络参与的增强趋势主要是以奴隶贸易方式完成的。在大西洋奴隶贸易开始之前，撒哈拉以南非洲地区向外输出奴隶已有一千多年的历史。但这种穿越撒哈拉、红海和印度洋各个地区的奴隶贸易的规模一直不是很大。而当大西洋欧洲各国将世界各地的沿海地区连为一体之后，非洲南部奴隶贸易的意义和规模则发生了变革。1441 年，葡萄牙人最早开始掠夺非洲黑人，并开启了向葡萄牙输出黑奴的贸易，稍后又向马德拉群岛和加那利群岛等地输出。这两个群岛役使奴隶种植甘蔗获得成功（此外在摩洛哥，当地的萨丁王朝也役使奴隶劳力建立了一种甘蔗种植园经济），激发了最初圣多美和其他非洲近海内陆地区进行仿效，随后巴西也起而效之。横渡大西洋（前往巴西）的奴隶冒险航行于 1534 年开始，最初的奴隶主要来自今天塞内加尔和加纳的沿海地区。逐渐地向美洲输出的奴隶来自从塞内加尔到安哥拉的整个非洲西海岸地区，而到 18 世纪，非洲黑奴则来自莫桑比克和东非地区。

169

在贩奴贸易结束（1850—1880 年）之前，大约 1100 万到 1400 万奴隶从非洲启程，其中约 85% 在经过“大西洋中央航线”的漫长旅途之后，活着到达了美洲大陆。其中大约 40% 的奴隶输往巴西，输往加勒比地区的奴隶数量大约与此相等，而约有 5% 的奴隶输往后来所谓的美利坚合众国。墨西哥、哥伦比亚、秘鲁和西属美洲大陆等地区之间的平衡终结了。奴隶运输高峰是在 18 世纪 80 年代，每年接近 8 万人。贩奴贸易延续了 400 余年，总的说来，这场跨洋贩奴贸易的规模大约是以往撒哈拉、红海和印度洋之间奴隶贸易规模的 10 倍。

随着新发现地域范围的扩大,欧洲的奴隶贩子向其非洲搭档提供了更大的优惠。最初,葡萄牙人购买非洲奴隶是为了贩卖他们以换取非洲黄金海岸的黄金。但当发现奴隶可以用于更加有利的用途时,他们改用马匹进行交换。到 17 世纪,奴隶贸易是通过白银和贝壳货币这两种货币加以润滑的洲际间或大洋间贸易网络中的一个组成部分。美洲的白银使欧洲贩奴商人们可以为西非市场而购买南亚的各种商品。产自印度和欧洲的布匹是输往西非的主要商品,此外尚有数以百计的其他商品,这其中包括生铁、铜币、烟草、酒精、枪炮等,此外还有印度洋周边地区,主要是马尔代夫群岛所盛产的贝壳货币,欧洲人常常干脆就以美洲白银购买贝壳货币输往西非地区,因为在该地区,贝壳货币被视为主要货币而广泛流通。1720 年,西非海岸出售的大约 1/3 奴隶的交易费用都是由印度洋贝壳货币支付的。为了换取这些商品和贝壳货币,非洲沿海地区的商人们就从内陆地区购买奴隶和黄金。

这种交易赋予内陆地区的商人、掠奴者和王公们以种种理由去奴役更多的人口。为了大西洋的贸易,他们一共将 2500 万人口变成了奴隶,其中许多人在被卖给海边商人之前就已死去。数以百万计的人口或是在战争中被俘获、绑架,或因本人以及族人触犯法律而被司法判决为奴隶。

然而,致使如此众多的人口遭受如此悲惨的命运的最终缘由还来自于其他方面。蔗糖业在欧洲需要一个强大的市场,烟草业则几乎在哪里都有同样的需求。而为了在欧洲市场上占据优势,在美洲种植这些作物则需要大量支撑条件。数量锐减的美洲印第安人口(见下文)显然不敷使用,此外由于熟悉环境,美洲印第安人随时都可轻易逃亡。种植园主们曾尝试着使用欧洲的契约劳动力(以及一些爱尔兰和苏格兰奴隶),但 1640 年后,他们发现 170

使用这种劳力费用过于昂贵，而且欧洲契约劳力和奴隶在美洲的寿命都过于短暂。当天花和黄热病于17世纪50年代在美洲热带地区扎下根来之后，这些人死亡的速度极为迅速。非洲的奴隶则要廉价一些，尽管实际上并不便宜，但他们在美洲热带地区的预期寿命却要长得多。这便是他们被购买的原因。但他们又是为何被出售的呢？

在非洲，就人口而言——子女、妻子、侍仆和奴隶，通常被算作财产。这是因为非洲土地广袤而人口却较为稀缺。拥有大量的依附者就意味着拥有地位、权力、财富和安全。与此相对应，要想获得这一切就意味着要出售奴隶。倘若某个人可以通过捕获方式而廉价地获得奴隶，并出售他们以换取枪炮、贝壳货币或铁，那他就可以拥有更多的妻子和孩子，同时也可以劫掠到更多的奴隶——简而言之，一个人可以通过再投资来累积财富。与之相对，保有奴隶却毫无意义，因为如果不将他们卖到远离家乡的地方，他们就可能轻松地逃跑；而妻子、孩子和依附者则更有价值，他们很少离心离德，且比奴隶更为合作；而且还因为同奴隶相比，大家庭可以提供更多感情上的回报。更为重要的是，非洲人主要希望把女人和孩子作为自己的奴隶，而其他绝大多数社会主要从事农业生产，所需要的是劳动力。大西洋市场为男性奴隶所付的价钱更高，故而，将奴隶出售给沿海地区贩奴商人就具有了特殊意义。经过15、16世纪的扩张，世界性网络通过市场的各种联系使许多非洲人通过（间接地）变奴隶为家庭成员和追随者而致富并获得地位成为可能。为了获得更有价值的人，他们将另一些人出售出去。

此时，政治也参与进来。为了自身的各种目的，非洲的统治者们经常发动各类战争，并通过这种方式获取俘虏。蓄养奴隶将招致麻烦。而把他们卖到沿海地区获利会更大一些。向自己的对手发动进攻、尽可能多地俘获其士兵并将其出售具有极大的政治意义。所有这一切都基于这样一种现实,即非洲的奴隶主们同非洲奴隶的命运毫无关联,因为此时还没有形成一种共有的非洲同一性的意识。

奴隶贸易对非洲的影响主要是间接的。400余年来被掠为奴的2500万人口,在整个非洲人口总数(至于非洲人口总数究竟是多少,我们并不清楚)中只是一个非常小的部分。甚至在可能受奴隶贸易影响最大的安哥拉地区,每年因自然原因而死亡的人数是被掠为奴的人数的5到10倍。一位安哥拉人一生中遭遇奴役的危险系数大概是当今一名美国人因交通事故死亡的5倍。尽管在某些时刻和某些地方,被掠为奴的数字令人震惊,但就总体而言,奴隶贸易对非洲人口的影响可能很小。[①]

171

然而奴隶贸易整体的影响则是巨大的。在政治上,奴隶贸易刺激了非洲国家的建立与扩张。那些无国家的社会,如尼日尔东南部地区的伊博人(Igbo),尚处于一种特殊的危险之中;此地的人们即使在农田中劳作也不得不手持武器,并把孩子锁闭在设防的栅栏中。奴隶贸易使非洲大陆许多地区的社会都出现了军事化,并使那些军事领袖兼贩奴商人的地位大大提升,这些人以迅速增加的财富和各种暴力方式向现存秩序发起挑战。奴隶贸易对那些掠夺性国家非常有利,如西非阿散蒂地区的阿散特(Asante, Ashanti)或达荷美(Dahomey),它们十分擅长从防御较差的

① 有关奴隶贸易对非洲的人口影响的相反观点(几种观点之一),请见帕特里克·曼宁:《贩奴与非洲生活》(Patrick Manning, *Slavery and African Life*, Cambridge, 1990)。有关安哥拉的数据来自约瑟夫·米勒:《死亡之路》(Joseph Miller, *The Way of Death*, Madison, WI, 1988),第154页。

相邻社会中劫掠奴隶。在经济上,奴隶贸易对那些掠夺性民族非常有利,他们完全依靠劫掠、贩卖奴隶的报酬为生,并为了进一步进行劫掠、获取更高的收益而投资于马匹和枪炮(奴隶贸易期间,大概有 2000 万支枪被输入非洲),而不是向从长远看来可能生产更大利润的事业进行投资。奴隶贸易还加速了非洲各个社会商业化的进程,增添了许多远程贸易交通路线。在文化上,奴隶贸易或许对伊斯兰教产生了某些促进作用:穆斯林的法律严禁奴役本教信徒,因而改变信仰就提供了某种免于被西非大草原的穆斯林奴隶主们劫掠为奴的希望。在社会上,奴隶贸易的确曾引起了各种纷争。那些成功的奴隶主变得非常富有和强大;普通民众则不得不小心翼翼,恭顺臣服。一些社会上层和商人没有选择从事贩奴行业,而其他一些人则认为必须从事这一行当,目的就是避免自己被人奴役。时至今日,在非洲许多地区,人们仍记得谁的祖先是奴隶主,谁的祖先是奴隶。

奴隶贸易的影响也是不均衡的。一些民族消亡了。那些自身防御薄弱且处在骑兵武装所及地域内的民族是最易遭受攻击的。在马匹具有巨大重要性的西非大草原地区尤其如此,而在马匹无关紧要的地区,如安哥拉,也是如此。及至 1800 年,奴隶贸易已经深入非洲内陆,但并非全部地区。非洲中部的雨林地区——无论按什么标准来说,都是一块人口稀少之地——则几乎没有受到影响。

通过奴隶贸易,沿大西洋的非洲各海岸地区已进入世界网络 172 之中。非洲海岸地区的奴隶主们通晓各种欧洲语言,而且一些奴隶主还采纳了欧洲的服饰和生活习俗。各种贸易商品和粮食作物从全球各地输入大西洋非洲地区。通过奴隶贸易,非洲内陆地区对这个网络的参与程度也在不断扩展。

确切地说,东非海岸地区受这个网络全球化影响而发生的变革要小一些,这是因为该地区早就同大陆的网络体系保持着密切的往来联系。苏丹中部地区(即位于乍得湖和尼罗河之间的撒哈拉南部地区)的情况也变化不大,因为它远离大西洋且奴隶贩卖活动在那里早已具有重要意义。而苏丹西部、西非丛林地带和安哥拉以及好望角殖民地等地却全然不同,在它们被纳入这个世界性网络之初,所受到的影响和冲击是破坏性和决定性的。

美洲和旧大陆网络体系的融合

就在大西洋非洲开始被整合不久,各种海上联系也将美洲带入世界性的网络之中。一旦在 1492 年穿越了大西洋,欧洲人就打通了进入北美和南美内陆的通道,他们有时是为了寻觅黄金,有时是为了获得皮毛,有时是为了拯救那里的灵魂,还有时则是为了探求通向中国的航路。在发现有统一帝国存在的地方,如墨西哥和秘鲁,他们便迅速地通过军事征服方式对这些帝国予以接管;或者如印加,他们就采用一些与政变极为相似的手段来实现自己的目的。1519—1521 年,西班牙冒险家科尔南多·科尔特斯和他所率领的几百名士兵,在阿兹特克的敌对势力的帮助下,借助猖獗的天花传染病,摧毁了阿兹特克帝国。1532 年,他的远房亲戚弗朗西斯科·皮萨罗和 167 名手下部众,偶然间发现了印加帝国,当时这个帝国正处于天花瘟疫肆意蹂躏和内讧纷争所导致的分裂状态之中。通过灵活外交、阴谋诡计、战争和谋杀等手段,皮萨罗很快就成为这个帝国的主人。这些事件使世界性网络以更快的速度扩展,因为以往的税收、纳贡和贸易等制度只需稍加改变,就转变成各种适应西班牙意图和需要的工具,并且几乎和以前一样继续有效地运转,只不过它们现在已被融入旧大陆网络之中。例如,印加的劳力—纳贡制度——米塔制(mita)就是如此,过去印加帝国的道路和其他公共工程都是靠这种制度来维持的,现在,它却成了确保西班牙官方获取足够劳动力在安第斯地区银矿进行劳作,从而为西班牙帝国提供巨额财政支持的制度。

在那些没有统一帝国存在的地方,如北美洲、中美洲、巴西和南美"南部锥形"的绝大多数地区,世界性网络的扩张进程较为缓慢。各种新的联系必需一番熔铸才能够形成。对一个民族和政治实体的征服或妥协,最初只具有地方性的意义。例如,在中央集权政治控制业已消失了数百年之久的尤卡坦地区,西班牙人的势力花费了几个世纪时间来进行建设,尽管同样的武器和细菌曾在两年内就摧垮了阿兹特克帝国。与此相似,玛雅的文化改变过程也极为缓慢且从未彻底完成。葡萄牙人也同样耗费了几个世纪之久的时光,才把自己的各种权势、经济联系和文化强加给巴西这块广袤却破碎的政治空间。在北美洲,英国人和法国人所遇到的情形也同样如此,尽管单独就英国而言,17 世纪 20 年代后曾出现一次独特的巨大移民浪潮,就英法两国而言,相对健康的人生育了众多的人口。

173

美洲网络同旧大陆网络体系相连接所导致的最大后果,是给美洲人造成了灾难性的损失。在此之前,居住在美洲的人口无一人经历过业已成为旧大陆网络内习以为常的"疾病群"的各种流行病菌的感染。他们的先祖早在各类家畜动物驯化前就来到了美洲。这意味着来自动物群的各种疾病(天花、麻疹、流感以及其他疾病)没有在美洲出现过,故而,当地人们对这些病菌毫无免疫力。因而,当密集的、相互交往的美洲人口第一次同这些疾病遭遇时,可怕的流行病便随之爆发了。更为重要的是,美洲人口都源自为数不多的祖先,故而其基因变异相对较小。这意味着某种特定的病原体如果能够击败一个人免疫系统的抵抗,同样的事情就非常可能发生在其他所有人的身上(反之在遗传学上,病原体多样化的人口能够同更多的人口接触,其体内的免疫系统可以提供有效的保护)。美洲人大规模地再现了此前许多民族融入各种交际网络时的情形。这导致了有史以来人类所经历的又一次巨大的人口灾难(此前一次是 14 世纪腺鼠疫大爆发)。1492—1650 年间的各种流行疾病的反复发作,使美洲人口至少损失了一半,甚至可能高达 90%。

1800 年,美洲的绝大多数地区,同南非一样,都已进入世界性的网络之中。此时美洲的人口大约为 2500 万,仍然少于 1500 年的人口数量。其中 1/4 居住于刚刚独立不久的美国,大约有 1/5 生活在仍是西班牙统治(直到 1821 年)下的墨西哥。几乎各地的经济都由欧洲人或欧洲血统的人进行经营管理,他们凭借文化上的读写能力享用着大量有关全球市场和政治状况的知识。产自墨西哥和安第斯地区的白银在世界各地流通。几乎所有的美洲政权,无论是欧洲殖民地还是美洲印第安酋长领地,都陷入全球政治网络之中。例如,易洛魁部落联盟就曾在“七年战争”(1756—1763 年)期间,卷入到法国和英国在印度、欧洲、各大洋和北美各地的战争之中。绝大部分美洲人都皈依了基督教这一全球化的宗教,尽管他们的信仰崇拜活动并不总是能准确遵从罗马或日内瓦所制定的各种标准。有一小部分美洲人说欧洲语言,虽然许多情况下只是作为第二语言。仅有 1/4 或 1/3 的人口说美洲印第安语言,而可能有 1/10 左右的人——一些奴隶和自由黑人——说非洲语言。如同在经济和政治上一样,美洲在文化上也加入到正在形成的世界性网络之中。到 1800 年,只有人迹罕至的亚马孙流域或北美西部山区依然停留在世界性网络体系之外。

174

世界性网络在西伯利亚和邻近北极地区的扩展

虽然在16—17世纪,海洋将整个世界连接了起来,但世界性网络也同样横穿大陆进行扩张。当时世界上最大的一块内陆地区,即位于森林和泰加林(taiga)地带的西伯利亚仍处于整个世界网络之外。1500年,这个约占欧亚大陆1/4面积的巨大空间,可能只有不超过50万人口。他们构成了大约100个语言群体,其中包括通古斯语、萨莫耶德语(Samoyed)、楚克奇语等。他们的社会组织建立在亲缘关系基础之上。绝大多数人都是猎人、渔夫、采集者或驯鹿者,没有什么农业并缺乏与世界其他地方的交往联系。只是其南部边缘地区的一部分人与其南方的邻居——突厥和蒙古等各个草原民族存在着贸易和战争联系。

西伯利亚人与数以百万计的毛皮动物,如狐狸、白鼬、松鼠和紫貂等,一道分享着西伯利亚的广阔天地。16世纪80年代早期,由垄断俄罗斯盐业贸易而致富的斯特罗加诺夫家族(the Stroganov),曾说服沙皇伊凡四世(Ivan the Terrible,“伊凡雷帝”)建立一种官私合一的伙伴关系。通过这种方式,斯特罗加诺夫家族招募人手并在西伯利亚西部地区建立了毛皮交易行。自英国商人开始在北极区的阿尔汉格尔斯克港(Archangel)从事毛皮交易之后,沙皇就觉得这似乎是一个可以从中牟利的绝好机遇。斯特罗加诺夫家族招募了许多哥萨克(Cossacks)——即生活在俄罗斯南部和乌克兰一带的武艺娴熟、性格彪悍的边民——他们非常渴望冒险进入西伯利亚寻找财富,1582年,他们开始发动边疆征服战争。哥萨克和俄罗斯人拥有着生活在世界性网络中所有社会的一切优势。他们拥有火枪与大炮(固定在水面舰船上),并且还拥有俄罗斯国家的支持,在任何时候,俄罗斯国家都可以从与瑞典、波兰和奥斯曼土耳其等各条西部战线中抽调人员和物资对其进行补充。哥萨克和俄罗斯人具备了书写技艺,凭此可以进行远程的沟通联络,同时还可对分布广泛的各个团伙之间的行动加以协调、配合。此外,他们还具有对众多日常传染病的免疫抵抗力,而西伯利亚各个民族对此的抵抗力则极弱,或者说干脆就没有任何的免疫力。例如西伯利亚的一个小部落,尤卡吉尔人(Yukagir)的人口总数就急剧减少了2/3以上,夺走他们生命的主要元凶就是天花瘟疫。

175

及至1640年,哥萨克已经控制了西伯利亚地区的众多河流和各处交通要津,并抵达太平洋沿岸地区。1652年,他们和其他效忠沙皇的武装力量在阿穆尔河流域同中国军队爆发军事冲突。这些斗争在1689年以双方签订和约而告结束,这一和约所划定的俄罗斯—中国边界线,一直延续到19世纪。18世纪30年代,俄罗斯已经到达太平洋,并把其拓居地扩张到了阿拉斯加,到1810年,又扩展到了加利福尼亚北部地区。他们建造了由大量木制堡垒和贸易要塞构成的网络系统,并试图依靠这个网络,对其不断蔓延的帝国进行控制。

激励俄罗斯人向西伯利亚大肆扩张的基本动因就是皮毛。俄罗斯人把一整套纳贡制度强加给西伯利亚各个民族,要求每个健壮的成年男子都必须为其提供皮毛。同时他们也提供烟草、酒、工具和面粉等物资来进行皮毛交易。对于居住在西伯利亚南部地区并与草原民族有所接触的部分民众来说,这是他们比较熟悉的一种管理方式,只不过换了一批新的贡赋征收者而已。而对所有西伯利亚人来说,就像对此前的许多民族一样,生活在这样一个充满暴力、瘟疫、社会动乱以及同更为强大的民族相处所致的各种失败感的网络之中,则是一种对粗暴的接触与体验。然而,他们中的绝大多数人,或早或晚,都意识到对此进行抵抗是毫无意义的,并且迫使自己接受了这种新的统治。男人们交纳贡赋,女人则接受俄罗斯人和哥萨克为丈夫和主人。还有许多西伯利亚人甘愿为俄罗斯人效命,他们通过将其邻人纳入贸易和纳贡制度之中的方式而使世界网络得以扩展。在17世纪的大部分时间里,克里姆林宫每年都从西伯利亚贩得的20万到30万张生皮中,分得7%—10%的收入。

将西伯利亚并入世界网络,与其他各地一样,既是一个经济过程,也是一个文化过程。1621年,西伯利亚形成了它自己的(俄罗斯东正教)大主教区。18世纪期间,东正教的福音传播使大多数西伯利亚人的宗教信仰发生了改变。西伯利亚人学会了讲俄语,而他们自己的数种地方语言却消亡了。因此,西伯利亚的各个民族连同他们所生存的生态系统,一道被添加到世界经济和文化网络之中。

白鼬、紫貂、狐狸和松鼠愈发稀缺,所以俄罗斯人将他们的皮毛边疆不断向东推进,一直到阿拉斯加地区——就像西伯利亚纳贡者所做的那样。然而,他们无法再向更远的地区进发了。从莫斯科旅行到太平洋地区要花费一年或更多的时间,并且用于北太平洋地区的要塞补给和探险活动的高昂花费更是令人咋舌。广袤的北美洲北部地区,人烟稀少,但却拥有种类和数量众多的毛皮动物,从大西洋一侧抵达此地更为容易。

176

公元1000年前后,挪威人曾到过大西洋的加拿大地区,但并没有留下长久的痕迹。15世纪,不时在纽芬兰海面上寻觅鳕鱼渔场的巴斯克水手也未留下什么标志。甚至在1497年卡伯特探险之旅后100年或更长的时间之内,大西洋地区欧洲各国仍对北美洲几无影响;但1600年后不久,他们便在哈得孙河和圣劳伦斯河等主要水路以及哈得孙海湾上建立了定居地和毛皮交易点。他们竭力建造一个防御要塞体系,与西伯利亚的那些要塞堡垒极为相像,并引诱美洲印第安人为其提供海狸皮。同样,他们也拥有枪炮和各种传染性疾病,结果当西方皮毛商人的木制堡垒和贸易要塞制度遍及海狸的自然栖居地时,美洲印第安人的数目骤然下降。到1800年,欧洲人已经抵达落基山脉,并乘船到达北美的太平洋海岸,在这里,他们看到了四处棒打海狗、挖设陷阱捕捉海狸的俄罗斯人。

虽然,这部环北极地区的英雄史诗的发生过程地处两个不同的大陆,但它们却具有同一目标,即寻求毛皮。无论哥萨克、俄罗斯人,还是英国人和法国人,都意识到自己所得到的毛皮能够全部出售出去。至少,他们对欧洲和中国(此地是一些西伯利亚毛皮的最终归宿)的毛皮需求有一个大体认识。令人感兴趣的是,当苏格兰探险家和皮毛商亚历山大·麦肯齐(Alexander Mackenzie)于1793年成为穿越北美洲大陆的第一位欧洲人时,他的本意是寻找一条可以将加拿大毛皮贩往中国的实际可行的商业路线。对西伯利亚和北美洲北部地区的扩展显示出了世界网络的功用,各种信息、大量人口、各类商品和远程传播的传染病的流通,把相距遥远的人们带入一种彼此合作与冲突之中,搅乱了数以百万计人口的命运,一些人发财致富,另一些人却遭受屠戮或挨饿受穷,一些语言和文化(例如尤卡吉尔的)彻底消亡,而另一些语言和文化(俄语、法语和英语的)却得以广泛传播。

世界网络在澳大利亚和太平洋地区的扩展

直到18世纪后期,很少有人居住的澳大利亚和大洋洲的广阔区域仍旧停留在世界性网络之外。日益充满活力的东南亚海上世界的船只偶尔抵达澳大利亚北部和马来西亚，但其影响微不足道。新西兰可能与广阔的世界更是完全隔绝，甚至与以汤加为中心的微型网络也互不来往。这种全然隔绝的状态，先是在1769年的新西兰，后是1788年的澳大利亚，被彻底地打破。

177

人口数字仅仅能为我们提供一种粗略的揣测，1769年，新西兰可能拥有10万名毛利人，他们是公元1300年前后迁徙而来的一小群波利尼西亚移民的后裔。数百年以来，他们曾经历过一个蓬勃发展的时期，饱食蛋白质丰富的大海豹和体躯巨大却不会飞的被称为恐鸟(maos)的鸟类。当这些动物日渐稀少之后(如恐鸟就彻底灭绝了)，毛利人更多地转向园艺农耕，并演化出各种更为好战的社会组织，组成了彼此通常相互敌对抗争的各个部落。在库克船长于1769年开始绘制新西兰海岸线之后不久，一批又一批的英国人、法国人便陆续来到此地，随后而至的是来自美洲的猎海豹者和捕鲸者们，他们身后还有各类传教士和商人。到1820年，在毛利人和欧洲人文化融合并不融洽的地区，已创建起几个十分简陋的世界性港口。在新西兰，那些陌生的疾病也造成了极大的破坏，虽然并不像在美洲或玻利尼西亚等地那么严重。快速增长的欧洲移民、政治吞并、土地战争和对基督教的广泛皈依，直到1840年后才开始。

1788年，澳大利亚的土著居民人口数量大约为75万。各种估计数字之间的出入很大。这些土著居民并不从事农业，不过他们有意识地以焚烧植被的方式，为自己的田园耕种、畜养和猎捕所喜欢的各种动物创造一些有利条件，这是一种“刀耕火种”式的农耕实践。他们生活在移动性很强的小族群中，组成了大约500—800个松散的部落，至少在干旱的内陆，这些部落在数百英里范围内维持着各种贸易、婚姻交换和相互资助的联系。他们也定期地与另外的部落发生战争。而从1788年开始英国的大批罪犯——最初这些罪犯中的大多数都是来自伦敦的卑劣窃贼——乘船抵达此地之后,土著居民们稀少的人口数量、木制或石制的武器、小规模的社会组织、自相残杀的内讧和免疫系统的缺乏,都使他们在应对大规模屠杀、迁移和疾病时显得十分脆弱,不堪一击。及至1845年,日益增加的移民人口超过了不断下降的土著居民的数量。

1769—1850年间,世界性网络已经几乎将从澳大利亚到夏威夷的整个太平洋世界全部加以覆盖。产自太平洋的海豹、鲸鱼、檀香木进入一个主要由中国的需求所驱动的十分庞大的经济体系之中。数百万人口被卷入一个由欧洲人和基督教所统治的极为广大的文化世界体系之中。同时,他们也进入了一个几乎不占任何优势的政治—军事领域以及一个他们从未经历过的微生物共同市场之中。对所有太平洋人口来说,或多或少,它都是一场灾难,正如不久前美洲、西伯利亚和非洲南部各个民族所曾遭受的那些灾难一样;而且同很久以来难以计数的众多民族一样,毫无痕迹地就被巨大的都市网络创建过程所吞没或同化。到1850年,在所有居住人口较为密集的太平洋群岛——夏威夷、萨摩亚、汤加、斐济——人口数量都在不断下降,并完完全全地融入世界性网络之中。 178

旧大陆诸网络的联合和新的世界性网络在新土地上的不断扩展,主要是由大西洋欧洲来付诸实施的。他们就是海上的蒙古人。[1] 同蒙古人一样,他们拥有各种军事优势(如1450年后的舰

---

① 这一词语借用自 Arnold Pacey, *Technology in World Civilization*, Cambridge, MA, 1990。

载火炮),而且迅速地将其加以运用。同蒙古人一样,他们发现在完成共同目标的过程中,非常容易就可以把那些只关注眼前蝇头小利的人转变成自己的同盟者。最后,还是同蒙古人一样,大西洋地区欧洲各国对其他各个民族所进行的各种征服、屠杀、占领、合作、强占和兼并,都是在为世界上各个社会和生态互动网络之间一场史无前例的一体化进程奠基、铺路。

世界性网络塑造出来的世界(1500—1800年)

世界性网络的锻造,既造成了断裂和破坏,也带来了发展和创造。随着单一网络的创建,历史发展的进程似乎开始加速。各种各样的革新与发明、繁荣与衰落、疾病与瘟疫皆通过统一体系的波动,传播到条件允许的任何地方。人们的生活越来越受到来自远方的各种事件和进程的影响,这些事件和进程与其所波及的各个地区的现实状况相结合,共同发挥作用,有力地推动了各种历史性力量的成长,而这些力量在当时很少被人们所理解和认识。安第斯地区、墨西哥和日本的白银生产将强烈影响东南亚群岛经济和政治发展的各种趋势;巴西的粮食作物,如木薯,以及墨西哥的粮食作物,如玉米,将对中非、中国和巴尔干等地区的人口发展趋势产生支配作用;枪炮则将对整个世界的地缘政治格局重新加以塑造。因而,一旦人类历史变得更加统一,它就会比以往更为动荡和混乱,时至今日,我们仍旧生活在这种状态之中。

在这场剧烈的动荡中,我们发现了某些长期趋势,它们塑造着1500—1800年几个世纪间人类社会的变革发展。在知识和文化领域,各个网络之间的统一进程对当时向现存思想和宗教信仰模式的各种大挑战产生了驱动作用,对各种宗教改革、复兴、分裂和现代科学起到了引领作用。在政治领域中,这一进程导致了数量更少、实力却更强大的国家的出现,并造成大国与小国、强国与弱国之间鸿沟的不断加深。在经济领域中,它导致了一场财富分配格局的大规模变革,重新洗牌,总体而言,这对各个地区的商人阶层十分有利。在社会领域,它造成了人口数量的增长、社会等级更为复杂,人与人之间的不平等程度更加深化。在生态领域,它导致了无数的生物交换,导致地球上的植物、动物和疾病出现了局部同一化的现象。而在地理领域,通过全世界的海上运输途径,造成了各种新的地区性社会的联合。这些趋势超越 1800 年这一时间界限,一直延续到了今天。 179

知识和文化潮流

这几个世纪期间所发生的各种思想和文化的交流,对当时现存的各种知识、宗教、文化以及政治的秩序形成了挑战。由于大西洋欧洲各国在世界性网络的统一和行进中所扮演的角色,这种挑战在那里可能表现得最为猛烈。但是,在其他任何地区也同样可以感受到这种挑战,并且这种挑战也遇到了来自各个方面的不同反应,既有对各种新观念的采用,也有对古代知识和智慧体系的坚定维护与恪守。

(一) 信息和交流

促使信息交流朝着更快和更广方向发展的有利因素很多。首先是来自跨洋航海以及与此同时发生的世界网络的扩张和交往的日益密切。越来越多的贸易和旅行、越来越快的都市化、越来越高的识字率和越来越多的传教活动(由穆斯林和基督徒推动)等等,所有这一切联合起来,推动着交流的速度和容量不断加快和增大。除此之外(在这些交流下面的)是政治环境的变化,尤其是各个陆上帝国和海洋帝国的形成,每一个帝国都形成了自己的复杂交往体系。而在欧洲范围之内,具有绝对重要性的是印刷机,它大幅度地降低了信息费用,同时也使对信息的政治控制变得极为艰难,虽然它使各种宣传变得更加容易。

最具有革命性的变革是印刷术,虽然在数百年间它的地方特性也最为明显。1430 年前后,(德国)美因茨的一名金属工匠,约翰尼斯·谷登堡,开始铸造活字用于印刷业。当时的印刷通常只能使用木刻雕版,而这些雕版只有技艺娴熟的木雕工人才能制作出来。许多文献作品都是手工誊写的,当然,誊写员常常会犯一 180 些错误。但很快,谷登堡就发明出活动的且可以重复使用的金属字模和性能较佳的印刷机,1455 年,谷登堡就是用这台印刷机印刷了《圣经》。直到 1800 年,谷登堡的印刷机一直都是人们效法的楷模与标准,而且直到 1838 年,他的活字铸造法还在流传。1455 年,一位债权人把谷登堡告上法庭,令其姓名不显于人世,几乎为人们所遗忘,直到 1465 年,一位主教才任命他为闲职牧师。1468 年,古登堡辞别人世。

13 世纪朝鲜就出现了活动的金属字模(尽管没有证据予以证实,实际上有可能谷登堡获悉了这一成就并从中获取了灵感)。当 15 世纪早期朝鲜人创制出一份字母表时,曾造成印刷业和普遍知识生活上的一次小小的繁荣。然而,金属活字印刷术并没有向更远的地区传播,当时的朝鲜还是一个高度分层的社会,只有为数甚少的一批精英能够识文断字。而在欧洲大多数地区,读写能力却可能比较普遍。谷登堡的发明,是世界历史上最具有意义的重大发明之一(而且是一项我们第一次知晓发明家名字的发明),它使印刷者能够比以往更快、更便宜地印制出更多的书籍。

他点燃了一次印刷作品数量的大爆炸。1500年,欧洲的236座城市拥有了谷登堡版式的印刷机,并印制了3万种题目,总共约2000万册书籍,所使用的语言超过12种。1483年,专门用于印刷西里尔字母的活字铸造成功(用于俄语和一些其他斯拉夫语言),1501年,希腊字母活字也铸造出来了。到1605年,各种定期出版的报纸出现,起初专门刊载商业新闻。1693年,第一本女性杂志在英国出版发行,1702年,第一份日报诞生。到1753年,英国出版商每天售出的报纸数量为2万份,而每份报纸可能被多人阅读。

然而,这些发明并没有超出基督教世界。1533年印刷出版机构在西属美洲(1639年在英属北美洲)、16世纪50年代在葡萄牙的果阿建立起来了,但亚洲各个大国对印刷机的抵制一直持续至19世纪。西班牙君主在1476年后开始使用印刷机,使朝廷官方信息的流通速度大为加快。而奥斯曼帝国、印度的莫卧儿帝国和中国的明帝国则继续依赖文吏来誊写文书。之所以如此,可能是那些誊写官吏拥有强大的势力,令人不敢冒犯,也可能是印刷术技术看起来太难以控制,或者——就表意语言而非字母语言的文稿来说——印刷术似乎并不比手工誊写或木刻雕版有多大的改进。直到18世纪,穆斯林各国的统治者们仍以印刷术具有亵渎神圣的《古兰经》文本之嫌而严禁普通人使用。由于上述这些缘故,1450—1800年期间,印刷术令欧洲和欧洲殖民地的信息景观完全不同于世界其他任何地区。这尤其体现为它使信息费用大为降低,使知识的争辩,特别是剧烈的宗教论战更加民主化。 181

(二) 宗教与网络

无论有无印刷术,信息和思想世界的变革对世界各地所奉行的正统观念都发出了强有力的挑战。随着商业大潮的躁动和世界各地城市的迅速发展,各种新思想找到了更能为民众所接受的途径。其中许多思想过于怪诞而无法持久,现在已被人们所遗忘。但有些思想却扎下根来。这些成功的思想是那些与当时社会、经济和政治的各种趋势,尤其是与较大的社会流动性、市场的不确定性以及城镇和城市的兴起最相符合、相适应的思想。总体而论,这些思想都将经验和观察置于高于传统和权威的地位之上,并为个人提供了更大的空间去形成他们自己关于生命、社会和上帝等所有重大问题的诠释。而且,一般说来,它们都是道德主义的,为高尚的行为提供指导原则,并且(至少是含蓄地)对那些支持现存正统的人的道德过失予以谴责。

15—17 世纪所出现的宗教与知识的混乱场面,从某些方面来看,再现了世界上诸伟大宗教最初确立的那个时代。此后,日益增加的城市化驱使人们去思考那些能提供道德指导原则、具有普世意义、可以使他们同外部社会的人们保持平和关系的宗教。佛陀、孔子、耶稣和穆罕默德的说教都是道德教化,非常适合流动的、都市化的人口,并且较之自然崇拜或部落宗教对城市人口更具有吸引力。到 1400 年,这些宗教内部(在不同程度上)已经滋生出争名逐利的官僚阶层;由于同政治统治者之间的密切关系,这些宗教官僚处事圆滑,八面玲珑;而且他们所拥有的世俗性财富也引发了腐败。在商业和城市发展的新时期,他们的所作所为越来越不能令新兴的阶级和焦虑的信众普遍感到满意。这就为各种新的知识和宗教运动敞开了大门。

例如,在中国,1368 年明朝获取政权后,复兴的儒家学说成为帝国选拔官员考试和正统知识学说的基础。但对一位有影响力的思想家王阳明(1472—1529 年)而言,儒家正统学说似乎已经僵化并误入了歧途,他坚定地认为无论真理、知识还是美德都可以为普通人所获得,无须经过儒家学说的长期训导。经验和内在学识可以引导人们走上美德之路。王阳明的追随者们认为追求更大程度的个人利益甚至平等都是合理的,对于那些在儒家学说背景下成长起来的人们来说,这些都是基本的观念。大体上,晚明时期知识和宗教事务的普遍特征是一种非凡的活力和多样性,这其中也包括一度短暂地与基督教的交往。

182

在印度,那纳克(Nanak,1469—1539 年)——一位曾为阿富汗王公效力的财政官员——研习过印度教吠陀经典和伊斯兰教的基本理论,精通梵语、波斯语和阿拉伯语,创立了一种新的宗教。那纳克的教义被称为锡克教(Sikhism),虽建立在印度教的基础之上,但却否认婆罗门种姓神职人员的权威,并注入了一些来自伊斯兰教苏菲派的基本原则,他为所有的信徒提出了一套严格的道德准则,而不因某个人种姓的不同就有所改变。古鲁那纳克(Guru Nanak,锡克教历史中十位古鲁中的第一人,或称伟大导师)宣扬宽容精神,他说既没有印度教徒,也没有穆斯林,只有上帝。锡克教在印度北部广泛传播。起初它对世俗的城市阶层、低种姓的印度教徒和妇女具有吸引力。它具有一种平等主义,或者至少只关注人们的智力和品行,同时又具有一种原始的和平主义色彩。锡克教给莫卧儿皇帝阿克巴(Akbar,1542—1605 年)留下了极为深刻的印象,这位帝王向位于阿姆利则的金庙馈赠了土地。

阿克巴大帝的步伐太大,激起了莫卧儿帝国境内各种知识和宗教的动荡。莫卧儿王朝是一个来自中亚的穆斯林王朝。1526 年后,该王朝统治着印度教占主要地位的印度北部地区。对于各种爆发的问题,阿克巴的解决方法是奉行宽容政策。他向几种不同宗教信仰的学者们馈赠土地，废除伊斯兰国家向非穆斯林征税的标准，下旨对波斯语和印度语哲学及宗教经典著作进行对照翻译，他甚至还雇用了一位犹太人作为自己皇子的导师。1579—1580 年间，他成功地镇压了一次由博学的穆斯林宗教律法保护者乌理玛(ulema)支持的叛乱。虽然自己是个文盲，但阿克巴却对哲学和宗教各种学说的蓬勃发展予以支持。

在伊斯兰世界其他地区，向正统发起的挑战也层出不穷，还有另外几位君主帝王参与到对宗教宽容的调整中来，尽管不像阿克巴大帝那样激进。在奥斯曼帝国，征服者穆罕默德(Mehmet the Congueror，1432—1481 年在位)为了自身的利益，曾对不同的宗教信条进行考察，提倡要宽容地对待基督徒和犹太教徒，然而对什叶派穆斯林却不那么宽容，因为什叶派运动对奥斯曼的权威构成了一种现实的挑战，而基督徒和犹太人却没有。

在伊朗，伊斯兰什叶派分支的一个变体派别在 1501 年后成为官方信仰，这当归因于萨非氏族(此后的萨非王朝)的军事成功。1501 年后，什叶派信仰在伊朗得到了国家支持，并对逊尼派的权威，尤其是对 1517 年后渴求哈里发头衔的奥斯曼苏丹构成了一种持久的挑战。起初，萨非王朝所建立的神权国家处于四面受敌的困境之中，分别同奥斯曼人和乌兹别克人进行抗争，但到沙赫阿拔斯一世(Shah Abbas I, 1588—1629 年)统治时期，萨非王朝采用了宗教宽容政策，并鼓励亚美尼亚人和犹太人在伊朗居住并从事商业贸易。阿拔斯一世还曾在其首都伊斯法罕，对果阿的葡萄牙方济各会修士所建造的一座基督教堂予以财力资助。从国际贸易(尤其是丝绸贸易)中，阿拔斯获利颇丰，而且，对于交往网络所提供的各种对外联系，他都尽力予以发展，以改善自身在周边逊尼派邻居中的地位。如同在印度阿克巴所奉行的政策

183

一样,知识开放政策在伊朗也成为一种治国的良政。

在欧洲,对正统天主教会最严峻的挑战,是 1517 年爆发的新教改革。基督教曾产生过许多异端派别,但大多被消灭或限制在穷乡僻壤或深山堡寨之内。而当德国的王阳明——马丁·路德(1483—1546 年)得出基督教本质上是内在的个人约束,而且拯救来自信仰本身这一结论之后,这种状况发生了巨变。路德,一位矿工之子,修道院的教士和大学讲师,于 1517 年公开发表了自己的观点主张。他将印刷机用于自己的改革事业中。各种廉价的小册子将他对教会陋习的批判传播得既远又广,并找到了具有接受能力的广大读者,尤其是在欧洲北部各个城镇。当时没有哪个当权者可以阻止这种传播:信息和人口移动都非常自由。很快,路德主张的各种变异形式就在荷兰、匈牙利和其他地区涌现出来,如瑞士和法国的加尔文宗以及英格兰的圣公会和长老会。同穆斯林什叶派一样,基督教新教徒意识到宗教等级制度是一种古板的、墨守成规的并经常引发腐败的制度,更是一道横亘在信徒和上帝之间的障碍。同伊朗的什叶派一样,新教徒也在德意志王公诸侯中找到了政治支持:这些诸侯为了自身原因需要从神圣罗马帝国处获得自主权。当 1598 年,法国国王授予胡格诺教徒(Huguenots,对法国新教徒的称谓)享有一定程度的信仰自由权利之后,新教徒甚至在天主教王国法国也得到了宽容。

罗马教廷及其支持者们虽然没有选择宽容,但仍不得不与新教徒相妥协,因为他们无法彻底根除它。为了让一切事物都恢复原来的状态,罗马天主教会需要进行新的思考,罗马教会不得不进行变革。在天主教内部,它对包括神秘主义在内的精神重建工作予以支持,鼓励传教工作并对艺术和建筑给予更大规模的资助。它的这些努力,被人们称为天主教改革或反宗教改革,其内　184

涵牵涉到两个方面:对离经叛道者的镇压和对其他民族及宗教的探究。一方面,罗马教会尝试通过有效地镇压所有离经叛道者以强制确立信仰和实践。另一方面,它赞助学者对哲学和宗教各方面事务进行考察、探究,甚至对那些花费一生研究伊斯兰教、印度教或佛教的多明我会修士、方济各会修士和耶稣会会士予以扶植——虽然态度有些犹疑。

遍布中国到欧洲各地的知识和宗教活跃现象的出现,是有众多原因的。其中一些是地方性的和具有独特性的。各种思想和宗教教义学派之间的独特性,因地而异,彼此差别极大。这些运动可能彼此之间没有任何相互的影响:路德没有对萨非王朝的成功或王阳明予以什么关注,更不用说从中汲取灵感了。然而,我们似乎可以公平地说,知识和宗教动荡的总体环境是由交往网络的扩张、强化和加速以及随之而来的商业化、城市化和教育提高的结果所使然的。再进一步地讲,从中国到欧洲所出现的各种对正统思想的挑战,普遍都涉及对更多的私人、个体道德品行的提倡。当然,这通常是由那些官僚化的、旧有的宗教所导致的一种拒绝态度。

(三) 宗教取缔

这种知识和宗教活跃以及随后而至的宽容时代并未持续很久。在日本,1543年后基督教传教士曾吸引一批追随者并引发了对日本佛教和神道教的重新审视,而国家政权于1614年对基督教施行严格的管制,及至1630年,已使大约30万日本基督徒回归原来的信仰或者被处决。在中国,王阳明发起的挑战最终引发了对儒家正统学说强有力的捍卫,经典著作的权威得到了重新确定。许多人都认为,明朝晚期统治的松弛与放纵造成了帝国的最终崩溃和关外的满人入侵。满人的征服(大约1630—1683年)所造成的各种暴力和争吵,促使许多知识分子返归到儒学原有的基本原则之上。而一旦统治趋于稳固,清王朝本身便对儒家这种反改革取向予以鼓励,因为它增强了该王朝在中国知识分子中的威望,而这些知识分子又是其统治所必须仰赖的力量,此外还因为儒家经典信条以及它们对秩序和等级制度的强调,都同清代统治者的统治政策相符合。在印度,后来的莫卧儿王朝诸位皇帝完全改变了阿克巴大帝的宽容政策。阿克巴的儿子对锡克教教徒极为敌视,并发展出一套令人生畏的军事传统来对付这一宗教。阿克巴的曾孙奥朗则布(Aurangzeb,1658—1707年在位),重铸了莫卧儿国家的意识形态基础,坚持所有国家高级官员都必须信仰伊斯兰教,并在1689年恢复了有利于穆斯林的税收标准。锡克教教徒、印度教教徒和其他非伊斯兰教教徒所发起的反叛和骚乱,只能使莫卧儿国家在获取臣民的忠诚和穆斯林认同上的双重困境进一步加剧。在欧洲,这种对各类宗教的取缔失败了。罗马天主教会的确赢得了对法国国王的胜利,并促成了对胡格诺教徒宽容法令(1685年)的废除,而且还扭转了新教在波兰和捷克等地区的传播。然而在英国、斯堪的纳维亚、荷兰、德意志、瑞士、匈牙利和其他地区,新教却以不同方式存活了下来,从而确保了一个知识多样化和宗派暴力的未来前景。在欧洲,政治的分裂碎化和信息相对廉价所带来的自由流动,使宗教和知识的一致成为一个毫无希望的目标。

185

一般来说,那些强大而自信的统治者,如阿克巴和征服者穆罕默德,能够推行一种宗教和文化的宽容政策,并且能够超越自私的政治打算和个人偏好与好奇这两个方面的限制对其予以实施。而那些身受内外夹攻的后继帝王们,如奥朗则布,则感到将那些异教邪说予以取缔,把自己所坚持的官方意识形态和宗教信仰加以最大程度的强化是最为恰当的,而且也与他们个人的性情甚为相投。在这一方面,日本和中国属于前者,欧洲则属于后者,因为罗马天主教会对几近一半的欧洲国家和民众对新教的选择进行遏制。

(四) 宗教扩张:伊斯兰教、基督教和佛教

当欧亚大陆主要的知识传统经历这些风暴之时,美洲、非洲的大部分地区和大洋洲则遭受了一场飓风。许多地方性的宗教消失了。而美洲等地由于政治权力迅速落入欧洲基督徒的手中,故而许多其他宗教信仰都被基督教所淹没。由于在墨西哥或秘鲁普遍流行,天主教信仰依旧保持着哥伦布以前各种宗教信仰的特征,按照罗马教会能够接受的方式进行重铸。1450—1800 年间,基督教和伊斯兰教在非洲均获得快速扩张,并且由于经常同各种地方仪式和信仰相混合,故而创造出了一些独特的变体形式。正如前文所论及的,奴隶贸易的氛围刺激了一些人皈依伊斯兰教信仰,以便寻求保护。在那些葡萄牙人和他们的非洲—葡萄牙后裔活跃的地方,如安哥拉和莫桑比克等地,基督教的皈依者激增。刚果国王发现了紧密依赖葡萄牙人的种种益处,在 16 世纪早期皈依了基督教。一般说来,政治和社会上的各种紊乱都与世界性网络扩张所造成的有利于基督教和伊斯兰教进行扩张的肥沃土壤相关联。

186

同样,在旧世界网络的穷乡僻壤,基督教和伊斯兰教也造成了宗教信仰的改变。随着西班牙官方统治在菲律宾的建立(1571 年),传教士们劝说当地绝大多数岛民信仰了天主教。在孟加拉,伊斯兰教的扩张是以各种地方性宗教的消亡为代价的,而新的信仰是与取代了猎人、采集者和临时农夫等具有较强流动性生活的

那些砍伐森林的活动以及定居农业的传播相一致的。事实上,遍布世界的各个网络之间的相互连接,对以牺牲地方性宗教为代价的可迁移传播的宗教非常有利,因为较大社区的成员可以提供许多实际的和可能的心理上的益处。严格恪守、忠诚于各种地方传统和信仰令人孤独隔绝,而且在那些邻近好战的基督徒或穆斯林的地方,常常也会导致政治上的灭绝。

佛教在 16—17 世纪经历了同样的明显扩张。长期以来,藏传佛教在尊奉地方性的萨满教传统的蒙古人宗教生活中位居次要角色。然而,1587 年,一位可汗对佛教的皈依,使其逐渐成为蒙古各个部落的主导性宗教,它有助于印度、西藏和蒙古大草原之间的贸易和其他联系的加强。1601 年,一位蒙古人被推选为达赖喇嘛,很快佛教寺庙便如春天的花朵一样迅速遍布蒙古各地。因此,在宗教信仰领域,以牺牲地方共同体的宗教为代价,各种可迁移的合乎福音的宗教传播使旧大陆网络得以不断地强化。

(五) 科学

最后,16—18 世纪的知识大潮漩涡中最具重要意义的组成部分是所谓的科学革命。实际上,它到现在也不曾终结,因为从其本质而言,科学是这样一种概念,即实验和不受任何束缚的理性是探究的适合方式,并且观察和经验不需要屈从任何公认的权威。这些观点过去曾经(现在也是)具有内在的颠覆性,并且由此常常招致宗教和政治等各种权威的攻击。

来自外部的这些攻击常常成功地阻止科学的变革,但并非总是如此。例如,在其成功的征服令阿拉伯人拥有了希腊、希伯来和印度学者的各类书写传统之后,曾在 7—12 世纪期间引发了一次十分明显的阿拉伯人对科学探索的突然迸发,这是因为阿拉伯 187

人(以及突厥人和波斯人)试图调和他们所面对的各种差异,而他们自身几乎没有什么值得加以保护的科学传统。阿拉伯人把从西班牙到印度的所有丰硕的科学成果都加以融合,向当时的世界予以展示,并且其学术机构(即附属于清真寺的宗教学校)通常允许学者遵从他们自己的嗜好从事工作。然而,这种科学研究热情的迸发却在14—15世纪停止了,或许是因为穆斯林科学家们,尤其是数学家、天文学家和物理学家,此时已形成了一个拥有权威并对各种新的观念予以防卫的令人畏惧的群体,这同宗教真理领域中的情形几乎完全一致。

结果,科学革命在欧洲而不是在伊斯兰世界、印度或中国爆发了。有两个主要理由可以对此做出解释,一个源自欧洲内部,而另一个则不是。12—13世纪,自治型的大学在欧洲大量涌现(见第五章),它自身所拥有的作为一个团体合法存在的权利,使得它成为一个共同体,在大学里,学者们通常可以用他们认为适宜的方式进行自由的学术争论。当然,他们曾产生了无数愚蠢的观念,其中绝大部分都迅速地消失了。① 各种宗教和政治权威对此均予以容忍,这只是因为他们无法在一个分裂的欧洲对其进行镇压。幸存下来的大学赋予了欧洲科学家一个支撑的机构,而这在世界其他地区则非常罕见。及至1500年,整个欧洲所拥有的大学数量超过了100所,而到1551年时,一些新的大学在墨西哥城和利马等欧洲殖民地也出现了。

在1450年步入知识解放的海域之后,欧洲人所获得的信息

① 在这些荒诞至极的谬论中,最著名的一个就是由三一学院的副院长都柏林的詹姆斯·厄舍尔(James Ussher)所提出的,他以《圣经》为基础,计算出地球在公元前4004年被建造出来。这一观点在整个19世纪都拥有追随者。顺便一提,他的这一结论,同6世纪图尔的格里高利(Gregory of Tours)所计算的结果并无多大的差别。

来自整个世界。如同之前的阿拉伯人一样,欧洲人现在所面对的是突如其来的各种相互矛盾、彼此对立的信息。在赤道以南海域的航行导致对欧洲人以前未知的各种天体的观察;美洲人则引发了各种各样的疑惑(如美洲印第安人是否也是诺亚的后裔?美洲驼是不是也被载在诺亚的方舟之上?)。印度所传来的各种植物论述证实了一个人们难以想象的世界。而与伊斯兰学术中心联系的扩大带来了大量的医学、天文学和其他科学的著述,其中一些源自古希腊先辈,这些著述很快就获得了人们越来越大的关注。波兰的一位天文学家,尼古拉斯·哥白尼(1473—1543年)坚信这样一种认识,即太阳而非地球才是太阳系的中心,哥白尼曾阅读过托勒密的原著,并且几乎可以肯定他曾从两个世纪以前的位于伊朗西北部的马拉盖天文台产出的著作中获得了某种灵感,而该地的伊本·阿沙蒂尔(Ibn al-Shatir,卒于1375年)同其他人一起曾以和哥白尼后来所采用的非常相似的方式向托勒密进行过挑战。 188

对全球性的成果进行收集、思考和系统化是需要付出极大努力才能完成的一项工作,偶尔还会带来危险。它不可避免地对现存的各种观念发起了挑战,可当时没有哪种力量能够压制这些挑战。相反,科学家们在大学里找到了一种体制上的支持。[①] 此外这也应当归功于印刷机,各种新的思想观念正是凭借它才以一种迅速而廉价的方式广为传播。罗马天主教会曾数度企图铲除科学革命的影响。(在这方面,路德就曾徒劳地阻挠哥白尼著作的

① 两个世纪(1450—1650年)以来,《科学家传记辞典》中所记载的科学家中有大约87%曾在大学学习,而且有一半科学家曾受雇于大学。请见托比·E.胡夫:《现代科学在伊斯兰、中国和西方的兴起》(Toby E. Huff, *The Rise of Modern Science: Islam, China, and the West*, New York, 1993)。

公开发表。) 1559 年,罗马教廷开始禁止一些它认为具有颠覆破坏内容的著述,这项措施直到 1966 年才被废止。1616 年,在一次宗教审判后,曾支持哥白尼观点的天文学家伽利略·伽利雷(1564—1642 年)被软禁在佛罗伦萨的家中。但这些措施被证实是于事无补的。伽利略可以将其忤逆思想在信奉新教的荷兰公开出版发行——而且他的确就是这样做的。

如同对航海技艺加以完善一样,科学革命在总体上要求给予思想家保护性的政治环境和更为广阔的空间,以便于各种观念和信息的流通。欧洲政治的(以及 1517 年后日益增加的宗教的)分裂状况同独特的大学机构相结合,便实现了这种必不可少的政治环境。各种信息则通过印刷机和大洋航行等方式和途径纷至沓来。

这些机遇的汇合对为何科学革命只发生在欧洲而非其他地方做出了解释。在中国,从明朝直至 20 世纪早期,科举制度仅关注道德、文学和艺术技能的教育。中国科学家很少能够得到体制上的支持,而且自由的探索研究和激进的观念通常会遭到强大国家的抵制。从郑和远航中所获得的各类知识成果仅仅对中国科学烙下了浅浅的几道印痕,未能导致一项持续的海外科学研究计划。

189

因而,欧洲人独自发展出一种对 1500 年后涌现出的大量实践知识加以科学研究的文化。最先出现的是航海学和天文学。紧接着物理学和弹道学——用于炮术——便接踵而至,医药、植物、化学以及其他领域的系统科学也慢慢地出现了。渐渐地,这些科学在军事、农业、采矿、冶金和其他各个领域中产生了实际的优势。这些科学,尤其是筑堡、火炮弹道学、人员和补给的精确计算和组织等军事科学,从 16 世纪后期开始,甚至使某些欧洲小国也日益强大到令人感到畏惧。到 19 世纪中期,科学在欧洲(和美国)系统地形成为技术,产生了一种技术变革的自给进程,而到目前为止,我们尚无法看到这一过程的终点。

政治趋势

毛泽东曾说过,枪杆子里出政权,而在16世纪,这一论断几乎就是事实。1450—1800年这一时期,既是一场知识漩涡也是一场政治动荡。大鱼吃小鱼成为一种非常明显普遍的趋势。各个国家和统治者皆设法有效地进行征税,维持军人的忠诚,并且利用一二百年来不断增加的收益,持续地对战争基础进行变革,结果是那些获得收益越多的国家,就越容易产生获取更多收益的诉求。而当一条大鱼同另一条大鱼相遇之时,或者在那些距离非常遥远使得后勤补给极为困难,以至于即便是那些最大的鱼也无法对其拥有有效控制权力的地方,政治集权和扩张进程便达到了极限。

所谓的权力,当然,来自于道德权威、个人的超凡魅力、财富和其他各种资源。但最后,它通常可以归结为军队和军队所造成的威慑。在1420—1700年间,军队的使用经历了各种急剧的变革,对军队加以有效使用的费用变得愈发昂贵,这对各个国家和社会提出了新的要求,并为那些大鱼持续有效地开疆拓土的行为划定了一条界线。当时的军队主要由四个部分组成,即海军、火炮和要塞、经过密集操练铸造而成的纪律严明的常备军,以及能够对数万军队(和成千上万的马匹)予以供给的非常协调有效的后勤组织系统。[①] 这些部分共同构成了一次军事革命,而这次革

① 对于这一组成部分的意义价值,有时被军事史家们所低估,然而任何一位曾尽力试图把搬家迁居与同时喂养几个孩子和保养一部汽车这几件事加以协调的父母,都会对供应一支移动大军的惊人复杂性有深刻的体会。

命乃是这一时期世界政治最重要的驱动力。

190

（一）大鱼

那些大鱼们都在某种程度上分享了这些革命发展的成果:这就是为什么他们能够成为大鱼的原因。按照人口规模大小的顺序而论,最大的鱼当属中国的清帝国和周边地区;其次是印度的莫卧儿帝国;再次为亚洲西南和非洲北部的奥斯曼帝国;最后是欧洲和美洲(和菲律宾)的哈布斯堡帝国。

清帝国开始是作为一个满洲部族介入明朝中国的一场内战,在这场内战中,它支持一方而反对另一方,并在1644年一举占领了都城北京。在平定中国全境之前,他们经历了另一场长达40年的斗争。与此同时,他们巩固海疆,镇压海盗。清王朝在1683年收复台湾。然后,他们把精力转向亚洲内陆边疆,转向蒙古联盟和西藏,由于1640年后作为大草原政治参与者的俄罗斯的出现,这些地区的局势变得相当复杂。大体上,清王朝对中国、对东部大草原的统治,以及在融大草原军事领袖和中国皇帝为一体方面是非常成功的。帝国创建之际,拥有大约1.4亿人口;到1800年,则超过3.5亿,占世界人口总数的1/3强。两位伟大而长寿的皇帝,康熙皇帝(1662—1722年在位)和他的孙子乾隆皇帝(1736—1795年在位),赋予清王朝以非凡的连续性。这个王朝一直延续到1911年。

莫卧儿人源自今天乌兹别克斯坦费尔干纳谷地的一个穆斯林突厥集团。在与中亚和阿富汗军队的征战失利后,莫卧儿人在第五次对外进攻中,杀入印度,并在1526年使用更具优势的野战大炮推翻了德里苏丹国家政权。在渡过一次继位危机之后,阿克巴所领导的莫卧儿帝国于1556年开始形成。阿克巴帝国是一架机敏的平衡调节器,因为在印度占大多数的是印度教教徒,然而当局势向有利于莫卧儿人的方向发展时,这些印度教教徒仍然生活得非常好,这是因为印度北部是一块土地肥沃、人口稠密的地区。17 世纪,约有 1 亿到 1.5 亿人口在莫卧儿帝国的控制下生活,而其国库收入是法国的 4 倍。皇位继承危机时常发生,因为莫卧儿人在这一方面没有形成明确的规则。每一位皇帝都不得不时时对自己的皇子们加以提防,他们中的每一个人都企图通过培植个人势力、秘密结盟和暗杀对手的方式登上皇位。每当一位皇帝驾崩,内战便会随之爆发,而那些胜出者总是想方设法将自己的兄弟们,有时可能还有侄子们,统统赶尽杀绝。在伊斯兰世界中,这种政治制度被各个国家政权广泛采用,直到 17 世纪中叶,奥斯曼帝国也是以此为特征。这种争斗造成了频繁的危机和内战,但它也造就了强有力的统治者:那些弱者或军事无能者极少能经受住这一选择过程。莫卧儿帝国的统治一直延续到 1857 年,然而,在 1707 年以后,它的实际权力就已衰竭了,当时各位印度教王公的实力都非常强大,任何一位莫卧儿皇帝都无法予以控制。

191

奥斯曼帝国也是一个穆斯林和土耳其王朝,它源自安纳托利亚西北部地区。本书第五章已对其早期经历进行了描述。1402 年虽然严重受挫于帖木儿之手,但奥斯曼帝国还是于 1415 年前后非常迅速地发展起来,并在 1453 年征服了君士坦丁堡。对野战炮和装备火器的步兵的合理运用,使得奥斯曼帝国在一百余年中连续不断地向外发动扩张战争,同时,还辅之以对被打败的领导人加以安抚并将其列入奥斯曼社会较高等级等各种政策。到 1550 年,奥斯曼帝国的版图,从东方的幼发拉底河一直向西延展至西北的匈牙利,向南则抵达撒哈拉大沙漠。当时它的人口约为

2000 万—2500 万(1800 年可能增至 3000 万)。1517 年后,它又将埃及这个聚宝盆囊括在内,该地区一度为奥斯曼帝国提供了约占其总收入 1/4 的财富,此外还占领了圣地麦加及麦地那,对这两处圣地的保护,为奥斯曼苏丹获取伊斯兰世界的主宰——哈里发的权力提供了合法依据。尽管那种曾烦扰莫卧儿人的继位之争在奥斯曼帝国也反复出现,并且同伊朗、俄罗斯、威尼斯和哈布斯堡等国家政权频繁地进行战争,但奥斯曼帝国的统治仍旧持续到 1923 年。

最后一条大鱼,哈布斯堡王朝的事业是在瑞士发端的。其首领鲁道夫一世于 1273 年当选为神圣罗马帝国皇帝,并任命其子为奥地利君主。通过联姻和继承,哈布斯堡家族后来陆续在欧洲获得领地,1477 年获得了尼德兰,1516 年又获得了西班牙和其他几块领土(其中包括卢森堡、勃艮第、波希米亚、匈牙利、西西里、那不勒斯、米兰等)。同奥斯曼人要求获得哈里发的权力一样,哈布斯堡家族也要求获得神圣罗马帝国皇帝的头衔。它一直与罗马天主教会结盟,统率反对新教和伊斯兰教的十字军武装战争,竭尽全力地确保对所有基督教世界的统治,与奥斯曼人在伊斯兰世界的行为如出一辙。1550 年,哈布斯堡王朝在欧洲统治着大约 2000 万的人口,约为欧洲总人口的 18%—20%,而在美洲还有超过数百万的人口(虽然其数量在迅速地减少)。一如奥斯曼帝国,他们很早就采用新的军事和财政方式来提升自身的实力,16 世纪时,哈布斯堡王朝拥有对其周边各国最为强大的优势力量。此外,他们还享有由产自美洲的白银所带来的补偿,16 世纪 40 年代,哈布斯堡王朝总收入中的 10%—20%,是由美洲的白银所提供的。哈布斯堡家族的奥地利分支一直延续到 1918 年才被推翻——这一点还是同奥斯曼帝国一样——是由第一次世界大战

192

的混乱所导致的结果。

这些大帝国中的每一个都或多或少参与到军事革命之中,它们将自己周边的弱小邻居一一加以吞噬,直到最后同另外一条大鱼相碰撞,或者是达到它们后勤补给能力的极限。这就为某些中等大小的鱼或小鱼提供了一些空间,如日本(1500年拥有1700万人口,1800年达到2800万——一条就人口而非领土和资源而言的大鱼)和伊朗(人口400万—600万)。这些中等的鱼常常会采用某些军事革新来吞并小鱼。如此一来,在那些庞大帝国的边缘地带崛起了一批规模适中的帝国。在远离权力中心的某些地区,军事技术也逐渐对一些小型帝国的建成有所助益——如马达加斯加、埃塞俄比亚、苏门答腊北部、夏威夷等地。它们也是军事革命的一个组成部分。

(二) 军事革命

前述几页,我们讲述了海军形成的经历。其中须予以格外关注的是大西洋欧洲各国均建立了这类海军并对其进行了改善和扩展,中国人也曾建立这样一支海军,但后来却废弃了它,而且直到19世纪,除上述国家之外,几乎再没有其他国家地区建立海军。阿曼苏丹国(the sultanate of Oman)曾在18世纪的西印度洋创建了一支令人畏惧的海军,而亚齐苏丹国家(Aceh,位于苏门答腊北部地区)也曾拥有一支相当可观的地方海军。但它们却没有向更远更广阔的海洋进发。甚至像莫卧儿帝国这样一条大鱼也始终将其视野局限在陆地各种目标之上,从未建造出值得一提的海军,尽管阿克巴大帝一度在16世纪90年代显示出对海军技术的兴趣。奥斯曼帝国确实建成了一支海军,但仍坚持使用有桨海船,这类舰船在地中海和其他内海海域非常有效,然而却不能横渡深海，展示帝国的实力。18世纪之前，这些大国中没有一个建造出坚固的、足以作为火炮平台使用的舰船。这就意味着大西洋欧洲各国在海军力量上的革新并未迅速传遍世界各地，这赋予了它们在那些能够将自己军队运送到的地区长久的军事优势。

大约从15世纪20年代起，西欧各国军队开始使用野战火炮。此后不久，奥斯曼军队也开始使用野战火炮。15世纪80年代，在基督教西班牙与穆斯林格兰纳达之间不断获得胜利的战争过程中，欧洲军队学会了如何移动和使用由数以百计的马匹牵引的大量火炮。1494年，一支法国军队携带类似装备进入意大利，并展示出移动炮兵迅速轰塌要塞围墙，摧毁一座又一座堡垒的强大威力。为了与这种新式武器相抗衡，16世纪20年代的意大利设计者们开始设计新式防御工事，即构筑可以将炮弹威力加以削弱的斜坡土墙。很快，米开朗基罗和列奥纳德·达·芬奇二人都将他们在绘画和民用建筑设计中所蕴藏的几何学技术，用于要塞工程设计当中。这些新式军事要塞的规模不得不变得更为庞大，人们必须不辞辛劳地进行精密的设计和建造（一切顺利的话，建造一座新式要塞通常要花费20年时间），要塞中可驻扎1000—3000人的兵力，堆满了各类补给物资，同时还需安装大量的火炮——建造如此规模的军事工事费用非常之昂贵。然而，一旦对方拥有强大火炮，那么战败或投降就是未构建这种要塞的一方所必须付出的代价。

军事革命中的第三种成分出现得较晚。16世纪50年代，一些欧洲国家拥有了相当可靠的滑膛枪，而到16世纪90年代，他们发现将滑膛枪手按照（平行线）队形进行排列，从而形成齐射的方式非常有效。16世纪70年代，一些日本军队曾采用过这种战术，但他们并没有向具有决定性的下一个步骤迈进。1590—1610年间,荷兰军官们通过对罗马军团有关如何训练的军事手册进行研读,开始创建各种用于复杂密集队形操练的动作设计(而且很快就编写出了军事手册)。他们让士兵们在练兵场上没完没了地练习、协调变化移动,目的就是令大批的士兵动作整齐划一,自动地对命令做出反应,能够有效地使用武器,快速装弹、开火、再次装弹,而不会对自己的战友造成杀伤。这些训练或许可能还有其他方面的一些功用,它增强了团队的团结和忠诚:动作协调一致似乎对士兵的凝聚力有所增强。装备精良的士兵能够在战斗的最激烈阶段平静站立、装弹并等待开火命令,即使他们身边的战友倒下身亡时也是如此。不经过严格的操练,世界上没有一支军队可以做到这样。当然密集队形的操练也是需要付出代价的:它要花费数年时间的训练才能让军队严格遵守纪律,而维持这样一支军队需要常备军人与平民社会相互隔离。如此一来,就必须为军队提供食物、军装和兵营,如果满足不了这些,军队就有可能使用他们所掌握的技能来同社会相对抗。因而,为此所付出的代价是极为昂贵的,但需再次强调指出,如果不这样做,代价就是被敌人打败。

军事革命的最后组成部分是极其复杂的供应和后勤。由于军队规模越来越庞大,骑兵、步兵和炮兵等诸兵种必须有效加以混合编成和运用,必须建造和维持要塞防御体系,而所有这一切又都随着战争推进而在远离本土的遥远他乡进行,并且需要穿越越来越多的不同地域,战争的补给问题也变得越来越复杂。一架有效运转的战争机器需要人员、马匹以及食物与钢铁、皮革、弹药等物资。它需要步兵、骑兵、炮兵、铁匠、铸炮手、厨师、工程师、工兵、骡夫;还需要战马和驮马,可能还有骡子、牛、骆驼和战象等等。而这一切需要,数额巨大,且必须要在正确的地点和正确

194

的时间予以满足,同时还需要挟带这些装备物资翻山过河。为了满足这一切需求,就需要有一个精于算计和受过教育的军事官僚阶层,可这些文案办公人员却常常遭到军队将士们的鄙视和嘲笑。

由于所有的战争事务是如此昂贵,因此这次军事革命就把各种巨大压力强加给了各位统治者和各个社会。诚如一位葡萄牙统帅所言:胜利是随最后一枚埃斯库多钱币(*escudo*)来到君主面前的。各国君主们获取所需资金的方法就是借贷、掠夺或创建一套税收制度,很多时候是几种办法同时使用。借贷意味着要拥有一套银行体系,这种体系在意大利、低地国家以及后来的英国发展得比较显著。哈布斯堡战争机器则完全仰赖于该国王室的借款能力,英国也是如此,只不过其贷款的规模要稍小一些。财富掠夺固然会招致敌人,但如果能从敌人那里掠夺,这将是一种非常令人满意的方式。早期的奥斯曼帝国和莫卧儿帝国在这些方面表现得非常出色,它们二者均可从边疆扩张战争中积累大量的财富,并将其用于资助国家和战争机器。在其统治境内搜刮金钱需要承担引发各种反叛的风险,然而有时它的确极具诱惑力,尤其是在那些宗教信仰建立在大量财富之上的地区。创建一套稳固的税收制度是统治者和被统治者(尽管很少会对此表示欢迎)二者都比较愿意接受的方式。对统治者而言,以货币征税要比以实物征税更为便利。中国曾在16世纪确立起一种仅用白银缴纳赋税的税收制度;莫卧儿帝国也试图使其税收制度货币化并取得了某些成功;奥斯曼帝国也是如此。哈布斯堡王朝的税收制度是比较有效率的,并且得到了来自美洲的白银生产的支撑,但因它的军事抱负太大,它不得不经常向银行家们举债贷款。1550年,哈布斯堡王朝为了获取现金,不得不向银行家支付高达近50%的年利率,这已暗示着银行家们对哈布斯堡王朝的国家财政缺乏信任。任何一位需要与军事革命大潮齐头并进的统治者,也需要一种最先进的财政制度。绝大多数大鱼都将其收入的70%—90%用于维持战争机器。

总之,这一时期的军事革新是由两个方面内容组成的,一是由舰船、火炮、滑膛枪、火药和要塞等要素所构成的硬件系统,二是由训练、军事工程、后勤官僚机构和各种财政体系制度等要素构成的软件系统。 195

(三) 军事革命的影响

在全球各地,军事革命组成部分的发展和传播是极其不均衡的。各种军事机器和各类财政制度是在现存的(和逐渐形成的)各种社会和生态的前提基础上形成的。激励或阻碍采用军事革命部分内容的状况也是因地而异。由于没有木材,埃及几乎无法建造一支航行于大洋之上的海军。那些没有文化的社会根本无法创建任何规模的后勤供给官僚制度。游牧民族的那些牧人们无力建造什么防御要塞。而在那些骑兵传统尤为强大的社会,一般来说是不会创建步兵和炮兵部队的,更不会去从事修筑要塞这种“鼹鼠掘洞的劳作”——正如一位波兰贵族所说的那样。而信奉《古兰经》的各个穆斯林社会,严禁有息贷款,故而银行体系的创建绝非易事。[①] 这些源自生态的、社会的和文化的种种限制,对于我们认识军事革命不均衡的传播状态非常有益。

统治者的个人爱好和才能也同军事革命的传播有着密切的

---

① 穆斯林银行家可以从事合资经营,在商业信贷方面,这种经营模式运转良好,但并不能帮助统治者得到尽可能多的有息贷款。基督教经典著作也禁止各种高利贷活动,然而到15世纪,有息贷款在基督教社会已成为常态惯例。

关系。请回顾一下航海家亨利王子的所作所为。征服者穆罕默德十分急切地渴望拥有炮兵。通过对步兵和野战炮兵的协同操练,古斯塔夫·阿道夫(1594—1632 年)使瑞典在 1611 年一举成为地区性的霸主。在日本,织田信长(1534—1582 年)在 16 世纪 60 年代就采用滑膛枪,而其继承者丰臣秀吉(1536—1598 年)也在 16 世纪 80 年代将野战炮和可抵御炮火的要塞技术统统吸收到日本的军事体系之中。满人领袖皇太极(1592—1643 年)大力发展炮兵,于 1626 年取得了决定性胜利,从而推动了清王朝占领整个中国的进程。此后,这些帝王的所作所为或许有所不同,但当时,他们所采取的措施却毫无二致:故而这些帝王本身也是具有重要意义的。

军事革命的绝大多数内容首先是在欧洲和奥斯曼逐渐形成的,如野战炮、火炮要塞、装备火器的步兵等等。欧洲人发明了密集队形操练并发展出装备火炮的海军。这些革新在欧洲传播十分迅速,例如荷兰军队手册就被译成 12 种语言出版。信息费用低廉但对学习新方法的刺激却很高。在欧亚大陆西部,有关军事革命的软件的传播相当广泛,但并不普遍。军事革命的硬件是如此昂贵,只有少数统治者能够承受,而其他的统治者则被摧毁或成为属臣。最为成功者是哈布斯堡王朝、法国、荷兰(它虽缺乏大量战争必需的原料,然而却利用其海上力量和商业予以弥补)、瑞典,以及后来的(1690 年)英国和俄国。

196

在这场军事革命中,奥斯曼帝国充分地参与众多领域的革新,虽然不是全部。他们运用了炮兵,修筑火炮要塞,并可能创建了世界上最有效率的后勤补给组织系统。著名的土耳其近卫军团对火器的使用十分有效,只是他们并未加以定期操练。奥斯曼帝国的海军仍旧还是一支有桨木船舰队。该帝国的财政制度主要依赖于战利品(罚没)和税收,从不允许银行业走向繁荣,虽然他们经常从其臣民身上勒索各种强制性的贷款。从战争经验、叛教者和欧洲的书籍中,他们拥有各种机遇去获取有关欧洲军事革命每一个组成部分的信息。然而在深思熟虑之后,他们决定不建造海军舰队,不对陆军进行操练。

莫卧儿帝国至少从16世纪20年代起也对野战炮和滑膛枪加以充分利用。他们更仰仗自己的骑兵武装,尤其在早期不遗余力地控制着南亚的马匹供应。他们的军事组织从未达到奥斯曼帝国那种官僚化的程度,具有较强的宗派性特征,士兵只听命于其将领的指挥,而不服从皇帝的调遣。当那些军队统帅做出追随皇帝的选择之时,莫卧儿军队便是一架拥有数十万之众的令人畏惧的战争机器,并且在从波斯到孟加拉的浓密森林区域没有任何可以阻挡莫卧儿大军前进的势力。然而,当军队统帅们所做出的选择不是服从皇帝的时候,那么莫卧儿帝国的权势便几乎荡然无存,各种内战与反叛会肆虐整个印度大地。莫卧儿帝国既没有海军,也没有银行体系。这一切都有助于我们对统一时期莫卧儿帝国为何能够迅速地崛起,它的力量为何是那般不可抗拒,以及当它处在那些昏弱帝王统治时期或皇位继承内乱时间为何会迅速崩溃瓦解的趋势进行认知和解释:概言之,在1526—1707年期间,莫卧儿帝国的实力始终处于一种剧烈的波动状态之中。

清帝国的状况则要稳定很多,虽然该王朝统治时期也不乏骚乱和反叛。在1644年掌权之前,清王朝就已采用了火炮。的确,倘若在17世纪30年代没有掌握攻陷城池的战争艺术并将这种艺术同他们所熟知的草原作战经验结合为一体,从而创建起一支可以承担任何陆地作战任务的机动军队的话,那么,清王朝就不可能战胜明王朝的大军。在占据整个中国之后,他们认真地学习炮术,充分利用了中国在冶金和数学上的各种技术。清王朝从耶稣会传教士处得到了一些帮助,这些传教士为清朝负责铸造大炮 197 (实际上,他们也曾为明朝负责此事),而且在使清朝了解欧洲最新的各种军事改革上也发挥了很大作用。清王朝继承了明王朝以往在北部边疆及主要城市周围构筑的防御要塞体系,凭借足够的厚度,这些要塞工事足以承受大炮的轰击(如北京城的城墙厚度就达 50 英寸左右)。清王朝军队对数量的依赖要胜过操练和火器装备,虽然在一定条件下,他们也进行操练和采用某些火器。数量上的相对优势却令后勤补给尤为艰难,但清王朝同奥斯曼帝国一样,在这一方面的表现极为杰出。清王朝的敌人主要是草原,各个游牧民族无法从军事革命中汲取多少先进的技术,故而,清王朝也无须将军事革命的全部成果统统采纳,只需采用其中一部分,即可占据优势。

这一时期军事革命的根本影响体现在三个方面:权力集中,缔造国家和帝国,并为现代国家体系奠定了基础;为世界上最令人畏惧的西欧国家的崭露头角开辟了道路;对游牧民族力量加以永久性的摧毁。

首先,它加强了中央权力并促进了现代国家的兴起。各个国家君主运用野战火炮摧毁城堡,并对地方贵族形成强大的威慑。16 世纪 80 年代之前,日本分裂成几十个封国,它们之间时分时合,彼此战火不断。在织田信长和丰臣秀吉运用野战火炮一一击败敌手、摧毁其城堡,并建立了一个对火器垄断的统一国家之后,一个中央权威在日本形成了。在法国,瓦卢瓦王朝历代国王们所进行的事业也是如此,他们将那些反叛公爵和反叛城市一一制服,而后彻底拆毁其防御工事。代之而起的是环绕整个国家边境的要塞防御体系。波斯的萨非王朝,尽管对枪炮火器持一种厌恶鄙视的态度,视之为有损真正武士的尊严,但在统一国家的进程中,仍旧应用了相同的军事创新方式,只不过速度较为缓慢。如同莫卧儿帝国一样,创建之初的萨非王朝主要还是以骑兵武装为基础,但也使用火炮去摧毁各个抵抗中心。在更大的规模层面之上,哈布斯堡、奥斯曼、莫卧儿和清朝等各大帝国之所以能够在制服地方势力和统一领土上取得成功,皆主要归因于它们完全地或部分地采用了军事(和财政)革命的成果。这一国家、帝国的建构过程是一项充满暴力的事业,虽曾遇到强烈抵抗,但最终还是赢得了胜利。它非常显著地减少了政权实体的数量,将更多的权力集中到数量更少的政权手中。它引发了一场地缘政治上的大淘汰:使数量极多且遵循着彼此千差万别的军事、政治和财政习俗的竞争实体逐步减少,成为数量很少且遵循彼此差异很小的一套有效方法的竞争实体。

其次,军事革命为 1750 年后西欧各国一跃成为全球性力量奠定了基础。这种力量的飞跃,正如我们将看到的,仅仅取决于 1750 年之后所出现的几种事物。但是,这一飞跃所依凭的军事力量却是从 1420 年以后逐渐发展起来的。其中最为关键的就在于没有哪个欧洲国家君主能够独自将军事革命所产生的力量加以垄断并建立一个泛欧罗巴的帝国。这绝不是缺乏尝试。哈布斯堡王朝曾竭力寻求对整个欧洲的统治,可这一事业是完全无望的:因为法国、荷兰和奥斯曼等国家对战争和财政的各种谋略技巧都非常熟悉,并且也有能力追求与哈布斯堡王朝相同的目标。因而在欧洲,权力的集中告吹了,一个彼此竞争的国家体系逐渐形成,各种大规模战争频繁爆发,并且在这个残酷无比的战争熔炉中,那些幸存下来的几个国家发展出非常有效的财政和军事机器,及至 1800 年左右,它们开始成功地向全世界扩展自己的力

198

量,甚至对疆域辽阔的中国和印度等帝国也构成了威胁。在一定程度上讲,这只是一个偶然的事件:它本应导致的结局可能完全不同,应该同欧亚大陆的其他地区更为相似。但它之所以如此,同欧洲开放的信息社会有着密切关联。各种有关造船、采矿和冶金、铸炮、要塞和操练的技术细节都可以自由地流通,这在一定程度上应归因于印刷机的发明,因为当时任何一位君主都无法垄断这种知识和它赋予的力量。

最后,军事(和财政)革命导致了游牧势力的终结。活动在欧亚大草原和北非地区的各种游牧部落联盟曾在政治上长期占据优势地位。各个游牧帝国猛然崛起又迅速消亡,皆因其联盟是建立在不稳定的结盟基础之上的,而这些结盟又深深地植根于部落社会结构之中。在统一时期,游牧社会对马匹和骆驼运输能力的掌控、在骑射方面的杰出才能,以及每一名男子乃至部分妇女都娴熟掌握军事技能的尚武社会等等,都令人们对其感到格外畏惧。定居农耕民族在对游牧力量的恐惧中战战兢兢地生活,已经长达 2000 余年。但是,这种由部落社会构成的游牧民族军事力量,一般来说,在 1760 年前后结束了。其原因就在于枪炮和金钱。游牧民族也能够并确实使用了火器,偶尔使用野战火炮(如在 18 世纪,蒙古人就曾在骆驼上安置了小型的火炮)。但是他们无法大规模使用这些武器,而且难以对其进行维修或维持供应。过去,各个农耕定居社会由于缺乏马匹不得不同游牧社会进行交易,而现在,流动社会因缺少枪炮和火药而不得不同定居农耕社会进行交易。从非洲西部地区到东亚蒙古地区,农牧双方之间的力量平衡由此出现了向有利于农业社会一方的倾斜,因为这些社会能够很容易地生产出更多火药武器。除此之外,各个游牧社会无力制定有效的财政制度来满足新式战争方式的需求,或购买他

199

们可能需要的各种火药武器。

18 世纪 40 年代,苏格兰高地山民最终失败,欧洲范围内的部落战争宣告落幕。1746 年,那些在卡伦顿(Culloden)挥舞着刀剑发起冲锋的山民统统倒在了不列颠步兵阵阵齐射的火力之下。18 世纪 50 年代,欧亚大陆游牧力量的最后失败,则是随着位于今天中国西北地区的准噶尔部(由诸多蒙古部落组成)的战败一同到来的。准噶尔部拥有火器,甚至大炮(瑞典人帮助其使用)。但清朝军队拥有的火器远比他们更多,而且更具威力,1679—1750 年间发展起来的一套精密的后勤补给系统,使清王朝能够在荒原上对一支庞大军队进行物资供应。清王朝为此所支付的费用极为巨大,但它所拥有的税收制度足以对此予以财政支撑,而且这些花费也是值得的,因为它一劳永逸地结束了来自亚洲内陆的严峻威胁(尽管沙俄帝国的扩张将构成次要威胁)。如同苏格兰高地山民很快就在征服他们的军队中服役一样,蒙古人也越来越多地加入到清王朝的八旗之中。在北美洲,游牧部落民族的军事力量一直存留到 1890 年,是年,北美大草原的最大部落联盟——苏人(Sioux)部落被美国军队最终击败。然而,这仅仅是一个补充而已,因为 1680 年马匹被引入北美草原之后,游牧武装曾在此地有过短暂的存在。与此相类似,在南美洲玻利维亚和阿根廷的查科和潘帕斯草原上各种流动社会中那些掌握娴熟驭马技能的武装力量,在 18—19 世纪也被彻底制服。

军事(和财政)革命改变了欧亚大陆的政治面貌,留下了可怕的破坏痕迹。绵延数百年之久的残酷战争夺走了数百万民众的生命,令更多的民众生活在恐怖之中,将大片的良田和城镇夷为平地,将本可用于投资的巨额资金消耗殆尽。它所创造的是一个由少数大鱼主宰的世界。由于其后勤补给系统已无法为向更远地区的扩展提供支撑,清王朝的扩展已至极限,达到今日中国的边界四至规模。莫卧儿王朝在其南方也在进行同样的事业,逐渐地将印度半岛上所有小国都并入自己的版图之中。在西北方,莫卧儿王朝同萨非王朝(以及偶尔地同实力强大的各个阿富汗人政权)的势力相碰撞。奥斯曼帝国的扩张也抵达其后勤保障能力的极限范围,并不断与东方萨非王朝和西方哈布斯堡帝国,此外还有北方的俄罗斯人进行交战。

200 在美洲和非洲,军事革命是与外来民族一同到来的,并且当地各个土著民族仅仅采用了军事革命的一小部分成果。事实上,他们很快便被融入世界性的网络之中(这一过程到 1800 年仍未完成),其缘由在于他们很少参与到军事革命之中。美洲印第安人社会虽曾采用了一些硬件,其中最明显的就是火器,但并没有采用全部的硬件,而且未采用任何软件。印第安人自身的军事传统使各种新的军事方式很难被采用,此外,他们接触上述各种新知识的机会十分有限,并且他们自身的冶金技术也相当落后。无论如何,在各种瘟疫吞噬其人口、土地丧失损坏其经济的状况下:印第安人断无可能采用军事革命的各种创新成果,因为这一切都需要以巨大的人力和财力来做保障。印第安人的各种政治组织萎缩并最终消失了,他们仅仅凭借勇敢的气概、坚忍的意志,使用木制或石制武器以及最后的滑膛枪和来复枪来进行抵抗。而这一切,在面对葡萄牙人、西班牙人、法国人、荷兰和英国人这些充分参与军事革命的国家时,是远远不够的。

在撒哈拉以南的非洲地区,军事革命所留下的印记非常模糊。各种枪炮显示出了强大威力。在印度洋沿岸的各个城市中,火炮和要塞也显示出同样的作用,某种程度上在大西洋海岸地区也是如此。土耳其人、阿曼人以及葡萄牙人,都曾将一些新的技术传入非洲。但定期操练、大规模的官僚后勤机器和财政制度——这些军事革命的各种软件——都没有在撒哈拉以南的非洲地区扎根,即使在好望角的荷兰殖民地也是如此。各种现存的作战方式符合非洲当地的具体环境,该地那些稠密的丛林通常是不可能允许滑膛枪手排成行列进行作战的。整个非洲没有一处制造火器的工业,故而不得不进口滑膛枪和弹药,并且这些武器也只是为少量掠奴者所持有。非洲各地的经济还未实行货币化,无法进行有效的征税。由于缺乏牵引牲畜,无法广泛使用野战火炮,因而防御要塞没有获得进一步发展的动因。正如我们上面所看到的,非洲的大部分地区都感受到了这数百年间作为欧亚大陆特征的所有暴力方式,但其自身军事能力的提升却是微乎其微。这为非洲在 19 世纪所遭受的不平等遭遇埋下了伏笔。

经济和社会的潮流

世界经济在这几个世纪中虽然没有发生根本意义上的农业和工业技术变革,但却在几个关键领域发生了转变。首先,世界经济第一次成为一种名副其实的全球经济。其次,远程贸易、城市和商人发挥出了更大的作用。这导致了对所有农业社会的种种压力,可能对这些压力感受最为强烈的是那些经济推动力最大的地区:即大西洋和西太平洋的各个沿岸地区。

201

1450—1800 年之间的世界经济增长的速度,按照此前各个时期的标准而言,是非常迅速的,虽然相对于 20 世纪的标准仍是非常缓慢的。最乐观的估算——仅仅是一种有根据的猜测,表明此一时期全球经济增长了两到三倍(年增长率均低于0.25%)。1450 年世界平均生活标准与今日非洲较贫困国家的标准基本相同,并且这一标准也没有提高多少:350 余年间可能只提高了

20%。几乎所有的经济增长都是由人口数量的增长所使然的:因为更多的人口就意味着有更多土地被耕种,更多的鱼被捕捞,更多的羊被牧养,诸如此类。农业和制造业技术仍在原地踏步,各种劳作完全倚重体力。这对人们应该完成多少工作,应该创造多少财富形成了各种严格的限定。生活在1450年的绝大多数人对1800年经济生活所使用的各种工具,所从事的各类日常杂务,所面临的各种机会和危险、艰辛和磨难都不会感到陌生。但是,对这个极其缓慢的变革全景更近距离的观察也揭示出了一些重要的改变(虽然当时无人意识到),这些变革将为19世纪和20世纪的经济和社会生活的根本性转变铺平道路。

一个关键性的变革是商业贸易的全球化。美洲地区第一次加入到世界贸易体系之中来。当好望角航线允许货物经由水路绕过非洲从欧亚大陆的一端运输到另一端时,传统的欧亚贸易得以强化。水手们可以躲避海盗和海上的其他风险,随着对新的航海知识的掌握,他们甚至在人迹罕至的海洋上也知道自己所处的大体方位。在这种情形下,大宗货物贸易增长了。越来越多的人专门为市场进行生产,并通过专门生产一种物品来改进自己的生产技术和提高产量。

成千上万种不同的物品,在被人购买之后,穿越大海汪洋,运往他乡,再被出售,但就总体而言,这数百年间的世界贸易有如下几个主要特征。中国出售丝绸和瓷器,偶尔也出售黄金;东南亚地区出售香料和胡椒;印度出售棉布;非洲出售奴隶和黄金;美洲出售白银、皮毛、糖和烟草;日本出售白银和黄铜;欧洲人则出售远洋保护,并日益担任起中介的角色,来回运输各方的货物。到1750年左右,在这个体系之中,中国保持着中心位置。绝大多数的香料都直接输往中国出售。而超过总量3/4的白银,在途经几

202

个停泊点之后,也被运往中国和印度。但在 18 世纪,大西洋经济开始与以中国为中心的西太平洋经济展开竞争。

洲际贸易之所以承担起越来越大的份额,部分原因是造船技术的各种变革和新的航海科学的出现。但是也有比这些原因更为重要的物品,这就是白银。各种贸易经济都需要金钱,因为物物交换的效率极其低下。洲际贸易经济更需要一种可为任何地域都能接受的货币。从遥远的古代起,黄金和白银就具有适合这种需求的特质。然而它们的供应数量毕竟相当有限,而且这种限制对远程贸易产生了抑制作用(而各个地区的本地商人们由于彼此之间的了解和信任,并基于未来支付的承诺,可以在没有白银或黄金的情况下,顺畅地进行贸易)。16 世纪中叶,日本、墨西哥,尤其是玻利维亚的矿主使这种限制影响明显地降低了。他们发现了新的银矿,并把当时世界上最先进的技术用于旧银矿的生产当中,从而使世界白银产量急剧地增加。这一状况大多都发生在西属美洲的各个地区,16 世纪 40 年代,从矿石中筛选白银的德国技术传入世界上最富有的银矿波托西(Potosi)。在其全盛时期,波托西所生产的白银占世界白银产量的 3/5 左右。日本的银矿产量也从 16 世纪 60 年代开始提高。整个世界都采用了事实上的白银标准,而且每一个主要港口城市都接受西班牙货币——比索(peso)。

绝大多数的日本白银都为了交换丝绸、瓷器和其他产品而输往中国。当明朝限制海运和海外贸易(1567 年前)时,该贸易中的一部分通过巴达维亚(今日的雅加达)、马六甲和其他地方,向海外的中国社群集中。美洲白银主要输往两个方向。其一,多达 1/5 的美洲白银通过被人称为马尼拉大帆船的西班牙船只,穿越太平洋,从阿卡普尔科运到了马尼拉,这是世界上一条航行持续时间最长的航线(1565—1815年)。其余的美洲白银输往西班牙,但它们极少能够在此作长期的停留。哈布斯堡王朝将其统统用于战争和偿还各种债务,故而白银在全欧洲流通开来。其中大部分经由荷兰流向俄罗斯,用于购买谷物和木料,而后又由此流向伊朗和印度;部分白银流往奥斯曼帝国境内,尤其是埃及和叙利亚,并通常为了购买布匹而从那里流向印度。此外,尚有大量白银为了购买香料,经由葡萄牙、荷兰和英国船只流向东印度群岛地区。但总体说来,世界上的白银主要都流向了中国。

致使如此巨额数量的白银(可能占全球产量的2/3)流向中国的原因,是中国较之其他地方对白银更为看重,并且为了获取白银而做出了更多的付出,无论是以黄金还是商品的方式。这是因为中国经济增长迅速并且需要白银来加快交换流通速度。16世纪70年代,明朝决定征收"一条鞭税",规定只能用白银支付,这意味着每一个有纳税义务的中国人,甚至普通农夫,都必须出售某种物品以换取白银。这就使中国市场发生了前所未有的流通。

203

中国经济的货币化和流通对推动日本、朝鲜和东南亚各个地区的贸易十分有益。更多数量的中国、日本、马来亚和东亚的商人涌入西太平洋水域。在中国放松了对海外贸易的限制至日本开始海禁之前的1570—1630年间,这一地区的贸易出现了巨大的繁荣。波托西银矿生产的白银和西班牙帆船载运往菲律宾的白银数量的猛增,均对西太平洋地区的贸易繁荣产生了进一步的刺激作用。到17世纪早期,对外贸易可能占到日本经济总量的10%。18世纪,日本城市已发展到这样的程度,即其居住人口已占日本人口总数的15%—20%,这大概是世界各国城市居住人口平均值的两倍。凡是亚洲商人所到之处,都对当地专门针对市场的生产给予鼓励,推动生产技艺的完善,从而获得更多的财富。

例如,东南亚农业的专业化和市场化程度就越来越高。大片土地转变成通常由奴隶进行劳动的种植园,种植丁香、肉豆蔻、桂皮和胡椒等各种香料。与此同时,东南亚的城市也增长迅速,吸引了远近各地的商人和海员。一位葡萄牙观察家在 16 世纪 20 年代曾宣称,马六甲大街上所说的语言有 80 余种。

很快,葡萄牙人以及后来的荷兰商人加入到亚洲商人中来,他们通常是利用他们在火器方面的优势而获得部分贸易份额的。这些欧洲商人向亚洲商人们出售武力保护,只要对方缴纳适当的费用,他们就同意不使用火炮。但葡萄牙人和荷兰人之所以能够在如此遥远的地方进行竞争还有其他原因,即他们不仅仅拥有火器,还拥有着信息方面的优势。由于亚洲商人没有进行环绕地球的航行,故而他们也没有掌握葡萄牙人和荷兰人在某些时候所拥有的极有价值的市场信息。巴西、欧洲以及埃及各地的价格消息(尽管通常都是两年以前的信息)赋予了这些横跨全球的欧洲商人以各种偶然的机遇,而这些商业良机却是其他商人所无法获悉的。前文曾提及的贝壳货币是其中一个典型的事例。那些贝壳来自马尔代夫群岛,并在印度附近进行的小规模交易中充当流通货币。然而,在非洲西部它们则是标准货币,所以葡萄牙、荷兰和英国商人在孟加拉和锡兰购买贝壳,将其先作为返回欧洲家乡途中的压舱物,然后在非洲海岸用其进行交易,购买运往美洲的奴隶。全球化所造成的各种机遇令那些了解世界最多的人获利最多。[1]　204

---

① 伊本·巴图塔是当时为数甚少的几位既到过马尔代夫又访问过非洲西部地区的人士之一,在他那个时代,非洲西部地区贝壳的价格是后来的 350 倍,然而,面对这样一种绝佳的商机,他未能加以开发利用,后来,这个机遇却被欧洲的商人们紧紧地抓住了。

当时世界上拥有特殊商业活力的另一个部分,位于欧亚大陆的另一端:大西洋沿海地区。该地区的大西洋欧洲各国组建起了一种新的经济,其核心是种植园农业。它是从地中海、摩洛哥,以及大西洋的马德拉群岛、佛得角群岛和圣多美岛的蔗糖种植体系中发展出来的。16 世纪 30 年代,葡萄牙人开始将这种种植体系移植到巴西,就像我们所看到的那样,并将其与奴隶贸易联系在一起。其变体形式出现在加勒比海地区,最初主要是建立在烟草种植基础之上的,而且那些契约劳工主要来自不列颠群岛。然而,在 17 世纪 40—50 年代,蔗糖种植开始以一种较大的规模出现在加勒比海地区,之后迅速地同巴西的蔗糖生产形成竞争,并具备了种植园体系的各种特征:奴隶制,占多数的非洲人口,非常高的死亡率(包括奴隶及其主人),以及随之而来的高移民率(通过奴隶交易和来自欧洲的移民)。与此同时,烟草种植园生产也传入弗吉尼亚和切萨皮克海湾(the Chesapeake),尽管按照巴西或加勒比群岛的标准来说,它的规模还很小。所以,从巴西的巴伊亚(Bahia)到马里兰殖民地,一种建立在奴隶劳动基础之上的庞大种植园体系兴起了。它生产蔗糖、烟草、水稻、靛蓝以及后来的棉花等各种产品。

蔗糖和烟草都是使人成瘾的物品,而且可以自身形成消费市场。在地中海低地北部的欧洲地区都不利于这两种植物生长,而在美洲的低成本生产使这种种植园体系占据了欧洲的大部分市场。由于人口增长、财富增加和消费模式发生改变,这种体系获得了迅速增长。蔗糖曾经是一种价格昂贵的药品,以往人们需要几周的薪酬才可能换取一茶匙糖。而到 1780 年,城市劳动民众已经可以经常食用它。蔗糖和烟草制品的利润是如此之大,以至于巴西和加勒比群岛从欧洲及北美地区进口了许多食品原料(以及酒类)。北太平洋的大渔场向加勒比海输送腌鱼以供养奴隶;加勒比海的盐被装船运往欧洲用来腌制荷兰鲱鱼。大西洋经济,尤其是其核心——种植园经济,源自其彻底的商业化。其专业化以及交换程度达到了极高的水平,正是因此,它才有利可图。

但是直至19世纪,种植园经济仍是一种残酷致命的经济:1830年前后,奴隶死亡速度要超过奴隶儿童的出生速度(这与1730年北美南部的各个殖民地的情形极为相像)。这就使得贩奴贸易获得继续发展。白人的死亡率同样很高;在加勒比海地区,他们的死亡速度甚至高过奴隶。前往加勒比海的欧洲移民通常希望能够尽快地赚钱,并在疟疾或黄热病吞噬他们之前返回故乡。而奴隶则不可能有这种希望。 205

欧洲各国一直牢牢地将大西洋经济控制在自己的手中。直到1791年,他们对各种奴隶反抗一直予以镇压。当时世界上尚无哪种海上力量能够像大西洋欧洲各国参与印度洋和西太平洋商业那样,参与到大西洋经济之中。

社会体系及其社会变革

随着商业贸易作用的增长,财富和收入的分配发生了改变。这在商业扩展最为充分的地区——西太平洋地区和大西洋地区最为明显。在这些地区,从事商业的男子(还有为数不多的女子)开始与那些传统的土地精英在财富上展开竞争。通过一次幸运的航海,一位商人所获得的财富比压榨农民多年所收取的地租还要多。皮萨罗一个下午所获得的黄金白银就等同于整个欧洲半个世纪的生产总额。当然这种情况并不常见。但经过几个世纪的发展,城市商人,尤其是那些从事远程贸易的商人,主要以牺牲土地贵族为代价,开始成为更加富有、更具影响力的人物,这个正在崛起的商业阶层将逐渐提出分享政治权力的要求,从而引发世界各地,尤其是大西洋沿岸地区的各种危机。

同时,各个地区拥有土地的阶级正在(不情愿地)放弃他们原有的军事功能。欧洲的骑士、日本的武士、奥斯曼帝国的"蒂马尔霍特"(timar-holders,即军事采邑主)都曾作为专门的军人,效命于皇帝或国王以换取从封地中获得收入的权力。然而随着军事革命的到来,他们的技能无法满足需要了。王公们需要大量的步兵、炮兵、水手、要塞修筑者。但他们对剑手和持矛骑兵的需求并不是很大。所有这一切,对一个曾主宰了欧亚大陆战争和农业生活数千年的阶级而言,意味着其社会地位的丧失。尽管如此,贵族仍保持着自己的威望,而那些富商们则通常寻求获得贵族地位,即使不是为他们本人,也是为他们的子孙后代。因而,这一过程持续了数百年之久,直到 1950 年左右才得以最后完结。

206 城市和商业的逐渐崛起也对普通人之间的关系产生了影响。由于越来越多的物品成为买卖的商品,那些以往通过各种惯例、纳贡或象征性交换等方式发生易手的物品也就越来越少。人们的地位,至少在城市里,越来越多地依赖于金钱而越来越少地依赖荣誉、血统门第和虔诚。人们在做出有关婚姻、生育或杀死孩童(杀婴)等各种抉择时,越来越多地出于经济角度的考虑,尽管并不是所有的情况都完全如此,然而在欧洲、日本和中国这些发展似乎最为强劲的地区就是如此。

经济上的各种不平等现象可能也在增强。通常在经济扩张时期,这些现象就会出现,因为一些人较之他人对各种新的纽带和新的技术利用得更好、更快。远程贸易给极少数人带来了极大的财富,如那些成功的银行组织就获取了暴利。同时,世界上的奴隶数量明显地增长,1800 年可能达到了 2000 万—5000 万(即占世界人口总数的 2%—5%)。

世界上各个地区之间的财富不均衡性可能也增强了。当然,这种不均衡性常常随着时间出现变动。在这一时期,中国、日本、东南亚、西北欧和美洲殖民地的平均收入增长要快于其他地区。这些关于世界不均衡性的估计是非常粗略的,而这些估计所依据的统计数据也是值得怀疑的。

所有这些社会变革都与那些商业化所导致的各种变化相伴随,这种商业化源自世界性网络的形成和扩展,同时又反过来推动着这一网络的发展。同火炮的使用有所不同,那仅仅是一种有意识的模仿而已,而这些社会变革则是对一个新的时代各种需求的无意识的适应。

生态改变和生态交换

为了将以往各种世界网络连接起来,并最终将正在形成中的世界性规模的网络扩展到全球每一个角落,航行在大洋之上的水手们对世界生态系统进行了重组。各种各样的生物出现在以前从未出现的地区。尤其是美洲生态系统被置入同非洲和欧亚大陆生态系统的交往联系之中,史学家们称之为“哥伦布交换”。这是对以往岁月中那种“季风交换”(南亚与非洲之间)所做出的一种范围更大而且意义更为重要的回音。在稍小一点的规模上,18 世纪末,澳大利亚和太平洋群岛生态系统也被带进了全球生态系统的融合进程之中。其最重要的后果涉及人类以什么为食,而什么靠人类为生。

数千年来,人们曾通过迁徙的方式移植作物,而 1492 年后,这类行为的速度更快了。美洲的各种粮食作物的实用性迅速在非洲和欧亚大陆得到了验证。如生长迅速、抗旱能力强、易储存、

207

能够提供很高卡路里的玉米，在16世纪早期就传播到了摩洛哥和西非地区。很快便在埃及、奥斯曼帝国的许多地区，特别是（到18世纪）在欧洲的一些行省成为非常重要的粮食作物。玉米抵达安哥拉的时间也很早，并在17—18世纪得到广泛传播，遍及整个非洲南部地区，成为当地的主要食粮。玉米（每劳动单位）产量是谷物、粟和常常被替代的高粱产量的9倍。在相同的几百年间，玉米还传播到东南亚和中国，成为当地水稻的补充作物，在某些地区甚至成了农民赖以为生的主食。

木薯，又称木番薯，原产于巴西。在任何热带环境中，无论潮湿或是干旱，山上或是海边，它都能生长，几乎遍布每一个角落。这种作物抗旱能力极强，即便是在贫瘠的土壤中，它那富含淀粉的根茎也可以在地下存活长达两年之久，故而生长繁盛。在17—18世纪热带非洲地区暴力频仍的状况下，将食物存留在田地之中，而不是保存在可能被强盗所劫掠的地方，意义更加重大。另外，每英亩木薯产生的热量等同于每英亩水稻或者玉米产生的热量（相当于小麦产生热量的两倍）。这种作物于16世纪传入安哥拉，并扩展到了整个非洲中部地区。它逐渐成为那里的主要食物。在亚洲热带地区，木薯也有一定的扩展，尤其是在印度尼西亚，但其影响相当有限，因为在那些适于木薯种植的地区，水稻种植业已经获得了很好的发展。

美洲农夫馈赠给世界的第三份大礼是起源于安第斯山脉的马铃薯。高产并能在沙质土壤中存活的特性，使马铃薯在爱尔兰及北欧地区最适宜种植。到19世纪，它在俄罗斯如同在爱尔兰一样已成为一种主食，并几乎在整个北欧地区成为一种重要食物。马铃薯对世界各个高山地区也产生了影响，那里寒冷的气候环境限制了许多其他作物的种植。像木薯一样，在可能发生盗寇和士兵劫掠、抢夺或征用食物的任何地方,马铃薯都是农民首选的食物。

红薯、几种豆类、花生、可可、凤梨、南瓜、番茄以及几种其他美洲食物也被传播到世界各地。在许多情况下,它们对土质、温度、湿度的不同需求致使更多的新土地被开垦,例如中国南部的高山丘陵。其最终的影响是,在美洲以外的世界绝大部分地区,食品种类以及食品供应总量都增加了。非洲、印度尼西亚、中国和欧洲受美洲作物的影响要大于印度、伊朗及中亚等地区。非洲的农民大概最具有创新精神:他们是出类拔萃的边地农民,非常愿意进行尝试,因为他们所拥有的优良作物种类很少。

208

在粮食作物的交换过程中,美洲从欧亚大陆获得了数量不多的作物品种,主要是小麦、燕麦、大麦等谷物以及柑橘类水果。如同非洲及欧亚大陆拥有相比小麦或黑麦更适合玉米或马铃薯种植的大片土地一样,美洲广阔的大草原也拥有更加适宜小麦或黑麦种植的地区。随着这些新谷物的种植,农耕在以潘帕斯草原而著称的阿根廷草原地带变得越来越普遍,北美地区的北部平原也同样如此。直到 19 世纪,这两个地区的状况才发生了巨大变迁,因为在此之前,美洲印第安人一直控制着这些地区。他们更愿意采取以家畜饲养(通常采用欧亚大陆的饲养方式)为基础的,辅之以长期稳定的园艺耕种模式的生活方式。

除了全世界范围内粮食作物的迁移,大洋航行还将其他一些重要作物带入各种新环境之中。甘蔗、咖啡和棉花进入了美洲。通常,它们都被作为经济作物来种植,向海外市场(主要在欧洲)销售,并使用强制性的劳力,通常是非洲奴隶来进行劳作。到 18 世纪,它们已占据美洲大西洋沿海地区相当大的农业份额。特别是巴西,在整个世界农业市场中找到了自己的位置,这要归因于亚洲及非洲各种作物的输入:在巴西当地各种动物、植物品种当中,能够赚大钱的种类很少,但其各种条件都表明这是一块非常适宜种植甘蔗和咖啡的地区。烟草,一种南美作物,也成为美洲种植园经济的一部分。它也被传播到世界沿海地区,及至17世纪,烟草在大西洋非洲地区、印度、东南亚及中国等各个地区都被种植。还有其他一些重要经济作物也进行了洲际迁移。诸如(东南亚所产的)桂皮、丁香等调味香料也都可以获取高额价格。因而,人们在巴西、东非以及热带岛屿等各个地区都付出了巨大努力从事这些作物的种植。然而这些活动却很少取得成功,虽然最终东非群岛成为丁香的主要产地。这场经济作物的迁移运动,常常是由各个国家的王朝皇室所组织的,其目的就是以此来使自己的收入达到最大化,或者是为了推进科学事业的发展。在每一个大洲都占有热带领地的葡萄牙人在这一方面显得尤为活跃。势力遍布全世界的罗马天主教的耶稣会也是如此,它的一部分会员对经济植物拥有极为浓厚的兴趣。

209

各种动物也在全世界范围内扩散传播。1492年以后,牛、马、猪、山羊、绵羊全都进入了美洲(美洲原有的马,在更新世晚期已经灭绝)。总体说来,这些动物对美洲印第安人而言较之那些新的粮食作物更为有用。在安第斯山脉和墨西哥,绵羊开始成为人们一种新的生活方式的基础,它可以提供更多的肉、蛋白质和羊毛。放牧绵羊、山羊使儿童劳动的使用较之以前更为有效。牛的效用也得到了证明,尤其是在广阔的草原上。马匹使牛群的管理更为有效,让以牧牛为主的游牧生活在北美成为可能。

但是这些新动物的作用好坏参半。由于缺乏有效防护,这些动物常常可以任意横行,甚至有时闯进种植玉米和豆类的田园。农民和牧民常常因各自的利益而发生冲突,这在墨西哥尤为明显。更为重要的是,新动物的蹄子给土地带来了新的压力,而且可能加剧了美洲大陆土壤被侵蚀的程度。

哥伦布交换所导致的最后一个主要因素,是以各类致病微生物的形式表现出来的,它们在美洲引发了广泛的灾难。在这方面丝毫没有互惠性影响的出现:虽然很可能梅毒起源于美洲并随着水手们传播得遥远而广泛,但美洲的确没有向世界其他地区输出任何一种主要的致死性传染病。

当澳洲生态系统和太平洋生态系统被带入同世界其他地区的生态系统的定期联系后,另一种生物交换也发生了。尽管史学家们并没有采用这个术语,但为了纪念为打破澳洲与波利尼西亚的生态孤绝状态做出了最大贡献的航海家,我们可以将其称为"库克交换"(the Cook Exchange)。这种交换主要是单向的。澳洲奉献给世界的桉树,是一种生长迅速的抗旱树种,直至今天这类树木仍在全球每个大洲繁茂生长着。但这片土地并没有产生出具有世界历史意义的任何一种作物、动物和疾病。然而从输入方面来看,则出现了巨大的交流。1780—1900年间,澳洲以及太平洋群岛获取了大量新的作物品种,包括各种粮食作物和各类杂草,以及大量新的动物品种,这其中既包括有用家畜,也包括令人厌恶的各类害虫。较之于世界其他地区的改变,世界生态系统的联系对澳洲及太平洋群岛的改变要剧烈得多。

食品供应以及疾病传播所造成的巨大变化很自然就会对世界人口产生影响。1450—1800年间,世界人口总数的增长超过两倍,达到9亿。当然这很大一部分是因为粮食作物的交换。随着新的地区转入农耕,为更多的人口提供了数量更多的食物。在一些边缘地区,人们通常年纪轻轻就结婚并拥有一个大家庭。虽然饥荒仍然周期性地在各个地区的村庄和城镇中蔓延,但人口数量还是 210

出现了增长。当然,食品供应仅仅是这个故事中的部分内容而已。

另一部分内容则是在传染性疾病死亡率方面所发生的转变。世界各个地区的人们相互联系后所产生的最初影响,是数以百万计的人口染上了他们以前从未经历过的传染性疾病。其后果是灾难性的,尤其是在美洲、澳洲以及太平洋地区。每个地区所受到的影响也不尽相同。渐渐地,疾病传播变得如此迅速,以致所有主要的人口中心,在同一时间都被感染了各种传染性疾病。这意味着传染性疾病已经结束了仅夺走数万生命的周期性传播阶段。取而代之的是各种流行性疾病,它们夺走了大部分婴儿及蹒跚学步的孩童的生命。每个家庭常常要生育更多的孩子来予以弥补。而在16—17世纪的中国与欧洲,可能还有印度和非洲,曾经历了几种流行性疾病的反复发作,到18世纪,各种流行性疾病的传播开始减退,几乎全世界的人口增长率都开始出现回升。美洲大陆开始从人口灾难中恢复过来:18世纪期间,它的人口增长了两倍,其中来自欧洲及非洲移民的增长速度最快。在印度和欧洲,人口增长了一半。到1800年,中国的人口增长超过两倍,其总数达到3.5亿,占世界总人口的1/3(今天中国人口仅占世界总人口的1/5)。在非洲,人口增长似乎要缓慢得多,虽然这些数字仅仅只是人们在学术上做出的猜测。在澳洲及太平洋地区,海路大通后的灾难才刚刚开始,但由于这一地区的人口数量从来就未曾稠密过,因而它几乎未对世界人口格局产生影响。18世纪是世界人口史上的一个转折点,开启了现代时期世界人口的迅速增长阶段。全球作物和疾病的生态变迁是其主要原因。

人口增长伴随着较大的流动性,在那些生态改变尤为迅速的地方建立起了新的边疆居住地。从阿根廷直到纽芬兰的整个美211 洲东海岸地区就是例证。好望角的荷兰殖民地、向东深入到孟加拉的印度人居住地也是如此。日本的农民们在这些世纪里向北迁移到北海道,而中国国家政权对向北部、西部边疆地区移民迁居予以鼓励支持。有的时候,这些迁移是自发的,如马萨诸塞的清教徒,但他们通常也得到了国家的支持,就像在中国的情况中所展现的那样。所有这些迁移带来了新的人类生态体系,通常包括土著民族的消亡,野生食物的大量减少,广泛的毁林以及种植园和牧场的建立。进入19世纪以后,边疆殖民迁徙的英雄传奇仍是世界历史中的一个重要主题。

结　语

1450年之后的三个半世纪中,世界上以往各个分隔的网络融为一体。此外,尚有许多以前处于网络之外的地区也融入进来。到1800年,世界上9亿人口中只有一小部分仍处于世界性规模的网络之外。

这种网络融合和扩张的进程改变了世界。玻利维亚矿工可以使巴伐利亚矿工失业。孟加拉人可以吸巴西烟草。这一进程令世界变得稍稍富裕了一些,因为它推动了劳动分工和生产专门化。它使世界变得更加不平等,因为一些人可以比其他人对这些新的联系渠道的利用更加充分,所交换的物品种类要更全,数量也更多。这种网络融合和扩张的进程渐渐地使世界上的各种疾病分布变得更加均匀,以致愈来愈多的人开始遭受同一系列的传染性疾病,并发展出一套相似的抗体,这些抗体限制了传染性疾病流行的范围。它还缓慢降低了饥荒发生的频率和危害性,因为各种商业往来,以及像中国那种国家分配体制,能够更快捷地将谷物运输到其售价最高的地区,以平衡物价。它推动了世界农业的趋同化,以致同一种作物可以传播到世界的大部分地区,而且世界上越来越多的地区遵循着这种趋势转向商业化的农业,尤其是转向由强制劳动力耕作的经济作物种植园体系。它加快了各种技术的转化速度,例如17世纪加勒比地区的蔗糖种植园就采用了中国发明的碾压机。越来越多的人居住在城市之中,加入到越来越大的社会网络之中。信息传播的速度更为迅捷,成本也更为低廉,从而扩展了各种新的知识观念。凭212借各种新式且昂贵的技术,军事竞争导致了一大批国家政权(和无国家政权的社会)的消失,而与此同时,少数国家则发展壮大起来。

实际上,这种网络融合和扩张使世界发生了一种内外倒置的现象。各个沿海港口城市及其周边地区充满了活力和繁荣富庶,较之以往和内陆地区,这些沿海地区更加具有生机,更加发达兴旺。数以百万计的人迁移到沿海地区居住。在世界各地临近海域的地区建立起了许多新的社会。许多世纪前,地中海和印度洋就曾发挥这种将人们紧密连接起来的作用。然而在1500—1800年期间,这一进程扩展到了整个大西洋世界。这一过程在印度洋也有所加强,并在从印度到爪哇的西太平洋地区得以进一步强化。事实上,随着马尼拉西班牙大帆船横越太平洋的连接,一个太平洋世界的形成过程也开始出现了。在这些事例中,每个海洋世界都是由各种商业、信息和传染性疾病群体所构成的。作为政治单位,这些海洋地区尚未定型,而且作为文化单位,它们的存在也通常是较脆弱的。然而无论如何,对人类的各个社会而言,各个海洋地区都确立了史无前例的优势地位,并且这也是1450—1800年间世界的一个显著特征的体现。

但是,仍有很多状况没有得到改变。1800年,世界上绝大部分人口(可能占80%—85%)仍是在田地之中辛勤劳作的农民。他们仍旧凭借自己的体力进行劳作,此外稍稍借助一些牲畜和少量风力、水力的帮助。他们的生活状况仍旧贫穷和不安全,对饥荒、生病、战争以及衰老充满了恐慌。他们利用宗教信仰来抚慰自己的心灵。除了自身的生活经历之外,他们对世界了解甚少,因为他们缺乏识文断字的能力,而且也只是偶尔地与外来的陌生人相遇。

1800年,无论是人、货物还是信息想要环游世界一周仍需要一年多的时光。乘着季风往返于中国和爪哇的航行,或往返于印度和莫桑比克的航行都需要一年的时间。横渡大西洋需要一个月;横越太平洋需要三到六个月;骑着骆驼穿越撒哈拉沙漠需要一个月或数月;徒步横穿欧亚大陆则需要一年的时间。世界的网络的确变得具有世界性的规模,然而此时人和商品的流动、思想和传染病的传播速度仅仅比第一次大都市网络在苏美尔附近形成之时的传播速度稍微快一点而已。各个网络虽获得了发展壮大并融为一体,但各个网络内部的传输速度仅仅增加了一点点。而在19世纪,世界性网络内部的相互交往节奏获得了明显提升:这个网络的运行将变得更快。当网络触角伸入更多的社会之中,它也将变得更为密集,不仅仅连接着各个港口城市及其周边腹地,同时,也将整个世界所有的城镇和乡村连接在一起。

第七章　打破旧链条，拉紧新网络

（1750—1914 年）

213

18 世纪和 19 世纪期间，人类摆脱了长期来自人口数量、食物供应、人类迁移以及经济产量等各方面的束缚。这其中最为重要的一个发展就是工业革命，而在工业革命当中，最为重要的突破就是人类对矿物燃料的利用。这一突破使人类的生存条件发生了根本性的变革，其重要性只有数千年前以渔猎采集为生的早期人类向农业生产的过渡才可以媲美。如同这种统一的世界性网络促进了工业革命的发生一样，工业革命同样也扩大、紧密并加速了这个网络的发展。同样，这些转变也促进了社会和政治的变革，例如民族主义的兴起、奴隶制以及农奴制的废除等等，这些都是现代世界形成的重要过程。

在打破了许多旧的束缚的同时，人类又确立起了一些新的束缚。截止到 1914 年，越来越多的人的生活需仰赖矿物燃料以及遥远的大陆所生产的食物，简言之，就是人们的生活越来越依靠全球的联系交往。远程商业贸易所经营的商品，例如食物和燃料等，越来越与人类的生存息息相关。在 19 世纪，世界性网络的运转效率达到了很高的程度，使得人们从其创建的一种新型经济中获取了巨大收益，这种经济以从遥远的地方获得日常巨大的能量流和物质流为基础，而这种丰功伟绩需要非常专业的技术、巨额的投资以及不断的维护才能够实现。很久以前向农业生产的变迁，相当缓慢地把人类禁锢于某些惯例和风险中，例如长年不断的劳作以及各种传染性疾病。然而，这一切却无法倒退：亦即任何地方一旦采用了农业生产，就会需要更多人去耕种，而且有更多的人会需要农耕的持续发展。而向矿物燃料（靠动力推动的工业）过渡，确切地说并不是一种过渡，而是突然地出现，则把我们锁定在一种高能量的社会之中，在其中我们必须持续地进行迁移、运输，并且消耗数量巨大的各种基本产品。

214

世界网络的发展

在 1750 年，确切地说是在 1820 年，信息和商品在世界范围内的流通速度仅仅比在全盛时期的苏美尔网络中稍快一点。畜力以及风帆仍然是交通运输的主要动力。及至 1914 年，这一切都发生了显著的变化，此时的人类之网已被钢铁、蒸汽动力以及电缆紧紧地连接在一起，以前需要一年时间来传递的信息，在此时则仅需要几分钟便可完成。相比而言，这种世界性网络在进一步向美洲和非洲的那些与外界隔绝的内陆地区延伸方面所具有的时代意义就远不如当年这个网络将整个世界的海岸和内地都连接到一起时那般重要。世界性网络虽变得更加紧密、更加迅捷，但是它所覆盖的地域却仅仅扩大了一点。

人类之网的扩大

当 1788 年，英国开始把澳大利亚殖民地化之后，在这个世界性网络之外，就不存在什么有人居住的大片陆地了。少数处于这个网络之外的是非洲、美洲或东南亚的热带雨林地区，或者是北极、澳大利亚和北美洲那些难以抵达的与外界隔绝的地区。这些地区的人口算起来至多只有几百万，而且很快这个数量就开始急剧地减少。19 世纪 30 年代,一个名叫查尔斯·达尔文(1809—1882 年)的年轻人在其日记中写道,“欧洲人走到哪里,死亡似乎就降临到当地土著居民的身上”。[①]

这些地方中的一些原住民消亡了,没留下任何痕迹。在 1803 年时,大概有 5000 多塔斯马尼亚人(Tasmanians)生活在距离澳大利亚大陆 200 公里以南的一个相当大的岛上,英国在那里建立了一个监禁地。大约在 3.5 万年前,塔斯马尼亚人的祖先就徒步来到这里,但在最后一次冰河期,由于海平面上升,他们这些人与地球上其他地区的人类隔绝了。由于他们彻底地与世隔绝了 1 万年,因此丧失了用骨头制作工具、取火以及捕鱼的能力。他们所掌握的各种技术的消亡,明显地印证了长期与世界各个网络隔绝所造成的不利后果。1803 年之后,监禁地的囚犯以及看管他们的狱卒给塔斯马尼亚岛带来了各种新的传染病和新式武器,以及一种对塔斯马尼亚岛来说极其致命的随意施加暴力的态度。截止到 1830 年,塔斯马尼亚人只剩下三百多人了。而最后一个在文化和起源上完全属于塔斯马尼亚人的名叫特罗坎尼尼(Trucanini)的女人也于 1876 年去世了。

215

其他长期与世隔绝的人的遭遇与塔斯马尼亚人相比也只是稍微好了一点点。复活节岛,作为波利尼西亚人最东端的边远定居地,在大约公元 400 年的时候迎来了它的最初开拓者,但是这些人不久就与其他的人类失去了联系,最终丧失了对其他人的所

① 出自罗伊·波特的《人类最大的福利:从远古到当代的人类医学史》(Roy Porter, *The Greatest Benefit to Mankind: A Medical History of Humanity from Antiquity to the Present*, London, 1997),第 466 页。事实上,欧洲人并不是疾病发生的始作俑者,他们只不过是旧大陆网络的参与者。日本人或是印度人已经将天花、风疹、流行感冒,以及其他一些可怕的疾病传播开来。

有记忆,他们认为自己是地球上唯一的人类。这种想法一直延续着,直到 1722 年一艘荷兰船只中途在这里停留了一天(当天正是复活节)。但此后,该岛仍是人迹罕至,这使得岛上的居民又几乎自我封闭了 140 年。然而 1862—1863 年间,外部世界再次与该岛岛民发生了接触。在欧洲和美国,由于土壤的贫瘠化,农场主们往往需要更多的肥料来改善贫瘠的土地,因此他们就从秘鲁运回海鸟粪的堆积物。秘鲁的掠奴者为了寻找劳力来挖海鸟粪,对整个波利尼西亚群岛进行了大搜捕,最终掠获了 1400 多人,几乎占复活节岛人口总数的 1/3。在这些被掠为奴的人中有几个设法逃回到岛上,但他们却带回了天花和其他一些疾病,不久,这些传染性疾病就扼杀了岛上的大部分剩余人口。1864 年,第一个西方传教士抵达复活节岛,他发现当地的幸存者亟须获得心灵上的慰藉。到 1868 年,幸存下来的为数很少的岛民都已皈依基督教。先前承载着他们独特文化的信仰也从此消失了。

世界性网络延伸到塔斯马尼亚岛和复活节岛,将那些与世隔绝的人扼杀殆尽。相比之下,降临到那些没完全与外界隔离的人们身上的灾难要稍少一些。在亚马孙河流域,分散的人口从未彻底地与南美洲的其他部分隔绝开来,他们与外部广阔世界的联系在 19 世纪末期变得越来越明显了,因为这一时期的世界橡胶市场非常有利可图,而当时的橡胶只产自亚马孙河地区的一个树种。采胶工人在这片大有可为的广阔森林里迅速散布开来,很快他们就开始与亚马孙河的土著居民做交易,以购买更多的橡胶。这些频繁的交往以及一定数量的暴力对抗使得一些传染病也不可避免地随之而来。类似的遭遇也发生在加拿大和阿拉斯加的北极地区,此地的因纽特人群落常常会遇到一些不速之客,他们通常是为获取毛皮而设陷阱捕兽的猎人、海豹皮商

人，或者是淘金者；在新西兰，毛利人常常会遇见猎捕海豹者、捕
216 鲸者、传教士，后来还有一些农场主，他们主要来自英国；在南北美洲的大草原上，美洲印第安人也遭遇了欧洲血统的牧场主和农场主。

这些遭遇与数百年之前的经历十分相似，以往的那些遭遇曾把各个民族的疾病和技术都卷入大都市网络之中，从而摧毁了众多与世隔绝的民族的生活和社会组织。而在这个历史时期，结核病也成为致命性疾病的一种，由于快速的都市化进程以及拥挤的交通环境，尤其是在欧洲，给这种极适合通过呼吸传染的疾病创造了适宜的环境。另一方面，暴力技术拥有了更多的精密武器，比如连发步枪。因此此时疾病和暴力给那些长期与世隔绝的社会带来的打击可能要比17世纪犹卡吉尔人(Yukagir)和科伊科伊人(Khoikhoi)，或是任何在早期卷入大都市网络的那些数不尽的民族所遭受的打击还要沉重。但是无论如何，这个世界性网络还是进一步地扩大了，这进一步缩小了人类在基因和文化上的差异性范围。

即便那些业已融入世界性网络的民族有时也要遭受灾难性的影响。例如，生活在中国北部和西部大草原的准噶尔蒙古人，长期以来保持着与邻国的贸易往来和接触。但是在18世纪早期，不知是何缘故，他们在一代甚至几代人的时间里都没有染上天花这种疾病，也正是因为这一原因，18世纪50年代在与中国人更多的接触中，仍旧携带天花传染病的中国人将这种传染性疾病再次带给准噶尔人时，后者在这种传染病的面前显得异常脆弱。同样，在19世纪70年代之前，中非为数众多的民族一直断断续续地保持着与外界的接触。但是在1880—1920年之间，这种接触更加频繁了，因为欧洲帝国主义以士兵、商人、传教士等各类身份进

入了中非地区，给中非各个民族带来了大量残酷的战争和暴力，强迫劳工移民，并且给当地土著居民带来了他们毫无免疫能力的疾病。这一切使得当地人口减少了大约 1/4 之多。

降临到准噶尔人和中非人身上的这类毁灭并不是因为这个世界性网络突然地将他们囊括在内的缘故，像发生在塔斯马尼亚人和复活节岛人身上那样。而是因为这个网络更加紧密了，使相互间的交往联系得以强化。这种联系改变了人类的疾病谱系，使军事力量薄弱的地方与军事力量强大的地方有了系统的联系。在这个过程中，一些强大的地区变得更加强大，因为在它们的监管下，世界性网络变得愈发紧密；也因为它们所构建并拥有的基础设施，这个网络的紧密化才能够得以完成，所以在这个速度越来越快、规模越来越大的信息和商品流动中，它们获得了绝大部分利益。截止到 1914 年，那些变得最为强大的国家都位于北大西洋地区。

世界性网络的密集化

217

1815 年之前，人类各种通信系统的运行速度，即便不像蜗牛爬行那般缓慢的话，那么最快也就是和马的速度类似。古波斯帝国最先开创了道路和驿站系统，这一系统为整个亚欧大陆广泛仿效。为使信号能够传送得更快，一些国家政权斥资修建了信号塔和山顶烽火系统，但是效果却不是很理想，因为只有少数几个预制的信息可以通过这种方法来传送。法国大革命期间（这一内容将在以后加以探讨），当国家统一看起来是最重要问题的时候，法国建立了一个机械臂板信号机体系，叫作电报机，这个电报机能够通过望远镜和足够多的中继站在几个小时之内把简短的信息传送到全国任何一个地方。但是糟糕的天气、夜晚以及人为错误等因素降低了它的实效性。与早期初步的各种远程通信系统一样,这个系统只是为国家政权而非商业利益服务。

1844 年,第一个从巴尔的摩到华盛顿的电报传送成功,标志着现代电信业的到来。为电报而发明的摩尔斯电码能够传达所有词语所涵盖的意义。随着电报在铁路网络中的应用,美国的电报体系也发展起来。在全世界范围内,电报体系随着大英帝国的发展而发展。大体上来讲,电报业的发展在信息传送的发展中占据了极大的优势,它使信息传送成本降低、可靠性增加、速度提高,而从中得到实惠的主要是欧洲人及美国人。

截止到 1851 年,海底电缆已经将英国和法国连接起来。到了 1866 年,一条横跨大西洋的海底电缆将英国和美洲连接在一起。这个时代的人共同见证了一个新时代黎明的降临,当时一位不知名的乐观主义诗人如此写道:

跨过浩瀚渊深的海洋,
两个强国握紧了宽大的手掌。
人类还会出现更好的时光,
世界正期待着新的希望。
高山再也不能像往昔一样,
把彼此分隔在两旁;
人类的心已经连在一起,
再也不用隔海眺望。
可怕的雷电已被我们掌控,
让这奴仆为人类贡献力量:
在风浪的作用下,

服从人类的差遣管理四方。①

电报、电缆使得帝国的建立和掌控变得更加容易。当从英国到印度的电报线路于 1870 年开通之后，以往需耗费 8 个月漫长时光才能传送到的信息，现在只需要 5 小时。截止到 1902 年，英国拥有了一套由海底电缆连接的通往世界各地帝国边远殖民地的电报体系。它的各个对手，例如法国，也在使用英国所拥有、管理的电缆系统，因此只要英国政府加以窃听，他们就可以获悉全世界任何地方正在发生的所有事情，他们甚至要比巴黎还更早知道法兰西帝国所发生的事情。1914 年第一次世界大战爆发时，德国发现自己的小型海底电缆网络被切断，于是不得不通过缆线传送信息，而英国的电码译员却获悉了这些信息。这就是德国试图在占领墨西哥后进而向美国发动进攻的计划被英国察觉的原因，同时也正是美国决心加入第一次世界大战的主要原因，而美国的这一决策，决定了第一次大战的结局。在电信方面的这种特权地位，为英国的外交和地缘政治活动提供了极大的帮助，这种状况一直持续到 20 世纪 50 年代。 218

电信能力的发展迅速加快，而其成本也同样迅速地降低。法国的机械电报机每天能够传送 150 个字符。截止到 1860 年，电子电报机每分钟能处理 10 个字符，而到了 1900 年，每分钟大概能处理 150 个字符（这个速度同英语口语的速度大体相当），及至 1920 年，每分钟传输的信息达到 400 个字符。19 世纪 60 年代，电信传送信息的价格是每个字符 10 美元，但是到了 1888 年，每个字符的

① 援引自彼得・休杰：《1844 年以来的全球通信》（Peter Hugill, *Global Communications Since 1844*, Baltimore, 1999），第 25 页。

传输费用就降至25美分,并且电信业务也在小型生意往来和普通民众的私人交往中普及使用。1900年,来自伦敦的各类买卖订单在三分钟之内就能抵达纽约的股票交易所。凡是使用电报的商人和投资者都能够获得即时利润。而那些没有使用电报的人则很难在商场中继续生存了。

凭借对地缘政治和商业所产生的重要影响,电报使人类的交往发生了革命性的变革,然而这只不过是使世界性网络不断密集化的各种技术中的一个组成部分而已。其他方面的技术体现在交通运输之中。蒸汽轮船和铁路的出现引发了一场交通革命,但是旧的交通系统的改善,例如运河与公路,也对轮船和铁路的出现大有助益。到18世纪,世界上最先进的交通网络位于欧亚大陆相对的东西两端,主要是中国沿海地区及相邻水域以及欧洲的沿海地区,在此前数百年间,这两个区域中的海上网络发挥的作用最为重要。18世纪的欧洲,尤其是在英国,道路、桥梁以及运河的数量越来越多,与它们相关的工程技术也得到了很大的完善,与此同时,马车、驿站马车以及邮政服务的效率都有所提高。各种从道路建筑和维护中获利的快速公路公司产生了。到了1770年,整个英国拥有1.5万英里的收费快速公路,几乎没有一个英格兰人居住在距另一个地方需要一天以上路程的地方。在1760—1790年之间,往返于伦敦和曼彻斯特的驿站马车所需的时间从过去的三天缩短到一天。这种提高使得邮政系统可以提供全国性的日常服务,这使各个公司与供应商及顾客之间的联系变得更为紧密了。1660—1830年间,英国对各条河流河床加以疏通并将其拓宽以满足航行的需要,从而使全国范围内的航运水路增加了三倍,同时还开凿了同样里程的各条运河。所有的这一切都是很重要的,因为信息、人力,以及商品流动速度的加快和成本的

219

降低使得工业革命的出现成为可能。到 1780 年时，英国即将迅速发展的工业所需要的煤、铁、原棉以及市场信息的传输变为一种现实，而这到 1720 年都还无法做到。

轮船和铁路是工业革命的产物，英国早期的交通发展使得它们的出现成为可能，但是它们反过来又使工业化成为现实，并进一步促进了工业化的发展进程。轮船和铁路的出现使人们挣脱了许多自然的束缚。相反的风向并不能使轮船起航的时间延误数月之久，也不可能阻止火车的行驶，除非极其恶劣的天气会减缓火车行驶的速度。轮船和铁路使路途的远近显得无关紧要，数千英里之外的货轮照样可以安全运输大批量商品。它们使大规模生产变得十分经济，有利可图，因为无论高档或是廉价的商品都能在全世界范围内找到买家。而且，仅仅是建造汽船、机车和铁路就创造了对铁、钢和煤炭的大量需求。

最早的一批明轮汽船是在苏格兰和美国建造的，1801 年之后，它们就体现出了在江河以及海上交通运输中的商业价值。大约在 1860 年左右，轮船在深海海域开始把帆船远远地甩在身后。来自邮政系统（他们需要快速而安全的邮件递送）的补贴和技术方面的各种改进（优质的发动机和推进器），带来了时间和金钱上大幅度的节省。1650 年，从荷兰到爪哇运输香料的航程需要一年的时间，到 1850 年时，在适宜风向下的航行只需三个月，然而到了 1920 年时，轮船运输商品就只需三个星期。世界其他大洋航线也都同样缩短了各自的航行时间。商品运输费用的节省也至关重要。1700 年以前的远程贸易主要涉及一些贵重的商品，例如香料、蔗糖和丝绸等。然而到了 1800 年，由于商品运输费用的大幅度降低，对烟草、鸦片、棉花、茶叶等商品进行大批量的航运具有了商业价值。在 19 世纪，尤其是在 1850 年之后，随着轮船建造技术的改进和新航线的开辟,商业效率得到了很大的提高,这一切致使商品运输的费用急剧降低。在加利福尼亚的淘金狂潮期间,旧金山甚至从香港进口活动房屋。[①] 不久,包括煤炭和谷物在内的大量其他商品就跨洋过海,涌入那里,这些贸易活动使得世界船运量增长了四倍(1850—1910 年)。

220

当轮船在海上使世界性网络越发紧密的时候,铁路也同样地在陆地上使其更加密集化了。铁路也对电报,各种新兴的大型商业组织,以及价钱更为低廉的铁、钢和煤炭加以充分利用。第一条公共铁路是在 1825 年开通的,它服务于英国的煤炭工业。在 1830 年,曼特斯特到利物浦的铁路正式开通,并且取得了巨大的商业成功,这标志着铁路时代的到来。在接下来的数十年间,英国的铁路公司铺设了密集的铁路运输网。德国、法国、比利时和瑞士也迅速铺设了大量的铁轨,但是只有美国受铁路的影响最为巨大。漫长的距离、丰富的自然资源,以及政治上的统一赋予美国全方位利用铁路的所有优势。截止到 1845 年,美国的铁路总里程就已经是英国的两倍了,而到 1870 年时则是英国的四倍。1869 年,美国建成了横贯美洲大陆的铁路,1880 年之后,美国所拥有的铁路总里程数至少是任何其他国家铁路总和的 7 倍。加拿大(1885 年)和俄国(1903 年)也利用洲际铁路将它们的版图连接了起来,成为铁路帝国。截止到 1914 年,欧洲各国想要铺设的铁路已经大部分铺设完毕;其中铁路网最为密集的国家要属德国和英国。但是,北美地区已经拥有了世界上近一半的铁路。如同轮船一样,铁路网络也极大地降低了运输的时间和费用,因此打

---

① 在此应对丹尼斯·弗莱恩(Dennis Flynn)先生为我们提供这一信息表示感谢。

开了迈向专业化扩展、劳动分工以及降低成本的大门。在很大程度上,铁路还促进了国家统一的进程,它不仅仅从经济方面,而且也从政治、文化、社会等各个方面同时促进了国家的统一。

表 7.1 1850—1903 年间世界各国铁路的长度

(单位:千米)

年份	美国	俄国	加拿大	印度	德国	法国	英国
1850	14500	500	100	——	2100	900	3900
1870	85000	11000	400	9000	19000	16000	21000
1890	335000	31000	23000	27000	43000	33000	28000
1910	566000	67000	51000	53000	61000	40000	32000
1930	692000	78000	91000	71000	58000	42000	33000

来源:丹尼尔·汉德里克:《进步的触角》(Daniel Headrick, *Tentacles of Progress*, New York, 1988),第 55 页。

在非洲和亚洲,铁路通常服务于殖民者的各种目的,对各种出口贸易造成极大的刺激。1900 年,火车行驶的速度是挑夫行走速度的 20 倍,是公牛速度的 30 倍,并且火车运载商品的数量要大得多。在非洲和亚洲,当火车取代挑夫或是牛车运输商品时,这些地区的陆地运输费用降低了 90%—97%。骤然之间,使用轮船将非洲或亚洲内部运输的纤维作物、化石以及其他大批量的商品运送出来就变成一项有利可图的事业。早在铁路兴建之前,殖民 221

主义就在南美洲地区终结了。但是外国人仍专心致志地为用于出口咖啡、小麦或者铜金属的大部分铁路提供建筑资本,因此南美洲的铁路,就像非洲或南亚的铁路一样,通常是从种植园和矿场直接通往最近的港口。阿根廷铺设了大部分的铁路,它在1913年所拥有的铁路里程比英国还要多——但是大部分资金都是由英国提供的。

到1914年时,世界贸易已经成为一种公平的正常交易。商业冒险家的时代已经过去了。各种商业和官僚机构共同管理着跨越广袤距离、数额巨大的贸易流通——信息、人员以及商品的流通也都比以往要更加迅速、廉价,这一切都应归因于电报、汽船以及铁路的出现。

人口爆炸的导火索

在人类历史的大部分进程中,世界人口的增长都是极其缓慢的。大约5000年前,围绕着苏美尔地区,人类最初的都市网络正在形成之际,地球上的人口总数大约为1000万—3000万。公元100年时,也就是旧大陆网络已经形成的时候,全球人口大概已经达到了1.5亿(大约相当于今天巴西的人口)。而到了公元1500年,现代的世界性网络正趋于成型,整个世界大概拥有4.5亿人口。及至1700年,这个总数已经攀升到6.1亿左右。

公元1700年之前,世界人口的增长仍然处于缓慢而不稳定的状态之中,其缘故就在于人口死亡率较高——而且有时候非常高。在各个农业社会中,婴儿出生率为每年30‰或40‰(大约为今天美国婴儿出生率的三倍还要多)。然而,由于一些常见和地方性的疾病,加之营养不良,这些婴儿有一半都活不到五岁。儿童的高死亡率是遏制人口增长的主要原因。另外一个原因来自于偶然的人口危机。在平常的年份，人口死亡率大概是每年25‰—35‰（比出生率稍微低一点），但是每隔几年，传染性疾病、饥荒、暴力冲突——或是三者共同作用——就会导致大量人口死亡，这也遏制了人口数量的增长。通常这些危机都只具有地方性或区域规模，但是随着各个网络的扩展，各种传染性疾病会像14世纪中叶的黑死病破坏了大部分旧世界网络一样，转变为各种广泛传播的灾难。城市仍然是极其危险的地方，城市居民死亡率比出生率更高，而其人口数量之所以得以维持完全凭借于周边乡村人口的迁入。自然人口变化在不同的地方和不同的时间会有所不同，但是总的来说，公元1700年之前各个农业社会人口的大致状况就是如此。在1700年之前的16个世纪中，世界人口的增长，平均来看，大约都保持在每百年12%左右。 222

在18世纪，这种人口结构开始崩溃。人口死亡率下降了，在某些地区人口出生率则出现增长。中国的人口翻了一番，欧洲的人口几乎也增长了一倍。在经历了与旧大陆网络连接所带来的各种灾难之后，美洲的人口也开始出现反弹，并且增长速度更为迅速。有关印度和非洲的证据很少，但是这两个地区人口的增长幅度明显小于中国和欧洲。1800年，世界人口总数大概为9亿左右。在18世纪，人口的增长率达到每百年30%，几乎是1700年之前各个世纪的3倍。虽然此时各种传染性疾病和饥荒并没有消失，但远不如以前那么频繁和严重。及至1900年，世界人口总数已经达到16亿，其增长率几乎为一个世纪增长80%。一个根本性的人口变迁正在进行着。

促使现代人口快速增长的深层原因，来自于世界性网络的各种变化。更完善、更快捷、更密集的交通和交往手段使得很多疾病转变成为地方性的疾病,并且也减小了许多流行性疾病传播的规模。更加完善的交通体系使得食物能够很容易地被运送到那些最迫切需要食物的地区,从而遏制了致命饥荒的发生,纵然如此,对那些身无分文的穷人的救助意义并不大。各类农作物在全球范围内的散播仍在继续,农作物在19世纪所起的作用可能要比以前任何一个时期都大。虽然在抗击天花的知识传播方面,中国、印度、非洲西部以及其他地区的各种历史悠久的民间习俗曾使许多人的寿命得以延长,但是药物同人口变迁的第一个阶段几乎没有什么关系。17世纪90年代之后,北半球温暖的气候可能也提高了作物的收成,因此改善了食物供应,提高了抗病能力和预期寿命。

无论根源何在,这次人口的激增是在历史学界所说的人口变迁过程中到来的。在这种模式下,首先是人口死亡率开始下降,随之而来的是在某些间隔时期人口出生率的降低,最终,人口出生率和死亡率在某个点上又达到大致的平衡,然后,人口的增长(或减少)又开始变缓。但是在那些间隔期间,人口增长非常迅速。人口变迁在不同地方以不同的速度进行。一些社会的人口变化也可能没有遵循这种模式,但是它体现出了世界大部分地区人口变化的状况。

223 以英国而言,它的人口增长兴旺阶段大约从1750年持续到1910年,在这个历史时期,英国的人口从750万增加到4000万,尽管当时移居他国的可能还有2000万人。人口死亡率在18世纪开始降低,而人口出生率在几代时间内持续提高;更确切地说,人口出生率稍有上升,但在19世纪90年代之后,就迅速降低了。人口变迁的速度非常缓慢,当时的人们,包括一位叫马尔萨斯(T. R. Malthus,1766—1834年)的伟大而严谨的人口分析学家都没有注意到这一点。

1780—1840 年间，法国的人口出生率很早就开始降低了，这缩短了法国的人口增长阶段，结束了法国作为欧洲人口最多的国家的历史。然而，日本则经历了一个特殊的过程。由于其人口出生率不同寻常的低，因此从 1700 年到大约 1860 年，日本的人口处于一种停滞状态之中。此后，日本人口出生率就开始激增，一直持续到 1940 年。随后，又开始过渡到人口出生率和死亡率都很低的时期。在世界其他大部分地区，人口变迁发生的时间要稍晚一些，故而我们在第八章再继续予以探讨。人口变迁首先是发生在大西洋沿岸的欧洲，这就意味着欧洲人口在 1900 年在世界人口总数中所占的比重比 1900 年之前或之后所占的比重都要大。

迅速而非均衡的人口增长带来了各种新的张力和压力。这些因素促使新的移民模式的产生，这其中包括人口更加快速地涌入城市。在 1850 年，英国人口一半居住在城市，这种前所未有的形势要求农村能够提供数额巨大的移居者。这种迅速而非均衡的人口增长也对政治产生了一定的影响，它助长了西欧人和日本人的海外冒险活动，以及俄国人、中国人、美国人和加拿大人在陆地上的冒险活动。这种增长还使得多民族的各个帝国的稳定局势受到威胁，在这些多民族的帝国中，一些民族的数量增加得比其他民族快许多。这种人口增长也影响到自然世界，因为更多的人口意味着要有更多的耕地，更多的城市，因此森林、草地和野生动物的生存空间就要缩小。事实上，1750 年之后的这种迅速而非均衡的人口增长对世界上的一切事物都产生了影响——时至今日，这种影响仍在继续。

新的政治基础

自5000年前最初的几个国家形成以来，最普遍和持久的政治安排形式一直都是君主政体。一个单独的个体，通常情况下是一个男人，常常以世袭的和天赋的权力为基础，宣称自己有统治一个国家的权力。实际上，那些国王和皇帝们都不得不同各种宗教权威和地方权贵（magnates）——通常是地方上的大土地所有者达成妥协，因为地方所上交的租金和土地税提供了财富的源泉。在那些土地广袤而人烟稀少的地方，比如说俄国、热带非洲，或是东南亚，致使那些地方权贵拥有显赫地位的是他们对当地民众或是商业的控制而非对土地的控制。随着各个地区臣民们所拥有的自由权利和政治话语权力的不同，各地君主政体的状况也有所不同。为数不多的一些国家脱离了君主政体的统治，它们或是创建了民主政体的国家，在这样的国家中每个公民（然而是有限制的）都参与政治；或是创建了共和体制的国家，由一些被赋予权利的集团的代表来参与政治。但这些政治安排的规模都较小，而且极其脆弱，为时短暂。对大部分人而言，君主政体似乎是世界万物之中自然秩序的一部分。

224

但是自17世纪开始，世界性网络的不断整合重新塑造了政治的基础。迅速发展的商业贸易和城市产生了许多商人团体以及商业化的土地所有者，对于那些王朝统治者的各种赋税，他们极为憎恨。在整个世界性网络的范围之内都出现了这种情形，一些沿海地区尤为激烈，例如中国沿海、西非，以及大西洋沿岸的欧洲各国。这些地区人们的文化程度以及各种交流都得到了最充分的发展。一些拥有财产家业的人们（其中也有为数甚少的妇女)发现把他们自身组织成一个统一的小团体并非是一件难事。与此同时，17世纪期间，由于连绵数十载的农业歉收、较低的财政收入(部分是由不利的气候改变造成的)以及军事革命所带来的较高的财政支出，许多地区的君主们都陷入了财政困境之中，竭力地进行搏斗。就在这些帝王急切地需要增赋加税时，恰逢它们主要的财源之一——有产业的人们正在组织起来维护自身的权益。

亚洲最大的几个帝国——清帝国、莫卧儿帝国以及奥斯曼帝国尽管面临重重的困难，但都顶住这些压力，将局面掌控在了自己手中。而在那些发生众多激烈斗争的地区，如欧洲的大部分国家和大西洋沿岸的非洲地区，连绵不绝的战争加重了各个君主国的负担。在这些地区，旧的秩序分崩离析了，如位于刚果河南岸、拥有50多万人口、处于独裁统治下的刚果，就在1650年爆发了革命。1665年之后，此地的贩奴商人和属臣们取代了世袭的国王，引发了多次内战，最终在1710年重新建立起了一个独裁专制相对薄弱、权力更加分散的王国。荷兰和英格兰的旧秩序也瓦解崩溃了，这两个国家的那些以往在政治上被排除在外的财富所有者(包括少数贩奴商人在内)联合起来夺取政权。在荷兰，都市的精英在长期战争中摆脱了西班牙哈布斯堡王朝的统治。在英格兰，首先是由于17世纪40年代国王与议会之间的内战，以及在1688—1689年发生的一场宫廷政变——　225
这场政变确立起了一个新的相对软弱的君主政体，它适应了那些财产新贵和议会的需求。而这个君主政体的建立为日后英国投射到世界各地的经济与技术的革命奠定了社会政治基础。

如同刚果一样，在欧洲，这些革命开始与各种新的政治思想观念紧密地结合在一起，它们为新的秩序做出了论证。这些关于限制君主特权的思想找到了像约翰·洛克(1632—1704 年)这样杰出的代言人,他主张合法的政府只能够来自于被统治者的同意。世界性网络将这些思想加以广泛传播,形成了对检查制度的巨大冲击,而且,无论何地,只要财产所有者们被君主统治激怒,这些思想就会得到响应支持。无论何地,只要其财产所有者致富的速度很快,这些思想也就变得强大起来;无论何地,只要君主统治因各种财政压力而出现动摇,这些思想就会变得具有革命的特性。

紧接着在 18 世纪 70 年代的北美殖民地,旧秩序也出现了崩溃。北美地区的财产所有者,大部分是北方殖民地的商人以及南方殖民地拥有奴隶的土地所有者,他们联合起来抵制英国议会对他们所征收的高额赋税。通常说来,战争债务带来高额的税收似乎是必然的,然而这次高额赋税缘于英国和法国之间所爆发的世界性争斗,即著名的"七年战争",这场战争在欧洲、美洲、印度以及各个海洋展开。事实上,英国的财产所有者希望将帝国运转的部分费用转嫁到北美殖民地财产所有者的身上。这引起了北美殖民地各阶层人民的广泛反抗,他们自己征税组建了一支军队,并且发动了一场美国革命(1775—1781 年)。最终,他们赢得了胜利,其缘由一方面在于英国根本无法承担在美洲作战的高昂军费,另一方面则由于法国也介入其中,对北美殖民地予以支持。

法国国王很快就对此深感后悔。美国的榜样给世界各地的自由倡导者带来了极大的鼓舞,美国人对于自由思想的雄辩表达,例如托马斯·杰斐逊(Thomas Jefferson,1743—1826 年)的思想,极具感召力,为已在法国流传开来的各种破坏性思想的混合体增添了活力。到 18 世纪 70 年代,法国的统治精英阶层已经破碎:一大批土地贵族、都市商人以及一些专业人士对于王朝君主不再予以支持，他们渴望挣脱各种法律、税收以及商业的束缚，以争取自由，而这些却是法国国王绝对不情愿也不能容许的。如此一来，法国就可能陷入一无所有的绝境之中，有的只是人口增长所导致的农民土地的缺少，是被美国战争耗费一空的国库和歉收年景对每个人的伤害。18世纪80年代，法国的银行家、天主教会和富有的贵族都拒绝向国王继续提供贷款，因而，法国国王为了在征缴赋税方面寻求帮助，召开了本已长期关闭的等级会议，结果无意间把拦堵革命潮流的闸门打开了。那些被召集与会的人——大部分是财产所有者——宣称他们自己是人民的代表，而真正的最高统治权来自于人民。当受到攻击时，这些代表接受了来自巴黎的贫穷市民们的支持，这一联盟将法国君主政体掀翻在地（1789—1791年）。正值革命内部的各个派别彼此之间相互撕斗不已之时，周边的各种混乱随之而至，法国与其邻近各个君主国家都爆发了战争。然而，不久一个叫拿破仑·波拿巴（1769—1821年）的军事将领，为了实现自己的目标攫取革命的领导权，率领法国在意大利、奥地利、德国、埃及、西班牙和俄国进行了一系列卓越的军事征服战争，但最终在1815年战败。法国的王朝君主政体又被恢复，但其合法性却大为减弱了，此后，进一步的革命再度降临法国，直到1871年之后，法国才形成了一个比较稳定持久的共和政体。

226

法国大革命的爆发引发了大西洋沿岸地区其他的革命运动，其中最早的一次发生在法国产糖的殖民地圣多明哥（Saint Domingue）。1789—1791年间所爆发的各种事件削弱了此地的殖民统治，而当一次奴隶反抗爆发时，很快就引发了革命。圣多明哥的奴隶有很大一部分来自刚果，而刚果关于有限君主政体的思想与法国人的思想结合起来，共同形成了这场革命。法国、英国和西班牙曾轮番采取军事行动,试图镇压,但都一一归于失败。一位昔日的奴隶、家内仆人以及牲畜管理者,名叫杜桑·卢维杜尔(Toussaint L'Ouverture,其生卒年代大约为1743—1803年),组织起一支精锐的军队进行游击战,在1791—1803年间,他非常精明地利用黄热病摧毁了敌军的有生力量。在1804年,海地成为一个独立的国家,这是美洲所创建的第二个共和国,也是第一个和唯一一个以奴隶大起义为基础创建起来的国家。海地的财产所有者们中有些人原本希望摆脱法国的统治,而如今他们则被曾经是属于他们的财产的人所征服。

法国大革命也使得各个西属美洲殖民地相继获得独立。美国和法国的革命榜样和观念意识又在整个拉丁美洲的财产所有者中产生了强烈的共鸣。西班牙帝国在商业贸易上的种种限制政策,尽管在很广阔的范围内为人们所蔑视,但它们同样使得商人和土地所有者感到苦恼。他们虽然享受着这种建立在人口和商业增长基础之上兴起的繁荣局面,但可以看出西班牙的各种统治政策阻碍了他们获取更大的利益。当拿破仑在1808年挥师入侵西班牙之际,拉丁美洲的各个殖民地都爆发了起义,然而西班牙对此却是束手无策,毫无办法。在拿破仑被逐出西班牙之后,新的西班牙国家政权力图以武力重建帝国,但是却失败了,西班牙最为强大的一支远征军队由于感染黄热病而全军覆灭。到1826年,西班牙在美洲的殖民地已经分裂成许多个独立的国家,留给西班牙的只有古巴和波多黎各两块殖民地,此地的蔗糖种植园主们仍旧效忠于他们最好的主顾。

227

这些遍及整个大西洋世界的革命运动都有着各种本地的独特原因。但是它们也有共同的原因:亦即对代议制政府或人民主权国家的强烈要求,商业阶层力量的壮大,人口的增长和各个王朝国家所受到的财政困扰。在某种程度上,这些因素都是愈加紧密的世界性网络所使然的。正是由于这种紧密性在大西洋沿岸各个地区表现最为强烈和最为迅速,所以这次革命在一开始仅仅只是大西洋沿岸地区的事物而已。

但是很快,除了海地人之外,所有的革命者都提出了这样的观念:只要自己认为是合适的,那么,财产所有者就应自由地去寻求自己的财富。尤其是法国大革命也提出了一个观念,就是统治权力是建立在被统治者同意的基础之上的,国家是人民意志的表达。这两种思想都得到了广泛传播,尤其是后者。在法国,"全民皆兵"作为新型军队的基础,证明是实际有效的,这是一种全新的观念,至少对于 2000 年前罗马共和国以来的欧洲是如此。[①] 当这支庞大的军队被巧妙地加以组织之后,它就会成为一架令所有人感到畏惧的陆地战争机器,而拿破仑本人恰好对组织技艺极为娴熟。法国军队还促成了法国人的集体主义意识,即一种民族共同体情感的形成,在 1790 年时,法国人彼此之间尚具有很大的差异。而到 1815 年时,他们之间的差异性就已大为降低,都更像法国人了,因此,任何一个能够令人们相信它体现了人民意愿的政府,都能得到人们更大程度的信服。此中自有其奇妙之处。

民族主义这种在那些相信自己能够组建一个国家的人们中所涌现出来的团结一致的情感,使统治的艺术变得更加容易了一些。在这方面,如同宗教信仰长期以来所发挥的作用一样,民族主义使被统治的人们能够接受他们的命运。一个地区,只要其全部的人口都具有构成一个民族的归属感,那么,该地区的国家政权就能够很轻易地将自己描绘成这个民族的化身,而他们所共有

① 这里忽视了在欧洲的部落社会里每个男人都是战士。

的这些归属感通常就是语言和文化,但在某些时候也包括假定相同的血统。那些谨慎的国家常常利用军事服役、大众教育(尤其是学习英雄史诗及民族历史课程)以及爱国主义文学来向民众灌输民族主义情怀;利用戏剧、音乐、博物馆、游行以及宗教仪式等方式向那些不识字的人传达民族主义的信息。大部分地方的人,特别是城市的以及一些受教育的阶层对于民族主义的魅力做出了极大的回应。它使人们感觉到某些事物比他们自己家庭和教区居民之中的事物更加伟大、更加崇高。当民族主义情感所起的作用同不朽的宗教所起的作用相类似的时候,它常常就同占支配地位的宗教信仰携手并肩、共同发展。如在波兰和爱尔兰等地,民族主义就与天主教紧密地联结在一起;在俄国、希腊以及塞尔维亚等国,民族主义就同东正教联结了起来;而在日本,民族主义则与神道教(Shinto)结合为一体。但有些情况下,民族主义却与各种反对教权的因素结合在一起,例如在意大利、法国、墨西哥,以及土耳其。民族主义有时的确给那些传播民族主义信息的人,如教师、记者、军官以及其他许多人以丰厚的回报。民族主义可以使人们隐藏在内心最深处的某些渴求得到满足,如对团结一致和集体的强烈欲望,以及把人类分成"我们"和"他们"的那种迫切欲望。这种欲望或许在人类历史中漫长的幼年时期就具有了存在的价值,因为群体的团结一致就意味着在狩猎和自我保护时获取更多的成功,它或许早就深深地印在了人类的脑海之中。现代的民族主义是这种群体的团结一致与国家主权之间的交汇。无论如何,民族主义都是深受欢迎、广为流行的。

228

民族主义有助于对世界政治秩序的颠覆。首先,对于那些能够将自身引向民族主义的国家,民族主义赋予其更大的权力。这指的是那些语言和文化边界能够与政治边界相一致的国家,如日本。但是民族主义也同样适用于能够把政治边界调整到与正在形成的民族主义情感相适应状态的那些国家，例如意大利和德国——1859—1871 年间，这两个国家通过外交策略和小规模战争变成了强大的国家。一旦各种语言和文化的差异性被压制下去，法国和英国也从民族主义中获益良多，它们为此花费了一个世纪或更长时间。内战过后，尽管还存在着种族和宗教差异，但是免费教育体制和引人注目的政治自由意识形态使得民族主义也在美国发挥了作用。各种宗教的追随者在皈依上帝之中找到了自由；那些具有极大相似性的各州统治者们在顺从人民意愿的基础上建立自身的权力，因为服从人民的意愿，或者是赢得人民的意愿，就会唤起民族主义者的支持。

但是如果某个国家居民之间的差异性太大，那么民族主义就会逐渐地削弱这个国家。这一点在 19 世纪时的哈布斯堡王朝和奥斯曼帝国统治区域中得到了验证，在这两个帝国之中所存在的极大的文化和种族差异，对统一融合构成了抵制，尽管在解决此类令人困惑的难题上，这两个国家都曾付出不少努力。反而，众多民族对其解放事业的不懈追求，使得那些帝国的统治日渐艰难。事实上，实施中央集权和加强统一的政策助长了更深层次的少数民族主义情绪。沙俄帝国也经受了同样的情形，因为从属于帝俄的众多民族都发展了生机勃勃的民族主义，波兰人尤其如此。“俄罗斯化”的进程激起了人们极大的愤恨。在 20 世纪，民族主义在整个世界范围内广泛传播，搅乱了世界各地的政治安排格局，各个民族和国家被无情地加以聚合与分散。随着民族身份认同意识的兴起，政治和文化将不再是同一个范畴。 229

在 19 世纪，代议制政府形成和民族主义传播的范围并非很广。沙俄帝国毫无扩大其政治基础的意向，亚洲的那些大帝国以及上百个非洲的政权也是如此，尽管它们曾在某些方面采取了一些小小的措施。及至19世纪末，正如我们所看到的，亚洲的大部分地区以及几乎整个非洲都处在欧洲的控制之下，殖民统治（除了像新西兰或澳大利亚这类由移居者建立的殖民地）通常是通过授命或是同当地那些非选举产生的统治者共同协商而创建起来的。1826年之后的拉丁美洲的各个独立国家（尽管1889年之前，巴西一直称自己是巴西帝国）通常都采用了共和宪政体制。但是这些体制多半都是由它们各自的军队所掌控，因为在大多数情况下，军队（在某些国家是教会）是在独立战争中能够幸存并发展壮大起来的主要机构。直到1950年前后，代议制政府的原则才得到普遍的认可接受，几乎每一个政治单位都采用了这种体制，至少在表面上是如此。

这种新型政治也受到了另一种限制。在那些实行共和政体的国家和君主宪政政体的国家中，革命主要是扩大了那些曾领导过革命的财产所有者参与政治的机会。长达几代人的时间里，广大的贫困民众被排除在政治领域之外，妇女被排除在外的时间还要更长一些。19世纪30年代，美国把选举权扩展到所有的贫穷白人男性，英国在1884年把选举权扩大到几乎所有纳税的男性。19世纪70年代，法国和德意志帝国的选举权扩大到了所有成年男性。但是在意大利，在1881年的时候，只有6%的普通民众拥有投票权利。任何地区的女性都不允许在有关国家政治的事务中投票，直到1894年，这种情形才得以改变，当时的新西兰把选举权向女性开放；1918年之后，世界各地的女性才稍稍参与了一些政治事务。因此直到1914年，在大部分国家中，还没有实行投票选举制度；而在那些男性可以投票的国度，女性通常也是没有选举权的。更确切地说，在美利坚共和国内，即使在奴隶制度废除后，各种各样的法规条例和威胁常常使黑人被排除在选举制度之外。在 20 世纪之前，大革命时代的各项原则对于世界大部分地区来说，仅仅只是原则而已，即使在这些原则已转变成惯例的地方，它们通常也只是以极为缓慢的速度扩大政治参与的基础。然而，尽管在实际运作上尚存在种种自相矛盾的现象，这些新的原则还是构成了现代世界基石的一个组成部分。

工业革命

230

在这个世界上，还有一些更具有根本意义的事物正在向前发展，这就是工业革命。虽然工业革命最初发轫于英国，但它也是一种世界范围的变革，一方面，这是因为英国最初的工业化需要与其他一些地区，诸如印度和美洲，建立起新的联系；另一方面，则是因为一旦工业化在英格兰开始，它就会传播开来。如同人口变迁和民族主义思潮一样，工业化在世界范围内的传播既迅速又极不均衡。工业化的传播产生了更大的压力，刺激着大规模的移民、革命运动、帝国主义的兴起、各种帝国的崩溃瓦解，以及其他诸多事件发生。

其中最为首要也是最为重要的，是工业革命改变了人类社会的能源基础。能源对于制造器物、交通运输以及人类自身的生存都是不可或缺之物。在使用矿物燃料之前，人类仅仅能利用地球上所存在能量中的极其微小的一部分。通过食用植物，人类获得了植物吸收太阳光线所产生的光合作用的化学能量。通过食用动物以及利用役畜的力量，人类获得了稍广泛的能量。虽然风力和水力只在一些条件有利的地区才能产生，但是它们也是每年太阳传递到地球上的能量中的一部分。这些获取能量的方式所能得到的只是每年太阳不断供应的能量流，虽然数量丰富，但人类却未能将其加以有效地转化。通过燃烧木头和木炭，人们能够获取100年、甚至200年来由树木存储的能量。但是从根本上说，所有这些获取能量的方式都只能为人类提供非常有限的能源，这就意味着几乎所有的人都将一直穷困下去，一直凭借自己的辛苦劳作才能获得每天生存所需要的稻米和面包。

矿物燃料改变了这一切。最早一个使矿物燃料变成其经济中心的民族是荷兰人，他们燃烧泥炭为家中取暖，并且为许多工业生产提供燃料，这些工业部门包括酿酒业、制砖业、炼糖业或玻璃制造业（但是不包括冶金业，因为泥炭火焰的温度不够高）。泥炭指的是保存在水中的植物混合堆积物。荷兰人把泥炭从沼泽中捞出、晒干，然后燃烧泥炭来获取植物几千年来所存储的能量。这在能源需求密集的工业社会，使荷兰拥有了绝无仅有的优势（直到煤炭出现之前）。可以说，荷兰在黄金时代的繁荣（约1580—1700年），在相当大的程度上取决于它低价的能源消耗。

就在木材将聚积了几个世纪的能量，泥炭将聚积了上千年的能量保存下来的时候，煤炭作为一种能源却聚集了难以计数的漫长年代的能量。所知的世界各地的人们使用煤炭的时间已经很久了，在中国的宋朝，冶铁业中已大规模使用煤炭。伦敦至少在13世纪就开始利用煤炭取暖。英国拥有很丰富的煤炭矿藏，这一轮“产煤的新月地带”（carboniferous crescent）一部分是从苏格兰低地穿过英格兰一直延伸到法国北部地区、比利时以及德国的鲁尔地区。它势必成为欧洲工业革命的核心地带，这一地区对于现代历史的重要性与肥沃的新月地区对于古代历史的价值同等重要。1750年以前，从经济利益的角度考虑，只有英格兰东北沿海地区的煤炭可以很划算地运往几英里之外的地方。但是随着18

231

世纪运河的建设，英国更为广大的内陆煤炭进入市场。到 1815 年时，英国每年由煤炭所产生的能量，与一片面积相当于整个英格兰、苏格兰、威尔士大小的森林所储备的能量相等，并且是当时英国所有实际林地所能提供的能量的 20 倍。[①] 事实上，在价值上煤炭已经取代了田地。英国是第一个踏上通往高能源社会道路的国家。表 7.2 显示出矿物能源使用前后的差异：

表 7.2　每年人均能源的使用

人类自身的基本需求	1*
狩猎和采集社会	3—6
农业社会	18—24
工业社会	70—80

*这里的单位是成年人平均的基本新陈代谢需要的能量，大概是每年 30—50 亿焦耳。

来源：Rolf-Peter Sieferle, *Der Europäische Sonderweg: Ursachen und Faktoren*, Stuttgart, 2001, pp. 18-19。

像一万年前人类过渡到农业社会一样，矿物燃料的运用增加了可供人类使用的能源，因此使得人口数量和财富的增长成为可能。在人口变迁（在其后半段时期）放缓了增长速度的地区，获取能源数量的增加就意味着在人类历史上第一次出现了这样的情形，即大量贫穷现象的出现并非是必然的。

232

① 1815 年，英国的煤炭产量是 2300 万吨，即使这些煤炭都被效率较低的蒸汽机燃烧，它所能做的功也可能相当于 5000 万名精力充沛的男子所做的功。当时英国的总人口大概是 1300 万，所以当时英国所拥有的精力充沛的男性劳动力的数量可能为 300 万人。

由于煤炭价格的低廉,英国的冬季取暖也变得容易很多,并且它也为以往荷兰人所独占的那些能源密集的工业增添了燃料。但是煤炭利用在英国进展得更为深远,在某种程度上,这是由两大技术变革所导致的。由于煤炭中所含的杂质会使铁变脆,所以大部分的煤不能直接用于冶铁工业。然而,在1709年之后,这已不再是什么问题了,因为一个名叫亚伯拉罕·达比(Abraham Darby,1678—1717年)的铁匠想出利用焦炭,也就是提纯的煤来冶铁,获得了极大的成功。这种方法一举突破了长期以来一直制约冶铁业的能源瓶颈,使其生产规模扩大到运用传统燃料——木炭所不可能达到的程度。第二个技术创新是以蒸汽机的形式出现的,在中国、法国和英格兰早已有了蒸汽机的各种雏形。将水从矿井中排出才能开采煤炭这个难题,曾激发许多人在蒸汽机设计方面进行探索,这其中要属斯科茨曼·詹姆斯·瓦特(Scotsman James Watt,1736—1819年)在18世纪70年代的设计最为重要。而在矿井中,煤炭可任人使用,因此可以使用以煤炭为动力的蒸汽机把地下积水抽出来,以便矿工能够在矿井下越挖越深。地下积水难题的解决,开辟了一种新地下能源的天地。这是一项具有重大意义的成就,其价值几乎可与农业社会中的许多成就相媲美,如农夫们成功利用铧式犁具对西北欧低地地区潮湿的土壤进行耕种,在遥远的东亚地区种植水稻,以及中美洲地区的浮动园田式耕作开辟食物生产新机遇等等。对水予以控制是关键的因素,而在煤炭开采中对水的控制是靠机器,而不是农夫。

到1800年的时候,英国大概拥有2000台蒸汽机,大部分都用于煤矿井下抽水。这使得煤炭的价格愈发便宜。很快,煤炭就普遍被人们所使用,固定式的蒸汽机被应用于纺织业、陶瓷制造业,以及炼铁炉鼓风机运转等各个领域之中。而主要用于机车和轮船的可移动式蒸汽机，也逐渐变得标准，并具有上述那样的效率。蒸汽机就是英国工业革命的技术核心。①

然而对于工业革命来说，还有比技术革新和廉价能源更为重要的因素。在英国，一种新兴的社会、政治和经济环境对各种技术革新予以激励，使其变得更加容易。1688—1689 年所发生的那场非暴力的宫廷政变，即所谓的“光荣革命”，把妥协和解摆到了一个恰当的位置，而这种妥协有助于英国创建一种更加可预知的税赋制度和更为安全的财产权利，同时制定了诸多更有利于商人的政策，例如禁止进口印度的棉纺织品（1721 年），这些政策使英国的棉纺织业更加具有活力。直到 19 世纪 20 年代，英国的制造业主们一直享有防止外国竞争的高额关税的保护。采矿业以及纺织业的雇主们也能够依靠国家和军队力量的支持，同劳工进行斗争。此外，上文提到的交通运输的改进使民族市场的兴起成为可能，因而大规模的生产是值得的。1756—1815 年期间，英国的三次主要战争也使得政府成为迫切需要大批量衣物和铁制品等物资的大主顾，为此英国建立起了一个军事工业的复合体。② 英国还发展起来一种金融体系，把储蓄者的财富更为有效地放贷给一些需要资金的商业，虽然在工业革命初期的几十年间，这种体系的作用尚不是十分明显。亚伯拉罕·达比就曾向家中亲属和朋友借款扩大自己的铸造厂，詹姆士·瓦特也以贷款方式来扩展自己的生意。但是在 1780 年之后，企业家均可从各种所谓的地

---

① 生于这一时期的人都知道，19 世纪早期的蒸汽机车上面常常会有各种各样装饰性的雕饰，这些图案取自于古典建筑，消防站以及泵站有时候看起来如同教堂建筑一样。蒸汽机车是这个时代工业革命的象征和财富。

② 参见乔尔·莫基尔：《英国的工业革命》（Joel Mokyr，*The British Revolution*，Boulder，CO，1998），第 56 页，驳斥工业革命时期军事产品的重要性。

方银行贷款,并在伦敦证券交易所出售自己的股份(该交易所于1773年建立)。所以各种社会、政治的面貌同煤炭对能源瓶颈障碍的破除一道,允许并助长了各种技术革新的发生。

在远离英国海岸的地方,其他环境因素也有助于对各种传统束缚的冲破。当煤炭取代了林地,海外的田地就取代了英国本土的农田,改善了食物供应状况,对城市来说尤其如此。英国的各种制成产品可以使其从俄国和北美洲地区换取谷物。英国殖民霸权使其可以以有利的价格换取来自加勒比海的蔗糖,用以供给都市工人所需的部分能量。它也从中国和印度购买了便宜的茶叶,这种提神的饮料,有助于工人们坚持工作,直到下班。产品的大量出口以及殖民霸权的运用使英国从美国南部地区、印度,后来又从埃及和非洲等其他地区获得了其工厂所需的全部原棉。234 1790年之后,美国南部产棉地带的扩大对英国纺织工业的发展具有基础性的意义;而来自印度和土耳其的染料及印染技术也对其发展很有帮助。世界性贸易网络给英国的人口与工业带来了所需要的一切,而这归功于英国的煤炭和蒸汽动力所奉献的各种优势。下面是英国经济学家W.S. 杰文斯在1865年所写的一段话:

> 极其自由的商业……是建立在我们煤炭资源的物质基础之上的,它使地球上许多地区都成了我们的自愿纳贡者……北美洲和俄罗斯的大平原是我们的粮田;芝加哥和敖德萨是我们的谷仓;加拿大和波罗的海诸国的森林为我们提供木材;澳大利亚则是我们的牧羊场,在阿根廷和北美洲西部的牧场上的是我们的牛群;秘鲁为我们送来了白银,南部非洲和澳大利亚的黄金直接流到了伦敦;印度人和中国人为我们种植茶叶;我们的咖啡、蔗糖,以及香料种植园都在西印

度群岛。西班牙和法国是我们的葡萄园，地中海地区则是我们的大果园；我们的棉田，长期以来一直占据着美国的南部地区，而今却在向地球温带的各个地区延伸。①

历史学家们长期以来一直试图探寻工业革命为什么首先发生在英国，并且为什么就在那个时间发生。一个简短的答案就是英国的各种内部特征(大量的煤炭和钢铁)和各种发展(1688年之后的社会政治环境)同正在增强的世界性网络结合为一体，这个网络既包括英国各种内部网络(公路、运河、铁路、邮政服务)，还包括整个世界规模的网络(海外贸易和殖民地，以及人口的增长)，从而为工业化创造了各种必要的条件，而其中自由和革新动机二者均占据了不同寻常的比重。

各种技术革新解决了旧的瓶颈障碍，但同时又产生了一些迫切需要解决的新问题。例如纺织业，一直是一个规模狭小却分布广泛的工业，在1733年之前，若要一位织布工人忙起来，需要三四位纺纱工才能为其提供足够数量的棉纱。但是飞梭的发明使得织布的速度比以前快了两倍，从而促使人们去探寻加快纺纱速度的方法——这些方法，随着1770年珍妮纺纱机的出现而实现了。自此以后，各种重要的技术革新便接踵而至，至少从事后回顾的角度看来是如此。这些革新既与技术相关也涉及各种组织要素，并且它们还与社会和政治的各种安排相关联。第一组技术发明创新，形成的时间大概是1780—1830年期间，主要涉及纺织业和冶铁业。这一期间关键的技术成果是飞梭、珍妮纺纱机、棉　235

① 威廉姆·斯坦利·杰文斯：《煤炭问题》(W. S. Jevons, *The Coal Question*, New York, 1965[1865])，第410—411页。

纺业中的动力织布机,以及冶铁工业中的熔炉等。在交通运输中至关重要的进步体现为收费公路和运河的出现。各种决定性的组织制度革新也一同出现在工厂制度之中,它们使工人在更加严厉的监管下工作,也使产品质量的监控变得更为切实可行。这一时期最重要的社会政治进步是对政治和经济两大力量的平衡,而这一切在"光荣革命"的妥协和解中得到了充分的体现。

第二组革新(其发生的时间大概是1820—1870年),主要集中在冶铁业、煤炭开采业和蒸汽机之上。为不计其数的投资者投放他们的资本提供了合法机制的各种股份公司,同一种新型的自由政府(意味着一个国家对经济活动的干预要尽可能少)同步发展,从而为这组技术革新发明的各个组成部分提供了相匹配的软件革新和社会政治环境。而这种新型的自由国家对英国正在进行的帝国建设、军队组建和海外市场扩张等事业也带来了很大的助益。

第三组技术革新发明(大概是1850—1920年),以煤炭和钢铁、铁路和电报、化学和电力为主要特点,此外,还有利用规模经济的优势、在国际范围运营的大公司。这组革新的成果并不是来自于英国——这在历史上还是第一次,而是来自于德国和美国,特别是出现了一些大规模官僚化的企业管理组织,其先锋就是美国的铁路管理系统。同样新颖之处还有,此时的工业革命所获得的进一步发展动力来自于科学。而先前那些重要的革新所获得的动力都来自工作在铸造厂、矿场或制造厂的工人的实践经验。1860年之后,有组织的科学开始发挥出越来越大的作用。许多大学都与各种企业合作开发科研项目,尤其是在化学和工程学等领域,而这在那些急于追赶英国的国家体现得尤为突出。各个大公司也开始创建自己的研发机构。这些安排措施为企业带来了一定的效益，逐渐在工业化所波及的世界各个地区成为一种标准。

随着上述三组技术革新发明的不断成功，工业革命逐渐成为全球性的运动，从一开始，它就从远方的异国他乡获取自己的食物和养分，随着时间发展，这种对遥远地方原材料的仰赖越来越强烈。但是在影响和传播这两个方面，工业革命却是一个世界性的过程。

工业革命的影响

236

在产生财富和权利的不平等上，工业革命是最重要的因素，而这些不平等塑造了 1800 年之后整个世界的政治格局。工业革命最初的影响之一就是把效率低的各个产业排除在企业之外。

亚洲、非洲以及南美洲的去工业化

在 1700 年时，世界上最大的纺织品出口基地是印度。然而到 1860 年，印度的织布工业就已无法同英国相抗衡了，其缘故就在于他们既没有廉价的能源，也没有工厂制度下的标准化生产和质量监控体系。查尔斯・屈维廉爵士（Sir Charles Trevelyan）曾在英国国会上院作证时曾讲到，在今天孟加拉国的纺织业中心达卡，“丛林和疟疾正在迅速地蔓延……印度的曼彻斯特失去了往日的繁荣，变成了一个非常贫穷而狭小的城镇”。其人口从 1750 年的大约 12 万—15 万人，下降到 1850 年的 4 万—6 万人。

在英国的纺织业入侵之前，世界各地的织布工已生产出种类繁多的成衣以满足各个地区对各种款式的需求。例如在 1820 年之前，伊朗的棉纺织和丝织业是相当兴旺的，这为居住在城市中的，如伊斯法罕和大不里士的织布工（大部分是男人），以及城市周围农村中的纺纱工(大部分是女人)提供了生活来源。19 世纪 20 年代,英国的棉布开始进入伊朗市场,随后几十年间,英国的棉布越来越物美价廉,并且更加适合伊朗人的品位。渐渐地,英国的棉制品比伊朗的丝绸更受欢迎。到 1890 年,伊斯法罕所拥有的丝绸织机仅为 1830 年它所拥有的织机数量的 1/10。伊朗停止了丝绸和棉布的出口,转而出口原棉和生丝。1850 年时,伊朗出口的棉织品是其原棉的 23 倍;然而到 1910 年,却出口了 20 倍于棉织品的原棉。当时伊朗街上的孩童们这样唱道:

> 丝累线积难成匹,
> 织布谋生不如死。①

237 毫无疑问,类似的歌谣也在京都、上海、加尔各答、布哈拉(Bukhara)、开罗、特莱姆森(Telmcen)、廷巴克图、库斯科(Cuzco),以及墨西哥城的街道上空飘荡。当时在世界各地的乡村(包括英格兰在内)存在的纺织业,都能带来一些收益,以弥补农民生计所需,然而英国工厂的高效率却给它们带来了灾难。

伊朗、奥斯曼帝国、墨西哥,以及其他地区的政权都曾试图采取各种新措施来保护自己的织布工和纺纱工。伊朗就曾试图禁止外国纺织品的进口,并要求其国民只能穿着国产的衣料,然而,其君主发现自己可以从纺织品进口中获取高额的关税,便废除了以往的禁令。奥斯曼帝国和墨西哥都曾对本国的新兴蒸汽工厂

---

① 引自威勒姆·弗洛尔:《历史视角下的波斯纺织工业,1500—1925》(Willem Floor, *The Persian Industry in Historical Perspective, 1500-1925*, Paris, 1999),第 119 页。

予以财政资助，并从欧洲引进机器和专门技术。这些措施在奥斯曼帝国的成效颇为可观，在最初衰落之后，到 1900 年时奥斯曼帝国的纺织工业就已大体恢复到 1800 年的规模了。然而，即使其纺织工业得以复兴，但帝国境内销售的本土棉布产品也只占很小的份额：其绝对规模虽然与从前一样，可其相对份额却大为减少。奥斯曼帝国的毛毡制品生产也发生了同样的变化，1910 年，英国的一家财团掌握了奥斯曼帝国境内绝大部分的毛毡工厂。

到 19 世纪中叶，英国爆发的工业革命使之生产出大量价格十分低廉的商品，致使全世界范围内其他地区的工厂遭受了与纺织业同样的命运。英国的冶铁、炼钢以及金属制品都超过了亚洲、非洲以及拉丁美洲的产品数量。英国的造船业、陶瓷生产也把其他地区甩在了身后，由于这些缘故，英国的银行业和保险业也达到了世界最为发达的水平。19 世纪末期，英国甚至把自己所产的煤炭出口到世界各地。工业革命在硬件和软件方面的各种创新，为英国的众多企业奉献了巨大的相对优势，尤其是那些能源和知识密集型的企业。这一切引发了一场巨大的世界经济结构重建，在这一重建过程中，世界大部分地区都发现自己相对有利的因素全转向了土地密集型产品，主要是食物和纤维作物的种植。在许多情况下，这种重建不仅仅源自相对高的生产率以及相对优势的变化：英国还利用自己不断增强的军事力量强征关税、税赋，并制定了许多有利于本国企业家获取更大利润的条约。例如，1816 年时印度部分地区之所以形成纺织品进口商的网络体系，部分原因就在于许多印度土邦政权被迫接受了英国纺织品自由贸易的政策。

帝国主义与自强自立运动的发展

工业革命前，大西洋欧洲各国就已建成了各种海上帝国。在238大多数情况下，这些帝国包括一系列拥有防御工事的贸易据点或是盛产蔗糖的岛屿。西班牙人和葡萄牙人在美洲就宣称占据了广袤的领土，但是他们实际控制的疆土面积只有其宣称的1/4左右。英国在北美洲发展了许多殖民定居地，但是都位于阿巴拉契亚山脉以东地区，荷兰人对今天的印度尼西亚地区的控制也只延伸到几个港口和其邻近的内地地区。在因人口灾难而使帝国主义十分轻易加以统治的美洲、西伯利亚以及澳大利亚以外的各个地区，则不允许海外帝国主义有任何染指行为，此乃当地政治平衡所使然。在其船载火炮射程之外的地区，欧洲的霸权毫无作用。

但是工业化则从根本上改变了这种局势，使得欧洲各国，尤其是英国的领土扩张代价极低，十分容易，因此变得更有诱惑力。各个工厂都在大量研制新型的更具杀伤力的武器；基于标准化的、可以相互转换的零件，大批量生产的现代生产方式，实际上最早是在军事工业中涌现出来的。那些铁甲蒸汽炮舰的火炮射程能够覆盖诸如恒河或是长江沿岸的内陆地区，而这些河道先前曾是莫卧儿帝国和清帝国的咽喉要道。自19世纪40年代开始，武器、通讯设备的发展所带来的巨大不平衡使欧洲各国占据了明显优势，欧洲军队即使在对手数量众多的情况下也能连连获胜。尽管偶尔遭到反对，这些工业化的国家还是经常发动战争、侵占他国领土，以此来处理不偿还债务或无法达成贸易谈判条约等外交事务。民族主义和不断完善的国家金融体制在增强欧洲国家实力方面也发挥了一定的作用，但是究其根本，还是工业帝国主义

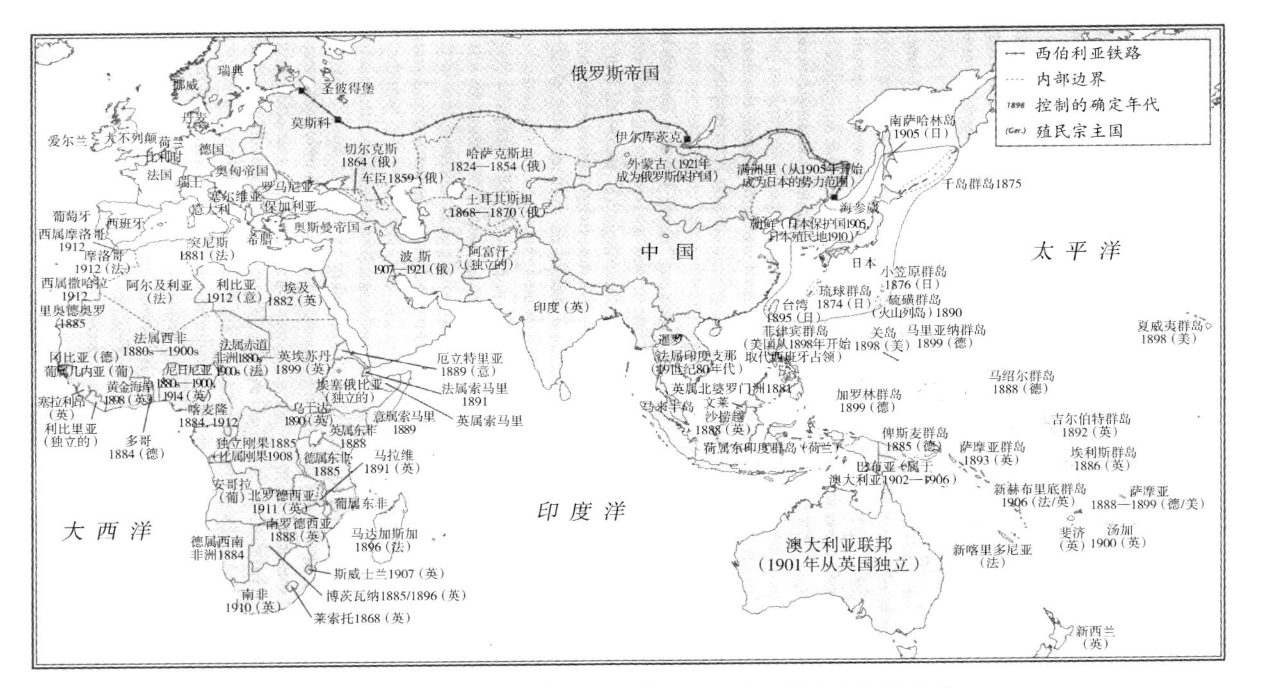

地图7.1　1900年前后帝国主义在亚洲、太平洋和非洲的态势

这种 1840—1945 年间普遍存在的权力失衡所导致的结果。

19 世纪末期,由于连发枪、原始的机关枪、爆炸军械以及其他武器革新的缘故,这种权力失衡的状态变得越发明显。在 1875 年之后,工业国家采用新的技术以钢管来制造枪筒;非洲以及印度尼西亚的那些聪明的铁匠们再也无法模仿并制造现代武器了。工业国家可以以十分微小的代价对非洲和亚洲发动战争。到 19 世纪 90 年代,军医们在治疗某些疾病上取得了相当大的成功,而这些疾病曾一度使他们的军队不能深入到热带非洲和东南亚地区。此外,通过训练当地军队和装备现代武器,欧洲各国有能力发动并赢得各次征服战争,因为这些战争中的大部分战役其实都是由非洲人、亚洲人自己在打。这也进一步减弱了各种热带疾病的影响。

工业帝国主义的出现,对于那些接受欧洲权力的社会来说是一种不和谐的体验。面对现代军事武器装备,无论勇气、长矛、箭弩还是旧式步枪,几乎都没有赢得胜利的可能。世界各地的人们都转而向超自然力量寻求救助。各种类型的先知都突然地冒出来了,领导着抵制帝国主义的运动,他们将本地宗教的各种元素与基督教或伊斯兰教某些方面加以混合。在许多情况下,各位新先知们都允诺自己的信徒有在子弹面前毫发无伤的神力,这种美好的前景在 19 世纪 90 年代的北美大平原上,对那些抗击美国军队的印第安人产生了巨大的鼓舞作用,也对 1900 年发起义和团运动的中国北方的农民,以及 1905—1906 年间发生在东非反对德国殖民者的麻吉麻吉(Maji-maji)反叛者产生了巨大激励作用。然而,任何一种魔法都无法挡住迎面飞来的子弹。

凭借军事力量的优势,各个工业帝国在 1914 年之前的几十年间将世界剩余的大部分地区瓜分完毕。强大的力量使欧洲人确信他们自己天生就在种族上优越于非洲人和亚洲人,因而他们实际上就是上帝派来统治世界的最合适人选。甚至当一个特定地域的经济或战略利益尚未得到明确的认定之时,帝国的扩张就开始迅捷地展开了,因为攻占这些领土所需的费用实在是太低了。在所有被夺占的土地当中,英国占据了最大的一份。虽然在1783 年丢掉了美国,但是到了 1914 年,英国还是逐渐发展成一个跨全球的庞大帝国。

1750 年至 1860 年间,作为英国人口最多和最为重要殖民地的印度,逐渐地英国化了。最初印度只是作为与商业有关的地区事务,由东印度公司负责掌管。及至 1710 年,莫卧儿帝国逐渐失去了往昔的活力,而从莫卧儿帝国阴影下摆脱出来的数量众多的各个土邦政权之间又如以往一样充满着矛盾纠葛,它们和伊斯兰国家之间也冲突不断。正是这种情形,使东印度公司发现了塑造印度政治格局的有利时机,他们对那些愿意与其合作的印度王公们给予援助,对其军队进行装备和训练,以此来打击那些不愿合作的地方王公势力。到 1818 年,东印度公司所统治的人口已达英国在 1783 年失去的美洲殖民地人口的 50 倍。英国王室逐渐强行吞并了许多印度领土,1857—1858 年大反叛之后,英国王室又将东印度公司和莫卧儿帝国统统废除,使英国在整个印度的实力大为巩固,这其中包括现在的巴基斯坦、孟加拉和斯里兰卡。在这一过程之中,与下文将要提及的非洲一样,为数很少的英国军队和行政管理官员就得以征服和统治广袤的地区,这是由于他们拥有先进的武器装备和各种知识技能,以及他们所选择的各种地方盟邦。

那些享有工业力量优势的其他欧洲国家也都占领了一些相对较小的帝国。法国把非洲和印度支那变成了自己的殖民地。

德国,作为一个直至1871年才获得统一的国家、一个帝国主义国家行列中的姗姗来迟者,也获得了非洲的一些分散领地和西太平洋中的部分岛屿。沙俄帝国将其领土扩展到高加索山脉和中亚地区。甚至那些二流的欧洲国家,如意大利、比利时、葡萄牙以及西班牙也都于1880年之后,在非洲获得了领土,扩大了各自的帝国势力。通过征兵、训练以及武装他们自己的非洲军队,这些国家能够击败几乎任何非洲国家。非洲各国中一个极其例外的国家是埃塞俄比亚,该国国王孟尼利克(King Menelik, 1844—1913年)颇有先见之明,引进欧洲军官来训练军队,购买了先进武器(包括少数机关枪),并且还建造了小规模的铁路和电报通讯系统。这使得埃塞俄比亚成为一个地区性的强国,并且在1896年打破了意大利企图征服的美梦。

241

埃塞俄比亚在非洲合恩角(Horn)所做的一切,其他地区的一些国家也在做,有时规模还要更大一些。到1815年,一些敏锐的统治者们已注意到工业化所带来的财富和力量,并得出了这样的认识:如果他们不希望屈服于工业帝国主义的话,就需要使自身工业化,或者至少是进行一些艰难的"自强"计划,其中最著名的就是在中国发生的那些运动。所谓自强是指那些政府的精英分子在深思熟虑之后所做的各种努力,他们改造军队,改革经济,并在需要之时改良社会,使其能够应对工业霸权所带来的挑战。通常情况下,这些国家希望社会形式变得越小越好,只是希冀自己的军队能够现代化。然而,欲使这一目标达成,就需发展兵工业和钢铁工业,需要一支工业化的劳动大军,并且在大多数情况下,还要发展更高层次的教育、更加自由的信息流通和更加完善的税收体制。换言之,满足应对工业帝国挑战的各种条件,需要在很大范围内进行变革,然而这些变革有时候会对那些国家及其支持者构成威胁。这种情形有助于解释那些自强运动为何通常以失败而告终。

在英国之外，最早完成工业化的是与其相邻的欧洲各国，以及大西洋彼岸的英国附属国。英国曾竭尽全力阻止技术外流，试图保守其工业技术的秘密。但是由于人员、思想以及机器的流动过于自由，英国根本无法做到这一点。欧洲其他国家相继雇佣英国的工厂主在各自国家内创建工厂。而欧洲及美国的企业家也都雇佣英国的工人，并在少数情况下，甚至绑架英国工人，以获取他们所拥有的技术和知识。还有一些企业家，如德国的钢铁巨头阿尔弗雷德·克虏伯(Alfred Krupp，1812—1887年)，就曾亲往英国，学习研究各种新技术。故而，工业革命蔓延到了整个欧洲和美国，尤其是1815年之后更是迅速。比利时以其煤炭、瑞士以其水利能源引领着欧洲工业革命的进程。湍急的水流能够产生足够的能量满足纺织工业的需要；但高效的钢铁生产所需要的则是煤炭(和铁矿石)。欧洲各国都提供补贴、减免税收、免费为其建立基础设施，甚至还以镇压工人的反抗等各种方式，来激励扶持本国的工业发展，然而，欧洲工业化的地理格局最终还是要由各处大煤田的分布状况来决定。法国拥有的煤炭资源太少，到1848年就不得不依靠进口煤炭来发展工业。而德国则以煤炭资源极为丰富的鲁尔地区为中心，建造了当时最大的钢铁工业。到19世纪80年代，德国的工业发展已经超越了英国。 242

美国的工业化进程依循欧洲模式。最初，它在很大程度上依赖于欧洲移民劳动力和对英国工业方式的直接模仿。水力资源推动着首先在新英格兰繁荣起来的纺织工业的发展。大部分坐落在俄亥俄河谷的宾夕法尼亚的煤矿使得美国重工业得以发展。美国工业化的发展也得到了国家的巨大帮助，这主要指的是从18

世纪90年代以来的关税保护政策。与德国一样,美国工业企业的规模有时非常巨大,雇佣上千名或者更多的工人。从19世纪40年代开始,由于船票价格非常便宜,上百万的移民涌入美国沿海各地。美国各处工厂中的官僚化、等级化状况日趋严重,其中部分原因是这些移民工人之间语言不通,相互之间不能进行很好的交流。19世纪80年代之前,美国为工业技术革新所做的贡献甚少,但在商业和工厂管理方面,他们却是真正的先行者。在著名的“美国制造体系”时代,他们所取得的最重要的成就,就是大批量生产标准化产品部件,这些具有可互换性的部件,随时可进行简单组装。美国联邦政府首先将这种体系应用到兵工企业的生产之中,后来又广泛应用于整个美国制造业,最终传播至整个世界的制造行业。及至1890年,或更早一点,美国的工业就超过了德国,成为世界工业的领袖,并一直将这个地位保持到现在。

工业化所产生的权力和财富引起了世界各地政治和商业领导者的关注。在埃及,一个曾在奥斯曼帝国军中服役、具有革新观念的阿尔巴尼亚人穆罕默德·阿里(Mehmet Ali,1769—1849年),于1805年自命为帕夏(旧时奥斯曼帝国和北非地区高级文武官员的称谓),从19世纪30年代开始通过国家号召发起工业化建设。巴西的企业家们早在1815年就在炼糖业中使用了蒸汽机。在印度,泰戈尔家族(the Tagore family)从英国引入各种设备,创建纺织工厂。由于在第一次鸦片战争(1839—1840年)中败于英国坚船利炮之下的惨痛教训,中国试图创建一个现代化兵工企业。然而,这些举措无一取得重大成就。因为以上所谈论的这些社会都没有聚集起足够的掌握新技术的民众,并且在大多数情况下,这些国家的商人们可以通过出售粮食、木材、蔗糖或棉花赚

取钱财——也就是说，他们扩大现有的各类业务所获得的收益，243
要比打乱现有格局的工业化建设所能带来的收益还多。

到19世纪60年代，那些仅仅依靠低能量的农业经济来支撑其政治费用的国家明显地感到愈发艰难，于是，某些国家开始加倍努力地实现工业化。这其中最为成功者是俄国和日本。这两个国家都在19世纪50年代中期获得过惨痛教训。在同奥斯曼土耳其帝国的克里米亚战争中，因为英国和法国站在奥斯曼一边，俄国大败。这一事件为俄国进行一系列改革，特别是农奴制度的废除提供了契机，其法律制度和劳动体制变得更加灵活，从而为国家资助的工业化进程开辟了道路。在工业化进程中，俄国具有一定优势：铁矿、煤炭储量丰富，并且还刚刚在中亚这样一个棉花产地征服了许多领土，俄国的精英分子精通欧洲各国语言，并且习惯于吸收借鉴外国的思想观念。同美国一样，只有铁路才能够将俄国那广袤的幅员空间连为一个整体。俄国的工业化也确实是以铁路建设为重点；它甚至还创建了世界上第一个机车研究实验室（1882年）。和美国（以及日本）一样，俄国也需要外国资本的注入和技术的引进。将以往的农奴转变成遵守纪律的产业工人，对雇主来说是一个挑战，一个只能慢慢加以克服的挑战。1860年，俄国工业化开始的起点很低，最初的发展速度也十分缓慢，然而，从1890年前后却开始飞速地发展，由于一位前铁路官员出任财政大臣（即谢尔盖·尤里耶维奇·维特，此人在1892—1903年间出任俄国财政大臣）的缘故，俄国一跃跻身于少数发达国家行列。到1910年，俄国已经拥有了世界上第四或第五大的重工业体系。

日本的工业化则是一个完全不同的发展过程。1853年，美国舰队驶入江户湾（即现在的东京），要求与日本签署商业条约，并享有建立加煤站的权力。在此之前的220年间,日本一直保持与世界隔绝的状态。日本经济仍以农业为主。大约在1720年以后,由于人满为患,日本的许多家庭都竭力限制孩子的数量,致使日本在大约五代人的时间内,人口增长速度非常缓慢。同英国一样,日本的森林几乎都被砍伐殆尽。而与英国所不同的是,日本几乎没有煤炭资源,铁矿储量极少,而且也缺乏适合种植棉花的田地。18世纪,日本也曾进行殖民拓边,但只是向北,开拓了北海道,该地区只有一些森林和渔业资源,并没有工业化发展所亟须的各种原料。然而令日本人感到幸运的是,他们的文化程度相当高,且都习惯于遵从等级制度,讲求集团忠诚观念和纪律。在拥立明治天皇(1867—1912年在位)而展开的一场激烈的政治斗争之后,日本拥有了一个极为坚毅的精英集团,它坚定地主张向外邦学习那些使其变得更加强大的各种技艺。英国、法国、荷兰以及美国等各国舰队偶尔对日本港口进行炮击,使日本求取自强的紧迫感大为加强,从而使其免于沦为殖民地的厄运。

244

致使日本工业化迅猛发展的决定性要素,就是国家以及国家对大企业的大力扶植,尤其是对造船、采矿、铁路、铸铁和炼钢行业的扶植。同德国一样,军费支出在投资选择上发挥了主要作用。一支现代化军队对钢铁的需求是无休无止的。日本政府把纺织工业交给私人经办,而自己却精心发展重工业。日本政府拥有许多造船厂、兵工厂和采矿场,同时还给予私人造船业和铁路业以财政补贴、税收减免等优惠政策,并且以武力来镇压那些不满的工人和农民——而广大工农民众所交纳的税赋却都被用于对这些工业的资助,同时他们的田地还受到工业污染的危害。那些成功的公司为了获取国家的资助份额,培育起各种与政治相联系的渠道,这种安排对那些巨大的企业集团极为有利,如三菱公司、川崎公司等企业巨子,时至今日仍是实力强大的公司。从1894 年开始,日本对中国发动了帝国主义侵略,在中国东北获得了煤炭和矿石开采权。此外,日本政府还支持技术教育,发展农业科学,并在1880—1930 年间使水稻收成翻了一番。长期停滞的人口数量也迅猛增长起来,为日本的工厂和军队提供了大量的年轻人。按照以往的标准来看,日本的工业化来得十分迅猛,到了1914 年,日本一跃进入世界工业和军事强国的前列。

德国、美国、俄国以及日本的工业化进程都是在寻求自强的大背景下展开的。例如美国政府就明确地意识到来自英国的经济和军事威胁。对此威胁,美国所采取的措施是从联邦政府成立之初就开始实行关税保护政策,创建邮政体系、军工体系,和邮政、军事公路体系。在 1812 年发生在英美之间的那场战争中,英国军队击退了美国军队对其加拿大领地的入侵,并且焚毁了美国的白宫,从此美国更是加倍努力。它为内河运输建造各种基础设施,疏通河道、港湾,并于 19 世纪 20 年代在西点重组新的陆军学院,1845 年又成立了海军学院。为了预先遏制英国在俄勒冈和得克萨斯地区的利益,美国政府开始运用驻军、官方土地勘测以及免费给予美国居民土地等各种手段,不断向西扩张领土。美国各州政府还建造了运河及公路网络。1862 年后,美国又向各家铁路公司和大学免费提供土地。美国这些自强计划的持续实施赢得了巨大的成功。　245

德国、俄国以及日本也都采取了类似的行动。德国的努力包括:废除农奴劳工,在大部分德语地区进行政治统一,兴建运河和铁路,征收关税,并且不断加大对教育和军队的投资力度。这些要素在俄国和日本同样存在,只是比重因地而异,各有不同而已,从而造就出一个更富弹性的社会、一个更为强大的国家和军队,还有最关键的内容——一种工业经济。20 世纪世界上的各个强国几乎都是那些以自强改革成功地应对 19 世纪挑战的国家。

也有一些国家的自强运动失败了。在法国大革命期间，由于对法国和英国两国军事实践进行观察所受到的启发，奥斯曼帝国从 18 世纪 90 年代就开始对其军队和税收制度进行一系列的改革。当一些对此不满的军队发动哗变之后，这一改革进程于 1806 年被迫停止了，1826 年，在苏丹马赫穆德二世（Mahmud II）统治时期，改革运动以更有力的态势重新开始。马赫穆德二世一举荡平抵制改革的禁卫军，他所开创并由其继承者所领导的一系列的改革运动，涉及创建新的金融体系、新的教育机构、新的法律体系，征募新的军队以及为其提供装备给养的工厂，对外国专家的倚重以及对奥斯曼社会内宗教权威的削弱等十分广泛的内容。这个一揽子改革运动被称为“坦志麦特”（Tanzimat，在土耳其语中为“整顿”“改革”之意），它使奥斯曼帝国在 19 世纪中叶，包括在大量疆土丧失的各种压力下，得以生存下来。可是这些改革触犯了一些强大阶层（地主、宗教权威）的利益，19 世纪 70 年代，在这些阶层集团的阻挠下，改革进程被迫停止。绵延不休的战争和日益增长的债务大大削弱了奥斯曼帝国的财政实力，限制了帝国宫廷进一步采取主动行动的能力。对巴尔干和亚美尼亚地区各种反叛势力的镇压以及维持越来越世俗化、革命化的军官团体的安定，又进一步削弱了奥斯曼帝国的力量。在 1908 年，一场由军官发动的宫廷政变许诺要恢复帝国的实力，然而，不久爆发的第一次世界大战摧毁了这一切：奥斯曼帝国自强改革运动的规模太小，而且为时太晚。

中国清王朝对来自工业帝国主义的挑战的正视，来得比奥斯曼帝国还要晚一些，并且也不如奥斯曼帝国那样成功。1800 年，中国的人口增长超过了资源的承载能力，农民暴动频频爆发。森林、土壤的流失加速，生态环境的普遍恶化——若依传统的解释，这被视为一种当朝皇帝已失去“天命”的征兆——这一切使农民的不满情绪大为加强。这些压力仍在不断加剧，英国和美国的商人发现将印度种植的鸦片走私运入中国可赚得暴利，到 19 世纪 20 年代，鸦片在中国传布甚广，致使大批中国人染上了毒瘾。当清王朝开始遏制鸦片流入时，英国则把中国所采取的措施当成是违反自由贸易协定的行为，双方后来谈判失败，导致第一次鸦片战争爆发。结果证明，英国的炮舰和步枪远远胜于清军装备，因为清军好多士兵根本就没有枪炮，故而，在 1842 年中国被迫接受了向外国商人和传教士敞开门户的条约，并且还交出了许多国家主权。这对清王朝而言无疑是一个极大的耻辱，但是它对此几乎毫无作为。清王朝的统治局势很快就更加恶化，这当归因于一位名叫洪秀全的人。

246

洪秀全（1814—1864 年），中国南方的一个客家人。他虽然出身贫寒，但却梦想步入士绅阶层，与众多聪明的青年学子一样，青年洪秀全试图通过苦读诗书，参加科举考试，而后入朝为官，来实现自己事业的成功。他的家乡人为他多年的学业提供了很多帮助。然而，在科举考试中，洪秀全却连续四次落榜。绝望中，他从美国浸礼会传教士伊萨卡·罗伯特（Issachar Robert）所宣讲的千禧年教义中得到了慰藉，伊萨卡是一位来自田纳西州的自修教义牧师，会讲客家方言。洪秀全赋予基督教教义以新的解释。其全部说教都建立在一些梦想的基础上：他声称自己是耶稣的弟弟，由上帝派遣，来创建人间天堂，并清除中国当时的腐败和一切外国统治者。他的这些说教很快就吸引了许多追随者，特别是那些生活在儒家等级制度下的底层民众，结果在 19 世纪晚期，一个武装的乌托邦起义爆发了。起义者自称是太平军,并公开谴责清王朝是外族人,是魔鬼的使者。他们鼓动农民不要向地主纳租劳役,并断然否认私有财产的存在。他们鼓励妇女要反对男性的权威(但太平军的领袖除外),并把妇女也征召入伍,鼓吹男女平等。他们还提倡简化语言,普及大众的文化水平,以此来削弱那些知识分子——官僚阶层的地位,而这个阶层正是当年洪秀全急切渴望进入却未能如愿的那个阶层。太平军的信仰极端严格,禁绝吸食鸦片、饮酒、抽烟、通奸、姘居、卖淫,甚至禁止一切性行为。他们所信奉的上帝性格暴怒,报复心极强,要求太平军将士予以绝对顺服,违反者一经发现就会受到残忍的惩罚。

太平军的鼓动宣传吸引了上百万的追随者,他们既是自愿加入的,同时也是出于对清王朝的怨恨。起初,太平军的实力要比清军强大许多,几乎攻陷北京。就在同一时期,英国借口清王朝未能履行在第一次鸦片战争以后所签订的某些条款,在 1856 年再次进攻,不久之后法国也进行侵略。整个清朝几乎土崩瓦解。247 然而到 1860 年,由于英法联军已占领了北京,并洗劫了圆明园,并在一部新条约中得到了他们想要的一切。英国和法国开始向清王朝提供援助,并与那些自行组织军队同太平军作战的乡绅以及官僚阶层联手。这些武装力量,再加上太平军领导集团内部的争斗与仇杀等严重违背其所宣讲的清教徒式道德的行为,使得清王朝赢得了胜利,这场大混乱也于 1864 年平息了。但是这场历史上最大的内战使两三千万中国人丧失了生命。① 它把中国大部分国土夷为一片瓦砾。清王朝国库从此空空如也。

清王朝虽然没有恢复元气,但是这次动荡却使中国的自强意

① 相比较而言,在美国内战(1861—1865 年)中丧生的人口大约只有 50 万。

识得以加强。清王朝对海关税务进行整顿；那些组织镇压太平军的地方总督们开始对农业、教育以及兵工生产等方面进行改革。1867 年之后，中国最大的企业就是兵工厂。他们还建立造船厂，铺设铁路。虽然并不希望动摇以农业为主的儒家社会的根基，但是这些改革者们还是努力地寻求各种军事技术，也意识到必须发展一定数量的工业化生产，目的只是为了捍卫中国，免遭“夷族”侵辱。虽然他们只在一定程度上进行了改革，但还是引起了士绅阶层中那些传统势力的反对，最终也遭到了来自皇家的反对。一位行省总督还下令将中国铺设的第一条铁路拆毁。这一切都使得中国在技术领域仍旧处于无知的状态，军事装备依然落伍，因而在战争中也无法获胜。19 世纪 80 年代，中国接连失去了两个附属国——越南和缅甸，它们分别落入了法国和英国之手。1895 年，中国又失去了另一个附属国。最为屈辱的是，与日本战争失利，使其失去了岛屿行省——台湾。在清皇室所支持的反帝国主义的义和团起义于 1900 年失败之后，中国面临的就只是巨额赔款和外国军队进驻北京后所造成的各种耻辱了。清王朝在改革方面做了最后的努力，废除长久延存下来的科举制度，试行地方自治政府，准许修筑铁路，创办新的军事院校，发起了抵制鸦片的运动以及其他一些主动性措施。然而与奥斯曼帝国一样，清王朝在不经意间也培养出了一个具有革命性的军官集团。1911—1912 年，摇摇欲坠的清王朝的统治终于在被称为“辛亥革命”的一系列起义和暴动下解体了。中国的自强运动彻底地失败了。

248 世界性网络的改变所引发的人口变迁、民族主义以及工业化发展，在地缘政治上造就出一批新的胜利者和失败者。那些将人口增长转化为工业化和城市化的力量的地区，获得了很好的发展，而在人口增长只是使农民更加贫困的另外一些地区，发展比较缓慢。世界性网络使各种工业知识和技术得以迅猛地传播,这使一些国家对其加以开发和利用,重铸自己的社会和经济。但是对另一些地区来说,工业化的挑战不是过于强大,就是引发了各种自强发展计划,导致某些社会精英集团对国家的分裂,从而致使那些曾一度强盛的帝国衰落了。

社会变迁

工业化也重新塑造了数以百万计的普通民众的命运。在工业化发展最快的地区,人们的日常生活也改变得最早和最为彻底。由于19世纪的世界越来越趋于成为一个紧密联结的网络,工业革命使世界各地人们的生活都发生了变革。

在欧洲的工业中心地区,这些变革波及人们生活的核心部分:家庭、工作和村社。随着1750年之后世界人口增长的浪潮,世界各地的村落里都充斥着过多的年轻人,他们当中许多人对继续维持父母那样的生活标准的前景已经毫无兴致。由于对继续待在家中生活的未来丧失了信心,他们当中的大部分人都涌向工业城市,从而使整个世界的城市化进程呈现出一种前所未有的局面。在1780年时,伯明翰和柏林还是小城镇,而到1880年却发展成为大都市。村民们也渐渐地获得了一些都市生活的品味。许多村民一生中至少有部分时间是在大城市中度过的。1890年后,由于当时乡村人口出生率开始下降,使得乡村不再有过剩的青年可以往城市输送,乡村的规模也因此而萎缩了。这种趋势在20世纪积聚起足够的力量,最终确定了城市在现代世界中的支配地位。工厂系统也使纺纱、织布以及其他手工艺脱离了乡村,同以往相比,乡村变得更加纯农业化,更加无法维系自给自足的生活了。

工业化永远地改变了劳动的性质。人们的劳动由以往按照日子和季节来规划田间劳作的自然节奏,一下子转变为由钟表控制的时间表。工厂工作要求新的纪律形式,当工人们需要休息时,他们得不到休息;并且还要忍受噪音、高温、灰尘,有时候甚至是生命危险。工厂工人所从事的工作通常都十分专业具体,他们不能像制作水桶的桶匠或种植农作物的农夫们那样独立地进行生产。在农场里,劳动通常是以家庭为单位进行的,但在工厂里,个体工人只是作为更大劳动组合中的一员去工作。大部分新工作只要求工人掌握简单的技能即可,而这种技能任何人只需几天或几星期便能学会。因此,与作为一个家庭成员不同,一个工人如果饮酒过量或是工作得太少,很容易就会被别人所取代。雇主们常常愿意雇用妇女和儿童,因为她们似乎不会抵制工厂的纪律(而灵巧敏捷的手指也使她们在许多工作中表现得更好)。因此丈夫和父亲们也不得不把他们对于妻子和孩子的部分权力让渡给工厂的老板。

249

工作条件和社会生活中的这些基本变化,在知识和情感上都引发了各种新的需求,而这些需求只有一些新的信仰才能予以满足,这些信仰包括各种各样的革命信条,其中最具影响力的当属马克思主义。卡尔·马克思(1818—1883年),一位知识渊博的德国哲学家和新闻记者,对历史做出了一种复杂的阐释,并构想出全新的未来,它表明了工人最终能够在革命中取得成功,并且能够结束资本家和君主的统治,开创一个充满着平等与和谐的“共产主义”永恒时代。这个理论主要是对那些受过教育并对社会现状不满的人士发出的呼吁,但是事实上这种千年允诺却对许多原本对理论不感兴趣的人们具有吸引力。正如我们将要看到的,马克思主义在俄国和中国有着惊人的发展。

基督教也产生出了一些新的教义。如同共产主义学说一样，基督教的许多教义都预言在一切变得更加美好之前，世界将会变得更糟。如美国的那些原教旨主义新教徒（fundamentalist Protestant），就主张只有在世间经历一段黑暗的冲突之后，基督才会返回人间使万物都归于正道。城市工人可以从这种说教中获得某种安慰。还有许多人也被新教中所涌现出的新派别所吸引，例如基督复临安息日会（Seventh-Day Adventism）或是科学基督教派（Christian Science），这两个教派均在城市化和工业化的美国获得了成功（并且它们有时是由女性领导的）。虽然循道宗（Methodism）是在18世纪产生的，但是它在适应英国工业化进程方面特别成功。它对那些规模较小、相互扶持的团体予以关注，重视自我完善的可能性，关注生活的勤俭节约和学习的需求，但是它并没有为其信徒制定出严格的教义规定。在欧洲和美国，天主教对各种工业团体的需求（以及来自马克思主义的挑战）也做出了自己的回应，它在城市中扩大服务范围，建立天主教学校，组建工会、青年团体和各种社团组织等。

产业工人们一直在恶劣的条件下为了赚取低廉的工资而艰苦地劳作着，直到他们组织了工会之后，情况才有所转变。他们食物匮乏，身体健康严重受损，发育迟缓，对雇主们产生出强烈的憎恨之情。只有那些毫无办法的人才会选择当工厂工人或是矿工，然而只要乡村到处都是年轻人，工厂就能招募到自愿和不情愿的补充劳动力。他们当中有许多人倾尽所有，酗酒作乐，以求一时之快乐，或是在那些能使自己对艰苦劳作更加容易忍受的宗教说教中寻求某种安慰。还有一些人谋划革命，以推翻现有的社会秩序，使工人能够当家做主。然而，虽有过几次暴动，但却从来没有发生革命。其主要原因就是在工业化初期阶段，那些征召入

250

伍的农民组成的军队会向城市工人开火，镇压他们的反抗；后来，各种工会组织以提供较安全的工作条件、较短的劳动时间、较高的报酬等形式，迫使雇主们对工人做出让步，这一系列举措急剧地降低了工人对于革命的诉求。偶尔工会也能得到来自一些政府改革者的帮助，他们以立法形式，对使用童工或惩罚工人的行为予以限制。

限制童工与提供免费教育结合在一起，标志着另一个转折点。对于提高人们的读写能力和基础教育的发展，工业化给予了前所未有的激励，因而越来越多的人开始寻求知识，许多国家也决定对教育予以资助。历史上第一次出现了这样的情景：数百万的儿童需要在正规学校中花费数年时光，学习读书写字，学习如何爱戴自己的祖国，学习如何接受来自家庭以外的人所制定的纪律。而在此以前，无论在乡村或是城市，孩子们从很小的时候开始就为家里做出经济贡献。由于这些新的安排把孩子从一种经济资产转变为一种负债，父母们都宁愿少生孩子。这种基于经济的考虑，使前文所提及的那种在工业化地区发生的最快速度的人口变迁状况发生了改变。当妻子和母亲们把较少的精力用于抚育子女的时候，她们就拥有了各种新的选择和灵活性，使她们的生活发生了巨大改变。

简而言之，工业化的初始阶段的确给各个劳动家庭的生活带来了令人沮丧的变化，它使个人、家庭，以及在较小的程度上使各种人群共同体处于极度压力之下。在1850年，正是由于乡村生活的前景越来越暗淡，人们才接受成为一名德国煤矿工人或是马萨诸塞纺纱女工的悲惨命运。但是两到三代人之后，工业社会的各种条件慢慢地发生了改善，这对那些加入工会的工人来说尤其如此。到1900年，工业中心地区的工人，总的说来，要比自己的乡村亲属或是曾祖父母更加健康、长寿,生活也要安逸一些。

在工业中心地区以外的地区,工业革命也给人们的工作、生活和家庭带来了深刻的影响。俄国和日本虽然不能算做工业中心地区,但是到1914年也都成为工业强国;虽然这两个国家的工业化发生的时间大体相同,发展速度也大致相当,但是它们各自的社会却经历了两种极不相同的过程。这两个国家工业化进程发展得如此迅速,就意味着它们的工厂工人大部分都是从乡村迁来的农民。在俄国,这些人发现自己与大工厂的关系冷漠而疏远,而城市不公正的生活中存在着极为明显的不平等。许多工人都来自村社,而当时俄国村社尚定期在各个家庭之间重新分配土地以便确保大体上的平等,所以对于城市中的这些不平等,他们只有很低的道德忍耐力。俄国的工人大部分都是男性。他们频繁地往返于工厂和乡村之间,与他们在乡村的亲人保持着联系。工人们发现他们的工资和工作条件几乎没有什么改善,组织工会的愿望也遭到强行压制。在这种情况下,他们当中的许多人发现无政府主义或马克思主义等各种革命思想与他们的社会地位密切相关。俄国工人对社会怀有一种强烈的愤恨,于是产生了强烈的团结性和对农民各种抱怨的同情心。这一切导致了俄国境内的各种骚乱、罢工和暴力镇压,而当俄国在1905年战争中败于日本之后,则爆发了一场起义。后来,当俄国在与德国的大战中也惨败之时,城市工人就为1917年爆发的俄国革命提供了各种攻击力量。

在日本,工厂生活绝不比俄国甜蜜。然而,日本劳动力的大部分都是女性(在1909年曾达到62%),这些来自乡村的年轻女性希望在城市工作一段时间之后,能够返回家乡,结婚成家。她们从小就被灌输这样一种思想,即要忍受命运给她们的安排,无论是好是坏,而她们也基本上都做到了。她们已习惯于服从男人,这其中既包括工厂老板,也包括自己的父亲和兄弟,这些人经常教导她们要在结婚之前到工厂工作以帮补家庭生活。在工厂宿舍里,她们的生活受到了严密监视,以确保她们能够抵制城市生活的诱惑,仍然回到家乡结婚。在日本几乎就不存在什么工会或者罢工,自然也就没有国家对此进行残酷镇压了。日本的工人几乎谈不上团结一致,社会主义运动也无处开展。

但是新的宗教形式却在日本出现了。与在欧洲和美国一样,日本的工业化也激起了宗教信仰的重组。这个国家的狂热民族主义宣扬人们的牺牲奉献是合理公正的,它把对新天皇的崇拜与传统的神道教信仰交织在一起。但同时在日本也出现了一些敌对的宗教组织。如由中山美伎(1798—1887 年)创立的天理教,向其追随者许诺一个没有腐败和贪婪的世界即将到来,强调在那个世界里大家都有共同的宗教信仰和大公无私的精神,从而使其信徒得到安慰。再如日本的大本教,其创始人也是一名女性,一时传布甚广,它对工业化和现代化持明确的拒绝态度,而崇尚美学、和谐以及淳朴的乡村生活。日本政府对这两位宗教领袖都加以迫害,但未能彻底根除其势力。尽管日本工业化开始较晚,但它却发展得很快,日本工业化发展与俄国一样,都曾得到国家政权 252 大力扶植,但是它们所产生的社会和政治影响却大不相同。

奴隶制和农奴制的废除

在 19 世纪相互联系的世界里,工业化使得数百万距离最近的工业区都很遥远的人们的日常生活和观念发生了改变。工业化的初始阶段加剧了这些人们生活的艰难,但随着时间的推移,他们的生活也有所改善,虽说不如工业中心地区那般明显。我们都已经看到工业生产所导致的,以及为了应对它所带来的竞争,令世界各地的织布工和纺纱工经受了多大的苦难。从事粮食和纺织原材料生产的劳动者千千万万,难以数计,正是他们的劳作才使大量的糖、茶、咖啡、小麦以及棉花能够运往工业城市。工业化的早期阶段,对各种农产品的需求都大为加强。这使那些提供城市赖以生存的农产品的农场和种植园得以扩展,并从中得到了实惠。那些消息灵通、懂得市场的企业家们占据了主动权,他们购买更多的土地,砍伐更多的森林,并且雇用更多的劳工,或者如同以往一样,他们通常会买下这些劳工。工业化的早期阶段促使奴隶制和农奴制大大扩展。

强迫性劳工的扩展在美洲最为明显,但是这种现象却不仅仅局限于美洲地区。在美国南部,棉花经济很适合新英格兰和英国纺织工厂的口味。1800—1860 年间,美国的奴隶人口数量翻了 5 倍,达到了 400 万人,棉花和奴隶制度一直延伸到得克萨斯。在加勒比海地区,大种植园主购买更多的奴隶来提高蔗糖、棉花以及咖啡等作物的产量。在巴西,奴隶种植的主要农作物是蔗糖和咖啡,由于相同的原因,此地的奴隶数量也增多了。在东南亚,各个帝国和独立国家运用相同的方式管理着迅速扩大的种植园和奴隶制,以确保胡椒和蔗糖能够输入市场。在俄国和东欧地区,主要依靠农奴种植谷物以供出口,而工业城市发展对食品的需求源源不断,使得作为企业家的土地所有者们察觉到这是一项有利可图的事业。于是他们开始扩大规模,购买更多的农奴,并鼓励那些买来的农奴尽可能地生儿育女。在埃及,大部分奴隶来自尼罗河上游的苏丹地区,这里处于穆罕默德·阿里及其继承者的军事控制范围之内——在其军队中有众多的非洲奴隶士兵。随着棉花生产规模的持续扩展，奴隶制度在 1805 年之后得到更大的发展。在印度洋群岛的毛里求斯和留尼汪岛（Reunion），从马达加斯加、东非和印度等地购买奴隶，大约从 1780 年开始，发展出一种新型的棉花、咖啡以及蔗糖种植园体系。在西非，奴隶制度于 19 世纪开始扩展，部分原因是欧洲对一种棕榈油的需求，这种油料在工业化早期阶段被作为润滑剂。无论何地，只要更加紧密的世界性网络和工业化所造成的有利商机，由于劳动力的匮乏而未能得以实现，那么奴隶制和农奴制就会按照经济的逻辑在此地得到发展。

253

但是正如强迫性劳工的世界体制达到了历史上最大规模一样，一些奇怪的事情发生了：这些体制逐渐被消除了。奴隶制度业已存在了至少 5000 余年，似乎已化为人类自然法则中的一个部分，而如今却在许多社会中被视为是不道德的。与此同时，其经济逻辑也开始弱化，政治扶持也减少了，各种反奴隶制的组织也随之出现。所有这些发展均表明世界范围的网络体系开始发挥作用了。

从道德层面上对奴隶制度的反抗首先发轫于大西洋世界。18 世纪 80 年代，正当大西洋奴隶贸易达到其顶峰的时候，各种宗教组织和知识界人士开始转向对奴隶制的反对。英格兰的贵格会首先领导了这次运动，他们声称奴隶制具有非基督教的特性。他们与更多受启蒙运动理念影响，尤其是受人权观念影响的世俗思想家们站在了一起，共同反对奴隶制度。不久，反奴隶制就在英格兰成为一种普及的运动，成千上万的人在要求废除奴隶制的请愿书上签下了自己的名字。1788 年，法国也出现了反对奴隶制的社团。然而，海地爆发的革命却使这场运动遭到了挫折：一些权威人物认为若赋予奴隶以自由，就势必导致暴乱。不过，英国的反奴隶制拥护者在政治和议会方面显示出了很高的斗争技巧，在 1807 年废除了奴隶贸易的合法性。这只是斗争的一个开始。

大西洋沿岸的其他国家还继续允许奴隶贸易的存在，但是持续的时间也不长。在来自英国的道德和经济压力，以及本土反奴隶制运动的影响下，美国、丹麦、荷兰以及法国分别在 1808—1830 年间禁止了奴隶贸易。英国以其部分舰队在公海上拦截贩奴船只，把截获的奴隶送返非洲，通常都是送到塞拉利昂，这是一个为获释奴隶而新建立的殖民地。当巴西（1850 年）和西班牙（1867 年）也禁止了奴隶贸易时，横跨大西洋的奴隶贸易就终结了，除了少许非法的航行，最后一次有记载的奴隶贸易航行在 1864 年。

道德上的疑虑只能对这些事件做出部分的解释。经济和政治上的原因也同样重要。在道德上倡行反对奴隶制的地区，如英国、法国以及美国北部地区，奴隶制只具有间接的经济重要性。而在那些以奴隶制为生产和社会秩序基础的地区，这些道德上的疑惑是没有什么说服力的。但是一些奴隶主却心甘情愿地接受了废除奴隶贸易的事实，这是因为他们预期凭借奴隶自身数量的自然增长便可使奴隶制度永久保留下去。事实上，在美国和巴巴多斯也的确如此，在这两个地区奴隶人口已经可以通过自我繁殖获得维系了。然而世界各地奴隶人口数量增多的前景也削弱了奴隶制的经济逻辑。倘若人口数量足够多，那么种植园就会在低廉工资的基础上继续获得同样的繁荣。正是这一点才使得某些种植园主对释放奴隶的观念表示了认同。

254

但并不是所有的种植园主都接受这一观念。毛里求斯的一个大种植园主就把释放奴隶视为一种"最卑鄙的、最令人憎恨的无赖的行为"。[1]在南非(此地于 1815 年已成为英国领地)，那些奴隶主们，即早期欧洲殖民者的后裔布尔人(Boers)，在 1833—1834 年间以脱离英国统治的方式，抵制对奴隶制的废除和其他税款。美国的奴隶主们对限制奴隶制的反抗是如此的坚决，以至于他们领导了一场后来演变成为美国内战(1861—1865 年)的叛乱。有些地方的奴隶主即使已意识到奴隶制的经济功用在弱化，但由于惧怕这种改革会像在海地一样打开革命的闸门，故而继续坚持这种奴隶制经济。

而有些人却认为叛乱正是结束奴隶制最好的理由。1750 年后，随着大西洋世界奴隶制的发展扩大，奴隶叛乱的数量和规模都在上升。海地革命是当时最大的一场革命，也是唯一一次获得成功的革命。但即使能够将那些频繁的叛乱镇压下来，仍然会使种植园主们付出很高的代价，也降低了种植园的利润和安全性。一些逃亡奴隶(在讲英语的地区被称为 maroons[马卢人]的团体经常会对种植园构成威胁。海地革命的成功榜样、马卢人团体的吸引，再加上追求自由的意识观念在大西洋世界的反响，所有这些因素都使奴隶更加难以控制。但这并不必然就会使那些以往曾是奴隶的人们对奴隶制度持反对立场：如牙买加的黑人有时也会帮助殖民政府镇压各个种植园发生的奴隶叛乱，甚至在巴西，一个马卢人团体还购买和拥有奴隶。

海地革命爆发之后，第一次重要的废奴运动开始于 1833 年，当时英国扩大了公民选举权，把新的中产阶级力量也带进了国

---

① 德里克·斯卡尔：《印度洋上的奴役与奴隶制》(Deryck Scarr, *Slaving and Slavery in the Indian Ocean*, London, 1998)，第 198 页。

会,使奴隶解放法案获得通过。[①] 在6年多的时间内,大约有75万余名殖民地奴隶相继获得了自由,而在这一期间,那些奴隶们为了获得自由,不能不把他们3/4的时间都用于为以前的主人合法劳作。同时,英国政府还把每年财政预算的大概1/3或1/2作为补偿,付给那些奴隶主们。在废奴主义者和奴隶的共同努力,以及全世界范围内广泛流传的各种思潮和人口趋势的作用下,这项古老的制度才最终在大英帝国得以合法地结束。[②] 在此后100年间,奴隶制几乎在世界各地都结束了。奴隶制首先是在欧洲和拉丁美洲结束的,这两个地区的政治革命最终使对反奴隶制事业抱以同情态度的自由主义者获得了权力。在19世纪20年代刚刚摆脱西班牙统治获得独立之后,智利和墨西哥便立刻废除了奴隶制。法兰西帝国则是在1848年革命到来之时,开始废除奴隶制的,一共释放了30多万奴隶。荷兰殖民帝国废除奴隶制度始于1867年,而西班牙(实际上是古巴和波多黎各)对奴隶制的废除是在1886年。奴隶制度在巴西一直延续到1888年,当时出现了数量充足的葡萄牙和意大利移民,从而为咖啡种植园提供了一种与先前奴隶劳力相同的雇佣劳力基础。美洲最大的奴隶解放运动发生在美国,当美国南方在内战中失败以后,400万奴隶赢得了自由,而在巴西,则有150万奴隶获得自由。

255

即使世界所有的奴隶解放运动加在一起,同俄国的解放运动相比,也显得黯然失色。虽然俄国也存在奴隶,但它主要的强制劳动形式却是农奴制。18世纪末期,俄国农奴的社会地位逐渐恶

---

① 小规模的奴隶解放早已在一些奴隶制不太重要的地方开始了,例如在18世纪70年代美国北方的一些州。

② 在印度和锡兰,奴隶制一直到1843年以前都是合法的。

化，其处境与奴隶相差无多。他们皆为土地所有者和国家的法定财产。农奴们受到严酷纪律的管束。可以以个人、家庭，或者是一整个村子的形式被买卖。他们何时、与何人结婚都由主人决定。1797年的俄国，大约有2000多万农奴是私人所有的，另外尚有1400万—1500万国有农民归国家所有，相对于农奴来说，国有农民的生活要自由一些，但却承担着繁重的劳役。他们大部分都在田间劳作，一部分在森林或是矿山中干活，只有极少一部分在城市工作。

俄国废除农奴制的原因，与大西洋世界废除奴隶制的原因基本相同，只是各自所占的比例不同而已。启蒙运动的各种思潮以及法国革命运动都对其产生了一定的影响，并且的确也直接导致了农奴制于1810年之前，在普鲁士和波兰部分地区被废除。从18世纪90年代开始，俄国知识分子就开始对农奴制予以谴责，这种公开谴责使许多知识分子遭到政府的迫害，甚至流放。在此后60余年中，农奴制在俄国几乎失去了所有知识界和道德上的支持。随着俄国人对西欧政治越来越自由的认识加深，农奴制对于俄国人来说似乎已成为一种落后的制度。对于俄国社会的精英阶层来说，农奴制的经济功用也随着人口的增长而减弱了，雇佣劳动愈发具有吸引力。农奴制也阻碍着俄国的技术进步，因为农奴劳动力对于地产主们（或是矿厂主）来说几乎是免费的，同时，农奴们也缺乏认真使用机器的主动性。此外，农奴制还阻碍了俄国军队的现代化进程，尤其是阻碍了后备军体系的创建，因为国家不敢将那些业已掌握了一定军事技能的农奴放回家乡。故而，农奴制使得俄国不得不维持一支庞大而昂贵的常备军。

256

农奴制的存在使俄国长期陷于接连不断的叛乱中。1773年，在与奥斯曼帝国的战争期间，由一位名为叶梅连·普加乔夫（1726—1775年）的哥萨克所领导的大规模叛乱在伏尔加河流域爆发。此人声称是刚刚被谋杀的那位沙皇(即彼得三世,叶卡捷琳娜大帝的丈夫),宣布解放农奴,率领贫民武装在叛乱中杀死了1000名大地产主,攻陷了喀山城,动摇了俄国国家统治的根基。1775年,普加乔夫被捕,并被处决。普加乔夫引发的叛乱令俄国统治者对农奴制的延续产生了恐惧,但他们对解放农奴也感到恐慌。此时的俄国统治者觉得骑虎难下,这同海地革命之后大西洋世界各地奴隶主的感觉极为相似:维持现状将会导致危机爆发,然而,改变现状同样存在巨大风险。

俄国在1861年宣布解放农奴之前,历经了数十载的深思熟虑和多年的秘密策划。克里米亚战争失败的耻辱,使沙皇意识到已到该冒险的时候了。他和俄国大部分官员都预计私有的2300万农奴将会爆发大暴动,可事实上,当这一时限到来之时,全国只发生了零星的暴动。农奴,此刻的农民,得到了他们的法定自由,他们有权按照自己的意愿结婚,有权获得个人财产,有权移居,并且还有权获得土地——但是这些权利都是逐步获得的。像英属殖民地被释放的奴隶一样,俄国被释放的农奴们都必须为自己的领主继续劳作9年:必须以更多的无偿劳动来换取自己的自由。由于农奴主已将土地卖给了国家,所以农奴们不得不从国家手中买回他们的土地。这些条款适用于2300万私有农奴。1866年,另外2700万国有农民也以纳税方式换取了他们劳作的土地。俄国的农奴解放使大约5000多万人获得了更多的自由,尽管各种条款和时限令农奴们感到有些失望。

随着19世纪各种知识和人口变迁力量的聚合,强制劳动的统治被彻底碾碎了。257在东南亚,法律上对奴隶制的废除发生在1868年(东印度群岛)至1926年(缅甸)期间。来自欧洲殖民势力的压力导致了这些变革的发生,即使在一些独立国家,如泰国,也发生了许多变化。蒙库特国王（Mongkit，1851—1868年在位）采取了反奴隶制的原则，并颁布法令：未经妻子同意，丈夫不得随意出售自己的妻子和孩子；直到1915年，泰国才全面废除了奴隶制。在整个东南亚地区，废除奴隶制成为一种政治性的事务：使用强制性劳工仍然是有经济效益的。但是在19世纪和20世纪初期，中国的"苦力"（Coolies）如海啸般涌入东南亚地区，在引诱与威逼之下，这些苦力以契约佣工的形式被招募到这里，从而为东南亚的种植园和矿场的扩大提供了劳动力，使得东南亚地区奴隶制的废除相对平稳。

在西南亚和奥斯曼帝国境内，奴隶制也受到来自欧洲各国的压力。奥斯曼帝国屈服于这种压力，于1857年禁止来自非洲的奴隶贸易，但是在阿拉伯半岛西海岸地区（Hejaz，即汉志地区），奴隶制具有极为重要的意义，当地精英阶层大部分都投资于奴隶贸易。奥斯曼帝国其他的奴隶贸易，来自黑海东北沿岸的切尔克斯（Ciacassia），奴隶贸易在此地一直持续到19世纪60年代末。奥斯曼帝国本身从不曾禁绝奴隶制，它只是希望以切断奴隶来源的方式废止这种制度。在穆斯林法律里，奴隶制是得到承认的，苏丹是无权改变真主规定的。奴隶制在沙特阿拉伯一直持续到1962年，时至今日，小规模的奴隶制事实上仍旧存在着。

非洲的奴隶制在法律上被废除，也主要是缘于欧洲各国的干预，尽管也有一小部分压力来自于奴隶本身。具有讽刺意味的是，19世纪初期大西洋沿岸地区对奴隶贸易的压制反而促使奴隶贸易在非洲本土得以扩展。由于跨大西洋贩奴贸易的终止，奴隶价格下降，非洲地区使用奴隶劳动的经济效益大为改观。非洲企业主们对此做出的反应就是在非洲西部和东部地区创建新的奴隶种植园，专门种植花生、木薯、丁香以及其他农作物。此外，苏丹地区的穆斯林改革家们由于觉得非洲伊斯兰教没有完全遵从穆斯林经典,频繁地发动战争,致使许多战俘被掠为奴,最终使奴隶数量达到当地总人口的1/3 或一半。到19 世纪末期,各个殖民主义国家,主要是英法两国,积极主动地对非洲奴隶贸易进行镇压,并常常以此作为他们扩展在非洲统治的道德合法性根据。及至1914 年,大规模的奴隶贸易在非洲已经停止了。非洲在废止奴隶制上之所以为时漫长,盖由于各个殖民国家的立场、态度犹疑不定,左右摇摆。因为这些殖民国家为了在非洲实现统治,需要一些当地头面人物的合作,而这些人许多都拥有奴隶,对于殖民者来说,同得到几百万穷苦大众的感激相比,他们更需要获得 258 这些头面人物的支持。他们还认定,非洲的奴隶们并没有经常受到可怕的压迫,况且奴隶制对于农业和纺织业的生产常常是至关重要的。另外,在非洲穆斯林地区,废除奴隶制引起了伊斯兰神职人员的反对,他们常常把废除奴隶制视为一种人类妄图修改神圣律法的鲁莽行为。

然而从19 世纪90 年代开始,奴隶们迫使这一问题得到了解决。奴隶大批逃亡,有时还杀害他们的主人,这在苏丹西部地区表现得尤为严重,使西方殖民国家所依赖的当地统治者力量大为削弱。因此1900 年以后,英国和法国改变政策,不再扶植奴隶主统治,并极不情愿地强行废除了奴隶制度,这主要发生在1905—1936 年期间,无论如何,终于对当时所发生的事情予以了正式认可。非洲解放奴隶的数量非常模糊,但总的说来,这可能是继俄国之后,人类历史上规模第二大的奴隶解放运动。仅就索科托哈里发国家(Sokoto,位于尼日利亚北部地区)而言,就解放了100—200 万的奴隶。同阿拉伯地区一样,在非洲穆斯林殖民地区废除奴隶制以后,仍残存着规模不大的奴隶制。毛里塔尼亚在独立之后,于1980年再次禁止奴隶制度,然而时至今日,奴隶制尚处在彻底消除的过程之中,苏丹的乡村尤其如此。

即便奴隶制和农奴制并没有完全根除,奴隶制和农奴制的废除运动也代表了人类的一次伟大的解放。1790—1936年期间,这种千年来一直为人们视为正常的、道德的,而且是很自然的、为大部分社会所需要的制度,开始逐渐被视为是不道德的、不经济的,并且(或者)是在政治上不明智的一种制度安排。矿物燃料在使用中所取得的成就——使人类在体力劳动方面获得了历史性的解放——也在社会领域中起到了同样的解放功用。它们是大体上同时发生的两个相关联的事件。对非生命能源的使用,逐渐地使劳动力不再匮乏,并使得强迫性劳工不再具有吸引力。这使反奴隶制的观念更加易于传播,使欧洲人的反奴隶制道德更加容易为亚洲和非洲所接受。在一些特定条件下,强制性劳工的废除使对机器和非生命能源的使用产生出更大的经济效益。人口变迁、工业化运动、能源使用以及平等道德观念等各种世界性潮流都汇集一处,共同对人类的生存条件加以重新塑造。

帝国主义时代的全球化

由于世界性网络日趋紧密,这些趋势与其他一些趋势在世界各地更加迅速地交织在一起。1870—1914年间,全球化的巨大波动就已出现,其重要部分就是迄今为止我们所描述的人口、政治及经济等领域中的各种变革。

全球化的第一次波动,通过航运方式把世界各地的沿海地区同各条内陆河流连成了一体。第二次波动(时间为1870—1914年)使第一次波动的成果大为强化,并将其扩展到内陆地区。在

259

前文中，我们已经对其技术基础做过研讨（即轮船、铁路、电报等）。全球化的政治基础主要是欧洲的各个帝国，但是也包括正在向帝国发展的日本、美国，以及一些小的国家，它们都有能力巩固对国内人口的统治，并在许多情况下以牺牲其他国家为代价来扩展自己的实力。但是，全球化第二次波动中最为重要的维度是经济：即人口、商品以及金钱流动性的加强。

新的运输和通信系统使周游世界对人们来说更具有诱惑性。以往大规模的移民运动通常是指各个游牧民族的迁徙和为了摆脱暴力和迫害的各种难民大潮，再就是贩奴贸易等。这些运动都具有重大的意义，但在大西洋奴隶贸易出现之前，它们所涉及的人数往往还比较有限。同 19 世纪的移民大潮相比，其数量规模就显得更小。19 世纪的移民运动是由经济利益驱动的。人们通常都迁往那些能够很容易获得土地的地区，或者迁往劳动报酬比家乡高的地区。有关外邦土地廉价而丰富的信息使得人们能够将自己家乡的情况与远方的可能性加以对比，使数千万人们将生命的赌注压在移居他乡之上，以寻求更多更好的生机。

奴隶制的终结对各种移民潮流大有助益。在某些以往的奴隶社会中，被释放的奴隶们发现在继续从事与以往相同的工作获取报酬之外，他们还有许多其他的选择余地。例如在马提尼克岛（Martinique，加勒比海一个盛产蔗糖的岛屿），当奴隶制在 1848 年被废除之后，2/3 的被释奴隶在 3 年内相继离开了该岛。然而，随着工业的发展以及纺织原料、金属以及食品需求的迅速发展，世界各地的种植园和矿山需要数百万强壮的劳动力。因此一场大规模的招募劳工的生意在贫穷地区出现了，尤其是在印度和中国，这些贫困地区的招工就是要把劳工送往无人愿意去的地方。大部分劳工都是自由的，但是有超过 200 万的契约劳工需以 3—7

年的劳作来抵偿他们的路费。大部分有契约的劳工都是自愿前往的,他们期望当劳动期限结束时,能够赚回较高的报酬,体面地返回家乡,尽管有一些劳工是被绑架去的。当时印度和中国贫穷农民越来越恶化的前景,可为为何有那么多人做出背井离乡的选择做出解释。来自印度南部的农民有极为充足的理由到国外去碰运气:因为1850年之后,印度南部乡村的地租急剧增长。[①]许多人从此再也没有返回家乡,他们或是客死他乡——不熟悉的疾病环境是导致他们死亡的主要原因——或是选择继续留在新的土地上生活。 260

大约有100万的印度人前往毛里求斯、特立尼达、圭亚那、纳塔尔(Natal,位于南非),或是斐济的甘蔗园工作,他们中的大部分都是契约劳工,还有400万人(大部分是自由移民者)去了马来亚的橡胶种植园和锡矿。大约200万—300万来自印度南部的泰米尔人(Tamil)前往斯里兰卡的茶叶种植园工作。更多人(数以百万计)前往缅甸;这些劳工的大部分,如前往斯里兰卡和马来亚的人,后来又重返故乡。直到1917年契约劳工制结束为止,印度一直为大英帝国的矿场和种植园提供大批所需的劳动力。1830—1913年期间,共计约有3000万—4000万印度人移居海外,其中有300万—600万留在了海外。

中国人向东南亚地区的迁徙,至少在8世纪就已开始了,但是规模巨大的移民直到1870年之后才出现。中国南方的企业家们发展出一种生意,名为“苦力贸易”,他们预先支付钱款作为那

---

① 在马德拉斯北部的内洛尔区,农民交纳的地租在1850—1927年间增长了9倍。大卫·鲁登:《南亚农业史》(David Ludden, *An Agrarian History of South Asia*, 1999),第219页。

些愿意(当然也不是十分情愿)移居海外的人的渡海费用,而后再把这笔债务转让给东南亚种植园主和矿场主们,如此一来,那些劳工就直接与种植园主和矿场主们形成了劳动契约关系。中国劳工主要都去了马来亚的锡矿和橡胶种植园(在1881—1914年间,这类劳工数量大约为600万),也有一部人去了泰国、印度尼西亚(当时是荷属东印度群岛)和菲律宾、古巴、夏威夷的种植园,此外,还有一部分劳工去了南非的矿场。其他一些劳工则去了美国西部和加拿大,在那里帮助修建铁路。1830—1914年间,可能有1000万到1500万的中国苦力移居海外,然而,他们返回故里的可能性与印度劳工相比,则要渺茫得多。

西南太平洋地区出现了几股规模不大的劳工潮,这些劳工多无任何技术专长,只能作契约苦工,主要流向斐济的甘蔗园和澳大利亚的昆士兰地区。日本也有数十万人移居到了夏威夷、巴西和秘鲁。还有少数非洲契约佣工紧随着大西洋奴隶贸易的浪潮去了加勒比海地区。他们当中男性的比例要远远超过女性,而且大都是年轻男子。

此外,还有一股汹涌的移民大潮,即欧洲的移民。在性质上,他们几乎完全是自愿的,虽然这其中许多人都是为了逃离饥荒、征兵,或监狱之灾,严格说来,还有将近数十万人离开了欧洲前往西伯利亚、澳大利亚,或法属圭亚那的监狱服刑;另外在前往加勒比海地区的契约劳工中,有数千名欧洲人,他们大部分是葡萄牙人,也有一些挪威人和德国人。1840—1914年间,大概有5000万到6000万人口离开了欧洲,其中大约有1/3最终又返回了欧洲。261 来自爱尔兰的移民大概有500万到600万,1840年,爱尔兰的人口总数为640万,但到1900年,仅有390万:爱尔兰是现代时期少数长期遭受如此严重人口损失的国家之一。仅在1845—1847年的大饥荒期间,就有 100 万人离开了爱尔兰;对此,官方采取了取消进口食品关税的措施,从而打开了英国从国外进口廉价食品的大门,这也使得英国的许多农民遭受了严重的损失。后来,在 1845—1914 年期间,大约有 1300 万到 1600 万的移民乘船离开了英国和爱尔兰。1820—1913 年期间,大概有 600 余万德国人迁往美洲大陆。在 1890 年之后,离开欧洲南部和东部的人数更为众多,其主要原因是一直到 1914 年之前,欧洲的人口出生率持续增高,而工业化的发展却开始放慢了步伐,从而使大部分年轻人面临的前途十分暗淡,于是更多的人陆续离开了故土家园。大约有 70% 的欧洲移民都去了美国。但有 400 多万俄国人去了西伯利亚,还有大约 1100 多万意大利人、西班牙人和葡萄牙人去了南美洲(1824—1924 年),主要是阿根廷和巴西。与此同时,众多的英国人和爱尔兰人也离开本土迁往加拿大、澳大利亚、新西兰以及南非等地。

这次移民大潮在 1890—1913 年间达到顶峰,主要原因有三:首先,在 1815—1850 年间,欧洲的大部分国家都撤销了对移民的各种法律限制。其次,远洋航行越来越廉价和快捷:1894 年,一个人从爱尔兰乘船到美国只需 10 天就可抵达,而乘船所需的 9 美元费用仅是美国一个星期的工资。再次,欧洲农场主和农民的生存条件日趋恶化:来自北美和阿根廷大牧场的廉价谷物抢走了欧洲生产者的生意。而数百万人口前往这些地区种植谷物,又使美洲谷物价格继续降低,进而使得欧洲移民数量日益增多。只有第一次世界大战才阻止了这种循环。

总体说来,在 1830—1914 年这次来自印度、中国以及欧洲的移民大潮中,移居国外的人口超过了 1 亿。而在中国和印度境内,尚有数百万人迁移到诸如中国东北和阿萨姆(Assam)等边疆地区生活。由于加入这次声势浩大的移民运动中的人大多都是由劳动效率不高的地区迁往劳动效率高的地区，故而极大地推动了世界经济的增长。这次移民浪潮使那些移民接收国家得以重塑，使它们的经济在整个世界中最具活力，并使这些国家的宗教和种族更加多元化。有的时候，这些因素导致了社会关系的持续紧张，而这种紧张关系今天仍在困扰着诸如斐济、马来西亚，斯里兰卡等国的政治局势。而对那些输出人口的社会来说，移民则成为缓解乡村人口压力的安全阀，否则这些社会也会遭受巨大的骚乱。

262 商品和金钱的流动要比人员的流动更加容易一些（虽然对商品和金钱的数字计算要更加精心审慎）。按照货币计算，随着北美和大西洋沿岸欧洲国家之间贸易的迅速增长，世界贸易额在1870—1913 年之间增长了 3—4 倍。1820 年，所有产品的出口率大概为 2%，而到 1913 年就增长至 12%（有些学者对此的估计高达 33%）[1]；在拉丁美洲达到了 18%，但在东亚和南亚地区则仅增长了 1%—5%。逐渐下降的运费是刺激世界贸易发展的一个主要原因，同时低关税也有助于世界贸易的迅速发展。

由于有了电信和金本位制，投资资本的流动更加自由了。金本位制是于 1878 年正式建立的货币制度，它把各种流通货币的价值同黄金挂钩，从而减少了国际投资和贸易的各种不确定性。以往只有金融家才能够涉猎国外投资，如今银行以及证券交易商也可以动用律师和酒吧女的积蓄去国外投资。1870—1914 年期

---

① A. G. 肯伍德、A. L. 洛赫德：《国际经济的成长，1820—2000 年》（A. G. Kenwood and A. L. Lougheed, *The Growth of the International Economy, 1820—2000*, London, 1999），第 79 页。

间，国际投资金额上涨了大约5到6倍（也可能达到了8倍），其中来自英国的资本占一半。另外两个最大的资本输出国是法国和1890年之后的德国。他们的投资商对国家发行的公债比较感兴趣，这些公债主要是其他欧洲国家发行的。英国的投资资本主要流向美国、加拿大、澳大利亚和阿根廷。在上述后三个国家中，外国投资占总投资的一半，这也就意味着这些国家的繁荣与发展完全仰赖这些流动资本。而欧洲投资资本只有很少一部分流入中国、印度以及非洲。

这些人员、商品和货币的大规模流动——无论是规模还是速度都大大超过了人类历史上所曾有过的流动，它产生了三个方面的显著影响。首先，这一系列的人员、商品，以及货币流动反映并帮助创建了一个更加紧密的国际市场。某些商品的价格，尤其是那些交易最为频繁的商品的价格，通过市场更加趋于一致。利率（即贷款的代价）更是通过市场而大体划一，尤其是在那些资本流通最为频繁的地区。人类历史上第一次出现了经济衰退迅速遍及整个世界的现象。1850年以前，经济危机的爆发主要缘由是谷物歉收。然而到1870年，一场金融崩溃便立刻会对许多国家的经济产生冲击：对于陷入世界性网络的各个地区来说，此时世界金融体系所具有的重要性几乎超过了最恶劣的天气所带来的灾难。其次，这些流动对于我们认识有史以来世界上第一次经济快速增长十分有益，1870—1913年，世界经济以每年2%—2.5%的速度增长，这大概是过去几十年间经济增长总和的2—3倍，大约是16—19世纪的6—8倍。若按人均计算，世界经济仅以每年1.3%的速度增长，或者说总共增长了1.6倍（1870—1913年），即便如此，人们收入的增长仍要远远快于以往。然而这种收入增长却十分不均衡：经济全球化波动所带来的第三个巨大影响就是将这 263

种不均衡在世界范围内加以扩展。经济繁荣只出现在美国、加拿大、阿根廷，以及澳大利亚等各个工业地区和少数土壤肥沃的地区。而其他地方的经济发展仍旧令人感到迷茫困惑。

19 世纪晚期的全球化还涉及文化以及生态等各个维度。大西洋欧洲各国以及美洲的强大、繁荣和自信激励着成千上万的传教士奔赴世界各地传播基督的福音。在世界网络的延伸造成极大紊乱的地区，他们取得了最大的成功，例如在太平洋岛屿、南部非洲以及南美洲的内陆地区等。但在韩国和中国，他们也使很多民众皈依了基督教。同以往一样，各种信仰的结果都是同步产生的，并产生出各种新的宗教，如朝鲜或非洲等各种类型的基督教。随着它们几个世纪的传播活动，各种地区性的本土宗教信仰渐渐地消失了。

世界各种语言也发生了类似的变化。就在一些语言消失的同时，几个大帝国的语言——如汉语、阿拉伯语、西班牙语、俄语、法语、英语——却传播开来了。在这些世界帝国的边疆地区，各种当地语言消亡的速度最快，如澳大利亚、美洲、西伯利亚以及中亚地区的各种当地语言；这种现象在欧洲也存在，如位于英格兰西南部的康沃尔语(Cornwall)就在 19 世纪消失了。有的时候，一种语言的消失是因为操这种语言的人灭绝了，例如在塔斯马尼亚(Tasmania)就是如此。但通常情况是，各种地方语言的消失都是由于人们的自愿而发生的，因为父母们都希望自己的孩子学习掌握那些能在生活中最有帮助价值的语言，即那种最具有力量和特权的语言。所以，两三代光景之后，一些世界性的语言就取代了众多的当地语言。那些在澳大利亚、新几内亚，或是亚马孙河流域的传教士们，历尽艰辛学习各种当地土著语言，然而当他们将《圣经》翻译成当地土著语言之后，却发现当地已没有人需要了。

由于宗教传播的缘故，人口和权力的交织在语言上产生了各种新的混合现象。各种帝国语言不断获取新的语汇，其缘故就在于操帝国语言的人们的足迹遍及整个世界：如英语就吸收了许多印度语或乌尔都语的词汇（例如 pajama，jungle），另外英语还从美洲印第安人那里吸收了许多口语词汇（如 moccasin，powwow 等）。在世界各地的矿山和种植园里，来自五湖四海的人们一起劳动的经历，常常是各种全新语言产生的关键因素，这些语言就是所谓的"洋泾浜语"（pidgins）。它们把各种语言混杂在一起，而不讲求什么语法规则，由那些操不同语言的人们在从事贸易或其他活动时所创造出来的一种交际语言。现代世界中的大多数洋泾浜语主要是从葡萄牙语和英语中汲取词汇。那些听着洋泾浜语并将其作为母语的孩子们长大之后，赋予了这些语言以语法规范，并使其词汇和灵活性得到极大的扩展，从而使洋泾浜语成为一种混合型（creole）的语言。在加勒比海地区，由于历史上有许多来自不同地域的劳工迁入，因而大概有 25 或 30 种混合型语言，它们中大部分在 18—19 世纪已发展成形（虽然这些语言也像所有其他语言一样继续发展演化）。很少有哪种混合型语言能够发展成帝国的语言。然而斯瓦希里语（Swahili）则是一个例外，它最初是从东非海岸地区那些商人中产生出来的一种洋泾浜语，而后发展成了一种丰富的混合型语言，由于沿海地区商人们的巨大成功，到 19 世纪时，斯瓦希里语还向内陆扩展，一直延伸到非洲的大湖地区。全球化惊人的发展步伐使一些目光敏锐的观察者大为震惊，他们认为世界的确需要一种新的国际性语言，并且也发明了许多种，其中最为成功的一种就是在 1887 年由一位波兰籍犹太眼科医师创造的世界语（Esperanto，据称当今大约有 100 万人在使用这种语言）。当然，总的说来，整个世界的宗教和语言的数量已经

264

大为下降:世界文化的多样性程度业已降低,而且这种降低的速度比以往任何时候都要迅速。

生态环境的变迁

世界网络的日益扩展和密集化,移民、贸易和投资等各种全球化趋势,打乱了世界各地的生态结构,有时甚至是彻底摧毁。

工业化过程中对煤炭的大量使用,使得城市的空气污染空前加剧。举世闻名的伦敦雾就是由大量燃烧煤炭所产生的微黄色硫磺悬浮颗粒飘浮在空中所导致的一种现象。1873 年,由于雾太大,许多行人都跌进了泰晤士河中,1879—1880 年期间,在伦敦大雾的笼罩之下,约有 3000 人死于肺部疾病。空气污染使得欧洲、北美洲以及日本的许多工业城市的居民都身患重疾,甚至使数百万人丧失了生命。

工业革命和人口的逐渐增长需要世界各地的农场和种植园提供更多的纺织原料和食物。1750—1910 年期间,种植谷物的地区面积几乎增长了 3 倍,其中以北美、俄国和东南亚地区增长最为迅速。这一时期,牧场的扩展甚至超过了 3 倍,其中扩展最快的要数美洲、非洲和澳大利亚。然而与此同时,世界的森林面积却萎缩了大概 10% ,北美洲减少的最多。野生动物赖以生存的空间和食物也大为减少了。然而,当时的人们几乎都将这些变化看成是有益的,乃至上百万人为了获得这些益处而拼命地劳作。

265

即使如此大规模的土地向田地和牧场转变也没能满足当时人们对食物以及纺织物的需求。为了使土地的产量更高,干旱炎热地区的人们将更多的精力投入到水利灌溉之上。欧洲的各个帝国对此更是情有独钟:英国的资本与印度人力相联合,在印度建造起巨大的灌溉系统,俄国人也在中亚地区建造了几个巨大的灌溉系统。而美国向西扩张的同时,就将水利灌溉带入到干旱的高原和加利福尼亚地区,同样,中国在向新疆和蒙古等边疆地区运动时也采取了同样的举动。人口的增长与交通网络的逐步完善,使得地球上几乎所有雨水灌溉不够充分的农业地区都重新修建了水利设施。

这张逐渐紧密的世界网络也使各种植物、动物和疾病在世界各地流动,虽然它给人类带来的革命性影响比“哥伦布交换”的影响要小一些。美洲的粮食作物在整个非洲和欧亚大陆继续传播蔓延。19 世纪晚期,在坦桑尼亚的任何一个角落所种植的植物中,大约每 3 株就有一株来源于美洲大陆。18、19 世纪,玉米大概是对中国农业影响最大的作物。与此同时,旧大陆的粮食作物也在美洲日益扩展它们的殖民范围,其中最著名的就是小麦对一些以往草原地区的占领,如北美大草原(the Prairies)和南美的潘帕斯大草原(Pampas)。哥伦布交换在整个 18、19 世纪继续将旧大陆的各种病菌带到美洲印第安人这个新的种群当中。最大的紊乱发生在大洋洲和澳大利亚,由于自然环境的封闭,1750 年之后传入的各种新疾病,对当地那些从未经历过这些疾病而缺乏免疫力的人来说,同以往一样,无疑造成了巨大的灾难,各种引进的家畜也对此地的土壤和植被起到了重塑的作用,这在新西兰和澳大利亚尤为明显。外来物种的移入,例如澳大利亚引入的兔子一旦进入田野便开始疯狂吞噬植被,致使当地的动物处于无法继续生存的危境之中。外来物种的竞争和掠夺致使澳大利亚、新西兰和太平洋诸岛的几百种本土物种彻底灭绝了。

快速的交通运输以及大规模的迁徙甚至也把一些新的疾病

带到那些具有免疫力的人群中来。南非长期存在的一种名为霍乱的疾病,可使感染者迅速死亡。然而,这种疾病的传播范围并不广泛,这在一定程度上是因为那些感染者还未走远就已经残疾或死亡了。然而随着交通运输的完善,这种疾病定期随朝圣的穆斯林前往麦加。19 世纪 30 年代,霍乱第一次随军队传播到了欧洲,随后爆发了严重的流行性瘟疫。大约在 1820 年之后,肺结核也成为一种世界性的重要疾病。健康者在感染此病之时,通常感觉不到,而当营养不良导致感染者抵抗力下降的时候——这种情形在产业工人中最为普遍——这种病菌便开始间歇性地发作,到处传播。像许多传染病一样,结核病对那些先前没有接触过这种疾病的人群造成了巨大的灾难,太平洋邻近地区、美洲内陆以及南部非洲的数百万人都因此而丧生。

266

霍乱、伤寒以及其他一些由污染水传播的疾病敲响了恐怖的警钟,同时给予医学研究者以极大的激励,英国从 19 世纪 40 年代开始进行研究,以期揭示这些传染病的某些传播途径。最终,研究结果表明,将饮用水同废污水有系统地加以分离,情形就会全然不同。一场“卫生净化革命”(sanitary revolution)随之出现了,最初这种革命主要是在北欧、北美洲以及世界各地的一些欧洲殖民地展开,这些地区的城市都拥有了污水处理系统和清洁的饮用水。1880—1910 年间,由于饮用水过滤厂的出现,使城市居民的生活变得更加安全。凡是当局建立了这种饮用水过滤厂的城市,城市居民的平均寿命很快就超过他们在乡村的亲戚们:自 5000 年前城市产生以来,城市第一次不再是人口黑洞了。因此,城市在政治和文化上对乡村的支配作用只是到 20 世纪才有所增强。

结语:锁定(Lock-In)

1750—1914 年间,世界网络的日益紧密引发并推动了人口爆炸以及更具有代表性的政治、民族认同和工业化。但是这些事物的传播扩散都是不均衡的,并在各种社会内部以及不同社会之间产生了巨大的张力。旧世界的束缚瓦解了,旧世界的秩序也摇摇欲坠,然而取代它们的并非任何新的稳定状态,而是各种纷乱与不确定性。整个世界仍没有从 18 世纪开始的动乱中稳定下来。

在 1910 年,也许只有伦敦或巴黎才会秉持这种观念:世界是一个有秩序的空间,它所依靠的是那些肯定会延续数百年之久的几个大帝国,是国际的自由贸易,是坚定不移为社会服务的科学以及承担起各自家庭责任的男子汉等等。然而,当时任何一位居住在北京或是墨西哥城的人都会说这只不过是一种幻想。而且,在经历了 1914 年之后所发生的各种事件之后,这种观念对任何人来说,仍是一种幻想的再现。

1750—1914 年间所发生的巨大变化,在全球范围内产生了各种巨大的张力和致命的弱点。事实上,人类在一个极不坚实的基础上又造成了新的无意识的束缚。世界人口以及都市的发展要求商业性农业得以维持和扩大,然而,一些人口和国家缺乏所需土地和用水。经济全球化所带来的繁荣要求人口、资本以及商品自由流动的状态即便不能扩大,起码也要维持下去,但是这个体系并没有很好地与各种民族情感相协调。新型的高能耗经济需要比以往更多的矿物燃料,然而这些矿物燃料却分布在世界各地,在使用上极不便利。世界财富和权力发展的日益不平等迫使那些欠发达国家和地区或者继续处于默默无闻的状态之中,顺从

267

地承受自己的命运,或者在外力威逼下被迫接受他们的命运。回顾过去,20 世纪初的世界简直就是一个巨大的火绒箱,箱里有许多人都高举着熊熊燃烧的火把。

第八章　世界性网络的张力

(1890 年以来的世界)

1930 年春,一位名叫迈克·莱希(Mick Leahy)的澳大利亚金矿勘探者冒险进入新几内亚内陆高地。他原本想要找寻的是埃尔多拉多(El Dorado,梦想中的黄金国),这一目的虽然没有达到,却为人类历史上最漫长的一章画上了句号。新几内亚高地曾经是数万民众的家园,他们中的大多数为生产的粮食只够自己食用的农民;这数万民众几乎处于完全与世隔绝的状态。他们的祖先一直在这片肥沃的高地耕作,大约有 9000 年之久。在 1930 年以后的几十年里,采矿者、传道士、殖民地官员、商人、人类学家以及其他各色人等使得新几内亚人与外部世界进行着深入而又持续的接触和联系。如此众多的人口加入到世界规模的网络之中来,这是最后一次。从此以后,世界性网络的发展速度得以加快、程度得以加强,然而,却不再有新的领土和新的人口加入进来。 268

到了 20 世纪,就在各种应用技术和其他力量促进了世界性网络内部一体化进程的同时,这一时期的政治有时却起着背离一体化的作用。总的看来,1870 年以后的全球化趋势以 1914 年第一次世界大战的爆发而告结束。国际间的移民、贸易和资金流动减弱,虽然这些流动在一战以后,得以部分地恢复,而后又再度减弱。只是在另一次大战,即第二次世界大战期间,世界经济和社会一体化的势头才开始重新得到加强。1945 年以后,美国的兴起,其经济实力和军事实力的急剧膨胀,使得全球化常常表现为美国化。跟通常一样,世界性网络得以加强的过程,使财富在不同的国家、集体和个体之间得以重组,在给大约 1/4 的人类带来舒适和自由的同时,它也导致了各种新的不满情绪、不平等和紧张局势的产生。

269

通讯技术与思想观念

在 19 世纪,通讯技术和交通方式的各种重大变革(如轮船、铁路、电报等)使得世界上的联系更加紧密,但是,人们生活的某些方面仍然未受什么影响。而在 20 世纪期间,各种获得定型的通讯技术和交通方式(如电话、无线电、电视、电影、汽车、飞机、因特网)等所具有一个巨大的特征,则在于它们改变了数十亿人的日常生活,扩大了人们实践活动的范围和获取信息的途径。这些新的技术使得信息在发达国家的传播变得更为民主化,到大约 1975 年时,发达国家内部富人和穷人之间在获取信息方面的差异已大大缩小。然而与此同时,由于这些技术赋予其拥有者以财富和权力,从而又进一步加大了世界上富裕国家与贫穷国家之间的差距。到 2000 年,美国经常使用因特网的人数约为其总人口的 60%,在韩国约为 35%;而在巴西却只有 6%,尼日利亚更少,连 0.1% 都不到。在本章结尾部分,我们还将回到这一问题上来。

大体上讲,通讯交往的技术革新有三次高潮。电话的发明,虽然是在 19 世纪 70 年代,汽车在 19 世纪 90 年代,无线电大约在 19 世纪与 20 世纪之交,但是迟至 20 世纪 20 年代,这些发明才得以广泛传播开来,而且主要是在美国国内。后来才陆陆续续地传播到世界各地。第二次高潮兴起于 20 世纪 40 年代和 50 年代,当时在美国,电视(发明于 20 世纪 30 年代)和商务航空已经司空见惯,不久以后,其他更多的国家开始对它们习以为常。就像电话和无线电一样,飞机运用于商业目的之前,首先是在战争中得到充分运用,并发挥了重要作用。第三次高潮即网络计算机的应用。网络计算机起源于 20 世纪 60 年代,但广泛应用则是迟至 20 世纪 90 年代的事情了。所有这些技术交互作用形成了许多网络,并影响着人们的生活;虽然初始之际,这些技术尚不易为人们所理解和掌握,但一旦真正为人们所理解并掌握,就会得到迅速传播。如果大多数人都没有用上电话,仅一人有电话,意义并不大;而一旦许多人都有了电话,而唯独一人没有,那可就远非意义大不大的问题了。同样,在加油站和公路出现之前,拥有小汽车没有什么意义,而一旦有了加油站和道路,对于能担负得起的人来说,想要拥有一辆小汽车的愿望则是不可遏制的。所有这些新的技术,一经产生便迅速改变了处于世界性网络之内的人们的日常生活;这些新技术不但增强了交通的密度,也提高了交通的速度。

所有这些变化(以及像报纸的大量发行等等)带来的累积性影响就在于,它使人们去面对各种新的信息、新的印象和新的思想认识;也使得更多的人比以前更迅捷、更频繁地去更远的地方旅行。这既使人迷惑,同时也极具诱惑。它吸引着人们产生遐想:他们所生存的环境不再是一成不变的了,而是完全可以改变的——通过移民、变革、教育、努力工作、犯罪,或是其他主动行为。借助于无线电、电影,特别是电视,饥饿、无知的人们(准确或不准确地)看到了那些比他们更幸运的人们是怎样生活的。这一情形,同大规模的城市化一道,既能激起人们的抱负和追求,也会产生怨恨与不满,从而为一系列政治运动的爆发埋下了伏笔。

270

无线电、电影和电视还带来了另外一个重要后果,这在政治上表现得最为明显。它们使那些能言善辩的演说家能够打动数以百万的听众；这些演讲家们以饱含激情的语言来表达他们的激动、愤怒和权威，从而比以前更加容易发动广泛的政治运动，在那些借助于无线电广播而颇具影响力的政治家中，有德国的阿道夫·希特勒（1889—1945 年），美国的富兰克林·罗斯福（1882—1945 年），以及埃及的加麦尔·阿卜杜拉·纳赛尔（1918—1970 年）。而许多成功的政治家也都是通过无线电广播或者电视传媒而一举成名的，其中颇为著名的有阿根廷的爱娃·庇隆（Ava Peron，1919—1952 年），她作为一名演员所获得的知名度，为她自己及其丈夫（胡安·庇隆，Juan Peron）的政治生涯增添了不可估量的影响力；美国总统罗纳德·里根（1909 年出生）作为一名演员在电视上成功塑造的形象，也确保其在竞选中获胜。大约一代人以后，媒体则很难加以利用了，其中部分原因在于听众变得更加世故，部分原因在于太多的政治家已掌握了这一基本技巧，以致没有哪一个人能够轻易地超越其他竞争对手。当这些新的通讯技术最初为社会所采用时，也许能够更容易地操纵民众——当然是争取他们的支持；然而，随着时光的流逝，它们也许会产生相反的效果，使得国家政权更难以控制信息及广大民众。

文化、宗教、科学

各种新的信息基础结构加剧了思想领域中的竞争。1890 年，大多数中国人绝不会碰上在非中华文化背景下形成其见解的人；大多数爱尔兰人也从来没有遇见过非基督教徒或非爱尔兰人。由于大多数中国人和爱尔兰人几乎不识字，倘若没有出过远门，他们的人生观可能是狭隘而浅薄的，并且长久地囿于传统观念。271 当然，也有一些中国人和爱尔兰人充满了永不满足的求知欲望，一些人可以读书看报,还有一些人会出外旅行;同样,在世界某些地区人们的生活中,文化冲突和竞争已司空见惯。例如,在多民族、多种族聚居的南非即是如此。在那里,印度人、中国人、祖鲁人(Zulu)、豪萨人(Xhosa)、茨瓦那人(Tswana)、霍屯都人(Hhoikhoi)、桑人(San)、南非白人(Afrikaners,亦称布尔人)、英国人以及数十个其他族群的人们以各不相同的语言、宗教和生活方式生活在一起,每日里彼此接触,你来我往。但对大多数人而言,若不是通过无线电和电视、文字和新闻、电影和乘坐飞机旅行,生活中很少会碰上思想观念和生活方式迥异的人。在这一点上,各种新技术让整个世界都变得与南非地区更为相像:越来越多的人愈发经常地遇到不同文化的多样性。

而其结果——迄今为止——就相当于爆发了一场文化大地震:许多竞争者消失了或被边缘化了,而只有少数竞争者胜出。在第七章中,我们曾就语言问题探讨过这一过程。这些趋势仍然在继续,并且不断加强,到2000年时,平均每2周左右就会有一种语言消亡,世界上大多数人口所讲的母语,都是出自按人数数量来排列的前15种语言中的一种。[①] 而世界上超过半数的语言使用者人数都不足1万。服装、音乐、体育或者烹饪的风格及样式也受到同样过程的支配。由于人们在城市的、国家的或世界性的风格同化的过程中,看到了更多的优势,一些地方乡土性的风格

① 按使用某种母语的人口数量进行降序排列,其顺序为:汉语普通话、英语、西班牙语、孟加拉语、印度语、葡萄牙语、俄语、日语、德语、汉语中的吴语、爪哇语、朝鲜语、法语、越南语和泰鲁古语(Telegu,今印度南部地区的一种语言——译者注)。参见丹尼特·奈特尔、苏珊娜·罗梅思:《逝去的声音》(Daniel Nettle and Suzanne Romaine, *Vanishing Voices*, Oxford, 2000),第29页。(奈特尔和罗梅思在其所开列的目录中似乎遗漏了阿拉伯语)。

特征便逐渐消逝了;而同时,那些城市的、国家的或者世界性的标准也在不断变化,有时也会因为反映或者吸收了本土的某些影响,从而获得广泛传播。例如,受无线电的影响,从 20 世纪 20 年代开始,巴西流行乐中的种种本土特征几乎消失殆尽,取而代之的是一些具有全国性的风格——包括里约热内卢的桑巴舞,于不久以后在全世界流行起来,成为巴西的象征性标志。源于(主要是)美国和英国的流行音乐在全世界广泛传播,源于非洲西部的节奏感极强的音乐渗入日本、阿尔及利亚,实际上,渗入到世界各地几乎所有的音乐之中。受电视的广泛影响,篮球运动在 20 世纪 70 年代后成为一项世界性的体育运动,其影响范围远远超出了作为此项运动发源地的美国。世界各地的建筑风格也更加趋向一致,所以新机场、办公楼或者公寓大楼——无论是在马尼拉、马德拉斯,还是蒙特利尔,看上去都越发千篇一律,普遍雷同。一些青年人文化在接受这种倾向方面走得最远,这种文化所具有的显著特点就是廉价——如 20 世纪 90 年代的棒球运动帽——几乎在世界各个城市无处不在。

272

同样,政治文化也在越来越少的标准上趋于一致。由于资本主义因素,加之争相仿效的结果,通常地,源于少数几个西欧和中欧国家的罗马法法典成为几乎每个大陆司法体系的基础。一个世纪以来,穆斯林法典(shari'a,沙里亚)也得到广泛而深入的传播,至 1890 年后仍保持其应有的地位,尽管其间偶尔也有与其他法律并非简单的融合。比如,尼日利亚和巴基斯坦两国,就既吸收了英国的法律传统,又吸收了穆斯林的法律传统。与克里奥尔语相类似,混合法典使各种法律传统发挥出了效力。而各种地方性的、家族的和部落的法律传统,则由于缺乏影响力和国家的支持,逐步走向消亡。相应地,各种政治体系的影响力也趋于减弱。

部族的酋长制,城市国家,牧主联盟和其他历史上著名的政治组织形式虽没有完全消失,但其现存实例更少了,其影响也更弱了。同时,越来越多的社团情愿或是不情愿地接受了官僚帝国或者民族国家,并将其作为政治体制形式。

在宗教领域,为推动那些可四处传播的宗教信条以及与各种地区性对抗方面,那些极其方便的观念交往产生了很大的作用。各地的宗教不得不做出调整以适应新的交流方式,适应世界经济的新形式——许多地方的宗教要适应帝国主义——以及城市化。因而,1890 年以后,宗教生活处于不同寻常的动态变化及不稳定状态之中。的确如此,过去城市生活的匿名状态(anonymity)、不定居的特点和罪恶感激发了人们的宗教思索,以寻求生命的意义、人生的归宿与道德的修养,现代人纷纷涌入城市表明,下一个世纪将会是一个汹涌澎湃的充满活力的宗教信仰时代。

在 1900 年的秘鲁,人们可以在天主教(当然是带有当地特征的)和各种本土宗教之间做出选择,这些本土宗教是在印加信仰(约 1440—1532 年)和天主教(约 1540—1840 年)先后作为国教达 400 年的阴影下生存下来的。当 1915 年,有人皈依新教福音教派时,第三条选择道路出现了。随着城市化的发展和医疗保健水平的改善,这些本土宗教被淘汰出局,因为它们与自然环境的特征紧密结合在一起,并专事于各类医术。尽管在 19 世纪已经失去了国家政权的支持,天主教仍然在不断奋争。皈依新教的秘鲁人在 1995 年大概达 10%;新教所传播的教义,如互助、自律、勤劳等等,对于那些离开自己的乡村迁至利马、库斯科或阿雷基帕(A-requipa)等都市周边条件恶劣的棚户区谋生的数百万民众具有极大的吸引力。福音派新教徒也在拉丁美洲其他城市化的国家中 273
找到了繁衍滋生的土壤,到 1990 年,他们已占到巴西和智利人口总数的20%。

同样的情形也发生在非洲。人们移居城市，接触新的观念，还有帝国主义的压迫，这一切皆使非洲的宗教信仰发生革命性变化，各种本土宗教信仰失去了追随者。在殖民地时期（约1890—1960年），由于常常从殖民地政府获得支持的数千名传教士的宣传，基督教大为繁荣。但是，伊斯兰教也同样获得了繁荣，其缘故就在于它不是殖民地国家的宗教。（在朝鲜，基督教便是基于同样原因大为繁荣，当时朝鲜还是日本的殖民地，而佛教是受到日本支持的。）随着愈来愈多的领袖人物在非斯（Fez，位于今摩洛哥）和开罗等穆斯林学术重镇接受教育，愈来愈多的穆斯林可以前往麦加朝觐，非洲穆斯林们也更多地与占据统治地位的伊斯兰教派结成了联盟。无线电和电视最终将埃及或沙特宗教权威的讲话直接传给了非洲广大民众。而在另一方面，基督教在非洲的正统地位则变得逊色了。若想在非洲地区振兴基督教，就必须做出适当的调整以适应祖先崇拜、一夫多妻制和各种治病疗伤的习俗礼仪。非洲人也需要从基督教的说教中看到对他们的精神——或物质——需求有吸引力的东西。如同所有广泛传播的宗教一样，基督教，无论是在公元3世纪的罗马帝国，还是在1925年的肯尼亚，都包含着一些针对被压迫民众现状的启示信息。所以，有数百万非洲人对基督教信仰加以调整，以适应他们自己所生存的环境。许多欧洲传教士注意到了这些调整中所包含的迷信与邪术成分。一些非洲人认同并成为英国圣公会教徒、循道宗教徒或者天主教徒，但也有一些人形成了自己独特的教派，今天这类教派的数量或许已达1万种之多，其中之一就是西蒙·基班古（Simon Kimbangu，1889—1951年）。

基班古出生于当时比利时所属的刚果南部地区，是一名巫医的儿子。年轻的时候,他接受洗礼成为浸礼会教友,但他——情况跟洪秀全有点儿像——在参加政府官员录用考试时落榜了。然而,不久他听到了耶稣的召唤,命他领导他的信徒们摆脱诱惑,洗刷罪过。1921 年,正当非洲中部地区遭受瘟疫折磨之际,基班古开始赢得救世主的名声。他那些深得人心及非正统的宣传说教令比利时殖民当局深感惶恐不安,结果将基班古逮捕入狱,并判处死刑,后来,比利时国王将其减为无期徒刑,基班古在狱中度过余生,而他的一些主要追随者或被拘捕,或被投入狱,或被流放异地。然而,在殖民地背景下,对基班古的这种迫害反而使其威望大大提高。他的那些追随者认定,基班古的一生都在追寻耶稣的足迹:接受上帝召唤,医治人们心灵的创伤,广泛传播福音,最后被帝国官府所迫害。1969 年,世界基督教联合会宣布接受“先知西蒙·基班古全球耶稣基督教会”(the Church of Jesus Christ on Earth Through the Prophet Simon Kimbangu,即基班古教)为其正式会员组织,今天该教派声称拥有信众 400 余万。到 20 世纪 90 年代,非洲的基督徒人数已达 3.5 亿,其中还有很少一部分正在最黑暗的欧洲承担传教布道的重任,因为那里有数以百万计的灵魂与基督教真正的信仰渐行渐远,亟须拯救。 274

帝国主义引起了形形色色的宗教反应。对于一些人来讲,接受帝国主义的宗教似乎是明智的,就像在非洲;或者在英属香港,许多中国人成为基督教徒;或在日本占领下的朝鲜,一些人接受了佛教。然而对于另外一些人来讲,特别是对于穆斯林和印度人来说,普遍存在着三种不同的选择。其一是在宗教信仰、各种惯例、风俗同那些似乎使帝国主义者势力得以强大的科学之间寻求某种形式的调和,这也许对于印度教来说最为容易,因为其学说的边界具有较大弹性。特别在 19—20 世纪,在诸如辨喜(Vivekananda，1863—1902 年，首创“新吠檀多派”）等人的影响下二者达到了强有力的结合（以多样性的缺失为代价）。作为社会和宗教改革家的辨喜，试图寻求在科学、西方人道主义价值观和印度教的雅利安文化传统之间进行调和。第二种宗教反应是回归纯洁的黄金时代，抛弃一切新的和外来的东西——也许有用的通讯技术除外。这对于那些加入了穆斯林兄弟会（1928 年始创于埃及）和领导 1979—1980 年伊朗革命并建立了宗教政权的穆斯林们很有吸引力。第三条道路就是完全放弃名义上的宗教，而选择世俗的意识形态，最为流行的是在许多地区有着巨大吸引力的民族主义和社会主义。这些世俗的并且公开的政治意识形态，我们将在后文中予以探讨。

各种思想观念与信息在 20 世纪的世界性网络中来回激荡，并与城市化和帝国主义所造成的压力相结合，从而形成了一个由宗教信仰的改变、融合以及新的宗教信仰、教条和派别的出现所构成的漩涡。一个在世界历史上反复出现的占主导地位的趋势，就是各种本土宗教的消失或边缘化以及主要的福音宗教在新的地区传播。另外，还形成了一些趋势：如在各类世俗观念面前，基督教在欧洲和北美的倒退；20 世纪 80 年代，基督新教为适应女权主义所进行的调整；以及在民族主义和共产主义政权下，儒教和佛教在中国的后退与废止。

275 从本质上讲，在如此混乱的情形下，所有宗教都需要注入新的内容才能更加深入和打动人心。在印度从事宗教改革和宣传活动的罗摩克里希那（Ramakrishna），以印度教为基础提出了“人类宗教”的思想，认为世界上各种宗教所信仰的神灵都是同一个实体，只不过名称不同而已；各种宗教的目的都是一致的，都是要达到人与神的结合，实现普遍之爱和美好的生活。其弟子辨喜在

1893年的世界宗教议会上宣扬建立一种全球性的、统一的宗教,产生了一定的影响。巴哈伊教(Baha'i)是19世纪波斯(今伊朗)伊斯兰教什叶派的一个分支,也强调所有宗教的根本统一性,在20世纪吸引了数百万的追随者——并将英语确立为其传播的首选语言。神智学派运动(Theosophist movement)也以其奇特的方式阐述了宗教的统一性。神智学派于1875年由一位俄罗斯女贵族和一位美国律师所创立,后来由一位英国女性领导,其在印度的影响最大。神智学派的学说体系虽涉及各种超自然和空灵现象,并最终绝望地陷入了分裂,但神智学派发现所有主要的宗教信仰中都存在着一个共同内核,而所有的人类皆拥有共同的统一性:这是世界范围网络的一个真切的创造物。而神智学派也只是其中的牺牲品之一。

随着现代科学的诞生,神智学派以及其他许多神秘宗教开始让人隐隐约约地感到荒唐可笑。那些拥有众多信徒的宗教也面临来自科学的挑战,面对这些挑战,这些宗教普遍采用在教义上做出某种修正让步的方式,以挽留大多数信徒(习惯于质疑的欧洲除外),从而成功地适应了这一挑战,尽管其在公共生活上的影响已今非昔比了。

在某些方面上,科学也经历了同样的震荡和巨变过程。20世纪信息和观念的迅速交流,使得人们在浩瀚宇宙的起源、深邃海洋的蕴藏,以至疾病的肇因等各个方面认知上的差异愈来愈小。人们思想观念的范畴越来越趋于接近,那些学识渊博的科学家们对于真理的接受也开始渐趋一致,无论他们所得出的结论是在波士顿、柏林、孟买还是北京。其中的主要原因在于,科学数据和思想观念的交流在全球范围内不断增长。19世纪80年代以来,国际性的学术会议和期刊杂志的数量激增,世界各地的年轻科学家纷纷涌入欧洲(包括俄罗斯)和北美地区从事研究工作。由于欧洲和美国——以及后来的日本——的影响和威望,科学的观念一经产生,便会迅速传播到世界各地。

总体而论,不断演化的科学的世界观具有以下几个主要特征。其一,19 世纪产生于欧洲的强调观察和实验的科学方法获得了几乎无可置疑的权威地位,即使是在像中国那样自身拥有悠久、杰出的科学传统的国度也是如此;其二,科学渐渐放弃了原先的永恒法则而采纳自然界的进化模型;其三,优秀的科学研究不再是廉价的行为,需要大量的投资。

276

及至 19 世纪 30 年代,地质学已明显地成为一门历史的科学。海洋动物的化石表明如今地势较高、气候干燥的区域曾经是一片海洋,地球的年龄有几百万年(今天的地质学家估计地球的年龄为 45 亿年)。山脉几乎都在形成以后历经了一个长年累月被腐蚀的缓慢的过程。到了 20 世纪 60 年代,地质学家接受了这样的学说:在地球表面上,各个大陆都在缓慢地漂移,而这种观点在 1915 年最初被提出来的时候,却遭到人们普遍的嘲笑。

《物种起源》,这部查尔斯·达尔文将进化论和自然选择学说加以有机融和的著作,在 1859 年出版问世之后,生物学也成为一门历史性的科学。达尔文主张所有物种都是从更原始的物种进化而来的,在给定的时间和给定的地点,为了有限的生存几率而进行的自由争夺中,只有那些最能适应环境的物种才能生存下来,这就是所谓的"自然选择"或"适者生存"。达尔文的观点是近代最具革命性、最有影响力的科学主张,对于宗教关于生命和人类起源的说法构成了直接的挑战。正是由于这一原因,他的观点遭到强烈反对,特别是受到那些视《圣经》直接源于上帝之口的人的抨击。他的观点也激起了苏联思想理论家的敌意,他们认为达尔文学说中的偶然性这一基本要素——例如,随意性的突变导致进化——违背了马克思关于进入共产主义是历史的必然选择和人类自我完善的首选的原则。但是,达尔文的观点——经过不断地修正和改进之后——为世界上受过科学教育的人们所普遍接受。

生物学的另一个伟大缘起是遗传学,它主要是在 1950 年以后形成的。现代遗传学这门重要生物学学科的奠基人,奥地利僧侣格雷戈尔·孟德尔(Gregor Mendel,1822—1884 年),通过长达 8 年的豌豆实验,揭示了生物遗传的基本规律,并得到了相应的数学关系式。他的著作直到 1900 年才为世人所知,此后全世界的遗传学家争相解释其著作,并在作物培育方法上得出了许多实践性的结果。但是直到弗朗西斯·克里克(Francis Crick,1916 年出生)与詹姆斯·沃森(James Watson,1928 年出生)的论文问世之前,遗传为什么会发生作用、又是如何发生作用的,仍是一个未解之谜。20 世纪 50 年代,弗朗西斯·克里克和詹姆斯·沃森二人提出了一个令人信服的基因密码的模型,即 DNA 分子结构模型,指出基因信息构成和传递的途径。这一发现堪与达尔文的进化论相媲美。

20 世纪 20 年代后,物理学的发展也出现了类似情形。美国律师、天文学家爱德温·哈勃(Edwin Hubble,1889—1953 年)提出,宇宙并非如早先天文学家所认为的那样稳定不变,而是一个不稳定且不断变化的天体结构,包括我们所在的太阳系的所有星体都是有生命期限的,这一发现给予宇宙膨胀理论以极大的支持。到 20 世纪 60 年代,天文学家们都相信大爆炸理论,大爆炸宇宙论认为:宇宙是由一个致密、炽热的奇点于大约 120 亿年前的一次大爆炸后膨胀形成的。19 世纪 90 年代以后,物理学家

277

们也对原子粒子、亚原子粒子加以研究,这一探求到20世纪40年代导致了热核武器的产生,到20世纪50年代,又促成了核电站的建成。与物理学的永恒性和普世性以及艾萨克·牛顿及其传人所理解的天文学迥然不同的是,今天看来,地球的状态,甚至我们所处的太阳系和银河系的状态,都是局部的和临时的。

科学与技术的联姻

随着历史的演进,各种自然科学也变得愈发昂贵了,机构也更加健全了,与技术的联系也更加紧密了。纵观人类历史的大部分时期,科学与技术之间几乎从来都毫不相干。科学的变革曾影响了思想观念,但却极少影响实践层面。技术的变革往往源自白铁匠们,他们几乎没有受过什么科学的培训,但却拥有丰富的实践经验。大约到1860年左右,这种情形才开始发生改变。

英国哲学家阿尔弗雷德·诺思·怀特海(Alfred North Whitehead)指出:“19世纪最伟大的发明,是发明方法的发明。”①怀特海所观察的这一现象,在20世纪产生了更多的成果。从19世纪80年代开始,世界上的一些强国,当时主要是德国和英国,展开了军备竞赛,优先发展海军,他们越来越多地组织科学工作者和工程技术人员直接参与发展有用的军事技术,科学的知识和技能逐渐成为军事安全方面的关键要素。19世纪70年代,德国和美国的工业公司已经创立了各自的实验室,并且拥有一定数量的科学家以解决一些特定的问题。尤其是两国的化学公司,发展起与各

---

① A. N. 怀特海:《科学与现代世界》(A. N. Whitehead, *Science and Modern World*, New York,1925),第98页。

个大学的联系,为其研究工作提供资金,确保技术熟练的毕业生源源不断地从学校里走出来。随着各国政府和公司在资助科学方面更多的投入,研究的中心议题转向有助于赢得战争、改善健康条件和扩大财富的应用科学领域。无论是基础理论科学,还是应用科学,都需要价格不菲的技术和教育体系,这就促使科学的发展前景被少数几个国家所掌控,20 世纪 30 年代以前主要是德国,之后主要是美国。

278

第二次世界大战以后,美国建立了一个规模庞大的由公司、大学和五角大楼(the Pentagon,即美国国防部)三方协调进行研究和开发的科学—工业—军事联合体。英国也组建起同样的机构,但规模要小得多,其历史可以追溯到 19 世纪晚期。苏联也启动了类似但却独具特色的科研工程,它们往往是一些秘密建立的与外部世界近乎隔绝的科学城,有一支小型的物理学家和工程技术人员队伍在其中生活和进行研究工作。这些开发研究工作的深层驱动动因就是冷战。但是这些在科学和技术上的投入也涉及人们日常生活的方方面面。化学工业生产的塑料制品现在已经俯仰皆是,无处不在了;固态物理学研究于 20 世纪 50 年代产生了晶体管,从而使无线电设备价格更加便宜,体积更小,也更方便携带;植物遗传学家培育出了小麦、水稻和玉米的新品种,这些新品种在适宜的条件下,其产量翻了两番甚至四番(大约在 1960—1980 年间),大大提高了整个世界的粮食供给。随着政府、大学和公司在支持工程技术人员和科学工作者上的不断竞争与合作,科学发明与技术革新的速度也在不断加快,这同时也使科学事业更加趋于官僚化。

在达尔文时期,科学仍然是男性所独霸的职业(很少有女性参加),主要满足业余爱好或学术研究。它们通常都是个体的行为,由个人单独进行,尽管通过邮政服务和各类科学学会,那些科学家们可以时常与其同行进行交流。1900 年,在德国和英国这两个科学最发达的国家中,每个国家所拥有的科学工作者约为 8000 人。到 1940 年,美国各个公司就已雇佣了约 7 万多名科学工作者从事研究和开发工作。第二次世界大战的需求导致了大规模的、更加机构化和官僚化的科学研究的出现:仅仅原子弹工程一项就雇佣了 4 万人。这一工程以及在其他项目上获得的成功充分显示出雄厚的资金和充足的科学人员所发挥的巨大作用,此后,各国政府和企业慷慨地向科学研究注入大笔资金,而其中大部分都是与军事项目相联系的。到 1980 年,美国号称拥有 100 多万科学工作者,而西欧的科学工作者队伍也同样庞大。当那些科学研究的支持者准备拿出一定数量的资金用于理论科学的研究时,他们对于诸如恐龙的命运之类的研究丝毫不感兴趣——他们最需要的是应用科学,即那些有助于制造出一个老鼠夹子之类的东西或者——在 20 世纪 80 年代生物技术兴起之后——制造一只更好的老鼠。若无国家的资助,科学将毫无建树,一事无成;而没有科学研究的技术成果,国家则将更加举步维艰,更加难以有所作为。

279 现代科学已将以往由各类宗教所拥有的部分权威攫取到自己的手中。科学看来能为某些宇宙问题提供几近可信的答案,尽管对于道德问题并无多大助益。在越来越紧密地与技术革新和医疗发展相结合的同时,科学甚至获得了更大的威望。世界上几乎所有的教育体制中,学生所必修的内容都包括科学方法论和科学的观察力。然而,科学无法解答世界上的一切问题,这从而又为各类宗教提供了空间,来校正它们的信息。许多宗教逐渐接受了改良的达尔文主义。信众们为适应现代科学的发展,自己也进行了一些调整,例如,把宇宙大爆炸解释为神力所为;只有少数人完全摒弃改良的达尔文主义的主张。

正是 20 世纪科学和技术的发展所带来的成就,最终给公众带来了不安与怀疑,在那些因此而发生重大变革的社会之中,这些不安与怀疑表现得尤其突出。就在 20 世纪初,新西兰伟大的科学家欧内斯特·卢瑟福(Ernest Rutherford)曾坚持这样一种观点:所有好的物理学都应当可以向酒吧女招待解释得一清二楚,然而,百年之后却没有人再抱此类的幻想。物理学和遗传学尤其令外行难以理解。甚至一些非宗教信仰者也注意到核物理学或基因控制学中的某些观点,无论从道德观点还是从政治观点上看都是令人反感的,这种态势有时候是由于科学家对其工作所产生的社会后果漠不关心所使然的。但是,即使是那些怀疑论者也完全依赖于极其错综复杂的技术体系的顺利运转以及技艺娴熟的精英队伍的不懈努力。

人口与城市化

20 世纪最显著的特征之一,就是其人口发展乃是一部人口骤增与锐减相互交织的历史,而科学的发展与社会的变革对此都起到了主要作用。1900 年,地球养育着 16 亿人口,其中大约 1/5 在中国;到 2000 年,人口总数翻了两番,达 60 亿(中国人口仍然占了 1/5,印度占 1/6)。以前,此类事情从未发生过,以后也不会再发生了。这一人口迅速膨胀的浪潮基本发生在 1950 年以后。大约在 1970 年左右,世界人口增长率达到了顶峰,每年约为 2%。此后呈下降趋势,但下降幅度并不均匀;据人口统计学家预测,及至 2050 年或 2070 年时,人口增长率会降至零。再往后,将会发生什么情形,谁也无法确定。

人口这一惊人增长的原因在于地球上大多数人口聚居区都280 成功地采取了控制死亡的措施。在1914年以前,只有少数地区拥有高效的公共卫生体系;但是在1950年以后,预防接种、抗生素和公共场所卫生措施这些数十年科学研究的成果使得世界各地的死亡率普遍降低。1800年,全球人口预期寿命小于30岁,1950年为45岁,2000年时则达到67岁。这就使人类生存条件发生了根本的变化。日本是当前世界上人类寿命最长的国度,其预期寿命已达其曾祖辈的两倍。即使寿命最短的塞拉利昂人,与1900年他们的先人相比,寿命也延长了大概20年之久。从世界范围看,死亡控制方面的进步大多都是在1945—1965年间取得的。直至人口出生率开始呈下降趋势之时(这种情况并未在世界各地普遍发生),非洲和中美洲一些国家的人口,每年仍以4%的速度增长,这一速度足以使其人口在16年间便增加一倍。在某些国家,从高出生率、高死亡率到低出生率、低死亡率的转变仅用了不足20年的光景,而其人口总数也得以相应地缓慢增长。1960年以后,韩国和泰国均达到了这一目标,并且先后以创纪录的速度达到相当富裕的程度。

正如有助于控制死亡一样,科学也有助于控制生育。第一粒避孕药于1960年面市。它只是偶然地才成为世界性网络的一个产物:它是从墨西哥山芋(Mexican yam)中提取出来的一种化学原料,此前一直是捕鱼的药饵。第一粒避孕药,主要是由美国的一些富有的女性予以资助,由出生于中欧的一批犹太科学社会主义者研制成功的,他们当时为了逃离纳粹迫害而亡命墨西哥。到1995年,世界上大约有2亿妇女通过使用避孕药来预防怀孕。

对于人口发展的趋势而言,20世纪期间,人类那些可怕的杀戮并没有造成太大的影响。如果将战争、种族屠杀、国家的恐怖运动和人为原因导致的饥荒等各种缘故所造成的非正常死亡人口数量相加,其总数约为 1.8 亿—1.9 亿,这一数字约占 20 世纪世界死亡人口总数的 4%。[①] 由各种政治原因造成的死亡人口的增加在数量上并不及因采取公共卫生措施和营养状况改善而带来的死亡人口的减少。

人口增长率的差异在 18—19 世纪十分巨大,其破坏性作用迟至 19 世纪 90 年代以后仍然存在。由于东欧国家的人口出生率在 1914 年以前居高不下,尽管向境外移民也保持了较高的比率,俄罗斯和奥地利帝国内部的人口紧张局势仍然加剧了。但这只是欧洲人口快速增长的末期,到 1920 年,几乎欧洲所有地区人口出生率都急剧下降,而人口增长最快的地区则出现在印度和拉丁美洲,1930 年以后出现在非洲。1900 年,尽管欧洲对外移民占其自然增长人口的 1/3,但在印度、中国、拉丁美洲和非洲等地区,移民并没有明显减轻人口增长的压力。相反,人口的增长引起了各种政治动荡、城市化以及国家政权奢望一夜之间实现工业化所做出的种种绝望的努力。非洲人口发展的历史尤其具有戏剧性,所造成的痛苦也是令人难以忘怀的:在一个世纪的过程中,非洲的人口以 6 倍甚至 7 倍的速度增长,大约达 7.5 亿。 281

人口迅速增长所引发的紧张和焦虑促使每个国家精心制定各自的人口政策。过去,各国统治者对于人口问题关注不多,即使偶尔注意到人口问题,他们的看法也很简单:人口越多越好。这一观点在 20 世纪,尤其是在那些需要更多的男人充当炮灰和更多的女人专心于生育子女的独裁者中间非常盛行。希特勒和

---

① 参见马休・怀特(Matthew White)的演算,网址:http://users.erols.com/mwhite28/20century.htm。

约瑟夫·斯大林(1879—1953 年)都对那些积极生育的家庭进行奖励,授予国家勋章。但是在 1950 年以后,看似过高的人口增长率促使各国政府采取一致行动以减缓人口增长。为抑制人口增长所做出的最重要的努力出自世界上两个人口最多的国家。印度在 1947 年后取得独立,1952 年开始鼓励公民限制其家庭规模,20 世纪 70 年代印度政府甚至在其五年规划中确定了一个人口出生率的指标(25‰),到 1976 年,又试图对已经生育 3 个孩子的育龄夫妇实行强制绝育手术。实践证明,这一举措非常不得人心,印度政府控制人口的努力只取得了不大的成果。20 世纪 90 年代,印度将其总人口出生率在 1952 年的基础上降低了 1/3,而其人口在 40 年内已经增长了一倍多。到 21 世纪早期,印度将取代中国成为世界上人口最多的国家。

而在中国,直到毛泽东(1893—1976 年)去世以后,计划生育才成为一项长期的基本国策,毛泽东虽不总是但通常持有这样一种观点,即中国人永远不会过剩。20 世纪 70 年代早期,毛泽东的继任者们为将计划生育确定为长期政策采取了一些尝试性的措施,之后,于 1979 年在中国大部分地区实行了“一个家庭一个孩子”的政策,并辅以奖惩机制,从根本上改变了人口增长态势。由于中国政府的强制性措施,“一个家庭一个孩子”的政策产生了显著的影响。1970—2000 年,中国的人口生育水平下降了 2/3,大致到了更替水平(replacement level),这在世界历史上是前所未有的。到 20 世纪 80 年代中期,虽然世界上有 94% 的人口生活在实行计划生育政策的国度之中,而只有中国将计划生育作为国家意识形态的基本国策之一。

282 少数面临人口衰减的国家则采取相反的政策,为生育提供奖励,希特勒和斯大林正是这样做的。法国从 1939 年开始提供生育津贴,其他欧洲国家和日本分别于 20 世纪 70 年代和 1993 年开始效法法国,尽管收效甚微。共产党执政的罗马尼亚在 1965 年禁止任何形式的生育控制,并利用秘密警察来确保育龄妇女没有逃避生育责任。这些极端的措施在 1960 年使罗马尼亚的出生率增长了一倍,但是,当其共产党政权垮台时(1989—1990 年),罗马尼亚的妇女举行了罢工,抗议政府的生育政策。鼓励生育的政策与西班牙、意大利、俄罗斯和日本那些臭名昭著的独裁政权所制定的其他规划都遭到同样的下场。无论在何种情形之中,鼓励人口生育的政策都是与城市化这一不可抗拒的趋势背道而驰的。

城市的极度发展是 20 世纪另一个起决定性作用的特征。1900 年,世界城市人口的比例大约为 12%—15%,1950 年则为 30%,到了 2001 年,已经超过 50%。这也代表了人类生存状态的一个巨大转折点。在 1880 年之前,世界各地的城市都曾经是人口黑洞,主要原因在于儿童地方病的肆虐和流行病的一再发作。1750 年,伦敦大量的儿童和新到来的移民在短期内迅速死亡,结果抵消了整个英格兰自然增长人口的一半。但在 19 世纪 80 年代以后,公共卫生措施首先保证了洁净饮用水的供应,使得城市生活更加安全;到 20 世纪 20 年代,以中国城市的居民为例,其寿命远远超过住在农村的居民。此后,城市不断地扩大发展,这既出于自然增长,也由于外来移民的不断加入。

1900 年,生活在城市的人口大约为 2.25 亿。到 2001 年约为 30 亿,增长了 13 倍。大体上说来,城市人口的激增最初出现在工业化时代(约 1850—1930 年)的欧洲、北美东部和日本。英国(1850 年)是第一个半数以上人口居住在城市的大国;德国于 1890 年达到这一比例,美国在 1920 年,日本在 1935 年。接下来是苏联和大多数拉丁美洲国家,在这些国家,国家政府所倡导的工业化运动于1930—1970年间掀起了向城市移民的高潮。到了20世纪60年代早期,苏联和拉丁美洲(整体来看)城市化水平都达到了50%;1980年以前,由于政策的原因,中国大部分人口都住在乡村,但是,1980年以后,大批农民涌入城市,形成人类历史上一次最大规模、最为迅猛的城市化运动;很有可能中国将在2005—2010年间超过50%这一界线。

城市数量越来越多,规模也越来越大。在那些同时发现了铁矿和煤矿的地区,许多村庄几乎一夜之间就变成了城市,如德国的鲁尔地区就是如此。对边疆地区的开发也形成了大城市,比如,布宜诺斯艾利斯、墨尔本、芝加哥,它们中的每一座城市所居住的人口1858年都达到10万,到1900年则超过50万。(芝加哥当时以170万人口位居世界第五大城市。)如果工业化发生在一国首都,通常就会造成人口更大规模的增长:如墨西哥城在1900年时人口为30多万,1960年约为500万,而到了2000年则达到2000万—2500万之众。的的确确,到2000年,那些规模不断发展扩大的特大型城市,如圣保罗、上海、开罗和德里,任何一座城市所拥有的人口数量都要比人类最初发明农业时整个世界的人口总数还要多,大致相当于工业革命时期大英帝国的人口总和。

人类生存状态的这一根本改变以尚未完全明晰的方式影响到人类生活的道德、宗教、身份、政治、抱负、教育、健康、娱乐等几乎所有的方面。在乡村背景下,大多数地方的人们逐渐形成一种共同生活的行为方式,每一笔商业往来都是在相关各方到场的前提下进行的,每个人的信誉人人尽知,可以用各种传统的习俗来控制冲突的发生。而在城市背景下,此类风俗习惯与制约因素已经消失殆尽,只有依靠法律、警察和道德教育才能遏制弱肉强食的行为。形形色色的各类社会组织迅速产生,以满足城市生活的种种需求,这些组织从街头的帮派团伙到各类狂热崇拜的教派,再到街道互助组织等等不一而足。然而,迄今为止还没有人找到一套令人满意的道德准则或道德方式来确保城市背景下和谐而稳定的社会关系。

尽管有着这样那样的烦恼,城市生活仍然提供了很大的方便。进入上流社会的机遇以及投年轻人所好的各种刺激时时吸引着人们向城市迁移。1890 年以后,城市也越来越多地提供更好的教育机会、医疗服务、清洁水源和电力资源。1950 年以后,较为容易地掌握驾驶汽车的技术确保人们在不致过度劳累的前提下维持一份稳定的收入。许多国家的政府担心城市会发生叛乱,因此,利用手中的权力,有时通过政府定价,有时通过没收农民所得,以保障为城市提供廉价的食物。所有这一切都有助于解释为何城市能够拥有持久的吸引力。

城市化也是致使 1970 年后世界人口增长速度放缓的主要原因。在城市里,至少童工并不普遍,对于父母而言,将孩子抚养到 15 岁或 20 岁花费也很高;而在农村背景下,尤其在还要饲养许多牛和鸡等家禽家畜的地区,孩子大概到了 5 岁以后,从经济上讲,便具有了一定的用处。在城市,女孩子更容易获得正规的教育,而受教育较多的妇女通常生育孩子数目也较少。如此一来,只要 284 城市处于统治地位,一两代人之后,人们就将放弃原先农村中多生孩子的想法而更少生育孩子。这一情形,在第一次世界大战后的中欧各国表现得最为明显。大约在 1930 年左右,维也纳的人口繁衍十分缓慢,如果没有外来移民,该城市人口将会在一代人之内衰减 3/4;柏林人也几乎不愿意生育孩子。到了 20 世纪 70 年代,城市化(以及乡下人的城市生活习惯)传播如此之广泛,在德国和日本，人口的发展达到次更替水平(subreplacement fertility)。[①] 1980年以后，俄罗斯和乌克兰的出生率开始下降，而死亡率(特别是男性的死亡率)开始上升，人口衰退期迅速到来。

如果人口发展的这一模式持续下去，就意味着城市将恢复其人口黑洞的状态。1880年以前，由于死亡率之高，城市在消耗人口；在经过一个人口自然增长期之后，城市又以其出生率之低而开始消耗人口。今天的伦敦，一如其在1750年，如果没有外来移民，城市必定萎缩。(自从20世纪50年代以来，伦敦已经不仅仅从英国其他地区，而且从加勒比海地区和南亚地区吸引了大量移民。)拉各斯和利马的生活是否最终也会像在伦敦一样导致人们不愿生儿育女呢？城市的生活条件会持续令其居民放弃为人父母的想法吗？关于这些，目前尚无明确的答案。或许未来无法预见的生物技术的发展会修正人口繁衍和家庭生活的传统形式。

能源与环境

为什么在20世纪整个世界人口的数量会增长4倍，为什么城市人口又会增长13倍？一个主要原因就是人类享有在利用化石燃料方面所取得的非凡成就。煤炭的使用彻底打破了原先在运输和工业生产上所受到的制约。到了大约1890年，全球所利

---

① 即每名妇女一生的生育数量少于2.1。在此情形下，如果没有外来人口迁入，人口数量最终会下降；但是正常来讲，不会立即下降，因为通常会有足够的育龄人口可以保持在大概10—20年内人口出生率高于死亡率。关于维也纳和柏林的人口数据来源于达德利·柯克:《两次大战之间的欧洲人口》(Dudley Kirk, *Europe's Population in the Interwar Years*, Princeton, 1946)，第55页。在奥斯陆、斯德哥尔摩和里加，医院产房几乎全部都是空闲的；个别欧洲国家在20世纪30年代只是暂时性地达到人口次更替水平。

用的一半能源来自于化石燃料,主要是煤炭。及至 20 世纪,能源 285
发展史上的一个决定性的标志,就是廉价石油的出现。

美国通过石油建立起经济建设与社会发展的基础,占据了世界领先地位。最初成功的硬质岩层钻井勘探始于 1859 年的宾夕法尼亚,而美国第一口油井的开发则来自 1901 年得克萨斯州的东南部地区,从而开启了长达一个世纪的廉价能源时代。随后,在墨西哥、委内瑞拉、印度尼西亚、西伯利亚和——迄今为止储量最大的——波斯湾地区都发现了大型油田,并在 20 世纪 40 年代晚期进行了大量的开发。世界范围的能源开采开始转向石油主要是在 1950 年到 1973 年之间,其间世界石油产量从每天 1000 万桶上升到 6500 万桶,后来又升至 7500 万桶。石油的大量开采和使用令交通运输发生了革命性的变化,因为汽车和飞机等无法以煤炭作为自己的动力。同样,石油也使农业生产的状况大为改观,它为农业机械提供动力,并为化肥生产提供化学燃料,从而使得 3% 人口的劳作便可养活全美国的人口成为可能。如今用来养活世界人口的水稻、小麦和马铃薯等作物,对石油的依赖程度与它们对土壤、水和光合作用的依赖程度一样大。

由于石油的巨大贡献,加之天然气、水力发电和核能发电所做出的较小的贡献,1890 年以后,人类可利用的能源种类呈现出丰富多彩的趋势。2000 年地球上每个人所利用的资源是 1900 年的 3—4 倍。当然,这一平均数字也遮蔽了能源利用上的巨大差别。就像工业革命扩大了世界上财富和权力的不平等一样,加速向利用更高效能源的转型也产生了巨大的影响。比如,1990 年一名普通的加拿大人或者美国人所消费的能源是一名孟加拉人的 50—100 倍。这是因为在孟加拉大部分能源仍来自于生物质。对于那些能够享受到向高效能社会转型所带来的方便的人来说,这一转型等于将人们从辛苦的奔波劳碌中解放出来。它使得人们比他们的祖先或在转型中未能参与共享的同时代人有了更大的流动性,更强的创造力,也更为富有。简而言之,化石燃料,特别是石油的使用为大多数人带来安逸生活的同时,也加深了富人和穷人之间的不平等。

20 世纪人口数量 4 倍的增长和能源消费 13—15 倍的增长导致人类历史上史无前例的对环境的破坏。这曾是——现在仍然是——生物圈中惊人的无法控制的试验。森林和草原转变成农场和牧场的过程依然在继续,尽管在 19 世纪速度略显缓慢。专门用于种植庄稼的土地面积在 1900—2000 年间大体增加了一倍,从大致相当于澳大利亚的国土面积增至相当于整个南美洲的面积。土地利用转移最迅速的地区从温带地区转移到了热带地区:最近一次对温带草原进行的大规模垦殖发生在 20 世纪 50 年代晚期的俄罗斯和哈萨克斯坦。此后耕地的扩张过程在中美洲、西部非洲、东南亚进行得更为迅速,尤其是在 1950 年以后,更是以雨林面积的减少为代价。在热带雨林复杂的生态系统中安置大量人口导致了无法预见的凶险。很显然,艾滋病病毒是在 1959 年前不久由中部非洲的黑猩猩传染给人类的,它在成为世界性的瘟疫前已经在热带非洲内部传播了 20 年。截止到 2002 年,艾滋病已经导致近 2000 万人口死亡,其中 2/3 是非洲人。然而,艾滋病并没有改变人类日益增强的大规模开发生物圈的模式。

286

所有这一切使得野生动物的生存空间越来越小。许多野生动物——具体数量尚无确切的评估——在其栖息地转换成农场或牧场,或者一些新的肉食动物和疾病被引进之后,开始走向灭绝;还有一些动物,即使没有灭绝,也几乎处于灭绝的边缘,比如蓝鲸就是如此。历史上,地球曾经发生过 5 次大规模的物种灭绝:有迹象表明,第 6 次也是唯一一次由人类所造成的物种灭绝始于 20 世纪。与此同时,其他直接为人所用的物种,如牛和鸡,因地球发生的各种改变的缘故,数量增长更为庞大。还有一些物种,例如对于人类而言无甚用途的老鼠和蒲公英,也发现世界由于人为原因而变得非常适合于它们自身。到 2000 年,地球上直接或间接被人类所享用的生物中有近 40% 来源于陆地,10% 来源于海洋,这大概是 1900 年的 5—8 倍之多。如此,在设法养活并保护自己免受同类侵害的过程中,我们人类的活动剧烈地改变了生物圈,成为促成生物圈演变的一个主要力量。从短期来看,这个不自觉的过程带来了更多的人口、较少的饥馑、更多的财富以及人类历史上未曾出现过的寿命期限。然而,从长远的观点来看,这种转变过程所发挥的作用究竟如何,尚不能遽下结论。

除了重新塑造生物圈之外,人类的行为也在不经意间改变了生物地球化学的基本循环。这虽不是整体上全新的循环,但在 1890 年以后其影响已经达到了更大的范围。举例来说,燃烧煤炭和石油在上千座城市的上空造成了厚厚的空气污染层。在最坏的时候,如 1952 年 12 月的伦敦,一周内便造成 4000 人死亡。令人欣慰的是,在公民能够表达其忧虑的社会之中,可以通过使用石油或天然气来代替煤炭,或者在制造业和发电厂中使用更为清洁的工艺以缓解城市空气的污染状况。20 世纪 70 年代环境保护运动在北美、日本、西欧和其他地区兴起之初,曾将控制城市空气污染作为其纲领的一项主要条款。然而,一旦工厂主或者国家的经济目标超越了他们对公民健康的关切程度时,致命的污染就将持续,特别是在像中国、印度、泰国,或墨西哥这些工业化程度较低的国家,以及东欧的共产主义国家,这种情形尤为突出。在墨西哥城,400 万辆汽车在当地制造并排放大量烟雾,市政当局在

287

2002 年估计,空气污染每年会造成 3.5 万人死亡。到 20 世纪 80 年代,在波兰南部的克拉科夫,污染导致空气中的氧气含量明显降低,从而(据推测)致使该地的癌症发病率高于全国平均水平 2 倍,而按世界标准来看,波兰全国癌症发病率的平均水平就已经相当高了。在 20 世纪,整个世界由于城市空气污染而造成的死亡人数总计可达 2500 万到 4000 万之多。

大气中不断增加的二氧化碳含量所具有的危害性并非是迅速显现出来的,但却造成了大气环境根本的变化——并且这种变化很难加以逆转。二氧化碳是所谓温室气体中的一种,虽然在空气中所占比例很小,但它对调节地球表层的气温却起着主要作用。1750 年以来,人类使用化石燃料和燃烧森林已经使大气中的二氧化碳含量几乎增加了 1/3,而且几乎所有的增加都发生在 1900 年以后,其中 3/5 是在 1950 年以后。与之相伴的后果就是地球变暖,这一过程的速度,起初是缓慢的,但自 1980 年以后就越来越迅速。结果,海平面自 1900 年以来上升了大约 1 英尺。到目前为止,这些变化尚未对人们的生活造成显著影响,但是,与城市空气污染不同,由于二氧化碳在大气中已经存在了大约一个世纪之久,温室气体的排放也已成为一种不可迅速控制的趋势,即使人们愿意为此付出努力。似乎可能发生的一系列后果包括种种可怕的危害,比如墨西哥暖流被阻断,这在过去遥远的一些温暖期的确曾发生过。如果它再次发生,对于欧洲而言,将是一次巨大的灾难。在其一系列后果中,可以肯定将包括海平面进一步升高,这或许会淹没一些岛国,以及沿海河流三角洲地带的那些世界上最为肥沃的农田。

几千年演变而来的那些我们用于应付其他挑战的各种政治机制,已被证明并不适合解决这些大规模产生但却缓慢发展的环境问题。竞争性的国际体制推动着各个国家在短期内迅速使本国的财富和权力最大化,而对其他方面事务的关注却远远不够。各种经济体系,无论是资本主义还是共产主义,都鼓励类似的经 288 济观念和经济行为,而对于由环境恶化所引发的灾难做出有效回应的呼声主要来自于民众的焦虑与不满。这种焦虑与不满尤其集中在那些解决起来既不需要全体民众做出任何物质牺牲,也不需要更多超越国界的信任与合作的问题之上。如 20 世纪 80 年代,一些富裕国家已经证实,通过转换或改变燃料的方式来减少发电厂二氧化硫的污染或汽车尾气中铅的排放量是十分简单易行的。但是,很少有人要求必须控制二氧化碳的排放量或者减少化肥的使用。20 世纪,人类行为的一般取向是最大限度地利用各种资源,最大程度地驾驭自然,甚至在必要时不惜以牺牲生态的自我缓冲和自我恢复功能为代价。

未来的某一天或许会显现出这样一种情形:生态上的紊乱,特别是气候变化和生物多样性的衰减,将成为远比 1890 年以来各种意识形态争斗和历次世界大战还要重要的发展结果。但是,若想对此做出确实可靠的判断,则只能是几十年或者几百年以后的事了。下面,让我们对 20 世纪百年间所发生的各种政治和经济的动荡进行探讨。

全球化的倒退:1914—1941 年间的战争与经济萧条

1870 年之后全世界社会和经济迅速一体化的趋势使许多人开始猜测,战争似乎已经过时了。然而,1914 年所爆发的第一次世界大战彻底粉碎了人们这种自作多情的愿望。这场战争的直接起因微不足道:奥匈帝国的皇储在萨拉热窝被暗杀。而其最根本的原因,是德意志作为一个大国的崛起。德国的人口增长速度在1871—1914年间远远超过法国或英国。德国的城市化和工业化程度也大大超出其周边各国。这一态势就使得历史上一直处于对峙状态的英法两国,大约在1900年以后走到了一起,而相互敌对的各个联盟体系很快便形成了,欧洲所有的主要强国皆被囊括在内。同时,德国人担心拥有丰富资源的俄国不久就会像他们取代英国一样取代他们。每一个国家内部强烈的民族主义情绪使得人们对战争可能带来的严重后果视而不见,故而敢于迎接战争。

289 由法国、英国、俄国、意大利以及后来的美国所结成的联盟,以巨大的代价战胜了德国、奥匈帝国和奥斯曼帝国。当时军事医学的进步,为庞大的军队免受流行病的侵扰,长时间在堑壕战中彼此厮杀提供了保障。而重型火炮与毒气在战争中的使用,将堑壕变成了人间地狱,机关枪又给从堑壕中爬出来发起冲锋的士兵造成了致命的危险。在这场战争中,共有900万—1000万军人死亡,更有数百万平民死于饥饿、疾病或暴力。由于欧洲各帝国主义国家追逐各自利益的驱动,这场战争的烽火还扩大到了非洲、亚洲和大西洋地区,尽管没有发生像欧洲战场那样的大规模屠杀。此次战争无论对于人员还是对于士气都是一个巨大的损耗。除德国之外,所有国家的军队在惨重伤亡之后的35个月内,均爆发了反叛、哗变和起义。最后,美国兵源和资源的投入才最终决定这次大战的结局。

随着越来越多的美国人投入这场战争的“绞肉机”,美国政府认为必须动员社会上方方面面的力量进行战争努力,这一做法现在被称为“总体战”(total war)。为战争而生产已成为市场所必须承担的一项重大的使命,所以政府的计划委员会负责起了工业、运输、农业等各行各业的主要决策。工厂招募数百万的妇女来制造武器、弹药和军装。虽然也出现了令人沮丧的瓶颈,但却证明了战时经济能够迅速拉动生产力水平的提高,这一成功的记录为后来的政府对整个国家经济的管理,无论是战争时期还是和平时期,都提供了一种行之有效的极具吸引力的模式。

第一次世界大战动摇了欧洲的政治经济基础,也给全世界带来了巨大震荡。战后订立的和平条约瓦解了多民族的奥匈帝国,从而产生了一些新的国家,削弱了德意志帝国,并使其为挑起战争而付出了巨额的赔款(这同1815年拿破仑战争之后,法国所做出的赔款完全一样,只是数额要少一些),奥斯曼帝国的版图被割让给那些战争胜利者——这一行为并非直接进行,而是通过1919—1920年建立起来的国际联盟来具体运作,这一是专门用以解决未来冲突和阻止战争的一个国际组织。由于爆发革命(1919—1923年),奥斯曼帝国土崩瓦解了,一个世俗的民主主义的土耳其国家诞生了(详情请参见后文)。土耳其迅速废除了伊斯兰教哈里发的统治体制,伊斯兰世界从而失去了宗教领袖和政治中心。然而,战胜国一方也处于分崩离析的状态之中。

第一个走向崩溃的国家是沙皇俄国。到1917年时,战争的工业压力已使俄国不堪重负,经济极度混乱。俄军士兵是在几乎没有什么准备的情况下被派到前线的,有时甚至连武器装备都没有,结果导致军队发生集体哗变和起义。城市居民对严酷的生活环境,特别是面包价格高涨极端不满,加之战时管制体制极为粗暴恶劣,种种不满交织在一起,引发了1917年的二月革命,废黜了沙皇统治。革命后,新成立的临时政府仍然继续进行战争,最终于1917年11月被弗拉基米尔·列宁(1880—1924年)所领导的一场著名的布尔什维克革命式的政变所推翻。列宁早年曾被

290

大学除名,但他自修法律,逐渐成为一名职业革命家。通过自学,列宁掌握了马克思主义理论,因此他一掌握政权,就开始将俄国改造为一个共产主义社会。他首先与德国签订和约(1918 年 3 月),并在 1918—1921 年间的内战中将他崇拜的战时德国所实行的统制经济体制付诸实施,第一次世界大战期间,列宁曾在苏黎世居住,故而对其有深入的观察和体认,从而赢得了内战的胜利。他所缔造的国家,苏维埃社会主义联盟(USSR),在此后的岁月里仍得益于德国在第一次世界大战中首先倡导的国家对经济的管理模式。同时,苏联还仿效沙俄帝国设置秘密警察的传统,施行政治高压统治,列宁及其追随者们承继了沙皇统治的各种传统并将其发挥到极致,从而给国家带来了灾难。

协约国的其他一些国家也深深感受到战争所带来的沉重负担。意大利政府在罢工和街头暴动(1912—1922 年)中垮台,本尼托·墨索里尼(1883—1945 年)建立起法西斯独裁政权。法西斯主义拒绝民主政治,抵制社会主义,寻求通过一党专政动员群众,鼓吹民族至上,美化武力及战争的纯洁作用。对于在战争中及战后遭受痛苦的数百万民众,特别是对于那些感到被在战争中一直袖手旁观的文官政府当局所背叛和嘲弄的退伍老兵,以及在通货膨胀期间丧失了生活补助金的受害者们,法西斯主义具有极大的吸引力。

在欧洲乃至世界亿万民众看来,俄国和意大利分别对解决战后混乱给出了最佳方案。市场的繁荣与衰落意味着不断的失业威胁,而对农民而言,则意味着要不断面临食品价格持续走低的灾难性处境。无论是宗教机构、政治团体、工会组织、商业协会还是各家报纸和大学——全都曾狂热地支持战争,自然也就都或多或少地尝到了丧失尊严这一战争的必然后果。随着民众对新的经济和政治安排的兴趣趋于高涨,共产主义和法西斯主义在欧洲各国赢得了众多的支持者,同时,在中国、英属印度殖民地、美国以及其他地方也有支持者,只不过人数要少一些。中国的民族主义者或国民党人,作为孙中山领导的 1911 年革命的继承人,既尊崇意大利法西斯主义的经济政策,又尊崇列宁主义的政权组织形式,并努力将其施用于中国。作为国民党有力对手的中国共产党,倒是更喜欢苏联模式。从这一点上可以看出,中国内部的权力斗争(约 1925—1940 年)反映了欧洲两种意识形态的斗争。 291

苏联和意大利模式的吸引人之处,部分在于它们都许诺为防止国际市场的动荡提供缓冲。它们都将经济上的自给自足作为最高优先权(虽然意大利从未接近或达到这一目标)。在第一次世界大战期间,国际贸易总量急遽下降。交战各国中断了彼此之间的贸易往来,而积极着手击沉敌方的商船,潜水艇的发明则使这一行为变得更加容易付诸实施。于是物资短缺对所有参战方都产生了巨大的影响,特别是对那些亟须进口食物的参战国来说更是如此。如何设法为失去的进口货物寻找替代品便成了战时经济中的一个关键部分,然而,却没有人能够找到食物的替代品。为了不再承受这种物资短缺之苦,苏联和意大利两国决定将自给自足的经济政策确定为其和平时期的经济政策。它们也对向外移民予以限制。此外,战后和约在中东欧地区形成了 6 个新的国家,从而又为贸易和移民竖立了新的障碍。这些脆弱的新国家,包括德国的魏玛共和政府,采取多印钞票的办法来平衡其预算,结果导致了恶性通货膨胀,在 1923 年的德国,钞票已经变得一文不值,普通民众根本就买不起什么进口商品。因此,虽然资金和贸易的流动在 20 世纪 20 年代得以充分恢复,但是政治版图的支离破碎以及各国实现自给自足的抱负却使 1914 年以前经济全球化进程的全面恢复受到了阻碍。

这种残局很快便告瓦解。1924年以后，美国提供的贷款使德国可以向英国和法国支付部分战争赔偿，不久，德国、英国和法国又恢复了从世界各地的进口：国际贸易慢慢地得以恢复活力。然而，当股票市场的繁荣吸引所有流动资金时，美国贷款却于1928年枯竭了。为拉丁美洲、澳大利亚和其他农业地区出口提供的资金也化为泡影了，从而引发了农业的大萧条。之后，在1929年，美国股票市场全面崩盘，因为要归还贷款，众多美国银行和公司突然破产了。由于所有银行均与世界范围的贷款网络相链接，纽约股票市场的垮台以及相继而来的全美40%的银行的破产引起了全球范围一系列的连锁反应。不久以后，各个工业国家的数百万工人失业，全世界的农场主也无法出售他们的农产品。鉴于对第一次世界大战期间经济管理成功经验的记忆，各国政府不得不出手采取某些行动了。

292

它们所采取的措施是：为了保全自身，不惜毁灭世界经济。各个国家纷纷以提高关税、实施配额和其他方式来阻碍贸易。它们各自使本国的货币贬值，提高税率，降低公共开支以平衡预算，有的国家甚至拒绝承兑债券，使得众多企业破产关闭。他们还放弃金本位的货币体系，结果令所有国际交易都更为艰难。每个国家都试图减少进口以扩大本国的生产和国内就业。简而言之，所有国家都试图从不景气之中摆脱出来，然而，却使经济萧条在世界范围内进一步加剧。到1932年，世界经济的整体水平已经降低了1/5，世界贸易总量减少了1/4。像美国、加拿大和德国等受打击更为沉重的国家，其失业率已高达20%—30%。食品和原材料价格下跌了一半。世界各地的农场主和农民们失去了大部分收入，如果负债的话，他们通常都会失去土地。

1929 年以后,世界各国所实行的政策宣告了一种全球化倒退趋向。那些自给自足程度最高的经济体似乎最具有安然渡过难关的能力。意大利所遭受的损失就要小于其他国家,苏联似乎也是如此,尽管当时的苏联实际上也正在承受着由于自身原因所造成的程度剧烈的经济危机。列宁的继任者约瑟夫・斯大林寻求通过以集体农庄或国有农场取代小农经济来将革命延伸到广大的农村,但却激起了强烈的反抗,对此斯大林给予残酷镇压。1932—1933 年间,大约有 1000 万农民被杀死或饿死,而苏联的经济总量也缩减了大约 1/5。然而,这一切都被刻意隐瞒,鲜为外人所知;与此同时,苏联又极力鼓吹自己在工业化方面所取得的辉煌成就,而这些成就也的确是属实的。斯大林的目的就在于终结苏联在工业和军事上对进口成品的依赖。1928 年以后,计划经济的实施使得苏联不再被国际市场上供需关系那种变化莫测的动荡所左右。其秘诀就在于自主独立的经济。国家主导型的工业化也成为墨西哥、阿根廷和巴西这些国家的基本国策,只是没有了斯大林主义的恐怖色彩;日本的军人政权重新确定了对重工业和农业的重视,希望以此使本国在武器装备和食物方面实现自给自足。几乎世界各国的政府都渴望建立更加自主独立的国民经济体系。

事实证明这一政策所导致的结果是极其致命的。上面所谈到的各个国家中,几乎没有一个国家在大萧条爆发之初得以幸免。的确,墨索里尼和斯大林确实侥幸躲过了这场大难,但在那些选举制起着关键作用的国家,有投票权的选民们则成了当权者;在德国,希特勒于 1933 年被任命为政府总理,然而上台不久,293 他便废止了通过投票决定国家重大事务的制度。个人独裁统治在许多欧洲国家迅速发展,拉丁美洲有几个国家也是如此。殖民地统治在非洲和亚洲得以延续，尽管在大萧条期间各国对出口贸易依赖的程度很低；这些地区的农民和矿工们的艰难处境使反殖民运动宣传鼓动的浪潮越来越强（对此，下文将予以探讨）。但是，20 世纪 30 年代向自主独立经济体系转向所导致的最为重要的结果是，一些国家，尤其是那些没有海外帝国的国家走上了对外扩张的道路。和平时期所进口的各种物资代价昂贵，而在战争时期对外贸易体系又极易受到毁灭性的打击（这使人联想起第一次世界大战的经历），故而极不可靠，为了从这种对外贸易体系中解脱出来，获取更广阔的疆土和更多资源，或者对于那些殖民帝国而言，在已占有疆土和资源的基础上再攫取更多的疆土和资源，皆具有举足轻重的意义。

英国和法国企图在现存帝国的基础上获益更多。它们欲极力推动其在非洲和亚洲各个殖民地矿产和食品的出口，需要对殖民地人民的日常生活进行深度干涉。这些干涉的范围很广，从更多地采取强制劳动以获取更高的税收（以便迫使农民种植经济作物）到采取各种防止土壤腐蚀或动物疾病的措施，这类措施虽然仁慈但通常却不受人们的欢迎。一般说来，各个殖民国家变得更加具有“发展的”色彩，即关心社会的结构性变革，力图通过出口来提高税收以便获得经济的最大化增长。这些不断深入的干涉在非洲人、印度人和越南人中间，创建出了一个从中受益并对殖民政权忠心耿耿的阶层，同时也促成了一些对殖民统治心怀不满的新阶层的形成，这其中包括许多受过教育的人和政治上觉醒的人。非殖民化的火种，在 20 世纪 30 年代已经播下。

在英国和法国从各自海外帝国寻求攫取更多土地和资源的同时，美国和苏联则企图发展其陆上帝国。美国政府在西部地区建起一座又一座大坝，用以灌溉浩瀚、辽阔的区域，发掘所有大河水力发电的潜力。苏联也建立了许多水库大坝,常常以强制性劳动来攫取西伯利亚和北冰洋地区的矿产资源,并开发中亚地区的农业潜力。美国和苏联所做出的这些努力,虽都导致了自然环境的重要变化,但在几年后爆发的战争中却被证明是非常有益的。

与此同时,意大利、德国和日本也在寻求建立自己的帝国。在这些国家中,自给自足经济模式所必需的那些至关重要的资源都非常匮乏,尤其是石油资源。意大利企图在地中海和非洲之角建立自己的帝国,结果导致其在 1935—1936 年占领了埃塞俄比亚,洗刷了 1896 年所受的羞辱。德国在东南欧地区建立起了一个经济帝国,诱惑一些小国与其签署排外性的贸易协议,并于 294 1938 年至 1939 年间,从政治上吞并了奥地利和捷克斯洛伐克。日本 1931 年起开始侵占中国领土,特别是蕴藏丰富煤矿和铁矿的东北地区,还企图更牢固地控制朝鲜和台湾地区,并且小规模地挖掘其在一战后通过国际联盟从德国手里获得的密克罗尼西亚群岛(the Micronesian Islands)的农业潜力。各个帝国为了实现自给自足经济目的所开展的这些扩张和掠夺活动导致了第二次世界大战的爆发。

总的说来,在 1914—1941 年间,整个世界经济显示出一种严重的解体。如上所述,贸易急剧下跌,资金流动一直未完全从第一次世界大战中恢复过来,在 1929 之后,又迅速减少,直到第二次世界大战后才再次达到 1913 年的水平。移民大迁移时代停止了,其部分原因在于一些国家禁止向外移民,部分原因在于接受外国移民最多的国家美国在 1924 年压缩了接受移民的配额。巴西也在 20 世纪 20 年代限制了移民。德国在 1922 年减少了移民限额(主要是波兰人)。来自印度和中国到殖民地矿山和种植园的壮劳力已经日渐稀少。只有在法国,因其出生率较低,移民较为容易一些。这些变化的意义是深刻的,对于以往在商品、资金和人员自由流动基础上产生的繁荣极具破坏性。它们破坏了自由主义的政治纲领,并提出国家政府应该指导经济生活的思想。它们使人们对那些强制灌输的各种文化和宗教思想大失所望,并激起人们以新的方式来对新的意愿进行各种试验。概而言之,1870 年之后的全球化趋势和 1914 年以后的战争使人们产生了各种不满和恐惧,这些不满和恐惧助长了民族主义以及对自给自足经济的寻求,从而破坏了全球经济与和平所必需的合作与克制。

但是世界性网络并没有彻底分崩离析,各种联系仍然保持不变:这正好可以为大萧条为何能在世界范围内传播开来做出解释。关税战将各国政府比以前更为紧密地联系起来,并且在世界性网络的内部,某些方面相互作用的速度和强度在不断地增加,即使是在国际经济崩溃瓦解之时也是如此。无线电和汽车在这个时期开始产生更为深刻的影响。很多厂商,特别是美国和日本的那些厂商,在 20 世纪 20 年代变得更加国际化。在很多国家越来越多的人参与政治。某些时候,共产党和法西斯政党成为真正意义上的大党,而且各个共产党之间试图开展国际性的合作。工会在政治上变得更加活跃,雇主协会同样如此。伴随着妇女获得投票权,社会政治生活得到最大程度的扩展。由于众多的妇女参加了第一次世界大战,再把妇女排除在政治权利之外亦无法令人信服,自 1918 年始,越来越多的民主国家允许妇女享有投票的权利。

295

同时,虽然国际性的人口迁移速度放慢,但从 1914 年之后,军事性迁移却加快了。第一次世界大战期间,数百万人四处迁移,他们的活动范围不断扩大,并且吸收了各种新的力量。英国和法国大量动员其帝国的人力资源,将印度人、阿拉伯人和非洲人带到前线。加拿大、澳大利亚、新西兰和南非各国的军团,与美国军团一样,战斗在欧洲以及其他战场之上。而当这些军队返回故土家乡时,则将人类历史上第一次真正的全球性流行病——1918—1919 年的流感——传播开来,总共导致了大约 4000 万人死亡——这要比在一战期间死去的人口多得多。

在国际政治方面,第一次世界大战及其后果也促进了各国之间更为密切配合的交流,这其中既有竞争性的交流,也有合作性的交流。第一次世界大战无情的军事竞争造成了更为密切的交流,这种交流,既存在于必须将其计划和行动加以协调的各个同盟国家之中,也存在于彼此之间必须仔细研究并迅速对成功革新加以仿效的敌对双方当中。1918 年之后的共产主义运动也同样促进了政治领域的合作,因为共产主义者坚信革命必须要在全球范围内获胜才是最后的成功,因此他们主要通过一个国际性机构即共产国际(the Comintern)来努力尝试跨越国界的协调活动。当斯大林在 20 世纪 20 年代后期推翻了传统学说,提出"一国实现社会主义"的口号后,共产主义的这一合作组织才日渐衰落。但是斯大林继续支持各国的共产主义者,20 世纪 30 年代后期西班牙内战期间,这种支持表现得尤为积极。在这一方面,20 世纪 30 年代德国纳粹主义对犹太人的迫害曾迫使一大批知识分子流亡者(例如艾伯特·爱因斯坦等)亡命英国、美国以及其他国家,因而构成了知识分子群体的另外一种融合方式。

第一次世界大战也激发了人们建立一些用于替代竞争的新机构。少数几个国际组织已经在 19 世纪出现,它们中的多数具有特别授权,如国际电信协会(the Telegraph Union,1868 年成立)或万国邮政联盟(the Universal Postal Union,1874 年成立)。但是在 1919 年又产生了另外几个国际组织。国际联盟是其中最为重要者,它还包括几个调节劳动标准、难民、农业等等事务的附属机构。国家足球联合会(National Soccer Federations)合作发起了世界杯锦标赛,第一次世界杯锦标赛于1930年在乌拉圭举行。因此,世界经济的崩溃虽使得1914年之前几十年的全球化势头出现了倒退,其他方面一体化的发展趋势出现了减缓,但并没有完全中止。

296

全球化的复苏:1941年以来的战争与长期繁荣

事实证明,国际联盟无法胜任它所承担的使命。美国最初曾为创建这一组织付出了最大的努力,但却拒绝参加该组织,苏联在1934年以前也没有加入这一组织。国联无力遏制意大利、日本和德国的扩张野心,这三个国家于1936年结成了一个松散的联盟,即轴心国(the Axis)。这一组织的好战禀性,加之国际联盟的软弱无能,最终迫使苏联、法国、英国和美国不得不为战争做准备。

战争中的世界,1937—1945

第二次世界大战是迄今为止人类历史上规模最大、损失最惨重的一次战争。数十个国家卷入战争之中,但实际上,第二次世界大战包括了4次分别的冲突。按照年代顺序排列,第一次冲突是日本与毫无组织性且又四分五裂的中国进行的较量,大规模战争于1937年爆发。为了在中国进行战争,日本需要从当时为荷兰人所控制的印度尼西亚进口石油。当美国、英国和荷兰于1941年联手限制向日本出口石油时,日本人孤注一掷地进行了一次赌博,攻击了珍珠港并发起了横跨太平洋的第二次冲突。日本对美国的胜数虽微乎其微,但却指望以此长期牵制美国海军,使自己在东亚地区建立坚不可摧的帝国地位,从而令美国无法将其击退——除非美国这样一个民主但实际上软弱的国家付出自己根本无法接受的代价。

与此同时在欧洲,希特勒德国在 1938 年通过和平方式吞并了奥地利和苏台德地区,并在 1939 年占领捷克斯洛伐克的其他地方却未受任何抵抗之后,变得更加肆无忌惮,于同年 9 月向波兰发动攻击,促使英国和法国对德宣战。德国分别于 1939 年和 1940 年迅速攻陷了波兰和法国,但是英国却顽强地坚持了下来。英国,加上不久后的美国,在大西洋、地中海和西欧地区同德国和意大利军队作战(是为第三次冲突)。当希特勒在 1941 年 6 月攻击苏联时,第四次冲突爆发了,这又是一次孤注一掷的赌博,使战争规模进一步扩大了。希特勒本人对斯拉夫人和犹太人怀有深深的憎恨,所以试图通过进攻苏联来消灭他们,从而在德国以东地区建立起一个日耳曼人居住区,这一计划可使其创建一个自主自给的更为强大的德国的野心得以实现。

297

所有这些冲突一直持续到 1945 年。日本和德国要赢得这些冲突就必须速战速决,尽快地赢得胜利,因为盟国的经济实力很容易就会在生产能力上超过轴心国。为了适应战时经济的需要,苏联已经从 1918 年开始实行计划经济,并且从 1928 年开始,有了经济发展规划。这种经济体制特别易于迅速转产;而其文化宣传也是那些鼓动诸如一周之内便在一无所有的情况下建造起各类工厂的战时动员,并鼓励(有人说是强迫)妇女到田间和工厂劳动,而其农民阶级和无产阶级对于这种斯巴达式的管理方式已经形成了高度的忍耐性。美国也以其具有"大规模生产特点"①的

① 语出富兰克林·罗斯福。赫尔曼·戈林却曾嘲笑美国的工业能力,认为它只能生产刮胡刀刀片。

庞大生产运行体制,以及企业家的革新传统和对效率的坚定追求来适应战时经济的需要。在1942年一年内,美国就建立起一个规模庞大的军工联合体,在这一年的时间里,单是美国一国所生产的战争物资的数量就已经超出轴心国三个国家产量的一倍。到1944年,福特汽车公司在底特律城区外一条1英里长的装配线上,每63分钟就装配1架B-24轰炸机。战争期间,仅福特公司的生产能力已经超过了意大利整个国家。太平洋沿岸的美国造船厂,充分利用新近所建造的大坝所提供的电能,在8天之内便可组装出多艘货轮。当日本每下水1艘军舰时,美国则可建造出16艘。尽管苏联劳动力的技术水平非常之低,加上失去领土所受到的破坏,但在交战期间的每一个年度,其生产能力还是超过了德国。在战争开始的最初几年间,德国和日本在武器装备生产上尚占据优势,然而,它们的军队坚决要求高质量的装备,而且极不明智地将大批量生产出来的产品都视作仿冒产品,故而无法迅速推动其军备生产的产量。同时,它们没有足够的人力资源充实到工厂和战场中去(而且纳粹分子还不同意妇女到工厂去做工),也没有足够的石油。而同盟国则拥有数量众多的原材料——几乎世界上所有的石油和更多的人力资源,并且急切地招募妇女从事各类战时工作,苏联甚至招募妇女参加战斗。另外,凭借密码破译人员的聪明才智,同盟国破解了敌方的通讯密码。最后,无论是战时经济管理,还是战略协调合作,轴心国都从未达到过同盟国,特别是英国和美国所具有的水准。因此,一旦同盟国经受住了1940—1941年的最初攻击,它们赢得胜利的机会便与日俱增。1945年5月苏联大军攻入柏林,三个月后,美国飞行员又在广岛和长崎上空投下原子弹,同盟国最终赢得了胜利。

298

第二次世界大战造成1940年世界人口总数的大约3%,即

6000 万人丧生,其中包括大量平民。这次战争是一次运动战,以坦克和飞机为主的新技术在战争中得以广泛应用。如此一来,军队和平民接触日益频繁,有时则因此而造成了可怕的结果,特别是在中国以及苏联和德国军队交战的东欧地区。德国及其帮凶还杀害了大约 600 万犹太人。大多数这类战争,特别是大部分的死亡人口,都发生在中国的华东地区和苏联西部地区。苏联在战争中失去了大约 2500 万人口,其中 2/3 为平民,波兰失去了 600 万(其中一半是犹太人),德国 450 万,日本 240 万,南斯拉夫 160 万,中国可能为 1500 万,尽管这些数字只是推测。曾以自己的工厂为赢得战争立下大功的美国,直接死于战争的人口为 29 万,总计死亡人口为 40 万,这大约相当于英国和希腊两国死亡人口之和,但是与法国比起来则要少得多。

冷战

第二次世界大战后,美国成为第一个全球性的超级大国。罗马帝国和中华帝国都曾经作为区域性大国,拥有至高无上的统治权威,然而,还从来没有哪个国家能像美国一样产生如此广泛的影响。美国有世界上最强大的海军,它曾经(短暂地)成为核武器的垄断者,曾经(短暂地)拥有占世界 50% 的工业生产能力,而全世界所有国家都曾从美国的银行贷款,它也拥有着巨大的优势。这些优势中有的仅仅是美国作为战胜国以及其他一些主要国家屈服于美国的结果:美国的城市没有因为战争而被夷为平地,美国的工业没有遭到毁灭性的打击,美国的人口也没被大批杀戮。然而,其他国家却承受着种种长期而悲痛的经历,其时间甚至可追溯到 19 世纪。大约在 1890 年时,美国已经成为世界上最大的工业国家,而在此后的 40 年间,又一直作为世界经济之“虎”,每年以5%—7%的速度增长。在第二次世界大战中得以充分表现的美国之所以能够成为一个强国的关键,在于其以装配流水线生产为标志的重工业所具有的快速和高效。1912年,亨利·福特在一家汽车制造厂安装了第一条电力装配生产线。他的工人们对此十分憎恨不满,为了挽留工人,福特不得不付出双倍工薪。这也使得工人成为他的客户:因为他们两个月的工资就可购买一辆T型福特轿车。大规模生产方式与相对较高收入的劳动力之间的共生共存最终形成了一种社会关系(有时被人称为福特主义),它巩固了第一次世界大战之后美国社会的民主。由于数百万名工人成为消费者,企业拥有了越来越大的生产流水线,从而使生产费用进一步降低。廉价能源和大生产方式使得美国公司在世界上具有了最强的竞争能力,从而成功实现了对外出口,并且在20世纪20年代积极地使用美式技术在海外建造了附属的工厂。经济大萧条和第二次世界大战虽然使美国企业在全世界范围内的兴起过程被迫中断,但是1945年后美国企业却获得加倍的意外收获,大发其财。此时其他国家的工业业已化为一片废墟,美国政府开始以一种前所未有的姿态,准备承担管理全世界经济的职责。

299

由于对1919年调停的彻底失败尚记忆犹新,故而在第二次世界大战中,同盟国坚持无条件投降的原则,迫使德国和日本同其签订停战条款。虽然各个同盟国之间发生过争吵,但还是在重建一个稳定的新秩序上迅速达成了共识。美国人为此做了绝大部分的安排协调工作。他们发起并资助了一系列力图确保诸如经济大萧条和世界大战之类的灾难不再重演的国际性机构。联合国的职能被设定为负责世界的政治事务。而各种协定和机构则负责处理世界的金融制度(如"布雷顿森林协定"导致了国际货币基金组织或称IMF,以及世界银行的产生)、国际贸易(关税及贸易总协定,世界贸易组织的前身)和医疗卫生(世界卫生组织)以及其他更多方面的事务。其目的就是在以往国际联盟功能所未能实现的领域取得成功:通过使所有国家按照一定规则加入到一系列的俱乐部中,控制民族主义、闭关自守、军国主义和其他邪恶行为。这一新的制度体系试图以一种新的形式,即不同于1870—1914年间所发生的无政府的方式,使世界重新走向全球化,以此避免曾经出现的怨恨再度爆发。

美国及其大多数盟国的国内政策都追求这样一个普遍目标:所制定的政策有助于减轻因参与国际经济而承受的冲击。虽然具体的经济形式不尽相同,但通常都包括对充分就业和/或失业保险、养老金,以及对农场主及其他一些初级产品生产者(经常是煤炭或者石油工业)实行补贴等承诺。这就迫使各个国家要对社会和经济生活进行调解,将税收提高到以前只在战时才能达到的水平,并且大力开发经济管理的技术技能。同古代国家皆仰赖于王权和神权之间的联盟,若无高级教士们参与,君王必将一事无成的状况相类似,现代国家必须仰仗内阁与董事会(即政府和企业)之间的联盟,而经济学家则越来越承担起高级教士们的职责。 300

凭借其友好盟邦的些许帮助,美国创建起了一个从根本上讲基于其经济和军事实力,但却通过一整套国际协定和机构来调停的新的世界性组织,在某些方面,这是1941年以后战时合作体制的一种延续;在另外一些方面,这是一种对于经济大萧条和自给自足经济模式的反应,而本质上,这是在探求一种避免重蹈覆辙,防止1941—1945年的恐怖情形再度发生的符合美国传统和选择的安全模式。

战后的这一安排再次将世界推向全球化。随着信息、资金、货物和技术以远远高于 1945 年以前的速度在世界范围内传播和流动,世界性网络的发展速度得以加快。以其实力和威望,美国在其友邦中间实现了高度的政治和军事合作。美国的各个盟国发现加入这一体系所获得的回报通常要远远大于因为美国的傲慢而产生的厌恶之情。由于这些新规则的作用和工业产业的高效,以及偶尔从政府获得的帮助,1945 年以后,美国的企业引领了一场迅速的——但是局部的——经济重新全球化的潮流。

斯大林对于这种全盘计划持怀疑态度。他始终不能忘怀在俄国内战期间,美国、英国和日本试图通过武装干涉,迅速而彻底地镇压布尔什维克革命。他怀疑在第二次世界大战中美国和英国故意拖延开辟第二战场的时间(最初答应在 1942 年,但直到 1944 年 6 月的 D 日,盟国才在法国登陆,开辟了第二战场),从而使得苏联独自承受与德国人作战的巨大压力。斯大林所接受的意识形态教育告诉他资本主义是共产主义的死敌,而且他本人也天生多疑,甚至达到了近乎偏执的程度。

斯大林所需要的是一个确保苏联永远不会重蹈 1941—1945 年覆辙的战后新秩序。他最优先考虑的是一个并不强大的德国以及在苏联和德国之间建立一批顺从的起缓冲作用的国家。而对于捍卫世界经济免于再次发生大萧条的危险,他并不关心,因为无论如何,他都不能使他的计划经济处于无序的动荡之中。因而当美国人表现出一种对德国和日本进行重建以实现世界经济复苏的倾向时,在斯大林看来简直就是一种针对苏联的阴谋。在 1945 年时,斯大林拥有世界上规模最大的陆军,并且因为大部分兵力驻扎在东欧地区,故而可以得到他想要的一系列起缓冲作用的国家,其中还包括德国东部 1/3 的国土。他在 1945 年参加了联合国,但却拒绝参加一些管理世界经济的机构和组织,拒绝接受

301

美国在 1947 年发起的“马歇尔计划”(the Marshall Plan)为欧洲重建提供任何资金。斯大林使用他手中的工具——红军——来巩固对东欧的控制,其中包括把大量工业设备拆迁转移到苏联国内。与此同时,美国人则使用他们所拥有的工具——金钱——来重建西欧的工业,从而与自愿服从的国家建立起保证安全的盟约,尤其是同英国和西德。美苏之间的竞争在 1948 年迅速转化为冷战。

在 1949 年的冷战中,中国农民和苏联物理学家使斯大林的地位得以加强。首先,那些物理学家通过间谍的帮助,为斯大林研制出了一枚原子弹,结束了美国的核垄断地位——使苏联在谋求军事霸权方面迈出了一大步。其次,同年 10 月,由毛泽东所领导的中国共产党指挥下的一支农民军队,在内战中打败了国民党,统一了中国。在第二次世界大战期间,日本人曾声称他们将在中国彻底消灭共产主义,然而,他们却在不经意间帮助其夺得了中国的政权(就像希特勒无心的帮助使苏联成为一个超级大国一样)。毛泽东的军队在与日本人的战斗中表现得非常坚定、英勇和顽强,并且大体戒除了国民党军队中的农民所常带有的鲁莽的恶习。中国共产党发布了一个与差不多一个世纪以前的太平军非常相似的纲领:农民应剥夺地主的财产,妇女应从男性的压迫中解放出来,儒家的等级观念应被社会平等观念所取代,提倡纪律和道德——此外,还有外国人必须回到自己的国家去。一种以列宁的著述和苏联经验所折射出的马克思主义同中国现实相结合的思想意识形态,取代了太平军那种融合了异端色彩的神学观念。虽然马克思曾抱怨“乡村生活的愚昧状态”,苏联政权也曾经残酷地剥削苏联的农民,但毛泽东却宣称不仅仅是无产者(在中国占少数),农民(在中国占多数,包括他本人的父母)也可以成为革命的阶级。通过这一纲领,加之良好的军事组织和优秀的军官队伍,以及从斯大林那里获得的些许援助和国民党的众多失误,毛泽东在1949年10月赢得了对中国(除台湾地区以外)的控制。

中国革命的成功,建立起了一个同美国所领导的国家集团短暂抗衡的共产主义集团。它在朝鲜战争中(1950—1953年)显示出了自己的实力,成功地与美国领导的联合国军进行作战,致使朝鲜一分为二。但是,中国和苏联之间的合作从来就不大顺利。它们之间的马克思主义学说存在着差异。而从17世纪80年代以来,俄国和中国之间就一直摩擦不断。中苏两国都具有强烈的民族主义倾向,并且也都喜爱自主自给的经济体制。在如何应对资本主义敌人的问题上,二者在观念上也有冲突:斯大林和其1953年后的继承者们采取的是一种小心谨慎的策略方法,而毛泽东则认为中国人口众多,根本不怕美国发动核进攻。这一不以为意的态度自然令苏联感到不知所措。[①]

302

如此一来,中国和苏联虽在社会主义旗帜下成为盟友,但10年后它们又闹翻了:这也是苏联解体之肇始。在1968—1969年间,它们的军队在双方漫长的国境线上发生了冲突。从此以后,苏联感到必须沿中国边境线大量驻扎军队。之后,在20世纪70年代初,中国打美国牌,与美国建立了外交关系,这使苏联感到了

---

① 1957年,毛泽东曾告诉尼基塔·赫鲁晓夫总理:"我们不应害怕战争。我们不应害怕原子弹,不管爆发什么样的战争——常规战争还是热核战争——我们都将取得胜利。至于中国,如果帝国主义对我们发动战争,我们也许会损失3亿多人。那又怎么样呢?打仗嘛!时间将会过去,我们会比从前生出更多的孩子。"《赫鲁晓夫回忆录:最后的遗言》,斯特罗勃·塔尔伯特(Strobe Talbott)翻译和编辑,波士顿,1974年,第255页。赫鲁晓夫因此声称:他有理由对毛不屑一顾。

一种被包围的危险。所有这一切,加之大量的军费开支,使苏联的经济难以支撑。及至20世纪70年代,苏联经济已达到计划经济所能达到的极限。苏联曾使大部分农业实现了机械化,从而把大多数农民迁移进城市工作。妇女也被大规模地安排到家务范围之外的领域工作(这迫使苏联的妇女肩负起带薪工作和家务工作的双重负担,大大影响了妇女的生育能力)。这两方面转变虽使苏联劳动生产率得以显著提高,但都是只能出一次而不能重复使用的牌。苏联体制阻止了技术改造和机构革新,因为不存在具有竞争性的商品市场,也没有鼓励技术改革和革新的奖励制度。因此苏联的工业体系是对19世纪70年代时处于领先地位的煤炭和钢铁技术的延续而已,并没有得到彻底的改造。这就使得苏联在技术和财政上难以继续保持强大的军事工业联合体。苏联农业也失去了开展作物育种的机遇,一直处于停滞状态,故而,到20世纪70年代后期已经无法养活苏联的人口了。

303

20世纪60年代至70年代,苏联统治者通过向西欧出口西伯利亚的石油和天然气,成为西欧能源的主要供应商,并以此对自身各种弱点进行弥补。而且,廉价的石油也有助于东欧各卫星国因无法支付世界各地高昂的油价而继续依赖苏联帝国。当世界石油价格在1973年暴涨了3倍,并在1979年再次增长3倍的时候,苏联迅速成为一个石油大国,得以进口大量的消费品、新技术以及美国的谷物。而当石油价格在1984—1986年间突然暴跌时,经济泡沫迅速破灭,苏联财经状况大为受挫,苏联经济难以自给自足,再次陷入易受国际价格波动影响的困境之中。

苏联的政治合法性也受到了损害。各种新的接触和交流削弱了苏联的社会关系结构。苏联政府一直是用对美好未来不切实际的承诺来应对眼前的艰难生活。从暂时来看,这好像是有道理的,尤其是当经济快速增长时。20 世纪 50 年代,苏联的普通公民们都很清楚,如果他们接受日益加强的政治控制的话,他们在物质上就会比他们的祖辈和父辈更加富有,对许多人而言这似乎是可以接受的。这就是苏联的社会契约,只要经济表现令人满意即可,特别是斯大林死后,高压政策在一定程度上得以减缓,苏联社会的运转还算尽如人意。但是 20 世纪 70 年代以后,苏联经济已经越来越明显地无力继续提供人民所需的生活用品。而当对信息的严格管制放松时,有些人——通过旅行、电影,或是在东德通过西德的电视等渠道——认识到了他们物质匮乏的程度。各种新的信息改变了他们的参照系统:当他们在经济上已经明显地比德国或者意大利拮据时,他们在物质条件上比他们的祖辈要好一些便似乎无法令人满足了。更为糟糕的是,1979 年,苏联入侵阿富汗并支持一个独裁者,而这场战争最后以旷日持久、不道德和不得人心的结局而告终。到了 20 世纪 80 年代中期,几乎没有人再相信苏联梦了。

随着财经状况破败和合法性遭到损坏,1985 年上台的苏联领导人米哈伊尔·戈尔巴乔夫(生于 1931 年),不得不允许更多的新闻自由和言论自由,希望通过接受新思想和新技术来重振苏联的经济。1986 年,切尔诺贝利核电站发生一场火灾,由于苏联官员们在火灾发生之初极力掩盖事实真相,故而演化成一个令人困窘的国际性灾难,这场灾难所释放出的核辐射波及整个北半球——从而凸显出使社会更加开放的必要性。但是,开放性却把苏联各少数民族以及俄罗斯人的民族主义的幽灵从魔瓶之中放了出来,而戈尔巴乔夫似乎并不准备将其再收回去。当德国军队撤离苏联领土时,戈尔巴乔夫年仅 13 岁,因而他并不能体会到他的先辈们心中那种对东欧缓冲国家的倚重情感。在 1953 年、1956

304

年和1968年,苏联军队曾数度镇压东欧各国爆发的起义。1981年,当波兰工人在格但斯克发动起义时,苏联当局还是迫使波兰政府残酷地镇压了这次起义。然而,戈尔巴乔夫观察问题的方法是全然不同的,并且他的意见勉强战胜了强硬派的观点,后者秉持在国内依赖高压统治、在国外实行冒险主义政策的观点。1989年,对于东德人大批逃往西德的行为,戈尔巴乔夫拒绝插手干预,结果不久之后,所有东欧缓冲国家便一一脱离了苏联轨道。而后,苏联本身也在1991年陷于解体,导致这一结局出现的主要原因是构成苏联主体部分的俄罗斯意欲寻求更多的权力,而其他14个加盟共和国则要求脱离莫斯科获取各自的独立。苏联在冷战中的失败与轴心国在第二次世界大战中的失败都是基于同样一个原因:不能建立一种交互式的、富于合作精神以及创新精神的国际经济体系与美国所主导的体系进行对抗。苏联一直保持着对斯大林所建立的那种自主自给的经济体系的依赖,而这一体系根本无法长久地维持全球性的政治竞争。苏联之所以和平地输掉了冷战,其原因则在于戈尔巴乔夫战胜了其长辈和竞争对手对他的抵抗。

然而,冷战并非都是竞争。虽然美国和苏联经常纠缠于争斗之中,但是它们之间不时也有合作。如在防止大规模战争方面,美国人和苏联人就有着共同的强烈关注。然而反常的是,他们却都通过建立巨大的核武库,促使人们清醒地认识到发动全面战争的代价是谁都无法承受的,而且,幸而那些掌权者的头脑都还算清醒,因而成功避免了大规模战争的爆发。他们也十分有效地通过相互刺探情报而使双方最大可能地分享彼此的各种信息——虽然并非心甘情愿——从而大大减少了情报的独占性。到20世纪80年代,各类间谍卫星能够探测出地球表面任何一种体积大于容量为30加仑的啤酒桶的物体。美国人和苏联人都对各自最易轻举妄动的将军、政治家和海外保护国的好战行径加以有效的控制，只允许各种代理人式的战争在那些贫穷地区（如安哥拉和东南亚等地）展开，而且这些战争的胜负——至少对于他们而言——无关宏旨，主要是同他们的声望和面子有关。从20世纪50年代后期开始，苏美两个超级大国就已开启了学术和文化领域的交流。到20世纪70年代，此类合作得以进一步加强，相互的贸易往来也在不断发展，甚至两国领导人还恢复了当年斯大林和罗斯福所开创的首脑会晤惯例。

305 当然，冷战的压力确实促进了美国及其盟国之间异常紧密的合作。美国不仅签署了成立上述各类国际机构的协议，而且还监督日本的重建工作并准许日本的企业进入美国市场。美国在欧洲、南亚和东亚建立了为数众多的军事同盟，并且对学术交流给予了规模空前的资助。美国公司所建立的各种分支机构遍布数十个国家，也允许外国公司在美国经营业务。诸如此类的合作项目的确在形成一个比苏联更强有力的阵营方面发挥出了重要的作用。尽管与中国存在着隔阂，东欧也曾多次爆发暴乱，苏联还是在其盟国之间建立了一个经济上相对松散但军事上相对紧密的合作框架。西欧诸国则在当年彼此争雄的两个老对头——法国和德国的领导之下，于20世纪50年代成立了欧洲经济共同体（EEC），试图在其他事务上防止美国和苏联对于欧洲的全面控制。欧共体渐渐地吸纳了愈来愈多的国家，也承担起愈来愈多的责任。20世纪90年代开始，该组织改名为欧洲联盟（EU）时至今日，欧盟已经发展成为一个类似于超国家的组织，在诸如经济、农业和移民政策等方面，颁布了一系列其成员必须遵守执行的强制性措施，还在环境、教育，或者技术标准等领域发布了一系列非强制性措施。如此一来,冷战,表面看来呈现出一种残酷的竞争态势,但实际上却促进了分别以美国和苏联为中心的两大阵营内部乃至它们之间的合作和一体化趋势。

非殖民化浪潮

就在各个大国忙于从事冷战和热战的同时,它们的帝国也崩溃了。到1914年时,各个工业大国已经取得了对地球大部分地区的控制权,20世纪30年代,日本和意大利还分别将其帝国延伸至中国和埃塞俄比亚。但是,早在1918年,在"全面战争"的重负之下,由于民族主义的影响、信息的传播以及政治动员的艺术,世界上的各个帝国就已开始纷纷崩溃瓦解。1960年,世界上最弱小国家与最强大国家之间的技术和军事差距比1914年时更大,但即使是最弱小的国家也被很好地组织起来了,这使那些殖民宗主国们确信帝国主义完全是一种得不偿失的制度。

第一次世界大战后,欧亚大陆西部的沙俄帝国、奥斯曼帝国和奥匈帝国皆土崩瓦解,布尔什维克迅速重组了俄罗斯帝国,用新的思想意识武装自己,并且认可了不同的疆界,但它所恢复的是一个具有中央集权的官僚体制的俄罗斯帝国。奥斯曼帝国永远消亡了。1914年以前,由于希腊、塞尔维亚和保加利亚民族主义运动的出现和迅速蔓延,奥斯曼帝国已经失去了其在巴尔干的大片领土,在1919年的和平协议中又失去了其在阿拉伯的大片领土,这片领土被国际联盟授予了法国和英国。还有一项类似的计划,即瓜分土耳其领土的计划,则受到穆斯塔法·凯末尔(1881—1938年)所领导的土耳其民族主义革命的阻止。凯末尔欣慰地接受了帝国的终结,做出了创建一个土耳其人的民族国家的选择,但是他拒绝了库尔德人(土耳其东部一个人口较多的少

306

数民族)的民族自决,结果遗留下一个时至今日仍很棘手的问题。奥匈帝国在1919年被肢解为四个不同的国家,其中每一个国家都毫不例外地存在着永不安宁的少数民族问题(帝国的部分领土也被分割给其他邻国)。因此在非殖民化最初爆发至殖民地真正瓦解期间,只有少数几个新的国家得以建立,同时也为将来留下了诸多尚待解决的问题。三个新建立的国家(波兰、捷克、匈牙利)在20世纪40年代后期成为苏联的卫星国,因而不得不在1989—1990年间再次赢得独立。

爱尔兰或者至少爱尔兰的大部,也在第一次世界大战之后脱离英国,赢得了独立。对于经济的不满,加之天主教—新教之间的摩擦所促成的爱尔兰要求自由的骚动可以追溯到数百年之前,但是在第一次世界大战期间,爱尔兰民族主义者利用了英国忙于料理在法国的利益而无暇他顾之机,于1916年组织了一次反抗活动。英国军队虽镇压了这次反抗,但在战后却做出了一个判断,认为继续维持对爱尔兰的控制代价过于高昂。因此在经过多次谈判之后,爱尔兰共和国于1922年诞生,并把由大多数新教徒控制的北爱尔兰的小部分领土留给了英国人。这一安排也为将来留下了深深的隐患。

第二次规模较大的非殖民地化运动在1943—1975年间爆发,大多数殖民地均在此时获得了独立解放。这个过程的关键是各个殖民地社会的政治体制改革。对工业帝国主义抵抗的最初努力往往是暴力的,且经常具有自杀的性质。对帝国主义的斗争需要新型武器。非洲、印度以及其他国家利用了新的通讯和交通技术所带来的机遇。一些人在欧洲或美国留学,并且在其他国家学到了政治斗争的技巧。他们形成了一些政治压力集团,这其中最著名的就是国民代表大会(即现在的国大党),早在1885年就在印度得以建立。这些集团试图通过驾驭民族主义的凝聚力来达到其目的,这在诸如越南或朝鲜等在种族上具有同质性的殖民地区也十分可行。其他地区的民族主义者则形成了跨种族的政治联盟,并试图建立一个以前从未存在过的国家政权。这在种族分裂表现明显的非洲尤其重要,在某种程度上也是“分而治之”这一殖民政策的结果。从 20 世纪 20 年代起,反殖民主义的知识分子在全世界范围开创了共同的事业。经济大萧条使得大多数殖民地的生活更为艰难,反抗情绪不断高涨。殖民地经济一般都很脆弱,这正是组织纪律性较强的反抗殖民主义的民族主义者可加利用之处。当时殖民地政权的税收严重依赖农作物或矿石原料的出口,而这些皆需经铁路和港口运输出境。因此,当铁路工人或者码头工人实行罢工时,殖民地国家便面临经济破产的危险,20 世纪 30 年代以后,各地的民族主义者充分利用这一现实条件从事反殖民主义运动。

307

第二次世界大战在许多方面为最后的戏剧性结果奠定了基础。来自印度、印度支那、非洲以及其他地区数百万参加过战争的人们,因其在海外从军的经历而拓宽了视野,他们学会了掌握现代军事装备的技能,还知晓美国和英国为自由而战所做的各种宣传。他们中有些人,尤其在印度和北非,已经得知了日本和德国所做的各种关于摆脱殖民统治枷锁的时刻即将到来的宣传。第二次世界大战彻底摧毁了意大利帝国和日本帝国,故而埃塞俄比亚、利比亚和朝鲜等国很快就挣脱了外国的统治枷锁,赢得了解放。第二次世界大战也严重减弱了法国、荷兰和英国等国的财政状况和意志。第二次世界大战期间,叙利亚和黎巴嫩就脱离了法国控制而获得完全独立。而印度联合抵制、罢工和游行反抗英国统治的运动已有数十年之久,并在第二次世界大战中为英国人做出了巨大的牺牲,从而为他们在 1947 年通过谈判取得独立提供了可能。

第二次世界大战之后,法国、荷兰和英国曾试图加强对殖民地的控制,特别是对 1941—1942 年日本军队将其赶出去的东南亚地区。但是不断高涨的民族主义运动,在这一地区所获得的民众支持远远要比其殖民地宗主国所能做出的努力更加强大。荷兰于 1949 年放弃了印度尼西亚,把国家权力转交给在与日本占领者合作中磨砺了政治和军事技能的那些当地人。越南军队在 1954 年曾使法国人蒙受羞辱,但是由于这些反殖民主义的民族主义者也是共产主义者,所以美国逐渐地将这场法国人的战争变成了一场美国人自己的战争。当 1975 年美国人最终撤出越南之时,这场血腥的战争已进行了二十几年。

第二次世界大战对非洲也产生了非常重要的影响,虽然不像对亚洲那般明显,其中最为重要的就是非洲各地反殖民主义的民族主义者在政治组织、政治能力和社会基础等方面所获得的发展。这些发展使法国和英国已无法继续承担推行帝国主义统治的代价。起初,如同在东南亚地区所发生的情形,英、法等殖民政权试图加强控制,并投资进行新的基础设施建设以及经济发展规划。在此过程中,它们寻求与那些受过教育的殖民地精英分子进行合作,并得到了美国的援助,尽管美国对欧洲继续其殖民主义政策持怀疑态度,但庆幸的是,该地区至少没有陷入共产主义者之手。

308

然而,实际情况却使它们的计划全都化成了泡影。在阿尔及利亚所进行的一次不顺利且越来越不受欢迎的战争(1954—1962 年),迫使法国最后放弃了它的非洲帝国。由于国内年轻人数量匮乏,阿尔及利亚人和摩洛哥人成为法国殖民地军队兵力的主要来源,所以北非殖民地的丧失,使法国无法抵挡不断增强的要求独立的压力。1956 年的苏伊士运河危机更加暴露了法国和英国的软弱。由于在阿斯旺大坝工程投资上的争吵,埃及领导人纳赛尔上校一举夺回了对苏伊士运河的控制权,而此前这条运河一直是由英国所掌控的。英国、法国和以色列三国联合向埃及发动进攻,然而,美国却以切断对英国和法国的石油供应和资金援助相威胁,迫使英法两国蒙羞撤兵。只有凭借美国的全力支持,法国和英国才能抵挡反殖民主义的民族主义发起的挑战,因而在失去美国支持的情况下,它们十分清楚应该如何行事。非洲独立的坚定支持者们不断唤醒民众,赢得支持,继续自己的事业。及至 1963 年,几乎所有的非洲国家都赢得了自由,尽管莫桑比克和安哥拉的民族主义者所进行的反抗葡萄牙殖民统治的斗争直到 1975 年才告最后成功。

非殖民化运动的下一个阶段就是苏联帝国的崩溃,有关这方面的情形,我们已在前文述及。今天,整个世界上只有几座小岛和飞地仍然保留着殖民地地位,依附或接受联合国的托管,尽管它们的人口数量加起来也为数不多。中国勉强算是一个帝国。印度尼西亚群岛的情况亦是如此,一些族群或许希望从爪哇人的控制中解放出来。但是,确定无疑的是,在 18 世纪和 19 世纪不平等基础上建立起来的帝国的时代如今已经一去不复返了。弱小民族和国家对强国的依附形式正在向其他的类型转变。

1918 年以来,各个帝国的解体已造成 100 多个新国家产生。它们中的大部分还很弱小,并仍屈从于一些强国。推进非殖民化进程的政治技巧并没有被轻而易举地转变为有效的统治。事实证明,随着旧帝国主人的消失,那些新形成的跨种族统一局势处于变化动荡、捉摸不定的状态之中。成功的工业化要求投资、技术　309

和市场等条件,而这些却正是以往各个殖民地所不具备的。人口的迅速增长也使保持生活水准更为艰难,非洲地区更是如此。那些在经济上最为成功的前殖民地,或者是管理程度最残忍(如韩国),或者是管理程度最柔和(如塞浦路斯、中国香港等)。而它们的好运气或得益于其居民相对良好的教育,或得益于民族主义旗帜下形成的民族团结(塞浦路斯除外),或在某种情况下,得益于战略位置所带来的美国的大力扶持。例如,韩国和中国台湾的繁荣、稳定,对于在东亚地区同共产主义抗衡非常有利,所以,美国给予资金援助并准其进入美国国内市场,如此皆符合美国在该地区的利益。

1991 年之后,苏联的各个加盟共和国的处境也是步履维艰。由于其工业生产在世界上毫无竞争力,其国民经济水平缩减了10%—30%。例如,乌兹别克斯坦以前一直生产世界上最低档次的劣质棉花,故而在 1991 年以后几乎找不到任何买主。许多苏联加盟共和国的煤炭和石油资源极为稀少,1991 年以后又失去了苏联的能源补贴。俄罗斯本身也难逃经济崩溃的命运,这与日本、英国、法国、葡萄牙与荷兰的经历形成鲜明的对照,这些国家都是在各自帝国解体之后达到了历史上空前的繁荣状态。苏联的长期统治使后来的那些国家均承受着尖锐的环境难题、潜在的(如今已表现得十分明显)民族矛盾和极其庸碌无能的政治精英集团等各类沉重负担。在苏联的卫星国当中,波兰、匈牙利和捷克共和国似乎是仿效韩国和中国台湾最成功的几个国家,它们有能力驾驭民族主义,建立具有合法性的稳定的政治体制,并且开始蹒跚地迈向通往繁荣的道路。

长期的繁荣与再次全球化

一位美国布鲁斯乐手,约翰·李·胡克在 1962 年录制了一首歌曲,歌曲开始部分是这样的:“boom, boom, boom, boom”(boom,在英语中的意思是繁荣、景气),这正是对 20 世纪后半期一种绝妙的形容。正如本章开始所指出的那样,此时的人口状况、能源使用以及科学知识和技术生产等各个方面都经历了一个长期繁荣的时代。世界经济出现了第四次的长期繁荣。这主要是前三次长期繁荣所使然的一个后果,但它也推动了前三次繁荣向前迈进了一步。虽然前三次长期的繁荣在整整一个世纪中发挥出了效力,并且也的确是在此之前发生的。但是这次新的经济繁荣是在 1950 年前后出现的,此后,这四次长期繁荣逐步融合为一体,彼此作用,相互推进。

第二次世界大战结束后不久,全球经济便进入它最为非凡的时代,在 1950 年至 1998 年间共计增长 6 倍之多。的确,在 1973 年之前的 1/4 个世纪中,世界经济每年几乎增长 5%,人均年增长 3%。即使在 1973 年之后,世界经济的增长速度减缓之时,它的增长速度也比 1950 年之前任何时期都快。从整体上看,这一时期在世界经济增长历史上是最不平常的,尽管很多人由于没有经历过其他时期而将这种增长视为正常的现象。 310

这一次增长之所以如此迅速,原因就在于石油和能源、医药及人口的增长和科学与技术——这三次长期的繁荣。还在于已婚妇女生育孩子的数量愈来愈少,并以空前的数量进入(并继续留在)规模空前的有酬劳动力大军当中,以及农民以未曾有过的速度离开土地迁入城市寻找工作。这些长期繁荣中的每一次都是一次独特的不可重复的社会转型,它们对于国民生产总值

(GNP)的增长有着巨大作用。更专业些讲,这次长期经济繁荣也缘于诸如发电厂等现代工业技术覆盖到了某些人口稠密的广大土地。在欧洲,从1950—1973年,工业地区的战后重建工作带动了经济的迅速增长。但两个最为典型的范例,一个是在1950年至1973年间平均每年经济增长近10%的日本,一个是从1978年到1998年间平均每年经济增长近8%的中国。中国在1949年革命后所实行的各种经济政策,有一些是灾难性的因素,特别是农业集体化和那次冠以"大跃进"之名的工业化计划,该计划的目的是力图使中国更加自主自给,并且要在钢产量上超过英国,这对于毛泽东来说是一个相当重要的战略目标。然而这场"大跃进"生产出来的只是大量的劣质钢铁和一场大饥荒。1976年,毛泽东去世之后,中国进行了重新选择调整,结束了集体农庄,并放宽对工业和贸易的限制。这场把数亿人口转移到更富有成效的工作中的变革,在中国产生了蔚为壮观的结果:它使中国这个人类历史中最早的市场社会以极大的热情迈向市场自由的时代。同样,1980年之后在东亚的一些人口数量较少的地区,如韩国、新加坡和中国台湾、香港等地区,其经济也有了令人瞩目的发展。总的来说,这才是东亚地区一次真正意义上的大跃进。

第四次长期繁荣也源于世界经济重新一体化的过程,在此过程中产生的各种收益都是由专业化生产以及交换所造成的。20世纪40年代所建立的那些国际性机构,对此做出了不少有益的 311 工作,其中非常重要的或许是美国所做出的将自己的国内市场向欧洲和东亚的出口商品开放的承诺。这一开放的承诺虽摇摆不定,也始终未能延伸到某些领域(如农业),但在促使1950年以后世界经济增长的药方中,它的确是一个重要的政治因素。重新全球化的过程进一步加剧了企业之间的竞争,那些幸运的企业通过各种技术革新来回应这一过程,从而大大提高了自身的劳动生产率,例如,某些钢铁制造企业从同样数量的铁矿石、煤炭和劳动力中产出更多钢材的能力越来越强。

在这次长期经济繁荣中,贸易发挥出了很大的作用。1950 年,世界各国生产用于出口的货物份额与 1870 年的份额大体相当,而比 1913 年的份额则要低得多。但是这一份额在 1950 年和 1973 年之间增加了 1 倍,到 1995 年则增加了 2 倍。其中最大幅度的增长出现在跨太平洋地区的贸易中,这大大得益于 20 世纪 50 年代所发明的、到 70 年代便成为常规运输方式的集装箱运输技术的出现。所谓的集装箱是指可以通过卡车、火车或者轮船运输,并且与早期运输方式相比更易于搬运、装卸和完成运输的具有标准尺寸的大型容器。它可以使货物从香港运到纽约的时间缩短 2/3,并在造成大批码头工人失业的同时,使劳动力成本大大降低,从而使东亚地区更加彻底、更加有效地加入到国际贸易体系中去。

随着世界变得更加富有,人们收入中用于购买食物的比例逐渐下降了。在 1870—1913 年的这一时期,阿根廷、澳大利亚、加拿大或者美国这些国家食品出口曾具有关乎天下大局的意义,而后来的意义则不那么重要了,从而改变了世界贸易的格局。如今的世界贸易越来越以制造业产品为交换的主要内容。在这次长期的繁荣期间,世界上大约 3/4 的贸易是在日本、欧洲和北美地区之间进行的。特别是在 1945—1975 年之间,世界经济的一体化主要是在战后两大自主自给阵营内部各自进行的。不过 1980 年之后,国际贸易越来越多地涉及巴西、墨西哥、中国、印度、印度尼西亚这些人口众多、工资低廉国家的产品。而大多数非洲国家尚处于世界贸易体系的外围边缘,从世界贸易的发展中所获得的利益微乎其微。

资金流动的复苏逐渐演变为第四次长期繁荣中的重要部分。“马歇尔计划”只不过是一个开端而已。20 世纪 50 年代和 60 年代,资金流动的速度比以前更快,绝对数量也更大(尽管其中作为总体投资的部分,还要低于 1870—1913 年的水平)。其中相当大的部分是以所谓外国直接投资的形式存在,即某一国家的企业投资在另一个国家开矿办厂,这就形成了跨国公司。直接外国投资使跨国公司卷入东道国的政治生活之中,因为这些投资者皆希望东道国保持较低的工资水平、有利的贸易政策,如果可能的话,减免赋税或者贸易补贴,总之是要对它们慷慨大方。那些财大气粗的跨国公司逐渐在一些弱小贫穷或官僚腐败的国家中发挥出了举足轻重的影响。简而言之,20 世纪 50 年代以降,跨国公司凭借它们的投资而深深牵涉到东道国的社会生活之中,并成为在世界性网络中获取信息、金钱和权力的重要渠道。

312

20 世纪 70 年代后期,世界经济体系开始出现规模巨大的“金融化”大潮,资金流动的速度进一步加快。20 世纪 70 年代世界经济所经历的各种艰难(缓慢的经济增长、较高的失业率以及通货膨胀)主要归因于 1973 年及 1979 年两次相伴而来的石油价格狂涨 3 倍所造成的愈发昂贵的能源费用,就其本身而言,它已构成了一种政治事务。与此相对应的则是开始于美国、英国、智利和其他一些国家的理智的、政策性的调整,即自由的资金流动管理制度,这一重新制定的宽松制度环境与新的技术相结合,使得以金融方式赚取的利润要比以生产或贸易等方式来得更高更快。通讯技术和网络计算机彻底改变了商业活动的方式,如今以微不足道的费用便可在全世界各地进行即时性的交易,利率的一次微小的调整就足以引起巨额资金在一夜之间发生迅速转移。

1870—1914 年期间,绝大多数国际资金流以长期投资于债券、铁路或工厂的形式而存在,而在 1980 年之后,国际资金则越来越寻找短期投资机会——对可能出现升值的货币或者股票进行投资。此类资金流的数额呈指数级增长,使 20 世纪 90 年代后期的世界贸易额总量相形见绌;外汇市场每个星期所处理的业务数额已达到相当于美国的一年国民生产总值的规模。在诸如智利或者泰国这类中小国家内,资金的迅速撤离极大地改变了这些国家对资金开放政策的限制范围:如果它们背离了投资者的喜好,则会招致货币价值及债券价格的迅速贬值。因此各国政府所制定的货币政策都尽量符合流动性资本的愿望,以此来平衡预算和限制货币的供应。这是一个危险的过程,因为它常常意味着要解雇政府员工、调整社会发展规划和其他必定引起公众不满的棘手措施。通过世界货币基金组织(IMF)出面贷款给那些遵从新规则的国家政府,可使资本外逃和公众不满的两难处境暂时得以缓解,但却无法予以根本的解决。

313

尽管在诸如土耳其或者阿根廷这样弱小的经济体内偶尔也会加剧通货膨胀,这个由不安分的资本所构成的冒险新世界却的确有助于那些大的经济体对通货膨胀进行抑制。然而,在解决居高不下的失业率方面,它所能发挥的作用却是微乎其微,对于加速经济增长也毫无裨益,20 世纪八九十年代的世界经济增长速度远远低于 1945—1973 年的水平。这种状况的主要影响或许仅在于有助于实现从体力收益向资金收益的转变,从而迅速扩大了世界各国社会内部和不同社会之间的不平等(下文将要对此加以探讨)。这是一种大潮狂涨的过程,大潮涌来之时,会将一些船只高高托起,但同时也会淹没另外一些船只。一旦在限制较小的情况下资金迅速流动成为可能,那些在全球市场上拥有巨额资金的人就拥有了极大优势和便利。而那些只能依靠出卖体力的人的成功几率则寥寥无几,因为体力流动比起资金流动费用更高,速度更慢,还会受到更多的管制与规范。结果那些仅靠出卖体力而非熟练技术生存的人们在跨国迁徙时,发现除了非法偷渡越境之外,别无良策。

尽管与贸易的增长相比数量很少,与在世界上寻找投资机会的大量资金相比规模很小,跨国移民还是在 1965 年之后出现了复苏迹象。那些经济快速发展和人口增长缓慢的地区都必须引进劳力。而那些人口增长迅速的贫穷落后地区则需要输出劳力。1955 年以后,欧洲的战后恢复速度加快,它的各个工业地区开始吸引来自于南欧、土耳其和北非的数百万劳动大军。到 20 世纪 70 年代,甚至南欧一些国家也成为人口输入国,主要是来自北非的移民,也有从南美洲和其他国家来的移民。在 400 余年间,欧洲一直是人口输出国,如今却从远方各国广泛地吸引移民。波斯湾地区新近发现蕴藏丰富石油的那些国家也是如此,从巴勒斯坦、巴基斯坦、韩国和亚洲其他地区输入劳动力。1990 年,在科威特或沙特阿拉伯,几乎所有的体力劳动都由外来移民承担。尼日利亚的石油繁荣(约 1975—1983 年)吸引了 200 万—300 万西非其他国家的人口,而当油价暴跌时,许多人被强迫驱逐出境。美国、加拿大和澳大利亚这些传统上输入移民的国家,于 20 世纪 60 年代废除了种族主义政策,接受几乎来自世界各地的技术人口或富裕人口的移民,实际上他们大部分来自东亚和南亚。美国在 1965—1995 年之间所接受合法移民的数量增长了 5 倍,并且同时还接受了数百万的偷渡移民——主要来自于墨西哥和中美洲地区。与此同期,加拿大的移民数量增加了 2 倍。从绝对数量上看,2000 年美国和加拿大所拥有的移民数量比历史上任何时候都要多,尽管在 1913 年移民与本地出生人口的比例要更高一些。

一般而言,便宜的交通费用、有关世界其他地方生活条件低廉的信息,以及对移民配额的限制放宽,都会鼓励大批人口离开家园到世界各地去碰运气。到 2000 年,大约有 1.5 亿人口以移民身份生活,而合法移民每年流动的数额总计大约为 200 万。正如过去那样,这其中的大多数是穷人和非熟练工人,但也有为数不少的移民是受过良好教育和适于市场的技术工人。20 世纪晚期的一个显著特征是从香港到雅典或纽约,到处都是专门做家庭佣人和保姆的大批菲律宾妇女。这种菲佣现象就是一种全球化的标志:在过去,世界各地的家庭佣人劳动力市场几乎无一例外都是本地人。 314

这一持续增长的纷繁的移民大潮有助于缓解在诸如阿尔及利亚或萨尔瓦多等地人口迅速增长所造成的压力。它在法国、美国或者沙特阿拉伯为本地人所不愿意从事的工作提供了自愿的劳动者。它将人口从其劳动产出不多的地方带入其劳动可能产出更多的地方。从经济层面来说,它证明移民在其接受国对除了劳动阶级外几乎所有阶层都是有帮助的,因为前者的工资因移民竞争的关系而有所降低;从文化和政治层面来说,纷繁的移民大潮造成了各种新的紧张和不安。大多数英国人都不太愿意接受大量的巴基斯坦人和牙买加人,而阿尔及利亚人在法国,土耳其人在德国以及菲律宾人在科威特也都受到了同样的冷遇。

最严重的政治问题发生在巴勒斯坦地区。在此地,大量犹太人的涌入导致了他们与当地阿拉伯人持续不断的摩擦与冲突,而在以色列国家建立之后,又引发了四次真正的战争。阿以冲突与 20 世纪世界的一些主要趋势有关:即民族主义、石油和冷战;但从根本上讲,这还是一个犹太人迁移到巴勒斯坦人认为是属于他们的家园的问题。在第一次世界大战的黑暗时期,英、法两国的外交官们曾做出将巴勒斯坦给予阿拉伯人和犹太人的承诺,以换取他们在战争中对自己的支持。战后国际联盟把这一地区授予英国,而英国准许更多的犹太人移民逐步渗入。第二次世界大战之后,犹太人移民的迅速涌入及其引起的强烈不满使得英国政府不得不在美国的压力下勉强做出让步,默许创建以色列国家(1947—1948 年)。在一些巴勒斯坦人被屠杀后,大量的巴勒斯坦人逃离家园。一些阿拉伯邻国立即发起针对以色列的战争,但是都失败了,从而使得以色列不断扩展其领土,而更多的巴勒斯坦人流离失所。与此同时,阿拉伯地区(以及伊朗)的石油对于美国的重要影响,使得美国不得不在该地区谨慎行事,一方面培植和武装一些附庸国,另一方面又不能让其中任何一方拥有广泛的支持。为了应对这一问题,这些国家的统治者俨然以阿拉伯民族主义卫士、巴勒斯坦难民盟友以及以色列不共戴天的宿敌而自居。那些与苏联结盟的不受欢迎的国家政权也同样如此。同时,部分出于对曾遭受纳粹灭绝性种族大屠杀的犹太人的同情,部分由于美裔犹太人的政治技巧,美国也慷慨地以资金和武器支持以色列。世界性网络对此地的矛盾运动也产生了作用:石油对整个世界的不可或缺性,散居于世界各地的犹太人的洲际性政治活动、非殖民化运动,以及美国的优势支配地位,所有这一切都促成了该地区的危险僵持局面。

315

世界性网络的电子化

长期的经济繁荣背后最重要的原因是价格低廉的能源和人口的增长。各种新技术也发挥了一定的作用。对于这次长期经济繁荣,运输技术所起到的作用不大,远不如其在 1870—1913 年间迅猛发展时所起的作用那么至关重要(尽管出现了集装箱运输),但是通讯和信息技术的作用却非常巨大。致使这种情形出现的根本原因,当然在于价格低廉的能源对全球电子化持续发展的促进。电子化以及新的通讯技术和计算机技术的发展大大降低了信息资费,有时甚至使信息资费等于零。1930 年,在伦敦和纽约之间 3 分钟的通话费用为 300 美元,而 1970 年为大约 20 美元。此后,商用卫星、光导纤维、计算机微处理器以及 20 世纪 80 年代各国政府缩小对电信市场的经济干预,迅速地使通讯费用大为降低。到 2001 年,一个越洋电话的花费,可能仅仅只有 30 美分,而一封电子邮件则是免费的。

计算机在第二次世界大战期间首次用于破译密电码,因特网最初是在美军内部用于信息交流。民用因特网的使用始于 20 世纪 60 年代,只是在 1990 年以后随着个人计算机网络的出现才得以迅速地发展。1980 年,美国有 100 万台个人计算机,1983 年有 1000 万台,1989 年则达 4400 万台。到 20 世纪 90 年代初期,这些计算机逐渐地同网络相链接。这一趋势的发展速度要比最初网络技术的发展更为迅速,20 世纪 90 年代,全球电子村处于建设之中。到 2000 年,世界有超过 10 亿部电话(从 1980 年的 5 亿部增至这一数字)全部处于连接状态;数亿台计算机可以接入因特网;16 亿个网页用于浏览。每一分钟就有 1000 万条电子邮件发送至世界各地的电子邮箱之中。

世界性网络电子化所具有的重大意义,目前尚难以定论,因为这一过程仍未完全准备就绪。十分清楚的是,它已经在世界经济的金融化过程中发挥了巨大的作用。它使信息密集的服务行业大为盈利,而不是制造业和农业。它还促使教育在现代世界的重要作用备受人们关注,受教育者所得到的社会回报概率大大增强,而仅靠出卖体力和一双灵巧的手为生的劳动者所得到的回报 316

则大大降低。由于(1999 年)有 78% 的因特网主页使用英语(使用日语的有 2.5%,占第二位),英语在全世界的地位也大大提高了。那些有能力负担得起巨额战争费用的国家(主要是美国)已改变了战争的作战模式,因为与计算机链接的卫星系统使远距离武器装备达到相当高的精确程度,而这在过去完全是不可想象的。美国军队连续赢得了伊拉克战争、南斯拉夫战争和打击阿富汗塔利班的战争,而美军却几乎没有什么人员伤亡。不过它在确立新能力的同时,也形成了新的弱点,一位怀有恶意的技术娴熟的黑客,倘若幸运的话,便能够对空中交通管制、城市供水系统、银行业和其他任何电脑化的设施体系造成极大的破坏。全球性交际网络的电子化,在大多情况下也会削弱国家对社会的控制,使其他组织——如跨国公司、压力集团、学术界、恐怖分子等——更加有效地进行信息交流。各国政府在过去几年间,已经学会了如何规范和控制各种新的信息技术,而在这一领域,它们也许还会学到更多的东西。然而,现在我们对于这一切还都不得而知。

或许用不了太久,一个新的后果就会出现,这就是所谓的数字化分野,这是人类不平等历史上的最新一章。从 1800 年到大约 1950 年,工业化加剧了世界人口之间在财富和权力上的差距。在 1950 年之后的 1/4 个世纪里,世界上最富裕地区同最贫穷地区在经济上的不平等差距缩小了。但在 20 世纪 70 年代后期,这一趋势发生了逆转。工业社会内部的经济不平等状况,在 1890—1970 年已经减少的情况下,从 1980 年之后也明显地加剧了。世界上最富裕的 1/10 的人口,不论身处什么地区或是从属哪个民族,都变得更加富裕,而世界上最贫穷的 1/10 的人口却从 1980 之后变得更加贫穷了。造成这些差距不断加大的原因有许多,其中就包括前文所曾讨论过的“金融化”的问题,但其中最为重要的则是人们在获取现代信息和通讯技术的机会和技能方面的差距。

2002 年,世界上一半的人口仍靠电话进行联系,而没有使用过电子网络。世界上至少有 10 亿社会底层人口,主要居住于非洲和南亚地区,仍然没有进入电气化时代,在很大程度上他们仍与电子网络时代相隔绝。但即便如此,他们仍然深受电子时代的影响。他们中的大多数人还是可以从饭馆或酒吧的电视中,无线电收音机,或是他人口中,了解到他们所未曾见过或未曾听说的事情。他们知道世界大多数人口比他们更富有,吃得更好,更健康,也更安全。在工业革命期间,当不平等在社会内部和不同社会之间逐渐变得尖锐时,其社会影响是极具爆炸性的。在 20 世纪末叶,如此不断加大的差距却发生在一个通过电子媒介联系在一起并且信息可自由传播的世界里,因而与 150 年前的先人相比,世界上的穷人们更加清楚地意识到了自身所处的地位。随着当代文化信息通过电子媒介不断得到传播,信息的获得与消费越来越变成自我实现的必由之路,那些穷人们对于自己的卑劣地位,绝不会沉默而温顺地加以接受。可以想象,那种不断炫耀并偶尔加以运用的巨大力量或许足以为世界上的富人提供保护,同样也可以为现代的人们提供精神食粮和各种娱乐:如娱乐工业在提供音乐、体育和性服务等方面就极为擅长。当然,或许在不久的将来,信息和通讯技术可能在世界范围内通过降低教育费用和提供更多接受教育的渠道来帮助缩小社会的不公平。然而,即使这种情况发生了,也将是一个缓慢的过程,而在此过程中,我们所有人都将面对一个完全公开的世界中那些更为明显的经济不公平所造成的各种危险。

317

结 语

世界性网络，从 1890 年之后变得更加紧密。虽然从地理范围上看，它只是稍稍有所扩展而已，但是交往的规模和速度却得到了显著的增强，这主要是由来自技术的——还有政治的——各种变革所使然。用文化术语来讲，世界性网络变得更为紧密，是一种相对稳定的进步过程，它使整个世界同质化，或更准确地讲，用更少的标准来达到更大趋同性的这一长期过程得以持续发展。但是那些标准也是逐步演进而来的，并且常常受到来自世界各地的影响。用政治术语来讲，这一一体化的过程时断时续；而用经济术语来讲，它先是经历了一次真正的逆转，1950 年以后又再次恢复了发展势头。

1870—1914 年期间，汹涌的全球化趋势造成了种种不平等和不满，为民族主义和战争提供了温床。1914—1918 年的第一次世界大战曾使一些人对于民族主义（和战争）产生疑惑，但同时也使另一些人对民族主义发生了更浓厚的兴趣。战后世界的各种政治和经济压力，尤其是经济大萧条，使得民族主义的经济自主自给政策似乎成为一种合乎实际的政策，却直接导致了第二次世界大战的爆发。1945 年之后上台的新体制，再次推动了一体化和全318 球化进程，促进了经济的空前增长，并在诸多方面暂时减少了社会不平等。1980 年以后，技术和政策的结合使全球化的步伐大大加快，然而，这一次却伴随着不平等的迅速加大。世界性网络将人类所居住的地球、全球所有的人口和生态系统连为一体，它们相互影响，彼此作用，呈现出一幅色彩斑斓的万花筒似的局面，从而使世界上各个民族之间的摩擦和贫富的鸿沟更加彰显出来，并且也更加难以控制。总的说来,这是一个分化的时代:世界性网络的日益密切,既推动了财富和权力的集中,也在掌握和没有掌握这种网络的人们之间凸显出了贫富的差别。

世界性网络也帮助人类作为一个整体在地球上扩大了自己的生存空间。科学所产生的知识和传播使得人类在减少疾病和提高作物产量上的努力取得了成功。科学持续不断的关注和介入也促进了人口数量的迅速增长和城市化的迅猛发展。在一定意义上讲,这一成就是极不确定的,因为各种有害细菌和各类作物病虫害——更不用说人类的冲突——一直在威胁着并可能会摧毁人类得以繁衍和发展的生存环境。但时至今日,由科学、技术研究和开发的制度化,人类在这轮生态军备竞赛上占据了上风。

近一个世纪以来,人类社会最为重要的变化是城市化和人口增长。5000年或更长一段时间以来,人类的典型经历是农村生活,人类的各种思想观念、典章制度以及风俗习惯无一不是在这种乡村环境下逐步形成的,尽管大多数的文化挑战和变化源自城市。现在人类的大多数经历是以匿名状态和非个人感情为特征的城市生活。同现代的城市化进程相比,过去各个时代的城市化过程,尽管都很缓慢并受到了种种限制,但却对占统治地位的宗教、思想观念和世界观,以及当时存在的政治结构构成了巨大的压力。而当今这个时代,我们所面临的最为严峻的挑战,似乎可以确定,就是这个社会、政治、心理、道德以及生态等各个领域不断加以调整以适应大都市生活的过程。

第九章　宏大图景与未来展望

J. R. 麦克尼尔说

319　我家中的 9 个房间里，散乱分布着各类书籍和其他杂物，其数量大约有数千件之多。时间久了，各种东西的摆放、安置就越来越随便，可能将棒棒糖棍撂在磁盘驱动器上，把动物标本放进烤炉之中。但是我的夫人和我发现，在无数种安置办法中，只有几种办法可以接受，所以我们要不断在创建并维持各种东西的秩序和结构上投入相当大的精力。于是我们就陷入同混乱无序的状态进行坚决斗争的困境之中（尽管这些状态有时是非常可爱、温馨的）。当有精力时，我们常常可以获得胜利，但是这种有序的状态却无法持久，而且，为此我们通常要付出很大的代价：我们在打扫清理杂物上所付出的精力无法用于其他方面。这跟宇宙、生命和人类历史的故事极为相似。①

在大约 120 亿年前的大爆炸之后不久，宇宙很快就开始形成诸如各种星系、恒星和行星等具有一定秩序、结构和复杂性的岛

---

① 物理学家以熵表征系统的混乱或无序的程度。热力学第二定律以隐喻的方式暗示了整个宇宙在形成过程中，熵增是无法避免的，这意味着混乱和无序不断增长。在一定时空下，能量可以创建和维持秩序、结构及复杂性，但是只有通过从其他地方吸收到能量之后，才能做到这些，不过这将会使整个宇宙秩序和结构的总体水平降低。

屿结构。这些结构由太空中的能量创造出来,并且凭借更多的能量来维持各自的秩序、结构和复杂性。例如,恒星就是由太空万有引力对尘埃和气体的吸引作用而形成的。其自身具有一定结构及梯度,所以粒子和热量围绕着它们以规律的方式进行运转。320 但是,事实上这些恒星渐渐地将自己所获得能量中的绝大部分都释放了出去(以热辐射方式),直至坍缩。恒星只有通过能量才能获得和维持自身秩序,但是却无法将其永远保持下去。

各种生命有机体,无论是单细胞生物还是长颈鹿,也都大致遵循着相同的规律。它们的躯体都是需要能量来建构和维持的复杂结构的岛屿(其复杂程度要比恒星更高)。它们摄入有序度高的能量(食物),并在利用过程中将其转化为有序度低的、可用程度低的形式。这类有机生命体的结构越复杂,它们所需要的能量就越多。在最近的50万年间,地球上的生命体业已获得非常复杂的结构,建构起越来越多的获取能量的结构。到目前为止,地球上获取能量欲望最强烈的生命结构就是人的大脑,这也是在目前所知的宇宙中最为复杂的结构物体,又是单位质量消耗能量最多的生命体。生命的历程就是复杂性逐步演进的历程;也是各种生命为争取便于获取营养、获得生存和获得各种繁殖自身机遇的有利位置而展开的竞争历程,为此,它们各自都从周边环境中摄取更多的能量并更加有效地消耗。

人类文化演进所呈现出的图景,虽然带有某些波动,但大体上宇宙与生命演化历程是相同的。在漫漫的岁月里,伴随着越来越大的能量需求,人类社会演化出了更为复杂的结构。狩猎—采集社会,无论是历史上曾经出现的还是现今存在的,结构都比较简单。农耕村社的结构则要复杂一些,它拥有较多的人口、较大的等级差别和社会分化。这些农耕村社以及它们所维系的那些地区性交往网络,需要更多的能量才能得以创建和维持:部分能量被用于建造房屋、生产各种劳动与生活工具,部分用于驯养各类牲畜和维系同周围的村社往来关系的旅行当中。早期文明的结构就更为复杂,所具有摄取能量的能力也更大。早期文明是建立在专业化、劳动分工、交换和强制等基础之上的,而为其提供支撑的各种都市化网络体系要求巨大数量的能量,以便基础设施的建构和人口与牲畜的移动。当今的全球化网络体系之所以成为可能,是因为我们每天都向食品的生产、运输和储存以及商品与人员移动等领域投入巨大的能量,此外还有一点尤其重要,即电能可使庞大的数据信息流处于流动和储存之中。所以,同宇宙的、生命的历史一样,人类历史也显示出了向复杂结构演进的过程,这些结构是通过能量创造出来并加以维系的,能量的大小则同我们所考察的那些结构的复杂程度相协调。但是人类的历史又不仅仅这么简单。

321 在宇宙和生命的演进过程中,虽然越来越复杂的结构与生命随着时间出现,可那些简单的结构并不必然消亡。实际上,仍有许多存留着。在宇宙大爆炸 120 亿年之后,仍有宇宙尘埃在太空中飘浮,并没有依附于某个特定的星系、恒星或行星。同样,(无疑在我家中也有的)那些细菌同 3 亿年前它们的祖先并无什么特别的不同。然而在人类历史中,各种复杂的社会则不能轻易地与那些简单的社会相互共存:它们倾向于将简单社会中的残留元素(即个人)统统加以摧毁或吸收。复杂性似乎给予了社会以更强的竞争优势。每当简单的社会同复杂的社会发生接触时,它或者被置于复杂社会的统治之下,或者自身变得更加复杂。在人类历史过程中,选择复杂性的压力远远要比在生物或宇宙演进过程中大,因为那些复杂的社会几乎没有给简单的社会留下什么生存空间。可在生物界中,长颈鹿并不必然地就要降低各种细菌生存的机会。

或许这方面的理由就隐含在人类大脑获取和处理信息的能力及其所创建的各种社会网络之中。我们的祖先同我们一样为了生存和繁衍而生活在各种群体之中,他们必须了解合作与竞争。那种与人交流和合作的能力,才是导致人类得以成功生存和繁衍的力量,特别是当捕杀大的猎物或与其他的群体展开搏杀的时候更是如此,尽管有的时候,和平的采集劳动也能为那些熟谙交往和合作的人类群体带来一定的酬报。随着时间的推移,我们的祖先对各种联盟的分分合合的认知理解越来越有深度,因为通常只有对此理解最深者才能获得最大限度的生存繁衍机遇。

此外,文化的演进是拉马克式的①,这就是说,人类获得的各种特征与技能是能够进行代际传承的。信息——即如何讲述某种语言或者如何使人们相信自己——是从大脑传递给另一个大脑的,是从一代人传递给另一代人的,并不像基因变异和自然选择那样需要一个缓慢的过程。文化演进的加速度使得某些人类群体有可能超越别的群体,并且摧毁这些群体的结构,夺取霸占他们的资源。而这种情形在生物进化中却不是经常出现的,因为生物界的演进极其缓慢:即使是最为复杂的生命,其演化的速度亦非常缓慢,以至于其他的生命通常有时间通过调整自身来适应它们。

有了惊人的交往能力和各种社会技巧,我们的祖先开始向复杂的社会结构演进,发展出规模越来越大的各种互动网络体系,以应对各种交换带来的好处和对军事下属进行惩罚。同宇宙的

---

① 与达尔文"适者生存"学说不同,他的主张是"用进废退"。——译者注

演进、生物的演进过程一样，人类社会的这一演进过程，是以阵发性的形式进行的（用生物演化论的术语来说，就是呈“动态的平衡”）。因为在这些过程中，始终存在着地方性和暂时性的逆流。322 例如，在900年前后的某一个时期，南方的玛雅社会就在毁弃城市和文明的基础上，发展出一种复杂程度较低、没有金字塔神殿或书写文字的简单生活方式，其贸易交换的水平较低，同时（可能）与他人进行战争的能力也较低——这种偏离复杂性的运动只是一种地方性的暂时现象，它同某颗恒星的灭绝或恐龙的灭绝极为相似。但是像玛雅社会这类崩溃灭绝的插曲，在人类社会演进过程中是极为罕见的；普遍趋势则是朝着更为复杂的方向和更为庞大、更加稠密的互动发展演进，而造成这种发展演进的代价就是诸多简单的社会一批又一批地走向灭亡。

稍微有所不同的是，人类历史是一个由简单同质性向多样性，而后又朝着复杂同质性演进的过程。在远古时代的东非地区，我们的祖先们生活在极为简陋的条件之中，形成了一个个小的群体，仅操着为数不多的几种语言，所遵循的生存策略也非常简单。实际上，随着各个人类群体逐渐散布到世界各地，更为广泛的文化多样性形成了——更多的语言、不同的工具等等。后来，人类发展出更为复杂的社会，这主要反映在各种不同的政治组织形式之上，如部落、酋长国、城市国家和帝国等等。这种趋势的演进方向是文化差异更大、成分更加混杂，恰似邻近的互不统一的社会海洋中的几座孤岛。然而，这种趋势并不总是处于持续的状态之中。在某一时刻，这种趋势发生了倒转（本人估计这一时期位于公元前1000年到公元前1年之间）。互动的各种网络使文化的多样性开始降低，亦即语言和宗教信仰的种类越来越少,政权组织数量越来越少①,政治组织形式也越来越少。随着诸网络的扩展和融合,复杂性成为一种原则,即新的统一性。最优化的实践经验向四方传播;各个社会都确定了一套相对狭窄的特征、信仰和制度,它们皆与范围广泛的互动网络之中的生活相适应。那些对此予以抵制的社会则被淘汰。多样性的程度大为降低。这一过程至今尚未完成且始终没有停止的迹象。但是无论如何,这是最近两三千年间十分强劲的潮流趋势,大概它还要继续向前行进很远,直到抵达自己的最终界限,也许会发生逆转。

当下,人类社会是一个由合作与竞争所构成的巨大网络,由众多巨大信息流和能量流所维系着。然而这些信息、能量流以及这个网络究竟还能持续多久则是一个值得人们加以深入探讨研究的开放性课题。总的说来,其容积界限是极其巨大的。信息量是无限的(尽管将有用的信息同无用的信息分离开来,尚需要人们付出精力和能源支持,而且所获得信息越多,这种分离的工作就越困难)。在其最后崩溃之前,太阳预期可以在几十亿年里为 323 我们提供充足的能量(虽然我们应尽快地寻找到一种更为有效的获取太阳能的方式,以替代燃烧化石燃料,这些燃料所排放的气体带来了地球变暖这一令人不安的威胁)。

这些信息和能源问题的最后妥善解决,还需要一定的时间,与此同时,其他类型的各种危险还将会出现。最为致命的是,人

---

① 据估计,在公元前1500年前,地球上大约存在着60万个政权组织;而当今则仅有不到200个国家政权。参见罗伯特·卡内罗:《政治的扩展,作为竞争独占性主要原则的表现》(Robert Carneiro, “Political Expansion as an Expression of the Principle of Competitive”, Elman Service, ed., *Origins of the State*, PA 1978)。在公元前1万年,世界上大约有1.2万种语言,这同当今只有6000种语言的状况形成鲜明的对比,而自目前开始的一个世纪内估计可能只剩下3000种语言。

类所具有的智慧和才能已使我们拥有了通过暴力进行自我毁灭的能力。这些毁灭性技术的进一步发展似乎是不可避免的,而且在限制暴力方面,我们的能力尚存在严重的缺陷。同时思考着的互相联系的60亿个大脑(这个数量还在不断增长)所生成的力量是极其令人敬畏的,然而这种力量既可以用于毁灭,也可以用于有益人类的目的。

人类的整个历史过程清楚地表明,致使复杂社会产生和维持各种社会不平等的发展趋势,与廉价的信息以及随之而来的对这种不平等更多的认识结合在一起,形成了一种令人兴奋发狂的混合物。此外,又出现了一些比已有各种杀伤性武器威力更大的武器,故而使发生各种暴力性灾难的可能性令人悲哀地不断增大。这就使得减少不平等的努力成为一种明智之举,成为一种同近几个世纪以来的长期趋势完全相反的奋斗目标,或许还能对各种自由的观念起到呵护的作用。

无论在何种情况下,只要现有的网络体系继续存在,我们就将比以往更加自信地担当起决定我们自己命运裁决者的使命。近些年来,我们所拥有的各种交往与合作的技术,使我们参与到修订地球生命广度的事务之中,我们可以决定哪些生命种类可以继续生存下去,哪些不能。现在,我们对地球环境的影响已经大大超过了地球环境对我们自身的影响,而且很快我们或许可以对各种基因产生重大的影响作用,其深刻程度与幅度将大大超越各种基因对我们人类的影响作用。正如文化演进一样,我们将把生物演进过程控制在我们人类自己手中。而最为关键的问题是,这一过程将置于哪些人的控制之下。

威廉·麦克尼尔说

这部著作所探讨的核心问题就是,在其整个历史发展过程中,人类运用符号创制出各类网络,用于对各种具有共同性的意义进行交流,并且随着时间的推移,在越来越大的各类人群中维系着合作与冲突。通过这些网络,各种各样扩大个人的尤其是集体的财富与力量的创新和共同努力,呈现出连续不断并到处传播的倾向。因此,尽管发生了无数次挫折和地区性灾难——环境的、生物的还有社会的——但其最终后果是扩展了人类的生命,其方式是偶发性地扩大我们这一物种对能量的消费与控制:首先也是最重要的就是食物和火,但也包括各种驯养牲畜所生就的肌肉力量、各种工具所产生的机械力量和各种能源所带来的化石能量。在地球上,人类生命的历程独一无二,因为在其他物种中,即使是白蚁或蚂蚁,也没有一个能够发展出如此灵活、具有如此容量的交际网络,更无法在协调各种力量上达到与人类规模相接近的程度。 324

无论如何,人类的记录同大规模物种演化的各种模式完全吻合。事实上,我们可以在以往岁月的深邃之处发现种种精确的令人惊奇的并行现象,如最初的时候,各类细菌在地球的海洋之中形成了无数的生命细胞,并且零星地以一个细胞与另一个细胞的直接联系来交换基因物质,正如早期各个人类群体以相遇方式交流信息,以节日聚合方式相互融合。细菌基因一次又一次的直接交换具有使细胞发生突变的效应,以此来适应生存环境的变换。

但是,同人类一样,各种细菌也在改变它们周边的环境,最为明显的是它们中的某些种类偶然地将光合作用作为从阳光、空气和海水中吸取食物的方式，同时又把游离氧排放到自己周边的大气环境之中。这种比我们对自身所处环境的改变还要戏剧化的方式，最终实现了对自然环境更剧烈的改变。因为对于当时存在的大多数生命形式来说，游离氧具有致命毒性。然而生命之所以得以存活，是因为当厌氧菌退回到那些有毒气体尚未侵入的地球的幽深之处时，继续坚持基因交换并产生了保护生命细胞抵抗氧化摧毁的有益变异。最终，基因的各种变异甚至产生出了可以进行呼吸亦即按照常规方式消耗氧的细菌，从而获得以前无法获取的大量能量。这些细菌利用所获得的部分能量使自身运动速度快于以往，能够较为迅捷地获取食物，摆脱食物短缺和其他不利条件，从而存活并繁殖。

与人类发明传播新技术与新思想的记录相伴，一个颇为确切而明显的事实是人类运用这些技术与思想来改变环境，从而学习控制和消费更多的能量。维系这两种过程的选择性过程也完全相同。细菌所发生的基因变化可以是随机的，而人类中的各种变化也通常是由错误预期和自觉选择所触发的。但是，不管这些变化是如何发生的，有些的确有助于个体生存，这就是向外传播并影响未来的那些变化，不论是在细菌当中还是在人类当中都是如此。

325

大的有核细菌以及之后的多细胞动植物的形成在生物史与人类史之间造成了另一种对应现象。这些更为复杂的生命形式需要更多的能量来维持各自体内持续不断的化学和电子信息流，并相应地凭借这些流量所维系的更大的灵活性、移动性和敏感性，从各自所处的环境中获取更多能量。此外，几乎可以断定，在这些有核细菌和多细胞生物组织中，某些结构曾一度成为独立的生命形式。最初，这些生命形式既可以捕食也可以被它们未来的伙伴吃掉，它们构成一种伙伴式的共生现象，这对双方来说都有益处，因为这种关系有助于它们二者共同生存。这种共生现象以及后来所发生的基因的各种适应性变化所造成的结果就是，在多细胞生物组织中形成了一种几乎难以想象的专门化和功能的复杂化。在人类的发展历程之中，也存在着与此相同的复杂化和专业化，它们最初是建立在对捕杀行为的修正之上，此后又被习俗加以进一步调整，这些复杂化和专业化曾经乃至现在一直都是城市和文明的特征。

生物界同人类社会之间，还有一些十分明显的对应。那些最初各自独立的、经常是敌对的生命组织使多细胞的生命形式获得了攫取更多能量的机会，因而很快地就确立起了对生物圈的统治。类似地，各个文明强行吞并原有的独立社会群体来创建新的更强大的政治、经济和文化实体；并且在实力愈发强大的基础上，它们持续不断地向有利的新地区空间扩展。并且正如我们在本书中所极力指出的那样，它们的扩展意味着对过去这一千年的跨越，因为各个文明之间的交往更加紧密了，原本相互分离的各个文明开始相互融合，并沿着一条熟悉的路径发展成为更为强大的全球性网络体系，而如今，我们皆生活在此之中。

凭借自身各种合作与竞争的复杂模式，生物圈也构建起了一个全球性网络体系，它与我们所说的这个一直连接整个人类的符号化网络体系之间有着极大相似之处。今天，这个网络体系对变化、复杂性和专业化以及力量的传播都大大地快于以往。但在很大程度上，人类之网一直是一个同生物圈网络相同的网络，尽管通过各个孤立的人类共同体偶然面对面相遇的方式，某种有效的新技术或新观念的逐渐传播要花费数千年时光——正如弓箭在公元1500年仍在传播扩展那样。

326 生物圈与人类之间的这类相近似的现象令人感到宽慰。它们使我确信人类在地球上的生命历程是一种自然而然的现象,无论其具有多么大的特殊性。因为经过认真仔细地考察之后,就会发现我们的的确确是属于我们所处的这颗地球行星的,是属于维持我们生命的地球生物圈的一个重要组成部分。

然而,我本人所持的人类是属于地球的这种使人放心的观点遭到了一种正在不断加深的忧患意识的反对。那些复杂的流量到底能维持我们生命多久?那些复杂的流量不仅仅意味着食物和能源,而且也意味着各种意义、希望和抱负,它们既然可以以前所未有的力度将所有的人类紧密地团结为一体,同时是不是也可能将人类整体撕裂成不同的碎片?人类的生命是不是可以经受住未来政治的、军事的、生物的和生态的各种劫难而继续生存下去?城市的生活方式是否既造成了文化的紊乱,又扰乱了生物的繁殖?总而言之,我们人类将以何种方式来适应绝大部分是由我们自己创造出来的这种新环境,就像我们祖先在以往岁月中面对不同环境所做的那样?

对此,我个人的直觉是这些灾难,无论大小,都是注定要到来的,而整个人类对其的适应能力将远远超过我们现在所能想象的程度。但是我认为我们仍然需要面对面的原始的小团体,目的就是为了长期生存:在这些共同体中,我们可以分享共同的意义、价值和目标,正如我们的祖先曾经生活过的那些小团体一样,从而使每一个人的生命都具有真正的价值,甚至对那些最卑微、最不幸的人来说也是如此。

倘若真的如此,人类未来一个最为关键的问题大概就是,如同各个细胞的基本共同体怎样在维持着我们目前人口、财富和力量的世界性潮流中继续生存下去——既要不受这些潮流的干扰，又不去扰乱它们。换言之，我们所需要的是一个全新的共生体。

在过去的岁月中，大多数城市都是一些人口聚集之地，寄生在周边乡村之上，因为这些城市的食物和人力都是从乡村输入的。至今，各个城市仍然无法使自己再生，仍旧依赖农村的迁徙人口承担城市各种繁重而肮脏的劳动。然而，当城市的观念和期望不断扩张并对周边它所仰赖的农民共同体构成危害时，又将发生什么呢？在我看来，这似乎就是目前人类所面临的处境。农民的生活和劳动模式处于全面萎缩的状态之中。由新的电子通讯技术推动的城市化大步向前，城市方式的希望与期待席卷并淹没了所有的乡村。

根本性的抉择迫在眉睫。要么通过就共生问题进行再度协商来沟通化解城市与乡村之间的隔阂，要么出现新的基本共同体结构类型，以抵消城市生活中不可名状的纠结。对于承担这些使命，宗教派别和会众是最主要的人选。但是，各种信仰共同体肯定要以某种方式将自己同非信仰者隔绝开来，从而将摩擦或强烈的敌对情感引入世界性网络体系之中。那么，如何才能在维持世界性网络体系的同时，为各种维系生活的基本共同体提供生存的空间呢？ 327

因而具有讽刺意味的是，为了保全我们现今拥有的一切，我们以及我们的子孙必须要通过学会如何在一个世界性网络体系和多样化的基本共同体的环境中共同生活的能力，来改变我们现有的各种生存方式。如何协调这种对立，正是我们这个时代以及未来相当长的一个时期所必须面对的首要难题。一个最为可能的选项就是，目前所存在的这个网络体系将发生彻底的崩溃，导致这个世界陷入彻底贫困的灭顶之灾之中，倘若人类能够幸存下来,也可能在这个破碎的世界网络的地方性碎片的基础上开始新的历史进程。我断定我们现在就正处于这种破碎的边缘。幸运的是,智慧和那种令人尴尬的宽容或许可以使这个世界性网络免于破碎之灾。让我们祝愿真是如此吧!

进一步阅读书目

一

有三部比较好的入门读物:Richard Leakey, *The Origin of Humankind* (New York,1994); Roger Lewin, *Human Evolution: An Illustrated Introduction*, 3rd ed. (Boston, 1993);John Reader, *Africa: A Biography of A Continent* (New York, 1998)。此外,Peter Bogucki, *The Origins of Human Society* (Malden, MA, 1999),这本书对世界考古学方面的资料做了新近的、见解深刻的评述。Jane Goodall, *The Chimpanzees of Gombe: Patterns of Behavior* (Cambridge, MA, 1986);Frans De Waal, *Chimpanzee Politics: Power and Sex Among the Apes* (New York,1982),这是两部关于与我们人类既有联系、又有区别的黑猩猩的研究著作,堪称经典。在关于火的运用的研究领域中,Johan Goudsblom, *Fire and Civilization* (London,1992);Stephen J. Pyne, *World Fire: The Culture of Fire on Earth* (New York,1995),都是经典之作。

Brian M. Fagan, *People of the Earth: An Introduction to World Prehistory*, 9th ed. (New York,1997);I. G. Simmons, *Changing the Face of the Earth: Culture, Environment and History* (Oxford, 1989),是对人类如何遍布全球进行研究的两部著作。欲了解有关这一方面的更多观点,可参看 Clive Gamble, *Timewalkers: The Prehistory of Globle Colonization* (Phoenix, UK,1993); Ian Tattersall, *The Fossil Trail: How We Know What We Think We Know About Human Evolution* (Oxford, 1996);Rich Potts, *Humanity's Descent: The Consequences of Ecological Instability* (New York,1996)等三部著作。关于物种灭绝这一争议问题,较为权威的解释在 Paul S. Martin and Richard G. Klein, eds., *Quaternary Extinction: A Prehistoric Revolution* (Tucson, AZ, 1984)中有所介绍。

有关作为社会交往与联合形式的舞蹈,William H. McNeill, *Keeping Together in Time: Dance and Drill in Human History* (Cambridge, MA, 1996)一书对本书中的观点提供了一定的支持。另外,Barbara King, *The Information Continuum: Evolution of Social Information Transfer in Monkeys, Apes and Hominids* (Sante Fe, NM, 1994);Derek Bickerton, *Language and Species* (Chicago, 1981);Robin Dunbar, *Grooming, Gossip and the Evolution of Languag* (London, 1996),这三部关于语言方面的著作也可以给我们很大的启示。此外,涉及史前史研究领域的前沿,为数众多的专著讨论了语言的出现等问题。在这些著作中,我们推荐三部著述:Paul Mellars and Chris Stringer ,eds., *The Human Revolution: Behavioral and Biological Perspective on the Origin of Modern Humans* (Princeton, 1989);Kathleen R. Gibson and Tim Ingold, eds., *Tools, Language and Cognition in Human Evolution* (Cambridge, 1993);Glendon Schubert and Roger D. Martin, eds., *Primate Politics* (Carbondale, IL, 1991)。此外,在 *Current Anthropology* 与 *Journal of Human Evolution* 两种学术杂志上也有大量与此相关的文章。

更多关于旧石器时代晚期人类加强对季节性食物开发利用方面的研究著作,可以参考:T. Douglas Price and James A. Brown, eds., *Prehistoric Hunter Gatherers: The Emergence of Cultural Complexity* (Orlando, FL, 1965);Phillip Drucker, *Cultures of the North Pacific Coast* (San Francisco, 1965);Kenneth M. Ames and Herbert D. G. Maschner, *Peoples of the Northwest Coast: Their Archaeology and Prehistory* (London, 1999);Hans Georg Bandi, *Eskimo Prehistory* (College, Alaska, 1969);Donald O. Henry, *From Foraging to Agriculture: The Levant at the End of the Ice Age* (Philadelphia, 1989)。

二

Bruce D. Smith, *The Emergence of Agriculture* (New York, 1995), 此书对人与培育的植物和驯化的动物之间的关系转变问题,提供了一份极具说服力的全球性调查,书中指出在北美地区发现了最早的农业形式,书中对采用这种农业模式的世界其余地区的状况也进行了概述。David Rindos, *The Origins of Agriculture: An Evolutionary Perspective* (Orlando, FL, 1984),此书以植物学家的视角探讨问题,更注重解释人与驯化和培育的动植物间的关系,而不是其结果。Jack R. Harlan, *Crops and Man*, 2nd ed. (Madison, WI, 1992); Juliet Clutton-Brock, *A Natural History of Domesticated Animals* (Cambridge, 1999),对当代两位先驱对驯化问题的见解进行了总结。Jared Diamond, *Guns, Germ, and Steel: The Fates of Human Societies* (New York, 1997); Stephen Oppenheimer, *Eden in the East: The Drowned Continent of Southeast Asia* (London, 1998),这两部著作虽备受争议,但内容却十分丰富,它们对旧有的观念发起了挑战,并对东南亚地区予以关注和重视。Peter Bogucki, *The Origins of Human Society* (Malden, MA, 1999),这本著作对世界各个地区的新证据和理论观点进行了认真的梳理、总结。

Charles Keith Maisels, *The Emergence of Civilization: From Hunting and Gathering to Agriculture, Cities and the State in the Near East* (London, 1990), 一书针对近东这一先进地区的状况提供了相当精密而复杂的观点;他的另一部著作, *Early Civilizations of the Old World: The Formative Histories of Egypt, the Lewant, Mesopotamia, India, and China* (London, 1999),同样将欧亚大陆作为一个整体来进行考察。而 Andrew Sherratt, *Economy and Society in Prehistoric Uurope: Changing Perspectives* (Edinburgh, 1997)一书则对与西南亚邻近的欧洲边缘地带的耕作方式进行考察,在学术界, Sherratt 第

一次指出了驯化动物这种行为给农业生产带来了更大的灵活性。

关于印度农业的起源问题,目前尚无确切的记载、论述。但是,Bridget and Raymond Allchin, *The Rise of Civilization in India and Pakistan* (Cambridge,1982)和Jane R. Mcintosh, *A Peaceful Realm: The Rise and Fall of the Indus Civilization* (New York, 2002),这两部著作则对那一地区极为稀少的考古学发现进行了介绍。有关中国的著作,Kwang-shis Chang, *The Archaeology of Ancient China*,4th ed. (New Haven,1986),对最近的考古材料进行了概述,更新了 Ping-ti Ho(何炳棣)在 *The Cradle of the East* (Hong Kong, 1975)一书所提出的观点。Francesca Bray,*The Rise Economies: Technology and Development in Asian Societies* (Oxford, 1986)一书认为,在早期阶段,水稻种植对中国和亚洲其他社会所产生的各种影响,仍旧是对统治阶级有利的。

关于早期东南亚和澳大利亚地区的社会与农业:Timothy F. Flannery, *The Future Eaters: An Ecological History of the Australasian Lands and Peoples* (Chatswood, NSW,1994),此书是对上述 Stephen Oppenheimer 著作的一个重要补充。关于美洲的著作:Richard E. W. Adams, *Ancient Civilizations of the New World* (Boulder, CO, 1997),简洁、新颖且内容丰富;Richard S. MacNeish, *Early Man in America* (San Francisco,1973),则着重探究了墨西哥的农业起源。

关于人口增长的著作:Massimo Livi-Bacci, *A Concise History of World Population* (Cambridge,MA,1992),提供了有关史前人口的一系列推测性数据;另一本极有价值的书是 Joel Cohen, *How Many People Can the Earth Support?* (New York,1995)。有关早期战争的书籍有:Lawrence H. Keeley, *The Anthropology of War* (Cambridge, 1996)。

三

Jane Jacobs, *The Economy of Cities* (New York, 1969),尽管其大部分

考古数据和历史建构备受争议,但这本书对西南亚地区的城市如何改变当地社会关系这一问题做出了令人信服的、富于想象力的分析。在有关城市化的领域中,一部简洁而富有启发性的著作是:Paul Bairoch, *Cities and Economic Development from the Dawn of History to the Present* (Chicago, 1988);而 G. Algaze, *The Uruk World System: The Dynamics of Expansion of Early Mesopotamian Civilization* (Chicago,1993)一书则对城市的起源问题给出了新近的考古材料和更为谨慎的解释;此外,A. Leo Oppenheim, *Ancient Mesopotamian* (Chicago,1964),是其尽毕生之力解读楔形文字而完成的著作;另请参见,C. K. Maisels, *The Emergence of Civilization* (London, 1990),此著作在本书的第二章曾提到过。

Yigael Yadin, *The Art of Warfare in Biblical Lands in the Light of Archaeology* (New York,1963),此书是记载公元前3000年以来军事装备和组织变化的最好著作。关于近东地区,则有 William Foxwell Albright, *From the Stone Age to Christianity, Monotheism and the Historical Process*, 2nd ed. (Baltimore,1967),该书内容相当丰富。Hershel Shanks, *Ancient Israel: A Short History from Abraham to the Roman Destruction of the Temple* (Englewood Cliffs, NJ, 1988),此书对犹太教的生存历程予以了解释。

关于草原游牧民族和他们的作用,最佳的概述应是 Rene Grousset, *The Empire of the Steppes* (New Brunswick, NJ, 1970)。Valdimir N. Basilov, *Nomads of Eurasia* (Seattle, 1989),对草原的生活与文化做了重点介绍;Thomas Barfield, *The Perilous Frontier* (Cambridge, MA, 1989), 则重点介绍了中国边疆地区的政策与战争状况。

关于印度,有 A. L. Basham, *The Wonder That Was India*, 3rd rev. ed. (London, 1985),这本著作内容广泛,包罗万象。较为新近的著作有,Stanley Wolpert, *A New History of India* (New York, 1997)。Walter A. Fairservis, *The Roots of Ancient India* (Chicago, 1975)一书,运用人类学的观点来解释古代印度社会的多样性。有关种姓制度的著作有:J. H. Hutton, *Caste in India: Its Nature, Function and Origins* (Cambridge, 1945)。

有关中国的著作有:Kwang-chic Chang(张光直), *Art, Myth, and Ritual: The Path to Political Authority in Ancient China* (Cambridge, MA, 1983),它对早期中国社会与政权中家族仪式所起到的核心作用予以揭示。关于儒学的著作:有 D. C. Lau 翻译的,记载孔子言行的著作《论语》(*Confucius: The Analects*, New York, 1988)。关于思想体系方面的著作:可以阅读 Benjamin I. Schwarte 的 *The World of Thought in Ancient China* (Cambridge, MA, 1985)。

关于古希腊的著述有:A. Andrewes, *Greek Society*, 4th ed. (Lexington, MA, 1992),这是一本很好的入门书籍。W. G. Forrest, *The Emergence of Greek Democracy, 800-400 B. C.* (New York, 1979),则对书中叙述的民主制对公民究竟意味着什么做了阐释。Victor Davis Hanson, *The Western Way of War: Infantry Battle in Classical Greece* (New York, 1989),尽管书中的某些观点引起了争议,但该书对方阵的作战方式进行了解释。Edith Hamilton, *The Greek Way* (New York, 1983)一书,作为一部完整的希腊文献集成,对于那些过于繁忙而无暇阅读荷马、希罗多德、修昔底德、埃斯库罗斯、萨福克里斯、欧里庇得斯、柏拉图、亚里士多德等古典作家作品译著的人来说,是一部很好的导读性的著作。

有关罗马的书籍有: M. Cary and H. H. Scullard, *History of Rome Down to the Reign of Constantine* (New York, 1975),这是一部经典的著作;此外尚有 Jacques Heurgon, *The Rise of Rome to* 164 *B. C.* (Berkeley, 1973)和 Colin Webb, *The Roman Empire* (London, 1992)两部著作。关于罗马军队向职业化军队转变的问题,可以阅读 Lawrence Keppie 的 *The Making of the Roman Army: From Republic to Empire* (Totowa, NJ, 1984)。有关基督教的发展问题:Robin Lane Fox, *Pagans and Christians* (San Francisco, 1988)和 Ramsay MacMullen, *Christianizing the Roman Empire A. D. 100-400* (New Haven, 1986)两部著述都值得推荐,但若了解基督教的历程,最好的文献作品还是《新约》(*New Testament*)。

在疾病史研究方面的著述,有 William H. McNeill, *Plagues and Peoples*

(new ed.,New York,1998)。关于生态的影响作用,请参见 Thorkild Jacobsen, *Salinization and Irrigation Agriculture in Antiquity* (Malibu,CA ,1962); Russell Meiggs, *Trees and Timber in the Ancient Mediterranean World* (Oxford, 1982);J. D. Hughes, *Pan's Travail* (Baltimore, 1994)和 Robert M. Adams, *Heartland of Cities: Surveys of Ancient Settlement and Land Use on the Central Floodplain of the Euphrates* (Chicago, 1981)等著述。

四

在诸多研究跨文化的著作中,Jerry H. Bentley,*Old World Encounters: Cross-Cultural Contacts and Exchanges in Pre-Modern*(New York, 1993),Philip D. Curtin,*Cross-Cultural Trade in World History*(Cambridge,1984),以及 Vaclay Smil,*Energy in World History*(Boulder, CO, 1994),均为简明扼要且具指导意义的著述。

关于公元200年到1000年间,伊朗人和土耳其人的作用,Rene Grousset,*The Empire of the Steppes* (New Brunswick, NJ, 1970)提供了清晰而简练的概述,Robert Canfield ed., *Turko-persia in Historical Perspective* (Cambridge, 1985) 和 Anatoli M. Khazanov, *Nomads and the Outside World*(Cambridge, 1984)则是专业性较强的两部专著,而 S. A. M. Adshead,*Central Asia in World History*(London, 1993)所提出的观点相当新颖,富有挑战性。

关于印度,K. N. Chaudhurir,*Trade and Civilization in the Indian Ocean: An Economic History from the Rise of Islam to* 1750(Cambridge, 1985)及其续集 *Asia Before Europe: Economy and Civilization of the Indian Ocean the Rise of Islam to* 1750 (Cambridge,1990),主题明确,论述得当;同样卓越的著述还有 Hsin-ju Liu, *Ancient India and Ancient China: Trade, Religion and Exchange. A. D. 1-600*(Delhi, 1988); J. Innes Miller,*The Spice Trade of the*

Roman Empire, *29 B. C. to A. D. 641*(Oxford, 1969)。

关于伊斯兰文明,W. Montgomery Watt,*Muhammad*, *Prophet and Statesman*(London, 1961)是对一位比任何人都更为戏剧性地改变世界历史的人物一生的典范的学术介绍,Karen Armstrong,*Muhammad: A Biography of the Prophet* (San Francisco, 1992)是一部很好的通俗读物。对于伊斯兰教业绩的简明扼要的概括总结,可选择阅读 Annemarie Schimmel,*Islam: An Introduction*(Albany, NY, 1992),或者 Karen Armstrong,*Islam: A Short History*(New York, 2000),Marshall G. S. Hodgson,*The Venture of Islam.* Vol. 1: *The Classical Age of Islam*(Chicago, 1974)是一部较为艰深难读的专著,但视角却相当独特。关于该领域各有侧重的专题研究,请参见 Richard W. Bulliet,*The Camel and the Wheel*(Cambridge, 1975),Andrew Watson,*Agricultural Innovations in the Early Islamic World* (Cambridge, 1983),以及 George F. Houranide 撰著,John Carswell 改编的 *Arab Seafaring in the Indian Ocean in Ancient and Early Medieval Times*(Princeton, 1995),此书史料十分翔实,令人钦佩。

关于中国,Mark Elvin,*The Pattern of the Chinese Past*(Stanford, 1973)一书的论述具有相当大的挑战性。关于中国与外界的遭遇,Thomas Barfied,*The Perilous Frontier*(Cambridge, MA, 1989),Wolfram Eberhard,*Conquerors and Rulers: Social Forces in Medieval China*(Leiden, 1965),以及 Edward Schafer,*The Golden Peaches of Samarkand: A Study of T'ang Exotic* (Berkeley, 1963)等著述都特别有趣;Pan Yihong,*Son of Heaven and Heavenly Qaghong: Sui-Tang China and Its Neighbors*(Bellingham, WA, 1963)对于研究中外关系很有价值;Frank A. Kierman Jr. 与 John K. Fairbank 合编的 *Chinese Way of Warfare* (Cambridge, MA, 1974)对以往中华帝国史的研究中那些被低估的方面进行了探讨。关于佛教,Arthur F. Wright,*Buddhism in Chinese History* (Stanford, 1959)一书,内容简明,文字优美。另外还可阅读 David McMullen,*State and Scholars in T'ang China*(Cambridge, 1988)。S. A. M. Adshead 撰写的一篇被广泛学习并引起争论的论著 *Chi-*

na in World History(New York, 1988)非常值得一读,虽然其某些观点尚未得到普遍认可。

关于日本、朝鲜和东南亚等地区历史的著作有:Conrad Totman,*A History of Japan*(Malden, MA, 2000)和 John Whitney Hall,*Japan: From Prehistory to Modern Times* (Ann Arbor, 1970),以及 Roger Tennant, *A History of Korea* (London, 1996)。关于东南亚,较为优秀的著作是 D. G. E. Hall,*A History of South East Asia*,*4th ed* (New York, 1981)和 Kenneth R. Hall, *Maritime Trade and State Development in Early Southeast Asia* (Honolulu, 1985);其他几部著作也各具魅力,值得注意,其中包括:G. B. Sansom, *Japan: A Short Cultural History* (London, 1987)和 William W. Farris,*Heavenly Warriors: The Evolution of Japan's Military, 500-1300* (Cambridge, MA, 1992),Paul Wheatley, *The Golden Chersonese: Studies in the Historical Geography of the Malay Peninsula Before A. D. 1500*(Kuala Lumpur, 1961),以及 George Coedes, *The Indianized States of Southeast Asia* (Honolulu, 1968)。

关于非洲历史,John Reader,*Africa: A Biography of the Continent* (New York, 1998)与 John Iliffe,*Africans: The History of a Continent* (Cambridge, 1995)一书,提出了一种最新的且富有洞察力的概述。更为翔实的是 Christopher Ehret,*An African Classical Age: Eastern and Southern Africa in World History*,*1000 B. C . to A. D. 400* (Charlottesville, VA, 1998)。James Newman,*The Peopling of Africa: A Geographical Interpretation* (New Haven, 1995) 一直被认为是一部有价值的著述。

关于中世纪早期欧洲史,请参阅 Robert S. Lopez,*The Birth of Europe* (New York, 1967)以及 Averil Cameron,*The Mediterranean World in Late Antiquity, A. D. 395-600* (London, 1993),它们均为很好的入门读物,但很遗憾却被人们忽视已久。更高水平的著作可读:Judith Herrin,*The Formation of Christendom* (Princeton, 1987);Warren Treadgold,*A History of the Byzantine State and Society* (Stanford, 1997);Robert Browning,*The Byzantine Empire*, rev. ed. (Washington, DC, 1992);Dimitri Obolensky, *The Byzantine*

Commonwealth: Eastern Europe 500-1453（Crestwood, NY, 1982）,以及 Peter Brown,*Power and Persuasion in Late Antiquity: Towards a Christian Europe*（Madison,WI,1992）。另有几部权威著作也同样特别引人入胜,如 B. H. Slicher van Bath,*The Agrarian History of Western Europe. A. D. 500-1850*（London,1966）, Lynn White,*Medieval Technology and Social Change*（Oxford, 1962）,以及 Archibald R. Lewi 的两部著述:*Naval Power and Trade in the Mediterranean,500-1100*（Princeton, 1951）和 *Shipping and Commerce in Northern Europe,A. D. 300-1100*（Princeton, 1958）。

关于美洲,Richard E. W. Adams,*Ancient Civilizations of the New World*（Boulder, CO, 1997）是最新的简要概述。Lynda Shaffer,*Navive Americans Before 1492: The Moundbuilding Centers of the Eastern Woodlands*（Armonk, NY, 1992）一书则阐述了当今美国境内的印第安人的历史。另外两部关于美洲印第安人的著作,在研究路径上较为出色,它们是:Michael D. Coe、Dean Snow 和 Elizabeth Benson 合著的 *Atlas of Ancient America*（New York, 1986）,以及 Stuart J. Fiedel,*Prehistory of the Americas*,2nd ed.（New York, 1992）。关于美洲高原地区,请阅读 Alan Kolato,*The Tiwanaku: Portrait of an Andean Civilization*（Cambridge, MA, 1993）。关于可能存在的横跨太平洋与美洲的交往,可阅读 Joseph Needham 与 Lu Gwei-djen 合著的 *Trans-Pacific Echoes and Resonances: Listening Once Again*（Singapore, 1984）。

五

本书为第四章所论及的时段所开列的参考书籍很多。其中论述旧大陆内部贸易技术交流加强的书籍包括:Janet Abu-Lughod,*Before European Hegemony: The World System A. D. 1250-1350*（New York, 1989）和 Philipp D. Curtin,*Cross-Cultural Trade in World History*（Cambridge, 1984）。Thomas C. Carterr,*The Invention of Printing in China and Its Spread West-*

ward, 2nd ed. (New York, 1955)和 Joseph Needham, *Science and Civilization in China*. Vol. 7: *The Gunpowder Epic*, (Cambridge, 1987)则论述了这一时期最重要的两项发明的发展与传播。

近几个世纪以来旅行家们所著的游记有 Marco Polo, Ronald Latham ed., *The Travels of Marco Polo* (New York, 1982); Ross Dunn, *The Adventures of Ibn Battuta: A Muslim Traveler of the Fourteenth Century* (Berkeley, 1986); Christopher Dawson ed., *Mission to Asia: Narratives and Letters of the Franciscan Missionaries in Mongolia and China in the Thirteenth and Fourteenth Centuries* (reprinted Toronto, 1980); Jeanette Mirsky ed., *The Great Chinese Travelers: An Anthology* (New York, 1964)以及 Morris Rossabi, *Voyager from Xanadu: Rabban Sauma and the First Journey from China to the West* (Tokyo, 1992)。

若研习这一时期的中国历史，首先应读的是 Frederick Mote, *Imperial China, 900-1800* (Cambridge, MA, 1999)。关于宋代中国社会的变革，Yoshinoba Shiba, *Commerce and Society in Sung China* (Ann Arbor, 1970)一书具有启发意义。关于中国的铁器生产，权威著述有：Robert Hartwell, "A Cycle of Economic Change in Imperial China: Coal and Iron in Northeast China, 750-1350", *Journal of Economic and Social History of the Orient*, 10, 1967, 和 Joseph Needham, *The Development of Iron and Steel Technology in China* (London, 1980)。关于中国的造船业和航海业，Joseph Needham, *Science and Civilization in China*, Vol. 3, Part 3(Cambridge, 1971)对早期的论述做了更新，Louise Levathes, *When China Ruled the Seas* (New York, 1994)则总结了明朝在印度洋开展航行的原因。关于蒙古，David Morgan, *The Mongols* (Oxford, 1986)简要可信，Thomas Allsen, *Culture and Conquest in Mongol Eurasia* (New York, 2001) 同样如此。

关于伊斯兰教的变迁，Richard Bulliet, *Islam: The View from the Edge* (New York, 1993); Annemarie Schimme, *The Mystical Dimension of Islam* (Chapel Hill, 1975); J. Spencer Trimingham, *The Influence of Islam Upon Af-*

rica, 2nd ed. (New York,1980),以及 Michael Dols,*The Black Death in the Middle East* (Princeton, 1977)等著作均具有教育和启发意义。Marshall Hodgson,*The Venture of Islam.* Vol. 2: *The Expansion of Islam in the Middle Period* (Chicago, 1974),提供了深刻的概述。

关于奥斯曼帝国的边疆,Paul Wittek, *The Rise of the Ottoman Empire*, rev. ed. (New York,1971);Rudi Paul Lindner,*Nomads and Ottomans in Medieval Anatolia* (Bloomington, 1983)以及 Cemal Kafadar, *Between Two Worlds: The Construction of the Ottoman State* (Berkeley, 1995)等著作,对奥斯曼成功的基础做出了各自不同的分析。关于伊斯兰教在印度和东南亚的活动,可读 Jos Gommans,"The Silent Frontier of South Asia, c. 1100-1800", *Journal of World History* 9,1998;Andre Wink,*Al-Hind: The Making of the Indo-Islamic World*,Vol. 2: *The Slave Kings and the Islamic Conquest. 11th-13th Centuries* (Leiden, 1997),以及 Richard Maxwell Eaton,"Approaches to the Study of Conversion to Islam in India",Richard C. Martin ed., *Approaches to Islam in Religious Studies* (Tucson, AZ, 1985)。

关于中世纪时期的欧洲,Robert Bartlett,*The Making of Europe: Conquest ,Colonization and Cultural Change,950-1350* (Princeton, 1993)一书,论述很全面。关于 14 世纪的灾难,William C. Jordan, *The Great Famine: Northern Europe in the Early Fourteenth Century* (Princeton, 1996),和 Philip Ziegler,*The Black Death*(Harmondsworth, UK, 1982),以及 William H. McNeill,*Plagues and Peoples* (New York, 1976)等著作都论述了这一问题。关于经济的回升,可阅读 Robert S. Lopez,*Commercial Revolution of the Middle Ages, 900-1350* (Cambridge, 1976)和 Harry Miskimin,*The Economy of Early Renaissance Europe, 1300-1460* (Cambridge, 1965);Charles Homer Haskins, *The Rise of Universities* (reprinted,Ithaca, NY, 1979)则是一部经典之作;Alfred W. Crosby,*The Measure of Reality: Quantification and Western Society, 1250-1600* (New York, 1997)为 14 世纪"蠕变的数字化"这一论点提供了根据;George Ifrah,*From One to Zero: A Universal History of Numbers* (New

York, 1985)把数学发明置于全球背景下进行考察研究。关于欧洲对印刷术的独特反应,可读 Elizabeth Eisenstein, *The Printing Revolution of Early Modern Europe* (Cambridge, 1983)一书。关于有组织的暴力武装的商品化,可读 Michael E. Mallett, *Mercenaries and Their Masters: Warfare in Renaissance Italy* (London, 1974)和 William H. McNeill, *The Pursuit of Power: Technology, Armed Force, and Society Since A. D. 1000* (Chicago, 1982)等著述。关于欧洲最初的海外冒险,Pierre Chaunu, *European Expansion in the Later Middle Ages* (Amsterdam, 1979)是一部杰作。

关于非洲,George E. Brooks, *Landowners and Strangers: Ecology, Society and Trade in Western Africa, 1000-1600* (Boulder, CO, 1993)从气候史中获得启发,并提出见解。Derek Nurse 与 Thomas Spear 合著的 *The Swahili: Reconstructing the Language and History of an East African Society, 800-1500* (Philadelphia, 1985)对东非进行了简明扼要的论述。对早期非洲史研究大有裨益的是 James Newman, *The Peopling of Africa: A Geographical Intepretation* (New Haven, 1995)。

关于莫斯科公国的崛起,Robert Crummey, *The Formation of Muscovy, 1304-1613* (London, 1987), Janet Martin, *Treasure of the Land of Darkness: The Fur Trade and Its Significance for Medieval Russia* (Cambridge, 1986)以及 *Peasant Farming in Muscovy* (Cambridge, 1977)三部著作对学习、研究古代俄罗斯历史皆有很大的价值。

关于美洲的变化,Inga Clendinnen, *Aztecs: An Interpretation* (Cambridge, 1991); Ross Hassig, *Aztec Warfare: Imperial Expansion and Political Control* (Norman, OK, 1988); Geoffrey W. Conrad, Arthur A. Demarest, *Religion and Empire: The Dynamics of Aztec and Inca Expansionism* (Cambridge, 1984); John V. Murray, *The Economic Organization of the Inca State* (Greenwich, CT, 1979),论述的重点各有不同。而 *The Cambridge History of the Native Peoples of the Americas* (Cambridge, 1999-)则对近些年来的各类学术观点进行了总结,是一部有众多学者参加编撰的多卷本著作。

六

关于西非和中非,我们推荐 Roderick McIntosh ,*The People of the Middle Niger*(Oxford, 1998) 和 Robin Law,*The Horse in West African History* (Oxford, 1980);还有 John Thornton,*The Kingdom of the Kongo* (Madison, WI, 1983)。关于太平洋区域, Patrick V. Kirch,*The Evolution of the Polynesian Chiefdoms*(New York, 1984)一书进行了令人信服的考察。关于蒙古人入侵之后的中亚地区的历史, Beatrice Forbes Manz,*The Rise and Rule of Tamerlane*(Cambridge, 1989) 是一部开山之作。而 Frank Salomon 和 Stuart Schwartz 合编的 *The Cambridge History of the Native Peoples of the Americas* (New York, 1999)是一部权威性的著作,其中许多内容论述有关前哥伦布时期美洲印第安人的历史。Alvin M. Josephy 主编的 *America in 1492*(New York,1992)一书,包含着几篇相当重要的论文;在 Charles K. Trombold, *Ancient Road Networks and Settlement*(New York, 1991)一书中,关于前哥伦布时美洲的道路和交往的几篇专题性论文具有相当的价值。

关于欧洲船舶和造船业的研究,Richard Unger,*The Ship in the Medieval Economy*, 600-1600 (London,1980)和 Ian Friel,*The Good Ship: Ships, Shipbuilding and Technology in England*,1200-1520 (Baltimore, 1995)都是很优秀的著述。关于中国造船业和航海, Joseph Needham,*Science and Civilization in China.* Vol. IV, Part 3:*Civil Engineering and Nautics* (Cambridge, n. d.)是一部他人难以超越的著作,也可以参考 Denis Twitchett 和 Frederick Mote 主编的 *The Cambridge History of China.* Vol. 8:*The Ming Dynasty, 1368-1644*, Part 2 (Cambridge, 1998)中 Timothy Brook 所撰写的篇幅很长的"Communications and Commerce"一章;在 K. N. Chaudhuri 撰写的"Trade and Civilization in the Indian Ocean"(New York, 1985)的第七章中,对印度洋的航海发展予以了考察。

有关西伯利亚,James Forsyth, *A History of the Peoples of Siberia*(New York, 1992)和 Yuri Slezkine, *Russia and the Small Peoples of the North* (Ithaca, NY, 1994)是两部非常有价值的著作。此外,更早一些时期的著述还有的 Raymond Fisher,*The Russian Fur Trade, 1550-1700* (Berkeley, 1943)。

除了早期被引用过的各类著述之外,关于16到18世纪的南非和东非地区历史的研究,我们推荐 Richard Elphick 和 Hermann Giliomee 主编的 *The Shaping of South African Society,1652-1840* (Middletown, CT, 1989)以及 Joseph Miller, *The Way of Death* (Madison, WI, 1988);另外,还有 J. Middleton,*An African Mercantile Civilization*(New Haven, 1992)等著述。

关于这几百年间的太平洋、新西兰和澳大利亚的历史,叙述比较生动的有:James Belich, *A History of the New Zealanders from Polynesian Settlement to the End of the Nineteenth Century* (Auckland, 1996),和 Timothy Flanner, *The Future Eaters* (Chaswood, NSW, 1994),以及 Robert Hughes 的 *The Fatal Shore: A History of the Transportation of Convicts to Australia*, 1787-1868 (New York, 1987)。叙述虽不太生动,但却很具有权威性的著作有 K. J. Mulvaney 和 J. Peter White 编写的 *Australians to* 1788 (Broadway, NSW, 1987)和 Ian Campbell,*A History of the Pacific Islands*(Berkeley, 1989)两部著作。

在文化发展趋势方面,可以参阅:Toby Huff,*The Rise of Early Modern Science: Islam, China, and the West*(New York, 1993); Alfred Crosby, *The Measure of Reality: Quantification and Western Society, 1250-1600* (New York, 1997)和 Irfan Habib ed., *Akbar and His India* (Delhi, 1997);此外,还有 Frederick Kilgour 论述印刷术的 *The Evolution of the Book*(Oxford, 1998)一书。

在政治、社会和经济史方面,我们推荐的著述有:Richard Foltz,*Mughal India and Central Asia* (Delhi, 1998); Roger Savory,*Iran Under the Safavids* (Cambrige, 1980); Svat Soucek,*A History of Inner Asia* (Princeton, 2000); Stephen P. Rosen,*India and Its Armies* (Delhi, 1996); Rhoads Murphey,*Ot-*

toman Warfare, *1500-1700* (New Brunswick, NJ, 1999); Halil Inalcik, *An Economic and Social History of the Ottoman Empire*, Vol. I: 1300-1600 (New York, 1994); Conrad Totman, *Early Modern Japan* (Berkeley, 1993); Geoffrey Parker, *The Military Revolution: Military Innovation and the Rise of the West*, *1500-1800* (London, 1988); John K. Thornton, *Warfare in Atlantic Africa*, *1500-1800* (London, 1999); Thomas Barfield, *The Perilous Frontier: Nomadic Empires and China* (Cambridge, 1989); Clifford J. Rogers ed., *The Military Revolution Debate* (Boulder, CO, 1995); John F. Richards, *The Mughal Empire* (Cambridge, 1993); James A. Millward, *Beyond the Pass: Economy, Ethnicity, and Empire in Qing Central Asia*, *1759-1864* (Stanford, 1998); Snajay Subrahmanyam, *The Portuguese Empire in Asia*, *1500-1700* (New York, 1995); Jeremy Black, *War and World* (New Haven, 1998); Anthony Reid, *Southeast Asia in the Age of Commerce*, 2 vols. (New Haven, 1998); *Charting the Shape of Early Modern Southeast Asia* (Bangkok, 1999); 还有 Rene Barendse, *The Arabian Seas*, *1640-1700* (Leiden, 1998) 等著述。

七

有关通讯、交通和技术等领域，可参阅 Peter Hugill, *Globle Communications Since 1844* (Baltimore, 1999); David Vincent, *The Rise of Mass Literacy* (Cambridge, 2000); Daniel Headrick, *The Tentacles of Progress: Technology Transfer in the Age of Imperialism*, *1850-1940* (New York, 1988); Rick Szostak, *The Role of Transportation in the Industrial Revolution* (Montreal, 1991); 还有 Peter Stearns, *The Industrial Revolution in World History* (Boulder, CO, 1998)等。Joel Mokyr ed., *The British Industrial Revolution* (Boulder, CO, 1998) 对工业化技术方面的叙述信实有力，同一领域的著述，还有 Tessa Morris Suzuki, *The Technological Transformation of Japan* (Cambridge,1994)和 Kenneth Pomeranz,*The Great Divergence*(Princeton, 2000),他们对工业化为何首先发生在英国而不是中国进行了思考。

关于健康和疾病方面的著述,请参考 James C. Riley,*Rising Life Expectancy: A Global History* (Cambridge, 2001); Roy Porter,*The Greatest Benefit to Mankind: A Medical History of Humanity from Antiquity to the Present* (London, 1997)一书,对有关欧洲的医学资料进行了非常丰富的总结叙述; 还有 Sheldon Watts,*Epidemics and History: Disease, Power, and Imperialism*(New Haven, 1998)。关于人口和人口数量的变化,请参阅早些时候由 Joel Cohen, Massimo Livi-Bacci 和 Ts'ui-jung Liu 等人合作编写的 *Asian Population History* (Oxford, 2001)一书。

欲了解欧洲的政治变革和理性主义的兴起,可参看 James B. Collins,*The State in Early Modern France* (Cambridge, 1995);Wim Blockmans,*A History of Power in Europe: People, Markets, States* (Antwerp, 1997);以及 Robert Wiebe,*Who We Are: A History of Popular Nationalism* (Princeton, 2002);此外尚有一部经典名著,即 K. J. Hobsbawm,*The Age of Revolution*(Cleveland, 1962)。

有关19世纪中国的历史, 我们推荐的是 Jonathan Spence 的著作: *God's Chinese Son: The Taiping Heavenly Kingdom of Hong Xiuquan* (New York, 1996), 还有 Philip Richardson,*Economic Change in China, c. 1800-1950* (Cambridge, 1999)。Mark Elvin 和 Ts'ui-jung Liu 编写的 *The Sediments of Time: Environment and Society in Chinese History* (Cambridge, 1998),主题是探讨中国生态环境的变化。至于日本历史, 请参阅较早时期的著作, Conrad Totman,*A History of Japan* 一书中的相关部分是这一领域研究的开端。而了解19世纪亚洲史的其他途径,请参考 Nicholas Tarling 主编的 *The Cambridge History of Southeast Asia*(Cambridge, 1992); 和 G. A. Bayly 的著作 *Empire and Information: Intelligence Gathering and Social communication* (Cambridge, 1996),以及 Resat Kasaba,*The Ottoman Empire and the World Economy: The Nineteenth Century* (Albany, NY, 1988)。

对这一时期非洲历史予以关注的史学著作有 Paul Lovejoy, *Transformations in Slavery: A History of Slavery in Africa* (Cambridge, 2000); Mervyn Hiskett 的著作 *The Sword of Truth: The Life and Times of the Shehu Usuman dan Fodio* (Evanston, IL, 1994)和 James McCann, *Green Land, Brown Land, Black Land: An Environmental History of Africa, 1800-1990* (Portsmouth, NH, 1999)。而对于这一时期拉丁美洲的简要介绍的著述有 Peter Bakewell, *A History of Latin America: Empires and Sequels, 1450-1930* (Malden, MA, 1997)的最后几部分。关于北美地区,一个非常好的起点是 K. W. Meinig 的著作 *The Shaping of America.* Vol. 2: *Continental American, 1800-1867* (New Haven, 1993)。

Philip Curtin 的著作 *The World and the West* (New York, 2000)在帝国主义研究方面会提供一定的帮助; David Ralston, *Importing the European Army* (Chicago, 1990)一书,则论及自强运动中的军事改革成果。在废除奴隶制和农奴身份方面,我们认为较有价值的著述是: Terence Emmons, *The Russian Landed Gentry and the Emancipation of 1861* (Cambridge, 1968); Hakan Erdem 所著的 *Slavery in the Ottoman Empire and Its Demise, 1800-1909* (New York, 1996); 另外,还有 Suzanne Miers 和 Richard Roberts 编写的 *The End of Slavery in Africa* (Madison, WI, 1988)一书。David Northrup 所撰写的 *Indentured Labor in the Age of Imperialism* (New York, 1995),在研究劳动力迁移方面具有很高的价值,同样水平的著述,还有 P. C. Emmer 和 M. Morner 所编写的 *European Expansion and Migration* (New York, 1992)。对世界经济予以了解的材料大多来自 Angus Maddison, *The World Economy: A Millennial Perspective* (Paris, 2001),但是 David Herld, *Global Transformations* (Stanford, 1999)一书,也具有一定参考价值。

八

有关 20 世纪的历史,具有价值的两项研究成果是 Michael Howard 和

William Roger Louis 二人合著的 *The Oxford History of the Twentieth Century* (Oxford, 1998),以及 Eric Hobsbawm 的著作 *The Age of Extremes,1914-1991* (New York, 1994) 。一个别致但很有趣的观点,出自于 Theodore Von Laue 的 *The World Revolution of Westernization* (New York, 1987)一书。关于过去的二战研究成果,请参考 David Reynolds,*One World Divisible: A Globle History Since* 1945 (New York, 2000)。Geoffrey Barraclough,*An Introduction to Contemporary History*(London, 1967),虽然成书较早,但其见解相当深刻。

有关人口和城市化的研究,请参阅 Joel Cohen,*How Many People Can the Earth Support*? (New York, 1995),还有 James Lee 和 Wang Feng 合著的 *One Quarter of Humanity: Malthusian Mythology and Chinese Realities* (Cambridge, MA, 1999)一书。有关宗教问题,Fred Spier 的著作 *Religious Regimes in Peru* (Amsterdam, 1994)一书充满了有趣的思想。关于 20 世纪晚期的宗教状况,请参阅 Gillers Kepel,*The Revenge of God* (University Park, PA, 1994)一书。有关通讯交流的技术和政治,Peter Burke 和 Asa Briggs 在他们的著作 *A Social History of the Media* (Cambridge, 2002)中,曾加以论述。在科学与技术方面,Vernon Ruttan 的专著 *Technology, Growth and Development* (Oxford, 2001)和 Arnulf Grubler,*Technology and Global Changes* (Cambridge,1998)都很有价值。关于能源和环境, 参看 J. R. McNeill, *New Under the Sun: An Environmental History of the Twentieth-Century World* (New York, 2000)。在国际经济研究领域,Harold James,*The End of Globalization: Lessons from the Great Depression* (Cambridge, MA, 2001)具有一定启发性,另外 Angus Maddison,*The World Economy: A Millennial Perspective* (Paris, 2001)和 Sidney Pollard,*The International Economy Since 1945* (London, 1997)中的数据和解析很值得参考。

有关第一次世界大战, Martin Gilbert 的著作 *The First World War*(New York, 1994)是一部叙述颇为生动的著述。Roger Chickering 和 Stig Forster 编写的 *Great War, Total War: Combat and Mobilization on the Western Front* (Washington, DC, 2000),所进行的分析相当犀利和中肯。Robert Graves,

Good-bye to All That（New York, 1998［1927］),则是一部关于这场大战的回忆录。关于西方战线的研究,John Keegan,*The Face of Battle*（New York, 1976）一书中有一章对索姆河战役进行了非常深入的研究。对俄国革命的最新研究成果是 Orlando Figes,*A People's Tragedy*（New York, 1996）; Theodore Von Laue,*Why Lenin? Why Stalin?*（New York, 1971）一书的描述,既简洁又敏锐。关于第二次世界大战,Richard Overy,*Why the Allies Won*(New York, 1995)所进行的分析是令人信服的。Gerhard Weinberg, *A World At Arms*(Cambridge, 1995）是一部杰出的概括性著述。关于冷战研究,有一部简洁并具有深度的著述,即 Kavid Painter,*The Cold War: An International History*（London, 1999）。关于苏联解体,请参阅 Stephen Kotkin, *Armageddon Averted*（Oxford, 2001）。在现代印度研究领域,Sugata Bose 和 Ayesha Jalal 合著的 *Modern South Asia: History, Culture, Political Economy*（Delhi, 1997)是一部相当不错的介绍性著作。近期有关中国史的研究著述,Jonathan Spence 的著作 *The Search for Modern China*(New York, 1990)内容全面,值得一读。

索 引

（页码为边码）

B

D

E

F

H

I

J

K

L

M

N

O

P

R

S

T

U

译　后　记

本书的翻译工作系由笔者与身边几位青年教师和博士研究生集体完成，其具体分工为：序言、导论、第一章、第二章、第三章、第四章和第九章，由笔者完成；第五章：宋保军；第六章：孙义飞；第七章：张楚乔；第八章：徐宏峰。最后，由笔者本人逐字逐句地对全部译稿进行审阅、校对，目的是求得文风一致。

此外，从我攻读硕士学位的08级研究生们也为本书的翻译工作做出了积极地贡献，他们不仅对译稿进行了详细校读，发现了许多疏漏之处，而且还承担了许多具体的工作：曾静海承担了本书的地图翻译；薛莹、曲墨、王迎双承担了深入阅读书目的翻译，张昱和丁洋两位同学则负责本书名词索引部分的翻译工作。在此，向他(她)们所付出的认真劳动表示深深的谢意。

本书的翻译工作先后得到了教育部人文社科重点研究基地重大招标项目“世界文明史经典名著译丛”和东北师范大学人文社科重大攻关项目“早期西方文明研究”的部分资金资助。

最后，必须申明本书译稿中肯定尚存有某些过错和不确之处，其责任自当由本人承担。并望学界同仁予以及时指出，以便改正。

王晋新

2011 年 3 月 18 日

于东北师范大学世界文明史研究中心